일본어의 態(voice)와 복문

일본어의 態(voice)와 복문

천 호 재

역락

✲
책 머 리 말

　본서는 에세이 형식의 문장체 자료에 나타난 일본 원어민(이하 '원어민'
이라 약칭한다.)들의 일본어 수동태 표현, 사역태 표현, 기여태 표현, 가능
태 표현의 운용 양상을 고찰한 것이다. 일본어 수동태 표현, 사역태 표
현, 기여태 표현, 가능태 표현에 대한 선행 연구는 셀 수 없을 정도로
많이 있다. 기존의 수동태 표현에 관련된 선행 연구를 예로 들면, 대응
하는 타동사문과의 형태적인 특징, 격의 교체, 격의 형태적 특징, 시점
(視点), 수동태 표현의 의미, 수동태 성립의 가능성 여부 등등과 같은 형
태적 특징, 통사적 특징, 의미적 특징, 화용론적 특징의 고찰이 주류를
이룬다. 사역태 표현, 기여태 표현, 가능태 표현에 대해서도 같은 지적
을 할 수 있다. 선행 연구나 일본어문법서에서는 수동태 표현, 사역태
표현, 기여태 표현, 가능태 표현의 특징이 매우 자세하게 그리고 동등하
게 다루어지고 있다.

　본서는 선행 연구와 달리 에세이라는 문장체 자료에 나타난 원어민들
의 일본어 수동태 표현, 사역태 표현, 기여태 표현, 가능태 표현의 운용
양상을 고찰한 것인데, 이러한 방식의 연구가 본서가 처음인 것은 아니
다. 본서와 같은 방식으로 행해진 연구로 마에다 나오코(前田直子 2011)를
들 수 있는데, 그렇다고 해서 본서가 마냥 마에다 나오코(前田直子 2011)

의 연구 방식을 답습한 것은 아니다.

본서는 마에다 나오코(前田直子 2011)의 연구를 포함하여 선행 연구에서는 볼 수 없는 몇 가지 연구적 의의를 지닌다. 첫째, 본서에서는 원어민이 운용한 수동태 표현, 사역태 표현, 기여태 표현, 가능태 표현이 선행 연구나 일본어 문법서에서와는 달리 실제 언어 자료(에세이)에는 동등하게 출현하지 않는다는 사실을 밝히고 있다. 본서를 통해서 원어민이 가장 선호하는 태 표현은 무엇인지, 혹은 가장 덜 선호하는 태 표현이 무엇인지 명확하게 드러날 것이다.

둘째, 에세이라는 문장체 자료에 보이는 수동태 표현, 사역태 표현, 기여태 표현, 가능태 표현이 어떠한 양상으로 단문, 복문에 출현하는지가 밝혀질 것이다. 수동태 표현을 예로 들어 말하면 수동태 표현이 단문에 많이 나타나는지, 혹은 복문에 많이 나타나는지, 복문 중에서도 어떤 특정한 위치에서 많이 나타나는지, 혹은 적게 나타나는지, 그러한 출현 양상은 수동태 표현에만 국한된 것인지, 혹은 다른 태 표현에도 나타나는지를 밝힐 것이다.

셋째, 예를 들어 수동태 표현이 단문에 나타난다면 종지형으로 나타나는지, 모댈리티 형식과 결합해서 나타나는지, 만약 모댈리티 형식과 결합해서 나타난다면 어떠한 모댈리티 형식과 결합해서 나타나는지, 모댈리티 형식 이외에 예를 들어 시제 형식(현재 시제 형식, 과거 시제 형식)과 상 형식(현재 진행 형식, 과거 진행 형식)과 결합해서 나타난다면 구체적으로 어떠한 양상으로 나타나는지를 밝힐 것이다. 또한 수동태 표현이 단문의 방식으로 나타나는 양상이 수동태 표현에만 국한된 것인지, 혹은 사역태 표현, 기여태 표현, 가능태 표현에도 공통적으로 나타나는지도 밝힐 것이다.

넷째, 예를 들어 복문에 나타나는 수동태 표현이 구체적으로 종속절(연용절, 연체절, 인용절)을 어떠한 양상으로 포함하는지, 특정한 종속절을 포함하는 수동태 표현이 전형적인 수동태 표현의 특징인지, 아니면 다른 사역태 표현, 기여태 표현, 가능태 표현에도 보이는 특징인지가 드러날 것이다. 또한 수동태 표현이 인용절과 의문절 내부에 나타나는지, 나아가 수동태 표현이 일반 명사나 형식 명사를 피수식어로 취하는 연체수식절에 나타나는지, 연용절 내부에도 나타나는지, 만약 나타난다면 어떠한 양상으로 나타나는지, 그리고 그러한 양상은 수동태 표현에만 국한되어 나타나는 것인지, 아니면 사역태 표현, 기여태 표현, 기여태 표현에도 나타나는 특징인지도 드러날 것이다.

다섯째, 본서에서는 원어민의 언어 자료(에세이)에서 나타난 각 태 표현을 원어민에 의한 습득으로 간주하며, 그 습득은 동시에 원어민의 운용 양상이고 운용 능력으로 간주한다. 따라서 본서에서는 습득, 운용 양상, 운용 능력이라는 기술적 용어를 사용하지만 그것은 결과적으로 동일한 개념으로 간주한다. 제1언어로써 습득한 일본어 태 표현이 일상생활 속에서 어떻게 운용되는지를 살펴볼 것이다.

여섯째, 본서에서는 원어민의 각 태 표현에 대한 운용 양상과 한국인 일본어 학습자(이하 '학습자'라 약칭한다.)의 운용 양상을 비교 고찰함으로써 학습자의 운용 능력이 어느 정도인지를 가늠할 것이다. 각 태 표현 습득에 대한 기존의 선행 연구에서는 학습자의 오용 연구가 주축을 이룬 반면, 본서와 같이 오용을 포함한 습득 그 자체에 초점을 둔 연구는 저자가 아는 한 존재하지 않는다.

일곱 번째, 본서에서는 원어민의 각 태 표현에 대한 운용 양상을 통해 학습자의 각 태 표현의 효율적 학습을 위한 지도 방안을 제시할 것이다. 단순히 지엽적이고 표면적이 아닌 체계적인 관찰을 통해 얻은 지견을 토대로 한 지도 방안을 제안할 것이다.

마지막으로 본서의 부록이 제2언어습득 연구를 위한 데이터로 다양하게 활용될 수 있을 것으로 기대한다.

본서는 총 2부로 구성되어 있다. 제1부에서는 원어민이 운용한 언어 자료(에세이)에 나타난 수동태 표현, 사역태 표현, 기여태 표현, 가능태 표현이 단문과 복문의 어느 위치에서 어떠한 양상으로 출현하는지를 살펴볼 것이다.

제2부에서는 학습자의 작문 자료에 나타난 수동태 표현, 사역태 표현, 기여태 표현, 가능태 표현이 어떠한 문장에서 출현하는지 그 양상을 살펴보고 나아가 그 양상을 원어민의 운용 양상과 비교함으로써 학습자의 운용 능력을 측정할 것이다. 수치화된 운용 능력을 바탕으로 학습자에게 태 표현에 대해 어떠한 지도 방안이 필요한지에 대해서 살펴볼 것이다.

끝으로 이 저서가 세상에 나오게 해 주신 역락의 이대현 사장님, 박태훈 본부장님, 표지 제작에 애써 주신 이홍주 국장님, 강사 시절 일본어 작문 과제를 열심히 제출해 준 당시의 부경대학교 일어일문학과 학생(1999학년도 1학기 수강생)들에게 깊이 감사드린다.

2015년
천 호 재

차례

제1부 일본 원어민의 태와 복문 습득

제1장

서론

1.1 목적과 구성

본서의 목적은 크게 두 가지이다. 하나는 제1부에서 논의할 사항이지만, 에세이 형식의 문장체 자료에 나타난 원어민들의 수동태 표현, 사역태 표현, 기여태 표현, 가능태 표현의 운용 양상을 고찰하는 것이다. 일찍이 마에다 나오코(前田直子 2011)는 일본어 수동태 표현이 단문 및 복문에 출현하는 양상에 대해서 논의한 적이 있었는데, 그 논의에서 얻어진 결론이 과연 수동태 표현에만 국한되어 나타나는 것인지, 아니면 수동태 표현 이외의 태, 즉 사역태, 기여태, 가능태 표현에도 나타나는 공통된 특징인지에 대해서는 밝혀진 바가 없다. 따라서 본서는 이 문제를 수동태 표현, 사역태 표현, 기여태 표현, 가능태 표현 영역 전반에 걸쳐 살펴보고자 한다.

다른 하나는 제2부에서 논의할 사항인데, 한국인 대학생 일본어 학습자의 작문 자료에 나타난 수동태 표현, 사역태 표현, 기여태 표현, 가능태 표현의 운용 양상을 살펴보고 그 양상을 원어민과 비교 고찰함으로써 학습자의 태 표현 운용 능력을 측정하는 것이다.

제1부 제3장-제6장에서는 에세이 형식의 문장체 자료에 보이는 수동태 표현, 사역태 표현, 기여태 표현, 가능태 표현이 단문과 복문에 출현하는 양상을 살펴볼 것이다. 특정한 태의 표현이 단문에 나타난다면 종지형으로 나타나는지, 아니면 모댈리티 형식이나 시제 형식과 결합해서 나타나는지, 만약 모댈리티 형식이나 시제 형식 및 상 형식과 결합해서 나타난다면 어떠한 모댈리티 형식, 시제 형식 및 상 형식과 결합해서 나타나는지, 모댈리티 형식 이외에 예를 들어 시제 형식(현재 시제 형식, 과거 시제 형식)과 상 형식(현재 진행 형식, 과거 진행 형식)과 결합해서 나타난다면 구체적으로 어떠한 양상으로 나타나는지를 밝힐 것이다. 또한 수동태 표현, 사역태 표현, 기여태 표현, 가능태 표현이 복문에 출현하는 경우, 특정한 태 표현이 연용절, 연체절, 인용절 등으로 대표되는 종속절 가운데 어느 절을 많이 내포하는지 혹은 덜 내포하는지, 특정한 태의 표현이 인용절과 의문절 내부에 나타나는 양상, 특정한 태의 표현이 일반 명사나 형식 명사를 피수식어로 취하는 연체수식절에 나타나는 양상, 나아가 연용절 내부에도 특정한 태 표현이 나타나는지, 만약 나타난다면 어떠한 양상으로 나타나는지, 그리고 그러한 양상은 수동태 표현, 사역태 표현, 기여태 표현, 기여태 표현 전반에 나타나는지를 살펴볼 것이다.

제2부의 제8장-제11장에서는 학습자의 작문 자료에 나타난 수동태 표현, 사역태 표현, 기여태 표현, 가능태 표현의 운용 양상을 수치화할 것이다. 즉 특정한 태 표현이 단문에 나타나는 방식, 복문에 나타나는 방식을 관찰하고자 한다. 그리고 학습자의 태 표현 운용 양상을 통해서 학습자가 원어민의 운용 능력에 어느 정도 근접해 있는지를 살펴볼 것

이다. 각장 말미에서는 제1부에서 논의한 원어민의 태 표현 운용 양상을 토대로 학습자에 대한 각 태 표현의 습득과 운용 능력의 향상을 위한 지도 방안에 대해서 살펴볼 것이다.

1.2 분석 자료의 개요

이 절에서는 분석 자료의 개요를 설명하기로 한다. 이하 에세이 형식의 원어민 자료와 학습자의 작문 자료를 제목별로 소개하기로 한다.

먼저 원어민이 작성한 에세이 형식의 언어 자료부터 소개하기로 한다. 인터넷에 공개된 총 59편의 자료(문장을 검색창에 입력하면 아래 제목의 에세이가 나온다)로 일상생활 속에서 원어민들이 느낀 점을 에세이 형식으로 작성한 것이다. 괄호 안의 제목은 괄호 밖의 제목으로 일괄한다.

1 みすず(「果てもなくつづく言葉の流れ」、「弦に指がこすれる音」、「小説という空間」、「未整理・未発表と形」)
2 遠い触覚(「いや、わかってますよ」、「作品全体の中に位置づけられる不快」、「ペチャの隣りに並んだらジジが安らった」、「真夜中」)
3 言葉のポトラック
4 寝言戯
5 プロムナード
6 考える人(「心と脳をおさらいする」、「この音の先には何かがある」)
7 木もれ日(「猫が日の出前に起こす」、「横浜、来季が見えない」、「夏の昼の終わり」、「空間を浄化する鳴き声」、「朝顔、寒空に咲く」、「秋の日暮れは」、「動物霊園にて」、「生きた時間の厚み」、「雨上がり、男の子が」、「楽園で働く現代」、「11月の蒼く澄んだ空」、「この狂った社会」、「日本とはどういう国か」、「今の禁煙・エコが問題だ」)

그다음으로 학습자가 작성한 작문 자료는 1999년 1학기 일본어작문 수업에서 부경대학교 일본어문학과 2학년 1학기 학생들이 제출한 것이다. 꽤 많은 시간이 흘렀지만, 15년 동안 자료를 관찰하면서 현재의 일본어 학습자의 작문 능력과 차이가 나지 않은 것을 확인하고 그대로 분석 자료로 활용하기로 하였다.

과제에는 학생들 각자가 일상생활을 하면서 느낀 점이나 겪은 점이 들어가 있는데, 제출 건수는 총 390건으로 순번과 제목을 소개하면 다음과 같다. 제목에 표기 오용이 보이지만 정정하지 않았다.

⊃ 1차 작문 과제

1釜山の交通問題 2オリュクト 3私は釜山がほんとうに好きです 4私の理想型 5子供の健全なパソコンの使用 6ゴミを捨てる前、考えましょう 7私の人生に対して 8韓国マンガ事業育成 9Shall We Dance? 10私だけの男子 11スーパアイドル「北斗七星」 12青少年の文化空間 13地球を守るための努力について 14マンガの重さ 15たかく飛んだ鳥がとおく見る 16もう少し行くと 17地球を生かしましょう 18私はこんな男がほしい 19ゲーム産業を育成しよう 20自動販売機の増大方 21建物がくずれている 22外はとても寒いよ 23映画「건축무한육면각체의 비밀」 24無題 25女性の性は無罪 26貧富の差ない国 27失業者の脱出のプロジェクト 28コンサート文化の活性化 29国民も気を取り直しよう 30新自由主義と韓国 31勧めりたい本：20代でしなければならない50のこと 32将来計画 33韓国教育の現実 34과전がピッシャをおさえる日のため 35クリスマスのシルの活用 36射幸性娯楽機追放プロジェクト−学校前のToy Crane除去方案 37健康をためプロゼット 38왕따 39入試の地獄を取り除くために 40交通渋滞の解消をためのプロジェクト 41あんまり易しい問題 42いじめのもんだいかいけつの方案 43道路の停滞 44にせものの天国 45いじめに対して 46月ようびの渋滞 47公務員の賄賂の問題 48自動車の問題の解決策 49われわれの文化 50私たちが思わずしたこと 51危機の地方大学 52위천工団が洛東江に与える影響とそれに対して釜山市民の姿勢 53キャラクターは国境を越えて 54私も奨学金を受けられる 55洛東江PROJECT 56まんがもアートだ！ 57木下先生 5810年後の私を設計 59釜山飲料水の危機−市民の飲料水は安全か？ 60聴覚障害者も映画を楽しまれるその日のために 61日本人の世間体 62私の人生観 63早く会いたい彼氏 64全世界のネットワーク化 65病原の問題 66イジメがない学校 67いじめ＝ワンタ対策 68高齢化社会

69日本人 70日本の運動会の文化 71ＩＭＦはもう終わったといえども 72いじめという現代の新しい問題 73世界一流の大学になるため 74ワールドカップと韓·日の関係 75一緒に行きましょう 76地球温暖化に対してのプロジェクト 77いいかげんなねだん 78失恋をされたときの脱出方案 79自動の食券の販売機を設置しよう 80空を飛びたい夢 81男女の不平等 82私たちの願いは統一、夢にも願いは統一 83天使のような心 84母の小言は愛 85南浦洞の景気の活性化対策 86実力と情報 87残る日日をために 88正しい宗教観 89都市の中心に公園

⊃ 2차 작문 과제

90不親切 91市民の足 92親切な店員 93星空を見上げて生きる高校生 94放送プロの露出問題 95私の携帯電話 96日常生活に 있어서의 문제점 97都市で育てていいハムスター 98従業員とお客 99動物虐待か食文化か 100うちの大学 101地下鉄工事 102画一的な社会 103葬墓文化その通り良いんか 104官庁に託児施設を作ってください 105青少年文化の省察 106デパートの三つの問題点 107トイレのちり紙 108戦場のような155番のバス 109おじさん、ボールペンの芯ありますか 110人道と横断歩道 111BK21について 112天気予報 113あいさつについて 114TVの中の世 115交通事故 116おいしいコーヒーが好くよ 117地下鉄工事 118PCSの騒音公害 119ポケットベル 120自家用の車の利用の増加による問題 121カードが泣いている 122どの老教授の態度 123思考の変化 124これしかないので 125先進バス文化を作ろう 126うちの夜学校の問題点 127携帯電話の問題点 128不必要なカードの発行 129韓国の高·中·小学校の問題について 130携帯電話 131援助交際 132私が利用するバス 133バスがこわい(-空飛ぶバス-) 134食堂と売店で学生のマナ 135バスの横暴 136韓国の大学生の姿 137学校の問題点 138図書館の不親切 139公共図書館の問題点 140教会の問題点 141慌ただしい世 142택시 143乗りたくないバス 144無題 145名日のおんなとおとこ 146バスの問題点について 147理想とのへだたり 148バスの問題点 149図書館の問題点 150バスの中のじょうほ 151芝を踏まない下さい 152バス 153テレビのばんぐみのもんだいてん 154私の静かな人生の中 155親切 156バス、このようにしてもいいですか。157何とかかんとかいっても親切が最高！！ 158バスの問題点 159バスはいや 160お酒の文化の問題点 161つくえといす 162携帯電話と文化の意識 163駐車は正しく

⊃ 5차 작문 과제

이론적 배경

제2장에서는 제1부의 주제와 제2부 주제의 이론적 배경을 선행 연구를 통해서 제시하고자 한다. 제2장에서 제시하는 이론적 배경은 본서 전반을 이해하는 도구의 역할을 하므로 매우 중요하다.

2.1 일본어의 단문과 복문의 종류, 고찰의 대상, 분석의 기준

본서는 특정 태 표현이 단문과 복문에 나타나는 방식을 고찰한 것으로 이를 이해하기 위해서는 단문, 복문, 분석 기준에 대한 이해가 무엇보다 필요하다.

2.1.1 단문과 복문의 종류

이 절에서는 본서의 이해를 위한 전제로 단문과 복문 형식의 종류를 설명하고자 한다. 이하의 설명과 예는 요약을 하는 방식으로 마스오카 다카시(益岡隆志)・다쿠보 유키노리(田窪行則 1992:73-214)에서 요약하는 방식으로 인용한 것임을 밝혀둔다.

단문이란 하나의 주어와 술어로 구성된 문장을 말한다. 단문에는 우선 다양한 의미용법을 지니는 격조사 즉 ガ, ヲ, ニ, カラ, ト, デ, ヘ, マデ, ヨリ를 수반하는 보충어로 구성된 것이 있으며, いる와 ある를 술어로 취하여 존재 및 소유를 나타내는 존재문, 소유문이 있다. 또한 てあげる, てくれる, てもらう, 売る, 教える, 買う, 借りる 등과 같이 어느 한 쪽에서 다른 한 쪽으로 이동을 나타내는 수수문이 있다. 또한 憎む, 憎い와 같이 감정을 나타내는 감정 동사, 감정 형용사를 술어로 취하는 감정문이 있으며, 会う, 結婚する, 非難し合う와 같이 쌍방 모두에게 영향을 미치는 대칭문이 있다. 두 사람 이상이나 사물들 사이에서 성질 및 수량의 정도의 높낮이(우열)을 기술하는 비교문이 있으며, 先生になる, 寒くなる, 行くようになる와 같이 주어의 상태 변화를 기술하는 상태 변화문이 있다.

그리고 부사나 형용사의 연용형, 격조사 で, 동사의 て형을 통한 술어 수식문이 있으며, 타동사문-수동문, 타동사문-사역문 등과 같이 특정 접사의 부가에 수반하여 보충어의 격이 규칙적으로 변화하는 태(voice)가 있다. 태에는 타동사문, 수동문, 사역문 외에도 다수 있는데, 태에 대해서는 2.1.2에서 자세하게 설명하기로 하겠다. 또한 현재, 미래, 과거를 기술하는 시제문이 있으며, ている, たところだ, てしまう, しはじめる, しおわる, しつづける, てある와 같이 사건의 특정 국면을 기술하는 아스펙트문이 있다.

문장은 객관적인 사건뿐만 아니라 화자의 주관적인 태도 예를 들어, 확신, 추측, 명령, 의문, 부정, 금지, 허가, 충고, 의지, 권유, 희망, 명령,

의뢰, 의무, 당위, 설명 등을 기술하는 모댈리티문이 존재한다. 또한 주제를 지니는 유제문, 주제를 지니지 않는 무제문이 있으며 は, さえ, まで, ばかり, のみ, しか, こそ, なんか, なんて, くらい 등과 같이 어느 하나를 다른 여러 가지 중에서 부각시키는 기능을 나타내는 특립문이 있다. 사물 지시대명사(これ-それ-あれ), 방향 지시대명사(こちら-そちら-あちら), 장소 지시대명사(ここ-そこ-あそこ) 등을 사용한 지시문이 있으며, 지시문에는 현장을 직접적으로 지시하는 현장 지시문과 현실공간 이외의 요소를 지시하는 문맥 지시문이 있다. 또 문장 중에는 주어와 술어로 분화된 분화문(太郎は荷物を運んだ)이 있으며, 그렇지 않은 미분화문(はい、どうぞ)이 있다.

그러면 이번에는 복문에 대해서 살펴보기로 하자. 이미 언급한 바와 같이 단문은 예를 들어 父が重い荷物を運んだ와 같이 단일한 술어를 중심으로 구성된 문장을 말하는 반면에, 복문은 二郎が重い荷物を軽々と運んだので、順子は驚いた의 運んだ, 驚いた와 같이 복수의 술어를 포함하는 문장을 말한다. 二郎が重い荷物を軽々と運んだので、順子は驚いた에는 복수의 술어를 내포한 두 문장이 들어 있는데, 이들 복문을 구성하는 단위를 절이라고 부른다. 二郎が重い荷物を軽々と運んだので、順子は驚いた에서 ので 이후의 문장을 주절이라 부르며, 접속 조사 ので로 결합된 二郎が重い荷物を軽々と運んだ는 접속절이라고 한다.

접속절은 주절에 대한 의미관계의 차이에 의거하여 종속절과 병렬절로 일반적으로 분류된다. 二郎が重い荷物を軽々と運んだので、順子は驚いた라는 복문으로 말하면 二郎が重い荷物を軽々と運んだ는 順子は驚いた라는 사건을 야기한 원인이 되므로 종속적이다. 따라서 이를 종속절이라고 부른다.

반면에 병렬절은 주절에 대해서 의미적으로 치우치치 않고 대등한 의

미관계를 지닌다. 예를 들어 千恵子が詩を書き、二郎が曲をつけた라는 복문에서 千恵子が詩を書き와 二郎が曲をつけた는 의미적으로 대등하다.

접속절은 이미 언급한 바와 같이 종속절과 병렬절로 나뉘며, 종속절은 다시 보충절(명사절이라고도 한다.), 부사절(연용절이라고도 한다.), 연체절로 나뉜다. 보충절은 술어를 보충하는 기능을 하는데, 예들 들어 鈴木さんは車の調子が悪いことに気付いた／高津さんは朝早く起きるのが苦手だ／花子は太郎がその店に入るところを見かけた의 こと, の, ところ와 같이 명사에 상당하는 형식 명사를 통해 술어의 내용이 보충되는 것을 볼 수 있다. 만약 鈴木さんは車の調子が悪いことに気付いた에서 鈴木さんは気付いた라는 문장만으로 발화가 된다면 청자는 영문을 몰라 의아한 표정을 지을 것임에 틀림없을 것인데, 그 이유는 바로 문장 술어를 의미하는 보충절이 존재하지 않기 때문이다. 또한 형식 명사뿐만 아니라 太郎がどこで被疑者に会ったかが問題だ에서 보는 것처럼 의문 표현이 보충절이 되는 경우도 있다. 그리고 部屋には誰もいないと思っていた／部長は鈴木さんにすぐ帰るように命じた에서 보듯 ～と, ～ように와 같이 인용의 형식이 들어가 보충절이 되는 경우도 있다.

부사절은 연용절이라고도 불리며 父はいつも新聞を読みながら、朝食を食べる／もし不満があるなら、そう言ってほしい와 같이 술어를 수식하거나 문장 전체를 수식하는 절을 말한다. 부사절의 형식으로는 あれば와 같이 술어의 활용형, あっても, あっては와 같이 술어의 활용형에 특립 조사가 결합한 형태, 実行するために(は)와 같이 형식 명사에 격조사(주제격 조사), うるさいから와 같이 술어 활용형에 종속 접속조사, 考えていたほど에서 보듯, 술어에 접미사적인 단어가 결합한 것, 申し入れをしたにもかかわらず와 같이 접속어구 등을 들 수 있다. 부사절이 나타내는 의미에는 때(時に、折に、際に、たびに、とたん、やいなや、なり、

前に、以前に、後で、のちに、てから、うちに、あいだに、までに), 원인 및 이유(から、ので、ために、結果、だけに、あまり、せいで、ばかりに、述語~て、おかげで、もので、ものだから), 조건 및 양보(たら、ば、なら、と、のに、ても), 부대 상황 및 양태(動詞のテ形、~たまま、動詞の連用形＋ながら、動詞の連用形＋つつ、動詞の基本形・~たように、~たとおりに), 역접(が、けど、けれど、けれども、ものの、のに、にもかかわらず、ながら、つつ), 목적(ために、ように、のに、べく、動詞連用形＋に), 정도(述語の基本形・た形＋くらい、ぐらい、ほど、だけ), 기타(述語の基本形・た形＋以上は、からには、かぎりは、上で、述語の基本形＋より、一方、反面、につれて、に従って、どころか) 등이 있다.

연체절은 太郎が撮った写真과 같이 太郎が撮った라는 절이 명사 写真을 수식하는 절을 말한다. 즉 명사를 수식하는 문장 단위를 연체절이라 하며, 이러한 연체절에 의해 수식되는 명사를 피수식 명사라고 한다. 연체절은 피수식 명사에 대한 수식 방식의 차이에 따라 보충어 수식절, 상대 명사 수식절, 내용절로 나뉜다. 보충어 수식절을 예시하는 太郎が撮った写真에서 피수식 명사 写真은 술어 撮った에 대해서 보충어의 관계에 놓여 있다. 상대 명사 수식절이란 前⇔後(あと、うしろ)와 같이 시간적, 공간적으로 상대적인 관계에 있는 명사를 수식하는 절을 말한다. 鈴木さんに会う前に高津さんと相談しておいたほうがよい와 같은 예를 들 수 있다. 마지막으로 내용절은 피수식 명사가 지시하는 대상의 내용을 나타내는 것을 말한다. 예를 들면 政治家が賄賂をもらったという事実에서 政治家が賄賂をもらった는 피수식 명사 事実의 내용이다. 본서에서는 보충어 수식절, 상대 명사 수식절, 내용절의 피수식 명사에 초점을 두고 피수식 명사를 실질 명사와 형식 명사로 나누어 특정 태 표현과의 상호관계를 살펴보고자 한다.

마지막으로 병렬절이다. 병렬절이란 이미 언급한 바와 같이 주절에

대해서 의미적으로 대등한 관계를 지니는 절을 말한다. 병렬절에는 다시 순접적 병렬과 역접적 병렬로 나뉜다. 순접적 병렬이란 鈴木さんは京都で生まれ、神戸で育った와 같이 주절과 의미적으로 대립하는 일없이 단순히 정보가 나열되는 관계를 형성하는 것을 말한다. 대표적 형식으로는 生まれ와 같은 연용중지형, て形, たり, し, だけでなく, なくて, ないで, ずに 등을 들 수 있다. 반대로 역접적 병렬이란 병렬절과 주절이 의미적으로 대립하는 관계를 말한다. 대표적인 형식으로 ~が를 들 수 있다. 이하에서는 마에다 나오코(前田直子 2011)의 분류에 따라 병렬절을 연용절에 포함시킨다.

2.1.2 태(voice)와 고찰의 대상, 분석 기준

본서가 태(voice)에 주목하는 이유는 태 관련 표현이 형태적으로 통사적으로 의미적으로 나아가 기능적으로 난이도가 매우 높은 문법 항목이기 때문이다. 이것은 태 관련 표현이 일본어교재에서 후반부에 배치되는 경향이 압도적으로 높은 사실에서도 뒷받침된다. 이하 태의 형태, 통사, 의미적 특징에 대한 설명을 하는데 이들 설명과 그에 따른 예문은 모두 무라키 신지로(村木新次郎 1991:1-30)에서 본 저자가 요약하는 방식으로 인용한 것임을 밝혀둔다.

태(態, voice)란 동작의 방향성에 관한 문법 범주로 동작의 방향이 어느 쪽으로 흘러가는지에 시점을 두고 표현하느냐는 문장의 기능의미구조에 의거한 통사론적인 측면과 술어인 동사가 어떠한 형태를 취하느냐라는 동사의 형태론적인 측면의 상호관계를 명시하는 체계로 알려져 있다. 예를 들어 猫がねずみを追いかけた라는 능동문과 ねずみが猫に追いかけられた라는 수동문은 동일한 사상을 기술한다는 점에서 공통점을 지니지만, 세 가지 점에서 서로 구별된다. 첫째, 문장의 의미구조의 차이이다. 능동문에서는 주어가 동작의 주체인 猫이지만, 수동문에서는 주어가 동작의 객체인 ねずみ이다. 능동문에서는 동작이 원심적인 방향성을 지니는 반면, 수동문에서는 구심적인 방향성이 그려진다.

둘째, 통사적 특징의 차이이다. 능동문을 예시하는 猫がねずみを追いかけた에서는 동작 주체 猫가 주격이고 객체 ねずみ가 사격(斜格)으로 표시된다. 반면에 수동문을 예시하는 ねずみが猫に追いかけられた에서는 동작의 객체가 주격이고 주체 쪽이 사격(与格)으로 표시된다.

셋째, 동사의 형태적 특징의 차이이다. 능동문을 예시하는 猫がねずみを追いかけた에서는 동사의 어형 追いかけた가 기본형인 반면에, 수동문을 예시하는 ねずみが猫に追いかけられた에서는 동사의 어형이 追いかけられた에서 보듯 기본형에 られ라는 접미사가 부가된 파생형이다.

이와 같이 태는 문맥이나 장면 상황에 따라 화자가 선택한 문장의 의미가 명사의 통사관계와 형태적 특징에 의해서 구현되는 것을 알 수 있다. 이러한 특징을 지니는 태와 관련을 지니는 문장으로는 수동문 외에 사역문(山田が多額のローンに悩んでいる-多額のローンが山田を悩ませている), 자동사문과 타동사문(太郎が電灯を消した-電灯が消えた), 상호문(「イラクはイランととなりあってある」「イラクはイランと戦った」), 재귀문(太郎は(頭から)冷水を浴びた), 가능문(太郎に/が英語が/を読める(こと)), 희망문(ぼくが酒が/を飲みたい), 자발문(太郎に故郷がしのばれる(こと)), 수수문(「教師が生徒をほめてやった」「教師が生徒をほめてくれた」「生徒が教師に/からほめてもらった」), てある문(机の上に書類が置いてある-誰かが机の上に書類を置いた)을 들 수 있다.

이상이 무라키 신지로(村木新次郎 1991:1-30)의 설명인데, 이들 태 가운데, 본서에서는 수동문, 사역태, 수수태, 가능문에 초점을 맞춰 분석하고자 한다. 본서에서 이들 구문에 주목하는 이유로 두 가지를 들 수 있는데, 하나는 이들 구문 습득의 난이도가 높기 때문이며, 다른 하나는 본 저자가 입수한 자료에 이들 구문이 다른 구문에 비해 비교적 풍부하게 수록되어 있기 때문이다. 즉 난이도가 높기 때문에 습득의 어려움이 있고, 풍부하게 수록되어 있기 때문에 제1언어습득과 제2언어습득 양상을 관찰하기가 용이한 것이다.

이하 본서에서는 수동문, 사역문, 수수문, 가능문 등과 태와의 관련성을 강조하기 위하여 수동문을 수동태 표현, 사역문을 사역태 표현, 수수문을 기여태 표현, 가능문을 가능태 표현으로 통칭하고자 한다.

본서의 목적은 이미 언급한 바와 같이 이들 태 표현이 단문과 복문에서 출현하는 위치를 분석하는 것인데, 이를 위해 본서에서는 마에다 나오코(前田直子 2011)가 제시한 기준을 따르고자 한다. 수동태 표현의 문중 출현 위치를 6종류로 분류한 마에다 나오코(前田直子 2011:69-70)의 기준을 제시하면 다음과 같다.

①단문말에 수동태 표현이 나타나는 경우
　(1) 私は兄に<u>叱られた</u>。
②복문 후행절(=주절)에 수동태 표현이 나타나는 경우
　(2) 陽子は夜遅く家に帰り、兄に<u>叱られた</u>。
③인용절에 수동태 표현이 나타나는 경우
　(3) 陽子は兄に<u>叱られた</u>と言った。
④의문절에 수동태 표현이 나타나는 경우
　(4) 陽子が兄に<u>叱られた</u>か、わからない。
⑤연체적 복문 선행절(=연체수식절)에 수동태 표현이 나타나는 경우
　(5) 兄に<u>叱られた</u>陽子は、大声で泣き出した。
⑥연용적 복문 선행절에 수동태 표현이 나타나는 경우
　(6) 兄に<u>叱られて</u>、陽子は泣き出した。

예문 (1)은 단문이고, (2)-(6)은 복문이다. 즉 (1)에서는 수동태 표현

이 단문에 출현한 것이고, (2)에서는 수동태 표현이 복문에 출현한 것이다. 복문에 출현한 수동태 표현을 좀 더 자세히 살펴보면 (2)는 복문 후행절 즉 주절에 수동태 표현이 출현한 것을 예시한 것이며, 예문 (3)은 인용절에 수동태 표현이 출현한 것을 예시한 것이다. 예문 (4)는 의문절에 수동태 표현이 출현한 것을 예시한 것이며, 예문 (5)는 연체절에 수동태 표현이 출현한 것을 예시한 것이다. 마지막으로 예문 (6)은 연용적 복문 선행절에 수동태 표현이 출현한 것을 예시한 것이다. 본서에서는 마에다 나오코(前田直子 2011:70)의 기준을 따라 ⑤연체적 복문 선행절(=연체수식절)에 형식 명사를 수식하는 보충절(명사절)을, ⑥연용적 복문 선행절에는 부사절(연용절)과 병렬절을 구별하지 않고 일괄하였다.

이하 본서에서는 위에서 제시한 기준을 근거로 원어민의 태 표현(수동태 표현, 사역태 표현, 기여태 표현, 가능태 표현)에 대한 제1언어습득과 학습자의 제2언어습득 양상을 고찰하도록 하겠다.

2.2 제2언어습득 이론과 본서의 연구 방향

제2언어습득에 대해서 논의하고자 하는 경우, 그 전에 우선 제1언어습득(First Language Acquisition)에 대해서 살펴보는 것이 필요하다. 왜냐하면 제2언어습득(Second Language Acquisition)의 '제2'라는 용어에서 '제1'이라는 개념이 자연스럽게 대두되기 때문이다. 제1언어란 인간이 태어나면서 가장 먼저 주어진 자신의 모(국)어를 가리키며, 제1언어 습득이란 바로 모국어를 습득하는 것을 말한다. 그리고 제1언어 습득 이론이란 제1언어인 모국어 습득 과정에서 규명된 지식 체계를 가리킨다.

이에 대해 제2언어란 모국어(한국어) 이외의 언어(영어, 일본어, 독일어, 스페인어…)를 가리킨다. 제2언어습득이란 모국어인 한국어 외에 영어나 일본어를 습득하는 것을 말하며, 제2언어습득이론이란 모국어(한국어) 외의 다른 언어 즉 영어나 일본어를 습득하는 과정에서 검증된 지식 체계를 가리킨다. 예를 들어 일본어 습득이 일률적으로 이루어지는 것이 아니라면 어떠한 종류의 습득이 존재하며, 일본어 습득이 자연스럽게 혹은 무질서하게 이루어지는지, 만약 자연스럽게 이루어진다면 어떠한 방식으로 이루어지는지, 학습자의 개인차로는 어떠한 것이 있는지 등등에 관련된 나름 설득력을 지닌(학계에서 인정받은) 지식의 총체가 제2언어습득 이론이다.

그런데 예를 들어 한국인이 습득한 일본어 습득을 분석하고자 할 경우, 우선 짚고 넘어가야 할 것이 오류(오용) 분석과 중간언어 분석이다. 왜냐하면 제2언어습득 연구에서 습득 그 자체 연구보다는 오류(오용) 분석과 중간언어 분석이 지금까지 주류를 이루어왔기 때문이다. 그리고 습득 연구라고 하면 일반적으로 <습득 연구＝오류(오용) 연구>, <습득 연구＝중간언어 연구>로 간주되는 경향이 있기 때문이다. 이렇게 간주된 데에는 모국어가 아닌 외국어 습득이 모국어만큼 정확하고 완전하게 습득이 이루어지지 않은 데에서 가장 큰 원인이 있다고 생각된다. 즉 학습자의 목표언어 습득에는 문법적으로 올바른 부분도 있지만, 이와는 반대로 학습자가 습득한 목표언어 즉 일본어에는 잘못된 어휘나 문장도 들어 있으며, 그 잘못된 어휘나 문장은 모국어도, 목표언어인 일본어도 아닌 학습자가 독자적으로 산출해 낸 체계(예를 들어 모국어의 영향, 목표언어의 과잉 규칙의 적용)가 깊이 관여하고 있다고 할 수 있다. 전자 즉 학습자가 목표언어의 어휘나 문장을 문법적으로 잘못 사용하거나 상황에 맞지 않게 사용하는 것을 오류(error) 혹은 오용(misuse)이라고 하며, 후자 즉 학습자가 독자적으로 산출해 낸 언어 체계를 중간언어라고 한다.

목표언어의 오용이나 오류 연구 나아가 중간언어 연구는 그 역사도 오래되었을 뿐만 아니라 오랜 역사를 거듭해오면서 비축된 연구 성과도 엄청나며 본 저자가 새로운 성과를 제공할 여지는 거의 전무하다. 목표 언어의 오용이나 오류 그리고 중간언어의 목표언어 습득의 부정적인 면에 중점을 두고 마치 의사가 환자를 치료하듯이 목표언어의 올바른 사용을 위한 처방전을 제시하는 능력은 원어민이 아닌 본 저자로서는 원초부터 불가능하기 때문이다.

그런데 최근 목표언어의 습득을 오용(오류)이나 중간언어와는 별개로 습득 그 자체에 무게를 두고 원어민의 목표언어 습득과 비교하려는 연구 경향이 조금씩 모습을 보인다. 대표적으로는 모리야마(森山 2000)나 마에다 나오코(前田直子 2011)의 연구를 들 수 있는데, 그 성과는 아직 미미하며 따라서 초보적인 단계에 머무르고 있다고 해도 과언은 아니다. 습득 연구에 본 저자가 관심을 쏟는 무엇보다 큰 이유는 일본어 학습자의 습득을 통해서 성급하게 문제점을 발견하기보다는 변화와 성장 안에서 그들의 목표언어 즉 일본어 사용자로서의 발달을 관찰하는 것이 훨씬 유의미하다고 보기 때문이다. 부모가 아이의 모(국)어 발달 과정을 지켜보듯이, 학습자가 습득해나가는 목표언어의 발달 과정을 관찰해나가면 오용이나 오류 연구, 중간언어 연구에서는 예기치 못했던 훨씬 의미있는 지견을 제2언어습득 이론에 공헌할 수 있지 않을까하는 것이다.

초기의 일본어 학습자가 구사하는 일본어는 어떤 점에서 피진과 닮아있다고 할 수 있다. 피진이나 일본어 학습자가 구사하는 일본어 모두 불완전한 문법과 어휘에 의한 언어 행동의 결과물이라는 사실에 변함이 때문이다. 피진(pisin)은 그 태동에 있어 언어학자의 관심을 받을 겨를이 없이, 즉 오류니 오용이니 중간언어이니 하는 말을 들을 겨를도 없이 엄

연한 독립적인 실체 즉 크레올(creole)로 발달해버린 것을 인정한다면, 제
2언어 학습자가 습득한 목표언어에 오류나, 오용 그리고 중간언어와 같
은 부정적인 요소 즉 피진적인 요소가 내재되어 있다고 하더라도 제2언
어 학습자는 끊임없이 목표언어에 도달하기 위한 발달을 추구하고 있다
는 점을 결코 부정하기는 어려울 것으로 생각된다.

실제로 제2언어 능력의 발달이 복잡한 과정이기는 하지만 제2언어습
득(학습)에 있어서 보편적인 발달 과정이 존재하는 것으로 알려져 있다.
Pienemann & Johnston(1987), Pienemann, Johnston & Brindley(1988)에
의하면 제2언어(제1언어도 포함하여)의 공통적인 구문의 발달 단계로 다음
과 같은 순서가 존재하는 것으로 밝혀졌다. 발달은 습득의 과정이라는
점에 유의해 주길 바란다.[1]

제1단계 : 어휘, 상투어를 말할 수 있다.
제2단계 : 표준적인 어순의 문장을 말할 수 있다.
제3단계 : 문말의 요소를 문두에 두는 등 문장의 요소를 움직일 수
있다.
제4단계 : 문장의 구성 성분에 대한 인식이 가능해져, 문중의 요소를
전후로 움직일 수 있다.
제5단계 : 단문 구조 안에서 여러 요소로 자유롭게 움직일 수 있다.
제6단계 : 복문 구조 안에서 여러 요소를 움직일 수 있다.

본 저자의 말로 표현하자면 제1단계는 일본어 학습자가 암기한 특정
한 단어나 인사말을 산출할 수 있는 단계이다. 제2단계는 긍정문(명사 술

---

1) Pienemann & Johnston (1987), Pienemann, Johnston & Brindley(1988)은 고야나기 가오
루(2006:120)에서 재인용한 것이다.

어문, 형용사 술어문, 동사 술어문), 의문문, 부정문, 평서문 등을 마치 단어 외우듯 정형화하는 상태에서 산출하는 단계이며, 분석화하는 단계에는 아직 도달하지 못한 단계이다. 예를 들면 食べません의 의미를 비록 인지하고는 있다고 해도 食べる＋ません로 형태적으로 결합한 것이라는 것을 아직 인지하지 못하는 단계라고 할 수 있다. 제3단계는 지극히 제한된 범위 これはいくらですか를 いくらですか、これは？와 같이 문장의 주어와 술어의 위치를 도치한다든지, 조동사 ます를 동사의 종류에 따라 각기 다른 방식으로 산출해낼 수 있는 단계이다. 제4단계는 제3단계보다 좀 더 진전된 단계로 동사나 형용사 활용을 잘 산출해내는 단계이다. 제5단계는 문말에 종조사나 화자의 주관적인 태도(추측이나 기분, 명령, 의뢰 등)를 나타내는 모델리티의 요소를 덧붙일 수 있는 단계이다. 6단계는 당연히 5단계보다 더 복잡한 단계이며, 목표언어 습득의 최종 단계라고 할 수 있는데, 예를 들어 하나의 문장 안에 또 하나의 다른 문장을 삽입한 형태로 산출해낼 수 있는 단계이다. 즉 この人があの人です라는 문장의 산출이 한계인 학습자는 5단계에 머물러 있는 학습자라고 한다면 この人が私と結婚を約束した人です와 같이 연체절을 삽입할 수 있는 학습자는 6단계에 도달한 학습자라고 할 수 있다.

이상 제시한 제2언어 발달 단계는 제2언어습득의 이론적 타당성을 뒷받침해주는 것으로 보기에 충분하다고 생각된다. 설정한 각 단계를 반박할만한 미흡점을 발견할 아무런 문제가 보이지 않기 때문이다. 오히려 이상의 발달 단계를 통해 본 저자는 본서의 연구 방향을 제시하기가 매우 용이해졌다는 사실을 강조하고 싶다. 본서에서는 학습자의 제5단계와 제6단계에 해당하는 일본어 습득을 분석하고자 한다. 천호재·조병현(2010)에서 소개된 선행 연구를 보면 대부분 기존의 일본어 습득 연구가 제1단계-제4단계에 대부분 머물러 있으며 그것도 주로 오용(오류)

나 중간언어 연구가 대부분을 차지하는 것을 볼 수 있다. 일본인의 제1언어습득과 목표언어인 제2언어에 대한 한국인 학습자의 습득을 비교함으로써 학습자가 목표언어인 일본어에 어느 정도 도달했는지를 파악하는 것은 이미 제1장에서 언급한 것처럼 교수법(지도 방안)의 효율성 정도를 측정하거나, 그에 따라 교수법을 수정 및 보완하거나 제2언어 발달적인 측면을 파악하거나, 금후 교실활동을 계획하거나, 언어 적성을 테스트하거나 하는 것이 가능하다는 점에서 매우 중요하다고 할 수 있다. 즉 제2언어 습득 연구는 오용(오류) 연구나 중간언어 연구와는 비교할 수 없을 정도로 풍부한 지적 성과를 가져다주기에 충분하며 나아가 인접 학문(언어학, 일본어학, 사회언어학)과의 소통을 가능하게 하는 풍성한 학문적 결실을 가져다주기에 충분할 것으로 여겨진다. 또한 본서에서 언어진 성과는 일본어교육에 환류될 가능성도 매우 높다는 점을 강조하고 싶다.

제 1 부

일본 원어민의 태와 복문 습득

제3장

원어민의 수동태 표현의 습득

3.1 들어가는 말

다음의 예를 보도록 하자. 예문 (1)은 시로타 슌(城田俊 2002:125)에서 인용한 것이고 예문 (2)는 작례이다.

(1) a. 花子が太郎を苛める。　　　　　(타동사문)
　　b. 太郎が花子に苛められる。　　　(수동문)
(2) a. 赤ん坊が泣いた。　　　　　　　(자동사문)
　　b. 太郎は一晩中赤ん坊に泣かれた。　(수동문)

수동문(이하 '수동태 표현'으로 통칭한다.)은 술어인 동사(타동사, 자동사)의 어간에 (r)are가 연결되어 주어의 피영향성을 기술한다. 예문 (1b)에서 보듯 타동사문에서 수동태 표현이 만들어지는 경우에는 타동사문의 주어가 사격(oblique, 에격/によって격)을 취하거나 경우에 따라서는 생략되기

도 한다. 한편 예문 (2b)에서 보듯 자동사문에서 수동태 표현이 만들어
지는 경우에는 기저의 자동사문 주어가 に격을 취하면서 수동태 표현의
주어가 그 に격 명사로부터 영향을 받는 것을 기술한다.

수동태 표현의 이러한 특징에 대해서는 이미 많은 일본어문법학자들
이 논문과 문법서에서 일치된 견해를 보인다. 그러나 원어민들이 실제
의 언어생활에서 문중에 수동태 표현을 어떻게 위치시키며 운용하는지
에 대해서는 마에다 나오코(前田直子 2011)의 연구를 제외하고는 보이지
않는다.

이에 제3장에서는 원어민이 작성한 문장체 자료에 나타난 수동태 표
현을 추출하여, 그 수동태 표현이 문중에 어떠한 양상으로 출현하는지
를 살펴보고자 한다. 이를 위해 본서에서는 우선 3.2절에서 선행 연구로
마에다 나오코(前田直子 2011)가 분석한 수동태 표현의 문중 출현 위치를
살펴보기로 한다. 3.3절에서는 마에다 나오코(前田直子 2011)가 제시한 수
동태 표현의 6가지 문중 출현 위치를 기준으로 원어민이 작성한 문장체
(에세이) 자료에서 수동태 표현이 어떠한 양상으로 출현하는지, 그리고
마에다 나오코(前田直子 2011)의 구어체 자료(영화 대본)와 어떠한 차이를
나타내는지를 살펴보고자 한다. 3.4절에서는 수동태 표현 확장을 위한
마에다 나오코의 지도 방안을 소개하고, 3.5절에서는 결론을 말하도록
하겠다.

3.2 선행 연구―마에다 나오코(前田直子 2011)의 분석

일본어 수동태 표현에 관련된 선행 연구는 많이 있지만 본서에서는

단문과 복문에 출현하는 수동태 표현을 고찰한 마에다 나오코(前田直子 2011)의 연구에 초점을 맞추기로 한다.

마에다 나오코(前田直子 2011:69-70)는 수동태 표현이 문중(단문, 복문)의 다양한 위치에 출현하는데, 그 위치를 세분화하면 아래와 같은 6가지로 나눌 수 있다고 하였다. ①이 단문이고, 그 이하는 복문의 위치에서 수동태 표현이 출현한 것이다.

①단문말에 수동태 표현이 나타나는 경우
  (3) 私は兄に叱られた。
②복문 후행절(=주절)에 수동태 표현이 나타나는 경우
  (4) 陽子は夜遅く家に帰り、兄に叱られた。
③인용절에 수동태 표현이 나타나는 경우
  (5) 陽子は兄に叱られたと言った。
④의문절에 수동태 표현이 나타나는 경우
  (6) 陽子が兄に叱られたか、わからない。
⑤연체적 복문 선행절(=연체수식절)에 수동태 표현이 나타나는 경우
  (7) 兄に叱られた陽子は、大声で泣き出した。
⑥연용적 복문 선행절에 수동태 표현이 나타나는 경우
  (8) 兄に叱られて、陽子は泣き出した。

예문 (3)은 수동태 표현이 단문에서 종지형의 형태로 나타나는 것을 알려주는 예이다. 그러나 후술하지만 수동태 표현이 단문에서 반드시 종지형의 형태로 나타나지는 않는다. 시제 형식과 상 형식, 그리고 모댈리티 형식과 같은 다양한 형식이 수동태 표현에 결합한다. 예문 (4)는 복문 후행절 즉 주절에 수동태 표현이 나타난 경우이다. 선행절은 종속절이라 불리며 그 종속절은 다시 연용절, 연체절, 인용절로 나뉜다. 예문 (5)는 인용절 형식 と 내부에 수동태 표현이 나타난 것을 보여주는 예이다. 본서에서는 인용절 형식으로 と뿐만 아니라 ように도 고찰의

대상으로 넣어 인용절에 나타난 수동태 표현을 관찰하였다. 예문 (6)은 의문절 내부에 수동태 표현이 출현한 것을 보여주는 예이다. 즉 의문절 형식 か가 접속된 수동태 표현이다. 예문 (7)은 연체절에 수동태 표현이 나타난 것을 보여주는 예이다. 연체절에 나타나는 수동태 표현은 실질 명사와 형식 명사를 수식한다. 예문 (8)은 수동태 표현이 연용절 형식(て 절 형식)의 내부에 생기한 것을 보여 주는 예이다.

마에다 나오코(前田直子 2011:70)는 위에 제시된 6개의 출현 위치를 가지고 영화 대본(男はつらいよ, 25작 시나리오)에 나온 수동태 표현을 분석하였는데 그 결과를 제시하면 다음의 <표 1>과 같다.

▶표1_ 대본에 나타난 수동태 표현

		수동태 표현의 문중 출현 위치	前田直子 (2011:70)	
문말	단문	①단문말에 수동태 표현이 나타나는 경우	65	15
		②복문 후행절에 수동태 표현이 나타나는 경우	55	13
비문말	복문	③인용절에 수동태 표현이 나타나는 경우	7	2
		④의문절에 수동태 표현이 나타나는 경우	3	1
		⑤연체적 복문 선행절에 수동태 표현이 나타나는 경우	73	17
		⑥연용적 복문 선행절에 수동태 표현이 나타나는 경우	223	52
합			426개	100%

위의 <표 1>을 보면 단문말에 나타나는 수동태 표현은 15%에 불과하며 나머지 85%는 모두 복문에 나타난다는 사실을 확인할 수 있다. 또 하나 눈에 띄는 것은 연용적 복문 선행절에 수동태 표현이 나타나는 경우, 즉 수동태 표현이 연용절 형식에 결합되어 나타난 경우가 52%로 과반수를 차지한다는 사실이다.

이에 대해 본서에서는 마에다 나오코(前田直子 2011)가 분류한 이 결과가 어느 정도 일반성을 지니는지를 구어체 자료가 아닌 원어민이 작성한 에세이 자료(문어체 자료)를 통해 조사하고자 한다. 그리고 이러한 조사 결과가 수동태 표현에 국한하여 나타나는지 아니면 사역태 표현, 기여태 표현, 가능태 표현에도 나타나는지를 살펴보고자 한다(제1부). 그리고 원어민이 운용한 수동태 표현, 사역태 표현, 기여태 표현, 가능태 표현과 학습자가 운용한 수동태 표현, 사역태 표현, 기여태 표현, 가능태 표현과 비교함으로써 학습자의 태 습득 양상도 아울러 고찰한다(제2부).

3.3 수동태 표현이 나타나는 단문과 복문의 분석

이 절에서는 단문말에 수동태 표현이 나타나는 경우, 복문 후행절(=주절)에 수동태 표현이 나타나는 경우, 인용절에 수동태 표현이 나타나는 경우, 의문절에 수동태 표현이 나타나는 경우, 연체적 복문 선행절(=연체수식절)에 수동태 표현이 나타나는 경우, 연용적 복문 선행절에 수동태 표현이 나타나는 경우로 나누어 원어민의 수동태 표현의 운용 양상을 살펴보기로 하겠다.

수동태 표현의 운용 양상을 구체적으로 살펴보기 전에 우선 본서에서는 수동태 표현이 나타나는 단문과 복문의 출현 위치를 분석함에 있어 몇 가지 방침을 세웠다. 먼저 3.3.1절에 관련된 것으로 오로지 단문에 한정하여 수동태 표현이 종지형의 방식으로 문말에 나타나는 경우, 모델리티와 결합해서 나타나는 경우, 시제 및 상의 형식과 결합해서 나타나는 경우를 관찰하였다. 복문의 주절말에도 다양한 종지형과 모델리티 그리고 시제 및 상의 형식이 결합한 수동태 표현이 운용되는 경우는 마에다 나오코(前田直子 2011)의 전례에 따라 고찰의 대상에서 제외하였다.

둘째, 복문의 경우 수동태 표현은 일반적으로 文章を書くとき人はいろいろな監視の下に置かれる(寝言戯言11)에서 보듯 하나의 문법 형식(연체절)을 내포하는 방식으로 운용되는데, 다음의 예문 (9)에서 보듯 수동태 표현이 다양한 문법 형식과의 상관관계가 인정되는 경우가 있다.

> (9) その誰もが同意するであろう、ノートを書くことで自分の考えが<u>練り上げられる</u>というそれは、しかし、書くことによって小論文的な論述方法が上達するというようなテクニックの問題ではなく、書くその時間、書きながらその文に<u>誘発されて</u>いろいろな考えが頭を過る、いろいろな考えが池に投げた小石の波紋のように複数同時にパーッと広がる、その経験こそが重要なのではないか。(試行錯誤に漂う6)

예를 들어 수동태 표현 練り上げられる는 인용절 내부에 나타나며, 다른 수동태 표현 誘発される는 ノートを書くことで自分の考えが練り上げられると와 小論文的な論述方法が上達すると라는 2개의 인용절과 テクニックの問題ではなく라는 연용절을 내포하고, 書くその時間에서 보듯 연체절을 내포하고, 書きながら에 보듯 ながら연용절을 내포하고 誘発されて에서 보듯 て연용절 내부에 생기한다는 점에서 7개의 출현 위치가 인정되는데, 본서에서는 이러한 수동태 표현의 위치 관계를 모두 인정하였다.

셋째, 다음의 예문에서 보듯 수동태 표현 見られる가 내포하는 인용절 내부에 から연용절과 たら연용절과 같이 2개의 연용절이 생기하더라도 본서에서는 이를 일절 인정하지 않고 수동태 표현 見られる가 인용절을 내포하는 1개의 경우로만 인정하였음을 밝혀둔다. 3.3.2절과 관계가 있다.

(10) ずいぶん大ざっぱな言い方だが、人類はこれから一万年くらいはどうしたっ
て生きるのだろうから、いつか大きな思考様式の切断があるとしたら、そ
れ以前はひとつながりのものと見られるだろう。(試行錯誤に漂う15)

넷째, 다음의 예문 (11)에서 보듯 수동태 표현이 실질적으로 2개의 연
체절을 내포하는 것으로 생각되는 경우, 전자의 연체수식절이 명시된
경우에 한해서 1개의 연체절만을 내포하는 것으로 인정하였다. 즉 素通
りしていた短編만 연체절로 인정하고 뒤의 断片을 피수식어로 하는 연
체절의 존재는 인정하지 않았다. 3.3.5절과 관계가 있다.

(11) いままで素通りしていた短編や断片が襖のように私の胸に打ち込まれてく
る。(好きなもの)

마지막으로 다음의 예문 (12)에서 보듯 수동태 표현에 1개 이상의 연
용절이 결합하는 경우, 가장 뒤에 결합한 연용절만을 인정하였다. 즉 예
문 (12)의 撫でられそうになると에서 보듯 수동태 표현에는 추량의 조
동사의 연용 형식 そうに와 と연용절 2개가 결합되었는데, 撫でられそ
うになる가 と연용절 내부에 모두 들어가므로 즉 실질적으로 撫でられ
そうになる가 と연용절의 지배를 받는 것으로 인정되므로 일일이 산정
하지 않고 하나의 출현 위치로만 인정하였다. 3.3.6절과 관계가 있다.

(12) 若い花ちゃんは撫でられそうになると逃げる。(好きなもの)

그러면 이러한 본서의 방침을 토대로 원어민의 수동태 표현의 운용
양상을 살펴보기로 하겠다.

3.3.1 단문말에 수동태 표현이 나타나는 경우

한국 대학의 초급일본어 교과서에는 단문 형식의 수동태 표현이 제시되는 것이 일반적이다. 복문이 제시된 경우는 거의 없다고 해도 과언이 아니다. 그러나 본 저자가 채집한 원어민의 수동태 표현 715개 가운데 단문 형식의 수동태 표현이 출현한 횟수는 41개로 6%에 지나지 않는다. 이 사실은 원어민이 사용하는 수동태 표현이 반드시 단문에만 나타나는 것은 아니라는 것을 단적으로 말해 주는 것이다. 다음의 예문을 보도록 하자.

(13) 木の花は日本人には愛される。(木の花)
(14) 兼業主婦は大変だ、しかし専業主婦でも悪く言われる。
　　　(子供も生まず、結婚もしない選択肢)
(15) 日本ムラの中では甘えも許される。(日本とムラ)
(16) おじいさんが殺された。(プロムナード)
(17) そういう風に親に育てられた。(言葉のポトラック)

예문 (13)-(17)에서 보듯 종지형의 형태로 단문을 형성하는 경우가 있는가 하면, 다음의 예문 수동태 표현이 다른 표현과 결합해서 나타나는 경우도 있다.

(18) 「主観的」と言われることになる。(風の旅人)
(19) すでに動物には応用されています。(中央公論2000年7月号)
(20) 救出されたからである。(塩の像)
(21) 「雪国」は「文芸春秋」「改造」「日本評論」「中央公論」「文芸春秋」「改造」という
　　　順に、見事にばらばらに掲載されることになった。(プロムナード)

예문 (18)의 수동태 표현에는 것이 되는가 결합하였으며, 예문 (19)

의 수동태 표현에는 ている라는 상 형식이 결합하였다. 그리고 예문 (20)의 수동태 표현에는 원인 및 이유를 나타내는 から와 조동사 である가 결합하였다. 마지막으로 예문 (21)에서는 수동태 표현에 ことになる가 결합하였다.

예문 (13)-(21)을 보면 일본어의 수동태 표현은 종지형이나 수동태 표현에 다른 부속 형식이 결합해서 나타나는 것으로 생각할 수 있다. 그런데 수동태 표현에 다른 부속 형식이 나타나는 예 중에서 언어학적으로(일본어학적으로) 좀 더 의미를 지니는 경우가 있는데, 그것은 다음의 예문에서 보듯 수동태 표현에 문말의 모댈리티라는 부속 형식이 나타나는 경우이다. 아래의 예들이 언어학적으로 혹은 일본어학적으로 의미가 있다고 보는 이유는 예문 (18)-(21)과는 달리 화자(글쓴 이)의 주관적 심적 태도가 나타나기 때문이다. 이것은 모댈리티 연구에서 예문 (18)-(21)이 일본어학적으로 무표지(unmarked)인 반면에, 문말의 모댈리티 요소는 일본어학적으로 유표지(marked)로 간주되는 사실에서도 뒷받침된다(cf. 천호재(2009a)).

(22) 新入社員の気持ちはそれだけで、ぐっと救われるんですから。(新入社員の困惑)
(23) 戦争は君たちの世代によって語り継がれなければいけないんだよ。(風の旅人)
(24) 信じられないかも知れません。(子供も生まず、結婚もしない選択肢)
(25) 今はなんでも母親の責任にされるでしょ？ (子供も生まず、結婚もしない選択肢)
(26) 俳句や短歌はそのようにして作られるだろうか。(試行錯誤に漂う1)
(27) ありとあらゆる草木が塩でおおわれてしまう。(塩の像)
(28) 小学校低学年くらいの男の子がカンガルーにぼこぼこに殴られていたそうだ。(人生の岐路)

예문 (22)는 수동태 표현에 のだ가 결합한 경우이다. 예문 (23)에는 수동태 표현에 당연 및 의미를 나타내는 なければならない와 のだ가 결합하여 명제에 대한 당연 및 의무, 그리고 강조라는 화자의 주관적 태도가 기술된다. 예문 (24)-(26)에는 수동태 표현에 かもしれません, でしょう, だろうか가 결합하여 판단이라는 화자의 주관적 태도가 기술된다. 예문 (27)에는 수동태 표현에 てしまう가 결합하여 아쉬움, 기대의 반한다는 화자의 주관적 태도가 기술된다. 예문 (28)은 수동태 표현에 そうだ가 결합하여 전문이라는 제3자의 전언이 기술된다.

모댈리티는 화자의 주관적 태도를 나타낸다는 점에서 유표지이며 그런 점에서 언어학적으로 혹은 일본어학적으로 의미를 지니지만, 단문말에 시제와 상 형식도 일본어학에서 중대한 의미를 지닌다. 본 저자가 조사한 바에 의하면 단문말에 나타나는 시제(tense)와 상(aspect) 형식은 다음의 표와 같다.

▶표2_ 단문말에 있어서 시제 및 상 형식(본 연구)

る	た	ている	ていた	계
8	3	11	5	27
30%	11%	41%	19%	100%

위의 <표 2>를 보면 전체 27개의 현재 시제를 취한 수동태 표현은 8개(30%), 과거 시제는 3개(11%)가 출현하였다. 현재 진행형은 총 11개(41%)가 출현하였으며, 과거 진행형은 5개(19%)가 출현하였다. 구체적인 예를 살펴보면 다음과 같다.

먼저 예문 (29)-(31)에서는 수동태 표현에 현지 시제형이 결합하여 무생물 주어 左右の視界, 性格, 成長의 속성이 묘사되었다. 예를 들면 예

문 (30)은 性格이라는 무생물 주어의 특성을 기술한다.

> (29) 左右の視界が稲村ヶ崎の手前の出っ張りと逗子マリーナの向こうにつづく
> 三浦半島によって切られる。(鎌倉の風景)
> (30) 性格の何割かは日頃の鍛錬によってつくられる。(試行錯誤に漂う3)
> (31) あれやこれやの手段でとにかく成長が押さえられる。(人生の岐路)

그 다음으로 예문 (32)-(33)에서는 수동태 표현에 과거 시제형이 사용되어 주어(명시된 주어, 명시되지 않은 주어)의 비의지적 상태 변화가 묘사되었다.

> (32) おじいさんが殺された。(プロムナード)
> (33) そういう風に親に育てられた。(言葉のポトラック)

예문 (37)-(39)에서는 무생물 주어(井戸, 歴史の精髄, 鎌倉の海)의 현재 상태가 기술되고 있다. 예를 들어 예문 (36)에서는 무생물 주어 즉 鎌倉の海가 遠浅으로 화자(표현자)의 발화 시점까지 계속 불리고 있다는 사실이 기술되고 있다.

> (34) 今も代表的な十の井戸が残されている。(鎌倉の風景)
> (35) 鎌倉の地理と歴史の精髄はおそらくこれらに凝縮されている。(鎌倉の風景)
> (36) 鎌倉の海は遠浅と言われている。(鎌倉の風景)

마지막으로 예문 (37)-(39)에서는 유생 주어(コンちゃん)와 무생 주어 (小島信夫という人間の晩年과 未来社会の想像図)의 과거의 상태가 진행의 방식으로 묘사되었다.

(37) コンちゃんはもうすでにみんなに受け入れられていた。(言葉のポトラック)

(38) 小島信夫という人間の晩年が丸ごと「私の作家遍歴」と「寓話」に内包されていた。(いや、わかってますよ)

(39) 子供の本には未来社会の想像図がよく掲載されていた。(楽園で働く現代)

그러면 <표 2>에 나타난 시제와 상 형식을 출현 횟수를 마에다 나오코(前田直子 2009:71)와 비교한 <표 3>과 다시 비교해 보도록 하자. 이하 비율만을 비교 제시한다. 반올림 여부로 합계가 100%가 되는 경우와 되지 않는 경우가 있다. 본서에서 제시하는 모든 표의 수치도 사정은 동일하다.

▶ 표3_ 단문말에 있어서 시제 및 상 형식의 비교

	る	た	ている	ていた	계
본 연구	30%	11%	41%	19%	100%
前田直子	29%	53%	15%	2%	100%
평균	30%	32%	28%	11%	100%

위의 <표 3>에 제시된 수치가 현재 시제에서는 거의 일치하는 반면에 나머지 과거 시제, 현재 진행상, 과거 진행상에는 수치가 일치하지 않는다. 여기에는 큰 이유가 있는데 마에다 나오코(前田直子 2009:71)가 분석한 자료는 영화 男はつらいよ라는 25편의 대본인 반면에, 본 연구의 분석 자료는 서론에서 언급한 바와 같이 현대 일본인들이 작성한 에세이라는 사실이다. 즉 마에다 나오코(前田直子 2009:71)가 분석한 자료는 구어체 자료인 반면에 본 저자가 분석한 자료는 문장체라는 점에서 처음부터 비교가 불가능하거나 비교했다고 해도 큰 의미가 없다고 할

수 있다.

따라서 이 점을 근거로 굳이 본 연구에서 제시된 수치와 마에다 나오코(前田直子 2009:71)의 수치를 일일이 비교하여 마에다 나오코(前田直子)가 내린 결론을 반박할 생각은 없다. 그것보다는 본 연구와 마에다 나오코(前田直子)에서 얻어진 수치의 평균을 산출하여 원어민들의 수동태 표현의 양상을 가급적 객관화하는 데에 주력하는 것이 일본어학적으로 그리고 일본어교육학적으로 훨씬 가치가 있을 것으로 생각한다. 이 생각은 본서 전반에 걸쳐 적용될 것임을 밝혀둔다.

<표 3>을 보면 현대 일본어에서 원어민들이 습득한 수동태 표현에서 현재 시제형이 사용되는 비율은 평균 30%이며 과거 시제형이 사용되는 비율은 32%로 거의 비슷한 양상을 보인다. 한편 현재 진행형이 사용되는 비율은 28%, 과거 진행형이 사용되는 비율은 11%로 현재 진행형 28%에 턱없이 모자라는 비율을 보여준다.

3.3.2 복문 후행절에 수동태 표현이 나타나는 경우

이 절에서는 복문 후행절에 나타나는 수동태 표현에 대해서 살펴보도록 하겠다. 복문 후행절에 나타나는 수동태 표현은 모두 354개로 50%를 차지하는 것으로 확인되었다. 수동태 표현은 연용절, 연체절, 인용절을 포함하는데, 아래의 <표 4>를 보면 연용절을 포함하는 수동태 표현이 165개로 47%를 차지하였으며, 연체절을 포함하는 수동태 표현이 135개 (38%), 인용절을 포함하는 수동태 표현이 54개(15%)로 각각 그 뒤를 이었다.

▶ 표4_ 복문말에 수동태 표현이 나타나는 경우에 선행하는 종속절의 유형

연용절	연체절	인용절	계
165개	135개	54개	354개
47%	38%	15%	100%

우선 수동태 표현이 종속절 중에서 연용절을 포함하는 경우부터 보도록 하자. 다음의 예문 (40)-(49)를 보도록 하자. 점선 부분은 연용절을 가리킨다.

(40) それは学校教育の中の国語の授業を通じてさんざん教え込まれたもので、学校の国語の授業と文学は、不即不離の関係にあり、国語の授業で教わったことは生涯を通じてフーコーが言ったパノプティコン(一望監視方式)のように人の文章との関係を縛る。(試行錯誤に漂う6)

(41) まず思うのは自分が書いた字によって自分の考えが書く前には考えていなかったずっと先の方に引っぱられる。(試行錯誤に漂う6)

(42) 一般には書いた文が書くその人を牽引する、書くその人の考えをまとめる、と考えられているが、そうではなくて、人は書きつつ、書いた字や書くために考えたその考えに誘発されて、いろいろなことが拡散的に頭に去来する。(試行錯誤に漂う6)

(43) 書くことはその去来したものを適宜挿入したりしながら、基本的には一本の流れにまとめあげることだが、書くという経験は結局は書かれなかったいろいろな去来した考えを経験することなのではないか。
(試行錯誤に漂う6)

(44) その後、ジミヘンの音源の権利は完全に(?)遺族のものとなり、９０年代くらいから音源が整理されて、ジミヘンが最もそうしたかったであろう形のアルバムとして発売されるようになった。(試行錯誤に漂う6)

(45) 作者となる人と読者となる人が今までそのような作品にしか出会ってこなかったり、「作品」としてイメージされるものがそのようなものであるがぎり、作者となる人がある作品に着手した途端に、求心運動や凝集運動が必然的にはじまる。(真夜中)

(46) 小説の何たるか、映画の何たるかが全然わかっていない人が<u>思いつくまま</u><u>で</u>、あるイメージに<u>駆られて</u>でも何でもいいが作品を作ったとする。(真夜中)

(47) それもまたすぐに<u>消えてゆくが</u>、それはきっといつか思いもかけないときにわたしの考えや感情やイメージに私自身は気づかないところで、少し離れた場所で<u>やられている</u>工事のドシンと機械が地面を打つ振動が私の家の床を揺らすように揺らすだろう。(真夜中)

(48) 作品に向き合う作者の姿(作品と作者の小競り合い・駆け引き・綱引き)は作品ができあがれば、作品に反映する作者が作品がオーソドックスに持つ求心運動・凝集運動と<u>折り合っていれば</u>、作者の姿(作者が作品を作っている時間)は作品に<u>吸収されて</u>見えなくなる。(真夜中)

(49) 発表される小説はその一部で、演奏者のコンサートから<u>それを考えると</u>、<u>発表された</u>小説だけが特別なのではなく、書きつづけ書きそこねたものの結び目が形となった小説となる。(言葉のポトラック)

예문 (40)에서는 수동태 표현(실선 부분, 이하 동일)이 て연용절을 포함한 것을 예시한 것이다. 예문 (41)에서는 수동태 표현이 前には연용절을, 예문 (42)는 수동태 표현이 つつ연용절을 포함한 것을 확인할 수 있다. 예문 (43)에서는 수동태 표현이 ながら연용절을, 예문 (44)에서는 수동태 표현이 연용 중지형을, 예문 (45)에서는 수동태 표현이 たり연용절을, 예문 (46)에서는 まま로연용절을, 예문 (47)에서는 が연용절을, 예문 (48)에서는 ば연용절을, 예문 (49)에서는 と연용절을 각각 포함하는 것을 확인할 수 있다.

그 다음으로 복문 후행절 즉 주절에 위치한 수동태 표현이 연체절을 포함하는 경우를 보도록 하자. 예문 (50)~(63)은 복문 후행절의 수동태 표현이 연체절(점선 부분)을 포함한 것을 예시한 것이다.

(50) <u>書くときに書く文</u>は人に<u>理解される</u>ためでなくまずはじめに自分の中にあ

る何かを像化するために書かれる。(言葉のポトラック)

(51) しかし文が文であるように書くことによって何ものかは違うものとして<u>像化される</u>。(言葉のポトラック)

(52) しかし去年の六月十一日にはじまったコンちゃんとのつき合いはやはりここに長くには<u>与えられた</u>スペースが少なすぎるし、何よりあと二日に迫った締切りの中でそれを二日に見合った分量に考えるのが面倒くさい。(言葉のポトラック)

(53) 神の子が死んだということはありえないがゆえに<u>疑いがない</u>事実であり、<u>葬られた</u>後に復活したということは信じられないことであるがゆえに確実である。(真夜中)

(54) 文章を書くとき人はいろいろな監視の下に<u>置かれる</u>。(寝言戯言)

(55) <u>相手が知らない人</u>であっても、ふつう人はそういう風には<u>思われた</u>くないから身だしなみに気をつける。(寝言戯言)

(56) という文があったら、<u>読者はこの一見常識に反する文</u>の、背景にある事情が<u>説明される</u>ことを期待するだろう。(寝言戯言)

(57) <u>接続語のない</u>(1)ではその説明に対する期待まで<u>打ち砕かれる</u>。(寝言戯言)

(58) <u>前回話題にした</u>司馬遼太郎の文章は改行が多く<u>接続語が少ない</u>ことでけっこう<u>知られ</u>ているが、司馬遼太郎の場合は話が逆で、読者の予断の外に出ないから接続語を必要としない。(寝言戯言)

(59) ここに私の好きなもの三つが凝縮されている。(好きなもの)

(60) <u>一面識もない人</u>から句集が送られてきた。(生きた時間の厚み)

(61) <u>今回まったく何も知らない人</u>から<u>届けられた</u>句集をぱらぱらとめくりながら、(生きた時間の厚み)

(62) <u>使っていた</u>水飲みやおもちゃが<u>供えられたり</u>もしている。(動物霊園にて)

(63) 現代社会に生きる人間はどこにいても携帯電話に繋がっていて、孤独になることすら許されない。(箱崎ジャンクション)

　예문 (50)은 수동태 표현(실선 부분, 이하 동일)이 연체수식절(書くときに書く文)을, 예문 (51)은 수동태 표현이 연체수식절(文が文であるように書くこと)을 포함한 것을 예시한 것이다. 이하 예문 (52)-(63)에 대해서도 동종

의 설명이 가능한데, 구체적인 설명은 생략하기로 한다.

　마지막으로 복문 후행절에 나타나는 수동태 표현이 인용절을 포함하는 경우를 살펴보도록 하자. 다음의 예문 (64)-(78)을 보도록 하자.

(64) 読者が想像するように私は一般に相当面倒くさいと評される現代文学しか読まず、(寝言戯言)

(65) どれだけ歯切れがいい文章といわれる文章でも逡巡・曖昧の響きから自由ではないから、(寝言戯言)

(66) 存在というのはふつう「有るを有らしめているもの」という風に言われるけれど、(心と脳をおさらいする)

(67) 自分の子供が難病になって、臓器移植しか方法がないと言われて、(中央公論2000年7月号)

(68) 犯罪を起こす十代の子供たちを認める、と簡単に誤解されかねないけれど、(中央公論2000年7月号)

(69) 子供作らなかったら、親が悪いと言われなくてもすむ。(子供も生まず、結婚もしない選択肢)

(70) これはシャネル、これはグッチ、今お買得ですよと店員さんに進められても、はあ？聞いたことはあるんですが、(日本とムラ)

(71) 昔のムラはよかったというだけでは済まされない。(日本とムラ)

(72) そこに私はあらかじめあると思われている小説の言葉・小説の文章に自ら進んでいくのと全然違う、(試行錯誤に漂う1)

(73) 同じこの空間にいると考えられるほどリアルという以上に物質的で、(試行錯誤に漂う1)

(74) 新聞も出版もいままでは立派な歴史と伝統があり、歴史と伝統によってそれなりの枠ができあがっている、と思われているが、(プロムナード)

(75) インターネットの普及によって、新聞・出版は未曾有の不況に突入しつつあると言われているが、(プロムナード)

(76) 「保坂さんも芥川賞を目指して書いていらっしゃるんですか？」と訊かれたり、(プロムナード)

(77) だから「よく12年もサラリーマンが勤まったねえ」と言われるが、(プロムナード)

(78) 世間では一般に、算数が得意な子の頭はクリアと思われているが、そんなことはない。(＜それ＞は何を指すか？)

예를 들어 예문 (64)는 복문 후행절에 나타나는 수동태 표현이 ように인용절을, 예문 (65)는 と인용절을 예시한 것이다. 예문 (66)~(78)은 복문 후행절의 수동태 표현이 모두 と인용절을 내포한 것을 예시한 것이다.

복문말에 나타나는 수동태 표현은 선행하는 종속절로 연용절이 165 개(47%)로 가장 많은 것을 확인할 수 있었는데, 연용절 형식을 더 세분화하여 그 내역을 표로 정리하면 다음과 같다. 다음의 <표 5>를 보도록 하자.

▶ 표5_ 복문말에 수동태 표현이 나타나는 경우에 선행하는 연용절 형식

て	연용중지	たり	が	と	から	ときに	く	ために	ず(に)	ば
43개	22개	12개	11개	10개	10개	7개	6개	5개	4개	4개
26%	13%	7%	7%	6%	6%	4%	4%	3%	2%	2%
たら	ながら	か	で	し	なんて	前に	ままで	ように	기타	계
3개	3개	2개	2개	2개	2개	2개	2개	2개	10개	165개
2%	2%	1%	1%	1%	1%	1%	1%	1%	6%	100%

기타(각1례) : つつ、う(よう)、ゆえに、後に、たびに、けれど、だけど、まで、ことに、なら

위의 <표 5>를 보면 전체 165개 가운데 て연용절이 나타나는 경우가 43개(26%)로 가장 많았다. 연용중지형의 방식으로 출현하는 연용절 형식으로 나타나는 경우가 22개(13%), たり절이 나타나는 경우가 12개(7%), が절이 11개(7%), と와 から절이 10개(6%)로 각각 그 뒤를 잇고 있음을

확인할 수 있다.

그러면 구체적인 예를 보도록 하자. 예문 (79)-(83)은 후행절에 나타나는 수동태 표현이 て절(점선 부분)을 포함하는 경우이다.

(79) すべての小説をマンダラ的に<u>配置して読まれる</u>ことを待っているような小説群なのではないのだろうか。(箱崎ジャンクション)
(80) とにかく50歳に<u>なって感じられる</u>ようになった歳月は、(風の旅人)
(81) 頭蓋骨の上の部分を丸くすっぽり<u>開かれて</u>、脳みそに電極を<u>刺された</u>猿なんか見ると、(中央公論200年7月号)
(82) それらを<u>目指して作られ</u>たり成ったりするのではない。(試行錯誤に漂う1)
(83) <u>書き損じて捨てられた</u>原稿がそれなんじゃないか。(試行錯誤に漂う1)

예를 들어 예문 (79)에서는 수동태 표현 読まれる가 すべての小説をマンダラ的に配置して에서 보듯 て연용절을 내포하는 것을 볼 수 있다. 예문 (80)에서는 수동태 표현 感じられる가 50歳になって에서 보듯 て연용절을 내포하는 것이 확인된다. 예문 (81)-(83)에 대해서도 동종의 설명이 가능하다.

그러면 이번에는 수동태 표현이 연용중지형을 포함한 경우를 보도록 하자. 다음의 예문 (84)-(87)은 연용중지형(점선 부분)의 연용절을 내포하는 수동태 표현이 들어간 실제 예이다.

(84) ファラデーは貧しい鍛冶職人の子供として<u>生まれ</u>、小学校を出ると製本職人の見習いに<u>出された</u>。(人生の岐路)
(85) 塩の象に洗礼を施し、あの<u>束縛された</u>魂をその苦しみから解放してやるのだ。(塩の像)
(86) その仲間は<u>聖者の域に達し</u>、打ち負かされた悪魔が、(塩の像)
(87) 修道僧たちはひとり、またひとりと息を<u>ひきとっていき</u>、とうとう、ソシストラートだけが<u>残された</u>。(塩の像)

예문 (84)에서는 수동태 표현 出された가 生まれ에서 보듯 연용중지형의 연용절을 내포하는 것이 확인된다. 예문 (85)에서는 수동태 표현 束縛された가 洗礼を施し에서 보듯 연용중지형의 연용절을 내포하는 것이 확인된다. 예문 (86)~(87)에 대한 자세한 설명은 생략한다.

예문 (88)~(90)은 수동태 표현이 たり절을 포함한 것이다.

(88) もっとも私はもともと人から目標を設定されたり、あれしろこれしろと指示されたりするのが大嫌いで、(プロムナード)

(89) 一滴も酒を飲まない妻に馬鹿にされたり説教されたりするくらいだから、(プロムナード)

(90) 小説だって書き上げてブロードならブロード一人の目にふれたり、何人かの前で朗読されればそれでじゅうぶんだ。(試行錯誤に漂う3)

예를 들어 예문 (88)에서 수동태 표현 指示された는 연용절 設定されたり를 내포하는 것이 확인된다. 예문 (89)와 (90)에 대해서도 동종의 설명이 가능하다.

예문 (91)~(93)은 수동태 표현이 が절을 포함한 것을 예시한 것이다. 예를 들어 예문 (91)에서는 수동태 표현 撫でられる가 三匹だが에서 보듯 が연용절을 내포하는 것이 확인된다. 나머지 예문에 대해서도 동종의 설명이 가능하다.

(91) 猫は三匹だが撫でられるのが好きなのは、(好きなもの)

(92) 完成(発表)された小説には書き損じて捨てられた原稿は見えないが書き損じ捨てられた原稿が小説の厚みとなる。(試行錯誤に漂う1)

(93) そのためかどうか「私の作家遍歴」はあれから二年半以上経つが、復刊される気配はまったくない。(試行錯誤に漂う1)

예문 (94)-(96)은 수동태 표현이 と절을 포함한 경우를 예시한 것이다. 예를 들어 예문 (94)에서는 수동태 표현 出版された가 調べてみると에서 보듯 と절이 내포하는 것을 확인할 수 있다. 나머지 예문에 대해서도 동종의 설명이 가능하므로 구체적인 설명은 생략하기로 한다.

(94) それで池部良の本を調べてみると、「そよ風ときにはつむじ風」という1990年に出版された本を皮切りに、続々出ている。(寝言戯言)

(95) あいつが立ち去ると、わたしにはりんごが三つあるいは四つ残されていた。(寝言戯言)

(96) どうせ母親が悪い悪いと言われるし、(子供も生まず、結婚もしない選択肢)

다음의 예문 (97)-(99)는 수동태 표현이 から절을 포함한 경우를 예시한 것이다. 예를 들어 예문 (91)은 수동태 표현 採られ가 手書きだから에서 보듯 から연용절을 내포하는 것을 볼 수 있다. 나머지 예문에 대해서도 동종의 설명이 가능하므로 구체적인 설명은 생략한다.

(97) 私は手書きだから形として採られなかった原稿用紙が床に捨てられ散乱する。(試行錯誤に漂う1)

(98) きっとこじんまりした会社だろうから紹介されたら喜ぶだろう。(プロムナード)

(99) それに芥川賞と直木賞はたぶん一番古い文学賞だから、それなりの敬意は払われてもいい。(プロムナード)

예문 (100)-(102)는 수동태 표현이 ときに절을 포함한 것을 예시한 것이다. 이하 예문만 제시한다.

(100) 小島さんが死んで一年以上経ったときに私に送られてきたメールを読ん

で、(真夜中)

(101) 小島信夫によって拓かれた言説空間があり死んで一年以上経ったときに私に送られてきたメールはその言説空間の中で書かれた。(真夜中)

(102) 死海を見たときに呼び覚まされた神秘的な感覚を抱いているだけであった。(塩の像)

예문 (103)-(105)는 수동태 표현이 형용사 어간＋く절을 포함한 것을 예시한 것이다. 이하 예문만 제시한다.

(103) 「普通」と保証される価値は何もなく、ローカリズムしか遺されていない。(中央公論2000年7月号)

(104) つまり「雪国」はひとつのまとまった作品として発表されたわけでなく、細切れの短編として発表された。(プロムナード)

(105) 前回話題にした司馬遼太郎の文章は改行が多く接続語が少ないことでけっこう知られているが、司馬遼太郎の場合は話が逆で、読者の予断の外に出ないから接続語を必要としない。(寝言戯言)

예문 (106)-(107)은 수동태 표현이 ために절을 포함한 것을 예시한 것이다. 이하 예문만 제시한다.

(106) かつてキリストも自らを犠牲にして古い世界の罪人たちを救い出すために降誕されたのではありませんか。(塩の像)

(107) その妻はソドムの町から逃げる時、ふり返ったために塩の像にされた。(塩の像)

예문 (108)-(109)는 수동태 표현이 ば절을 포함한 것을 예시한 것이다. 이하 예문만 제시한다.

(108) もっと言ってしまえば「人間として生きた時間の厚み」が対照を見る視線に凝縮される。(生きた時間の厚み)

(109) そう思ってみるようになれば、された意地悪にどっぷりとはまっていた自分の心のありようが変わる。(新入社員の困惑)

예문 (110)-(111)은 수동태 표현이 ずに절을 포함한 것을 예시한 것이다. 이하 예문만 제시한다.

(110) 山は落ち葉せずに一冬を越した葉だけで覆われている。(鎌倉の風景)

(111) 北風が吹かず土地全体がぽっかり暖かい空気に包まれてまどろんでいるような日がある。(鎌倉の風景)

예문 (112)-(113)은 수동태 표현이 たら절을 포함한 것을 예시한 것이다. 이하 예문만 제시한다.

(112) 性格が悪くなったら、今はなんでも、母親の責任にされるでしょう。
少子化は仕方ないことかも)

(113) という文があったら、読者はこの一見常識に反する文の、背景にある事情が説明されることを期待するだろう。(寝言戯言)

예문 (114)-(115)는 수동태 표현이 형용동사 연용형절을 포함한 것을 예시한 것이다. 이하 예문만 제시한다.

(114) 穏やかで、分別があり、礼儀正しい人間として記憶されている。(試行錯誤に漂う3)

(115) 三・一一の津波が街を飲み込む映像を見ているときに感じた興奮と同じでその興奮は危険から逃げるために必要な動物に内蔵されたスイッチ、非常ベルやサイレンのようなものなのではないか。(試行錯誤に漂う15)

예문 (116)-(117)은 수동태 표현이 ながら절을 포함한 것을 예시한 것이다. 이하 예문만 제시한다.

(116) 書くことはその去来したものを適宜挿入したりしながら、基本的には一本の流れにまとめあげることだが、書くという経験は結局は書かれなかったいろいろな去来した考えを経験することなのではないか。(試行錯誤に漂う6)

(117) 書くその時間、書きながらその文に誘発されていろいろな考えが頭を過る、いろいろな考えが池に投げた小石の波紋のように複数同時にパーッと広がる、その経験こそが重要なのではないか。(試行錯誤に漂う6)

예문 (118)-(120)은 수동태 표현이 각각 연용절 형식 つつ, 後に, たびに을 포함한 것을 예시한 것이다. 이하 예문만 제시한다.

(118) 人は書きつつ、書いた字や書くために考えたその考えに誘発されて、いろいろなことが拡散的に頭に去来する。(試行錯誤に漂う6)

(119) 「神の子が死んだということはありえないがゆえに疑いがない事実であり、葬られた後に復活したということは信じられないことであるがゆえに確実である。」(真夜中)

(120) 生まれ変わるたびにいろいろな人に飼われたドラ猫がいた。(ラ・アルプ)

이상 본 저자는 복문말에 나타나는 수동태 표현이 포함하는 종속절 유형 즉 연용절, 연체절, 인용절을 살펴보았다. 그리고 수동태 표현이 가장 많이 포함하는 연용절을 더욱 세분화하여 그 내역을 살펴보았다.

그런데 여기에서 주목해야 하는 것은 본서에서 얻어진 종속절 내역과 연용절 내역이 마에다 나오코(前田直子 2009:73)의 그것과 어떻게 다르냐 혹은 유사하냐는 것이다. <표 1>에서 이미 언급하였지만, 본서에서는 종속절(연용절, 연체절, 인용절)이 나타나는 횟수가 354개로 마에다 나오코

(前田直子 2009:73)의 55개와 크게 다르다. 횟수의 차이가 발생하는 데에는 여러 복잡한 요인이 있을 수 있으므로 비율로 비교해보도록 하자. 다음의 <표 6>을 보도록 하자.

▶ 표6_ 복문말에 수동태 표현이 나타나는 경우에 선행하는 종속절의 유형

	연용절	연체절	인용절	계
본 연구	47%	38%	15%	100%
마에다 나오코	71%	11%	18%	100%
평균	59%	25%	17%	100%

수동태 표현이 연용절을 포함하는 비율이 본 연구에서는 47%, 마에다 나오코(前田直子)의 71%와 크게 차이를 보인다. 이러한 사정은 연체절에서도 찾아볼 수 있다. 본 연구에서는 수동태 표현이 연체절을 포함하는 경우가 38%였던 반면, 마에다 나오코(前田直子)에서는 11%였다. 유일하게 인용절을 포함하는 경우에서만 본 연구와 마에다 나오코에서 얻어진 비율이 거의 근접하는 것을 확인할 수 있다. 따라서 15%, 18%라는 수치가 인용절을 포함하는 수동태 표현의 전형적인 특징을 말해주는 것으로 생각해도 무방할 듯하다.

그러나 3.3.1절에서 언급한 바와 같이 본 연구는 마에다 나오코(前田直子)에서 얻어진 수치를 합산하여 평균치를 구하는 방법을 사용하기로 하였다. 따라서 본 연구에서는 위의 표에 제시된 평균치 59%, 25%, 17%를 각각 연용절, 연체절, 인용절을 포함하는 수동태 표현의 전형적인 특징으로 간주하고자 한다. 위의 표에 제시된 평균치를 통해서 수동태 표현의 전형적인 특징으로 다소 간주할 수 있는 부분이 있는데, 그것은 수동태 표현이 연용절을 포함하는 비중이 가장 높고, 그 뒤를 각각

연체절, 인용절이 잇고 있다는 사실이다.

따라서 본서에서는 이들 평균치를 근거로 제2부 이하에서 제시되는 학습자들의 태 표현 습득 양상을 논의하기로 한다.

이미 확인 바와 같이 복문말에 나타나는 수동태 표현은 연용절을 포함하는 경우가 47%로 가장 많았다. 연용절 형식을 더 세분화하여 그 내역을 <표 5>로 정리하였는데, 그것을 다시 제시하면 다음과 같다.

▶표5_ 복문말에 수동태 표현이 나타나는 경우에 선행하는 연용절 형식

て	연용중지	たり	が	と	から	ときに	く	ために	ず(に)	ば
43개	22개	12개	11개	10개	10개	7개	6개	5개	4개	4개
26%	13%	7%	7%	6%	6%	4%	4%	3%	2%	2%
たら	ながら	か	で	し	なんて	前に	ままで	ように	기타	계
3개	3개	2개	2개	2개	2개	2개	2개	2개	10개	165개
2%	2%	1%	1%	1%	1%	1%	1%	1%	6%	100%

기타(각1례) : つつ、う(よう)、ゆえに、後に、たびに、けれど、だけど、まで、ことに、なら

위의 <표 5>를 아래의 마에다 나오코(前田直子 2011:73)와 비교한 <표 7>을 비교 검토해 보자. 마에다 나오코의 표에는 수치만 제시되었을 뿐 비율은 제시되어 있지 않다. 비교의 편의를 위해서 본 저자가 비율까지 표시했다.

▶표7_ 복문말에 수동태 표현이 나타나는 경우에 선행하는 연용절 형식

て	たら	から	たり	と	時に	ば	連用中止	のに	기타	계
16개	7개	4개	3개	3개	3개	3개	3개	2개	7개	51개
31%	14%	8%	6%	6%	6%	6%	6%	4%	14%	100%

기타(각1례) : うちに、最中に、たって、ては、ても、ように、なかとに(방언)

마에다 나오코(前田直子 2011:73)와 본 연구에서 얻어진 수치를 통해서 최소한 두 가지를 확인할 수 있다. 하나는 복문말에 나타나는 수동태 표현은 て절을 가장 많이 포함한다는 것이다. 다른 하나는 복문말에 나타나는 수동태 표현은 て절을 비롯하여 たり절, と절, から절, ときに절, ば절을 포함하는 비중이 높다는 점이다. 이 두 가지는 복문말에 나타나는 수동태 표현의 전형적인 특징이 될 수 있다고 생각한다.

그런데 여기에서 드는 한 가지 의문점은 과연 이들 특징이 복문말에 나타나는 수동태 표현에만 나타나는 특징일 것이냐는 것이다. 이 점은 복문을 연구하는 연구자들이 충분히 관심을 가질 것으로 생각한다. 이는 마에다 나오코(前田直子 2011:83)가 수동태 표현이 て절과 가장 많이 공기하는 것이 반드시 수동태 표현의 특징일 가능성은 낮을 것이라고 예상하는 점에서도 뒷받침된다.

3.3.3 인용절에 수동태 표현이 나타나는 경우

인용절 내부에도 수동태 표현이 출현한다. 모두 27개의 예가 확인되었는데 이 수치는 715개의 수동태 표현 가운데 4%를 차지하는 비율이다.

예문 (121)-(131)은 인용절에 수동태 표현이 출현하는 것을 나타내는 실제 예이다.

(121) 井上清直と岩瀬忠震の生涯は「報われなかった」ということになるのだが、(真夜中)

(122) 山があるはずなのにビル群にじゃまされて見えないということがない。(鎌倉の風景)

(123) 人は、作品、演奏、表現されたものというと、(試行錯誤に漂う1)

(124) この歌が家の中で詠まれた証拠であるということも、(試行錯誤に漂う1)

(125) そういう情景を描いた画に和するために詠まれたものであるという話は
ちっともおもしろくない。(試行錯誤に漂う1)

(126) ここのところ私が惹かれ、おもしろいと思って読む文章は、(試行錯誤に
漂う1)

(127) どれも発表されることを前提とせずに、あるいは発表されるというはっ
きりした見通しを持たないまま書かれたもので、(試行錯誤に漂う1)

(128) その結果、評伝の対象となった人物が書き手のサイズに押し込まれるこ
とだと、以前別の場所で書いた。(試行錯誤に漂う3)

(129) 日本という地形そのものが海によって隔てられてるだけに「日本ムラ」は
形成しやすかったと思います。(日本とムラ)

(130) 「現実が科学の力によって変えられる」という思いと、(中央公論2000年7月
号)

(131) そうはいってもやっぱり現実は変えられないという、(中央公論2000年7月
号)

　예문 (121)에서는 と로 표시되는 인용절 내부에 報われなかった라는
수동태 표현이 출현한 것을 알 수 있다. 예문 (122)에서는 인용절 내부
에 수동태 표현 じゃまされて가, 예문 (123)에서는 인용절 내부에 表現
されたもの라는 수동태 표현이 출현한 것이 확인된다. 예문 (124)~(131)
에 대해서도 동종의 설명이 가능하다.

　이미 언급한 바와 같이 원어민이 사용한 715개의 수동태 표현이 인용
절에 출현하는 비율이 4%로 확인되었는데, 이 비율은 수동태 표현의 전
형적인 특징인 것일까? 마에다 나오코(前田直子 2011:70)에서는 구어체의
수동태 표현이 인용절에 출현하는 비율은 전체 426개의 수동태 표현에
서 7개 즉 2%의 수동태 표현만이 인용절에 출현하는 것으로 밝혀졌다.
본 연구의 4%와 합산하여 평균치를 내면 2%가 되는데, 그 비율이 매우
미미한 것을 알 수 있다. 이러한 비율이 의미하는 바는 수동태 표현이

인용절에 출현할 가능성이 매우 미약하다는 것이며, 이는 바로 인용절과 수동태 표현의 통사적 제약을 말해 주는 것이라고 할 수 있다.

그런데 수동태 표현과 인용절과의 통사적 제약은 수동태 표현에만 국한되는 것이냐는 의문이 대두된다. 이러한 의문은 제4장, 제5장, 제6장에 걸쳐서 계속 제기할 것이다.

3.3.4 의문절에 수동태 표현이 나타나는 경우

원어민들이 사용하는 일본어 수동태 표현이 의문절에 출현하는 예로 12개의 예가 확인되었는데, 이는 전체 715개의 수동태 표현 가운데 2%를 차지하는 비율이다. 다음의 예문 (132)-(139)는 수동태 표현이 의문절(점선 부분)에 출현한 것을 나타내는 실제 예이다. 예를 들어 예문 (132)에서는 점선 부분에서 보듯 수동태 표현 共有されている가 의문절 내부에 생기하는 것이 확인된다. 나머지 예문에 대해서도 동종의 설명이 가능한데 자세한 설명은 생략하기로 하겠다.

(132) しかし、ジミヘンについて、読者と私とでどこまで知識が共有されているかわからないことと同時に、私自身が１９７０年のジミヘンの突然の死以後の膨大な録音テープの権利関係がよくわかっていないこととで、ウィキペディア(またウィキペディアだ！)とか他のジミヘン関連のサイトを調べているうちに話が全然関係ない方に行ってしまったので、その原稿は反故にした。(試行錯誤に漂う6)

(133) 形になっていないものの群れは、作者がもっと生きていたら、全然別の形となって発表されたか、そうでなければそのまま放っておかれた。放っておかれたにしてもそれらは忘れ去られるわけでなく、その人の中では鼓動しつづけた。(試行錯誤に漂う6)

(134) 私は『未明の闘争』をずうっと書きながらこれに気づきはしたけれど、こ

(135) これをよんでも何が書かれているかさっぱりわからないだろう。(箱崎
ジャンクション)

(136) しかし何をどう言えば最も記憶されるかなんて、(風の旅人)

(137) 彼の救済行為がどのように実践に移されたかについては、いちいち申すま
い。(塩の像)

(138) まるで山々を燃え立たせた光彩がそこに凝縮されたかのような、(塩の像)

(139) その瞬間、ソシストラートは閃光に打たれて事きれたかのように、(塩の
像)

　의문절에 출현하는 수동태 표현의 비율이 2%이고 3.2.2에서 볼 수 있
듯이 서열 6위로 가장 낮은 서열을 보인다는 것은 일본어학적으로 어떠
한 의미를 지니는 것일까? 본 저자는 크게 두 가지의 의미가 있다고 생
각한다. 하나는 2%라는 비율을 통해서 우리가 직관적으로 알 수 있는
것은 의문절에 대한 수동태 표현의 선택제한이 매우 엄격하다는 것이다
(그 반대도 가능하다). 즉 2%라는 수치가 주는 의미는 의문절과 수동태 표
현의 통사적 제약을 강하게 시사하는 것이라고 할 수 있다. 따라서 2%
라는 수치를 통해서 의문절에 수동태 표현이 나타나기 어려운 이유를
설명할 필요가 있다. 이러한 통사적 제약이 비단 수동태 표현에만 국한
된 것인지 여부는 제4장, 제5장, 제6장을 거치면서 계속 검토할 것이다.
　다른 하나는 기존의 일본어문법 연구에서 찾아볼 수 없는 일본어학적
담론이 발생할 가능성이다. 기존의 일본어문법에서는 수동태 표현과 의
문문의 통사론적 또는 의미론적 관계의 해명에 눈을 돌리는 일이 없었
다. 따라서 2%가 지니는 이 수치는 수동태 표현과 의문문의 상호관계
규명을 위한 강력한 동기를 제공하며, 나아가서는 수동태 표현 연구와
의문문 연구라는 개별 연구에서는 얻을 수 없는 학문적 지견을 제공해
주는 계기가 될 것으로 확신한다.

3.3.5 연체적 복문 선행절에 수동태 표현이 나타나는 경우

원어민의 일본어 운용에서 연체절의 술어로 수동태 표현이 출현하는 예는 전체 수동태 표현 715개 가운데 172개로 24%의 비율을 차지하는 것으로 나타났다. 본서에서는 마에다 나오코(前田直子 2011:74)의 분류 방식에 따라 연체절의 술어인 수동태 표현에 수식되는 명사를 아래의 <표 8>에서 보듯 실질 명사와 형식 명사로 나누었다. 마에다 나오코(前田直子 2011:74)는 같은 연체절이라도 실질 명사냐 형식 명사냐에 따라서 그 문법적인 기능이 다르기 때문에 나누었다고 하지만, 어떻게 다른지에 대한 언급은 확인되지 않는다. 본서에서는 단순히 본 저자가 입수한 자료와 마에다 나오코(前田直子 2011:74)의 자료를 비교하기 위해서 그녀의 분류 방식을 따랐음을 미리 밝혀둔다.

이하의 <표 8>을 보도록 하자.

▶ 표8_ 연체절말에 수동태 표현이 나타나는 경우의 피수식 명사(본 연구)

실질 명사	형식 명사						
129개 (75%)	43개(25%)						
	こと	の	もの	ほど	それ	ため	分
	20(12%)	12(7%)	6(3%)	2(1.2%)	1(1%)	1(1%)	1(1%)

위의 <표 8>을 보면 원어민의 일본어 운용에서 연체절말의 수동태 표현이 실질 명사를 수식하는 예가 129개로 75%의 비율을 차지하는 것을 알 수 있다. 형식 명사를 수식하는 예는 43개로 25%를 차지한다. 형식 명사로는 こと가 12%로 가장 많고 の, もの가 각각 7%, 6%로 그 뒤를 잇고 있다.

다음의 예문 (140)-(149)는 연체절말의 수동태 표현이 실질 명사를

수식하는 것(점선 부분)을 보여주는 실제 예이다. 예를 들어 예문 (140)에서는 점선 부분에서 보듯 수동태 표현 定番化されている가 실질 명사 長篇小説을 수식하는 것이 확인된다. 나머지 예문에 대해서도 동종의 설명이 가능하므로 구체적인 설명은 생략하기로 한다.

(140) 私は大学の終わり頃の一時期、古本屋の店頭のワゴンに世界文学全集が一冊百円ぐらいで並べて売られているのを読むのが好きで、定番化されている長篇小説をだらだらとりとめもなくけっこう読んだが(といってもきっと十冊とかそんなものだっただろうが)、(試行錯誤に漂う6)

(141) こんなことは、経験とそれによる思考や人格の練り上がりみたいな関係は、人それぞれになるだろうし、こんなことに証拠をあげるのも自分自身の考え方を裏切るようなことでもあるが、そのような書くことによって複数の考えが同時に誘発された経験を積み重ねたことが、(試行錯誤に漂う6)

(142) 映画も小説も音楽もダンスも演劇も、それら時間をともなって展開される表現形式にとって、大事なのは、みんな本当にラストの善し悪し、ラストのカタルシス、ラストの強烈さにコロッとだまされてしまうのだが、大事なのは、ラストへといたる中間部、長い道のりだ。(真夜中)

(143) 絶版だから入手して読むのは難しいが、古井由吉に『栖』という長篇があり、その中で主人公の妻がだんだん気が狂っていき、箪笥の引き出しに夫の革靴がしまわれている場面があるが、あれはリアルに恐い。妻や自分がいつそういうことをし出さないか、という危惧も含めて恐い。(真夜中)

(144) これは一九四五年に書かれた手紙(宇野邦一訳)だが、すごくわからないが全然わからないわけではない。(真夜中)

(145) バッシングはよくある、発言全体の文脈を無視した、問題の箇所だけを抜き出したもので、しかしうっかりこの言葉だけが口を突いて出てきてしまったものだとしても、あの世界貿易センタービルが崩れ落ちる瞬間に興奮をまったく感じずただただ悲嘆だけをあの瞬間に感じていたという人の方が少ないはずなのだから、あのような惨事に対して自分が一瞬たりといえども気持ちが高ぶったことの罪悪感を、具体的に発言した人

に魔女狩りのように押しつけたというのがバッシングの心理だったと私は思うが、私が今書いた「興奮」とか「気持ちが高ぶった」というのがそもそも、サッカーや野球の贔屓チームが得点した瞬間の、「よっし！やった！」という興奮と全然別のもので、三・一一の津波が街を飲み込む映像を見ているときに感じた興奮と同じで、その興奮は、危険から逃げるために必要な動物に内蔵されたスイッチ、非常ベルやサイレンのようなものなのではないか。(試行錯誤に漂う15)

(146) 統治されざる内面、あいつらが利用できない内面を作ることが芸術の使命であり、それはここからはじまる。(言葉のポトラック)

(147) しかし去年の六月十一日にはじまったコンちゃんとのつき合いはやはりここに長くには与えられたスペースが少なすぎるし、何よりあと二日に迫った締切りの中でそれを二日に見合った分量に考えるのが面倒くさい。(言葉のポトラック)

(148) 生まれ変わるたびにいろいろな人に飼われたドラ猫がいた。(ラ・アルプ)

(149) 科学は正しいことが確認されている言葉や概念だけを積み重ねて世界像を構築する。(中央公論2000年7月号)

이번에는 연체절에 출현한 수동태 표현이 형식 명사를 수식하는 경우를 보도록 하자. 예문 (150)~(166)은 연체절말의 수동태 표현이 형식 명사를 수식하는 것(점선 부분)을 보여주는 실제 예이다. 예를 들어 예문 (150)에서는 수동태 표현 なされている가 형식 명사 こと를 수식하는 것을 확인할 수 있다. 나머지 예문에 대해서도 동종의 설명이 가능한데, 구체적인 설명은 생략한다. 점선 부분 맨 끝에 형식 명사에 주목하도록 하자.

(150) この説明で評価が外からなされていることにきづいただろうか。(プロムナード)

(151) あの女性は「有馬稲子」と間違われることを理想として生きてきたに違いないのだから。(プロムナード)

(152) しかし、井上清直と岩瀬忠震の二人はその後幕府で重用されることなく、(真夜中)

(153) その人の助手として雇われることになり、(人生の岐路)

(154) はじめて鎌倉に来たらしき人に訊かれることがたまにあった。(鎌倉の風景)

(155) 形式としては評論のようなエッセイのようなものに分類されるのかもしれないが、その精神は小説だ。(真夜中)

(156) そのあきらめの第一に切られるのが、結婚や子育てではあまりにも悲しいのでは、(子供も生まず、結婚もしない選択肢)

(157) 読みながら個人史が鮮明に想起されるのは小説を読む快感であり驚きでもある。(箱崎ジャンクション)

(158) 僧院の中では、ミサや聖体拝領が行われているのが聞こえる。(塩の像)

(159) 猫は三匹だが撫でられるのが好きなのは、(好きなもの)

(160) 時代や社会によって形成されるもので、ローマ時代に殉教した人たちは、(中央公論2000年7月号)

(161) どれも発表されることを前提とせずに、あるいは発表されるというはっきりした見通しを持たないまま書かれたもので、(試行錯誤に漂う1)

(162) ドゥルーズが『シネマ』の中で使っているらしい「総体」と「全体」という言葉を使って、「総体は限定されたもので、かつ部分(下位の総体)に分割される。(試行錯誤に漂う6)

(163) 同じこの空間にいると考えられるほどリアルという以上に物質的で、(試行錯誤に漂う1)

(164) 寝るだけで済まされなくなった(男尊ムラの崩壊)それから平均年齢が上がったことで(日本とムラ)

(165) 書くときに書く文は人に理解されるためでなくまずはじめに自分の中にある何かを像化するために書かれる。(言葉のポトラック)

(166) 何と言えばいいか、作品として昇華されている分、かえって作者の人生の時間の厚みが薄れているような気がする。(生きた時間の厚み)

　이미 <표 8>에서 확인한 것처럼, 원어민의 일본어 운용에서 연체절 말의 수동태 표현이 실질 명사를 수식하는 경우가 75%, 형식 명사를 수식하는 경우가 25%로 나타났다. 마에다 나오코(前田直子 2011:74-75)는 다음의 <표 9>에서 보듯, 실질 명사를 수식하는 연체절말의 수동태 표현과 형식 명사를 수식하는 연체절말의 수동태 표현이 각각 55%와 45%로 우열을 가릴 수 없을 정도로 나타나는 것을 지적하였다. 아래의 비율은 본 저자가 기입한 것이다.

▶ 표9_ 연체절말에 수동태 표현이 나타나는 경우의 피수식 명사(마에다의 조사 결과)

실질 명사	형식 명사							
	33개(45%)							
40개 (55%)	こと	の	ほう	ほど (の)	うち	時分	くらい	だけ
	13개 (18%)	9개 (12%)	3개 (4%)	3개 (4%)	2개 (3%)	1개 (1%)	1개 (1%)	1개 (1%)

본 연구에서 확인한 75%와 25%는 마에다 나오코(前田直子 2011:75)의 55%, 45%와는 크게 다르다. 마에다 나오코(前田直子 2011:75)는 55%, 45%의 비율이 "수동태 표현이 연체절에 나타날 때의 특징"이라 단언할 수 없다고 하였다. 연체수식절 전반에 걸쳐 실질 명사와 형식 명사를 수식하는 비율이 어떠한지에 대해서 조사가 필요하다고 하였는데, 여기에서 말할 수 있는 것은 본 저자의 조사에서 얻은 수치 75%와 25%를 보더라도 마에다 나오코의 예상은 적중하였다고 할 수 있다.

이러한 수치의 차이가 발생한 이면에는 본 저자가 분석한 자료가 일본인의 에세이(문장체 자료)인 데에 반해, 마에다 나오코(前田直子 2011:75)의 자료는 일본 영화 대본(구어체 자료)인 데에 그 원인이 있을 것이다. 문장체 자료와 구어체 자료가 어떻게 이러한 수치의 차이를 설명할 수 있는지 규명할 필요가 있겠으나 본 논지에서 크게 벗어날 것으로 우려

되어 본서에서는 더 이상 언급하지 않기로 한다.

한편 형식 명사에 주목하면 본 연구에서는 こと가 12%로 가장 많고 の가 7%로 나타났으며, 마에다 나오코(前田直子 2011:74)에서는 こと가 18%, の가 12%로 수치가 비교적 근접해 있음을 확인할 수 있다. 희망적인 것은 본 연구에서나 마에다 나오코(前田直子 2011:74)의 연구에서나 형식 명사로 こと가 가장 많이 출현하고, の가 그 뒤를 잇는다는 점에서 일치를 이룬다는 사실이다.

3.3.6 연용적 복문 선행절에 수동태 표현이 나타나는 경우

다음의 <표 10>에서 보듯 원어민이 운용하는 수동태 표현이 연용절의 술어로 사용되는 예가 전체 715개 가운데 109개인 15%의 비율을 차지하는 것으로 확인되었다. 이는 수동태 표현이 문중에 출현하는 6개의 위치 가운데 3위에 해당하는 것으로 이는 꽤 높은 서열이라고 할 수 있다. 이 수치는 연용절의 술어가 되는 것이 수동태 표현의 중요한 특징이라 볼 수 있는 단서가 된다고 마에다 나오코(前田直子 2011:75)는 지적한다. 다음의 <표 10>을 보도록 하자.

▶표10_ 수동태 표현이 나타나는 연용절(본 연구의 분석)

て	が	연용중지	たり	たら	と	けれど	ば	ように	から	ような	ようが	기타	계
29	16	10	8	7	7	5	5	5	4	3	2	8	109개
27%	15%	9%	7%	6%	6%	5%	5%	5%	4%	3%	2%	7%	100%

기타(각1례) : 종지형、し、うる、以上、にしても、ながらも、ものの、ずに

위의 <표 10>을 보면 연용절 가운데 て절에 출현하는 수동태 표현이 가장 많은 것을 볼 수 있다. 전체 109개 가운데 29개로 27%의 비율을 차지한 것이다. 10개 가운데 3개 정도의 수동태 표현이 て절에 나타난 다는 것인데, 이 수치와 마에다 나오코(前田直子 2011:75)에서 제시된 수치 와 어떤 차이를 보이는지가 매우 궁금하다(후술한다.). 또한 8.3.6절에서 논의하겠지만 이러한 원어민의 수동태 표현 운용에 학습자가 어느 정도 근접해 있는지도 매우 궁금하다. て절에 이어 수동태 표현이 が절, 연용 중지절, たり, たら절 순서로 출현하는 것을 볼 수 있다.

그러면 실제 예를 보도록 하자. 다음의 예문 (167)~(174)은 て절에 수동태 표현이 출현한 것을 보여주는 실제 예이다.

(167) 時間に蝕まれて石のようにごわごわになったマントの下で、(塩の像)
(168) 春先に風が強いと私は決まって幼稚園の時に一歳上の八百屋のコーちゃんに連れられて、(プロムナード)
(169) 特に劇映画だけはいまだに監督が権力を握っているし、そのようなものとして見られてもいる。(ムッシュ・シネマ)
(170) 下りと上り二本の線路に挟まれて、(鎌倉の風景)
(171) 北風が吹かず土地全体がぽっかり暖かい空気に包まれてまどろんでいるような日がある。(鎌倉の風景)
(172) 果てもなくつづく流れがあって、それが一時的に紙に書かれて、小説になったり(試行錯誤に漂う3)
(173) 旗手になった子供に重くなられては困るから、(人生の岐路)
(174) 果てもなくつづく流れがあって、それが一時的に紙に書かれて、小説になったり(試行錯誤に漂う3)

예를 들어 예문 (167)을 보면 蝕まれて에서 보듯 수동태 표현이 て연용절 내부에 생기해 있는 것을 알 수 있다. 예문 (168)의 경우도 마찬가지로 連れられて에서 보듯 수동태 표현이 て연용절 내부에 출현한 것이

확인된다. 나머지 예문에 대해서도 동종의 설명이 가능하므로 구체적인 설명은 지면의 제약상 생략하기로 한다.

　수동태 표현이 が절에 출연하는 경우에 대해서 살펴보자. 예문 (175)-(179)는 수동태 표현이 が절에 출현한 것을 보여 주는 실제 예이다. 점선 부분을 참조하길 바란다.

(175) そんなふうにさまざまな俳優との共同性が私の映画作りのなかに持ち込まれるが、(ムッシュ・シネマ)

(176) 煙草ばっかり悪者にされているが、(プロムナード)

(177) 世間では一般に、算数が得意な子の頭はクリアと思われているが、そんなことはない。(＜それ＞は何を指すか？)

(178) 新聞も出版もいまでは立派な歴史と伝統があり、歴史と伝統によってそれなりの枠ができあがっている、と思われているが、(プロムナード)

(179) まだマスコミでは控え目にしか報道されていないが、(プロムナード)

　예문 (175)에서는 持ち込まれるが에서 보듯 수동태 표현이 역접을 나타내는 が연용절 내부에 출현하는 것을 확인할 수 있다. 나머지 예문에 대해서도 동종의 설명이 가능하므로 구체적인 설명은 생략하기로 한다.

　수동태 표현이 연용중지형의 방식으로 연용절 내부에 생기하는 경우에 대해서 살펴보도록 하자. 예문 (180)-(184)는 수동태 표현이 연용중지형으로 나타나는 예를 보여주는 실제 예이다. 점선 부분을 참조하길 바란다.

(180) 人物と動きと背景が、短い言葉できっちり書かれ、一つ一つが本当に映画を見るようだ。(プロムナード)

(181) 私は手書きだから形として採られなかった原稿用紙が床に捨てられ散乱する。(試行錯誤に漂う1)

(182) だからカフカはその手紙が相手に読まれ、相手の心に何らかの働きかけを

し、(試行錯誤に漂う3)

(183) 岡崎から川上の携帯電話に入ったと言われ、(箱崎ジャンクション)

(184) ほとんどどれにも元気な頃の写真が置かれ、(動物霊園にて)

예문 (180)에서는 短い言葉できっちり書かれ에서 보듯 수동태 표현이 연용중지형의 방식으로 연용절 내부에 생기하는 것이 관찰된다. 나머지 예문에 대해서도 동종의 설명이 가능하다.

수동태 표현은 또한 たり연용절 내부에도 생기한다. 예문 (185)~(187)은 たり절에 수동태 표현이 출현한 것을 보여주는 실제 예이다. 점선 부분을 참조하길 바란다.

(185) 一滴も酒を飲まない妻に馬鹿にされたり説教されたりするくらいだから、(プロムナード)

(186) 「保坂さんも芥川賞を目指して書いていらっしゃるんですか？」と訊かれたり、(プロムナード)

(187) もっとも私はもともと人から目標を設定されたり、あれしろこれしろと指示されたりするのが大嫌いで、(プロムナード)

예를 들어 예문 (185)를 보면 馬鹿にされたり説教されたり에서 보듯 수동태 표현이 たり연용절 내부에 출현하는 것을 확인할 수 있다. 나머지 예문에서도 동종의 현상을 확인할 수 있다.

수동태 표현은 たら연용절 내부에도 생기한다. 예문 (188)~(190)은 수동태 표현이 たら연용절에 나타난 것을 보여주는 실제 예이다. 점선 부분을 참조하기 바란다.

(188) 教育の機会が奪われたらその可能性は種子のまま萎んで腐ってしまう。(人生の岐路)

(189) 轢かれたら即死だ。(今の禁煙・エコは変だ)
(190) きっとこじんまりした会社だろうから紹介されたら喜ぶだろう。(プロム
  ナード)

예를 들어 상기한 예문 (188)의 수동태 표현은 奪われたら에서 보듯
たら연용절 내부에 생기하는 것이 확인된다. 나머지 예문에 대해서도
동일한 통사적 현상이 관찰된다.

수동태 표현은 と연용절 내부에서도 관찰된다. 예문 (191)-(193)은 수
동태 표현이 と연용절에 나타난 것을 예시한 것이다. 구체적인 설명은
생략하기로 한다. 점선 부분을 참조할 것.

(191) あらたまってそういうことを訊かれると私は何も出てこない。(プロム
  ナード)
(192) そういうものを言葉で伝えてもどうってことはないけれど、映像で見せら
  れると驚く。(中央公論2000年7月号)
(193) 言葉が放たれると同時に吊り上げられる片眉であり見開かれる瞳であり、
  (この音の先には何かがある)

수동태 표현은 けれど연용절 내부에서도 관찰된다. 예문 (194)-(196)
은 수동태 표현이 けれど절에 나타난 것을 보여주는 실제 예이다. 구체
적인 설명은 생략하며 점선 부분을 참조하길 바란다.

(194) 世間ではふつうそっちの方ばかり注目されるけれど、(真夜中)
(195) 今では区別が曖昧なものとされがちだけれど、本来は明快な「現実」その
  ものだったのではないか。(中央公論2000年7月号)
(196) 犯罪を起こす十代の子供たちを認める、と簡単に誤解されかねないけれ
  ど、(中央公論2000年7月号)

수동태 표현은 ば연용절 내부에서도 그 모습이 관찰된다. 예문 (197)-
(199)는 ば절에 수동태 표현이 나타난 것을 보여주는 실제 예이다. 구체
적인 설명은 생략하기로 한다. 점선 부분을 참조하길 바란다.

(197) 投手陣さえ再建されれば優勝できる。(横浜、来季が見えない)

(198) 一番好きな季節は?と訊かれれば、(夏の昼の終わり)

(199) 小説だって書き上げてブロードならブロード一人の目にふれたり、何人か
の前で朗読されればそれでじゅうぶんだ。(試行錯誤に漂う3)

수동태 표현은 ように연용절 내부에도 생기한다. 예문 (200)-(202)는
ように절에 수동태 표현이 나타난 것을 보여주는 실제 예이다. 구체적
인 설명은 생략한다. 점선 부분을 참조하길 바란다.

(200) メディアから洗脳されたように、4、5年前から増えているようです。
(子供も生まず、結婚もしない選択肢)

(201) しかし自然淘汰に代表されるように、世界には必ずトップダウンの要素が
潜んでいる。(中央公論2000年7月号)

(202) 都内の隅々までの地図が耳からこぼれるほど頭の中に描き込まれてしまう
ように、他者に自分が占有されてしまうことの不快というような、(箱崎
ジャンクション)

수동태 표현은 다음의 예문 (203)-(204)의 점선 부분에서 보듯 から
절 내부에 출현하기도 한다. 구체적인 설명은 생략한다.

(203) 鎌倉は古都保存法によって高い建物が建たず、低い家並が守られているか
ら、(鎌倉の風景)

(204) 街でもどこでもさんざん聞かされたから、(風の旅人)

수동태 표현은 다음의 예문 (205)~(214)의 점선 부분에서 볼 수 있듯이 다양한 연용절에 나타난다. 구체적인 설명은 생략하기로 한다.

(205) 苦しい苦悩にしめつけられたような声が答えた。(塩の像)

(206) まあしかい「駒とめて...」が家の中で詠まれようが画に和したものであろうが私はこの歌に反応しないんだからどうでもいい。(試行錯誤に漂う1)

(207) しかし聖書に書かれている以上、キリストの蘇りは、つまずきの石になる。(真夜中)

(208) とはいえ、この犬の話は、ある一匹の犬が理屈に理屈を重ね、考察に考察を重ねていく話だから、語られる内実はふつうに、「彼らが犬の生活に喜びを見つけたとき、すでに彼らは若くなかった」という文で語られうるものほどには明確ではない。(真夜中)

(209) どうせ母親が悪い悪いと言われるし、（子供も生まず、結婚もしない選択肢）

(210) カフカは朝まで手紙を書き、その手紙は投函される、投函されなければ相手の(試行錯誤に漂う3)

(211) その日に書かれた思いがいかにも大切そうで、書き足りていないから翌日にも書かれるのかと思えば書かれず終わることもある。(真夜中)

(212) 紫の上は、光源氏に愛されながらも正妻にはなれなかった。(木の花)

(213) 放っておかれたにしてもそれらは忘れ去られるわけでなく、その人の中では鼓動しつづけた。(試行錯誤に漂う6)

(214) 良き医者の役割をも果たしていた彼らは、近隣の部落民に尊敬されてはいたものの、(塩の像)

<표 10>에서 알 수 있었듯이 연용절 가운데 て절에 출현하는 수동태 표현이 전체 109개 가운데 29개로 27%의 비율을 차지하였다. 그런데 이 수치는 마에다 나오코(前田直子 2011:75)의 수치와 어느 정도의 차이를 보이는 것일까? 이 의문을 풀기 위해 다시 <표 10>을 보도록 하자.

▶ 표10_ 수동태 표현이 나타나는 연용절(본 연구의 분석)

て	が	연용중지	たり	たら	と	けれど	ば	ように	から	ような	ようが	기타	계
29	16	10	8	7	7	5	5	5	4	3	2	8	109개
27%	15%	9%	7%	6%	6%	5%	5%	5%	4%	3%	2%	7%	100%

기타(각1례) : 종지형、し、うる、以上、にしても、ながらも、ものの、ずに

위의 <표 10>에 나타난 수치를 마에다 나오코(前田直子 2011:75)와 비교해보자. 마에다의 <표 11>에는 백분율이 제시되지 않았지만 본 연구에서는 비교를 위해 백분율을 기입하였다.

▶ 표11_ 수동태 표현이 나타나는 연용절 cf. 마에다 나오코(前田直子 2011:75)

て	ても	たら	から	ては・ちゃ	と	たり	ので・んで	たって	けど	ば	うちに	時に	のではんじゃ	のだから	연용	ようと	합계
102	15	14	13	11	8	6	6	5	4	4	3	3	3	2	2	2	개
46	7	6	6	5	4	3	3	2	2	2	1	1	1	1	1	1	%

각1례씩 출현한 20개 형식	後で、あまり、が、くらいなら、だけに、っぱなし、て以來、通り、ないで、ながら、のに、ままに、もので、ように、けん(방언)、で(방언)、조사4(なんて、に(きまっている)、より、も)

이미 언급한 바와 같이 원어민이 운용하는 수동태 표현이 연용절에 출현한 경우가 15%였다. 이 수치는 문장체 자료에서 얻은 수치이다. 반면에 위의 <표 11>에는 제시되지 않았지만 마에다 나오코(前田直子 2011:75)에서는 52%이다. 이 수치는 몇 번이나 언급한 바와 같이 구어체 자료에서 얻은 수치이다. 마에다 나오코(前田直子 2011:76)는 こんな善意な

人々にかこまれて、幸せだな本当にあの娘も라는 문장에서 て절이 주절의 원인으로 해석되는 경우가 거의 대부분이라고 언급하였는데, 어쩌면 이러한 의미를 지니는 て절이 문어체보다 구어체에 많이 등장하므로 15%와 52%라는 수치의 차이가 발생하게 되었는지도 모른다. 앞에서 예시한 예문 (167)-(174)에서 알 수 있듯, て절이 원인이나 이유의 의미를 나타내는 예가 확인되지 않는 것에서도 이 사정을 어느 정도 들여다볼 수 있다. 그러나 본서에서는 이에 대한 고찰은 논외로 한다.

문장체 자료와 구어체 자료의 이러한 차이에도 불구하고 공통적으로 나타나는 현상이 있는데, 그것은 바로 원어민이 운용하는 수동태 표현이 て절에 가장 많이 나타난다는 사실이다. 물론 본 연구의 문장체 자료에서는 27%, 마에다의 구어체 자료에서는 46%를 차지하는 것으로 나타났지만 말이다. て절 이외의 연용절에서는 공통점이 발견되지 않는다.

3.4 지도 방안—수동태 확장 문형 확대를 위한 지도 방안

한국의 대학교 초급일본어 교재에 나타나는 수동태 표현은 모두 단문이다. 즉 일본어 학습자는 모두 단문 형식의 수동태 표현만을 학습하는 것이다.

그러나 3.3절에서 살펴본 것처럼, 현실적으로 수동태 표현은 단문 즉 단순한 문장보다는 복잡한 문장에서 훨씬 많이 나타난다. 이들 수치를 정리하면 <표 12>와 같다.

▶ 표12_ 원어민이 운용하는 수동태 표현의 문중 출현 위치

수동태 표현의 문중 출현 위치			본 연구	
문말	단문	①단문말에 수동태 표현이 나타나는 경우	41	6
		②복문 후행절에 수동태 표현이 나타나는 경우	354	50
비문말	복문	③인용절에 수동태 표현이 나타나는 경우	27	4
		④의문절에 수동태 표현이 나타나는 경우	12	2
		⑤연체적 복문 선행절에 수동태 표현이 나타나는 경우	172	24
		⑥연용적 복문 선행절에 수동태 표현이 나타나는 경우	109	15
합계			715개	100%

위의 <표 12>를 보면 수동태 표현이 단순한 문장으로 실현되는 경우는 6%에 불과하며, 94%가 복잡한 문장으로 실현된다. 천호재(2011, 2012)를 비롯한 일본어교육 연구에서 일본어 학습자들이 단순한 문장에서 복잡한 문장으로 습득해 나가도록 하자는 데에는 모두 일치된 의견을 보인다. 그 예로 대부분의 일본어교육에서 기계드릴과 의미드릴을 제안하고 있는 것을 들 수 있다.

마에다 나오코(前田直子 2011:80-81)는 일본어 학습자들이 단순한 문장에서 복잡한 문장으로 확대해서 습득해나갈 수 있도록 하기 위해서 이하의 몇 가지 지도 방안을 제시하였다.

첫째, 연용절 특히 て절과 조합된 수동태 표현을 보다 적극적으로 교실활동에 도입해야 한다는 것이다. 수동태 표현이 て절을 포함하는 경우가 31%(<표 3>), 수동태 표현이 て절에 나타나는 경우는 46%(<표 11>)나 되기 때문인데, 일본어 교사는 이 점을 의식해서 일본어 학습자들이 て절과 조합된 수동태 표현을 이해 및 산출을 할 수 있도록 지도해야 한다는 것이다.

둘째, 단문말에 수동태 표현이 오는 경우, 단순히 수동태 표현으로 끝

을 맺는 것이 아니라 다양한 문말 표현 예를 들어 のだ, たい, だろう, ものだ, かもしれない, ことだ, ばかりだ, こともある와 조합할 수 있도록 교사는 지도해야 한다는 것이다.

셋째, 교사는 일본어 학습자들이 수동태 표현을 た나 る의 과거 시제형이나 현재 시제형과 조합할 수 있도록 지도해야 한다는 것이다.

넷째, 일본어 교사는 학습자들이 の, こと와 같은 형식 명사와 결합한 수동태 표현을 사용할 수 있도록 중급, 고급 과정에서도 계속해서 지도를 할 필요가 있다고 하였다.

마지막으로 수동태 표현은 초급 과정의 후반에 등장하는 경우가 많으므로 수동태를 복잡한 문장으로 만드는 연습은 초급 단계에서 곤란하다면 중급이나 고급 단계에서 학습자들의 수동태 운용 능력을 재차 확인할 필요가 있다고 하였다.

이하의 절과 제2부에서는 마에다의 지도 방안을 검토한 뒤, 그 방안을 세부적으로 보완해 나가는 방식으로 논의를 진행해 나가고자 한다.

3.5 나오는 말

제3장에서는 원어민이 작성한 구어체 자료(영화 대본)와 문장체 자료(에세이)에서 나타난 수동태 표현의 문중 출현 위치를 조사하였다. 그런데 문제는 마에다 나오코(前田直子 2011)가 조사한 결과가 본 저자가 조사한 결과가 일부 다르게 나타났다는 데에 있다. <표 13>으로 제시하면 다음과 같다.

▶ 표13_ 수동태 표현의 문중 출현 위치(문장체 자료와 구어체 자료의 비교)

		수동태 표현의 문중 출현 위치	본 연구		前田直子 (2011)	
문말	단문	①단문말에 수동태 표현이 나타나는 경우	41	6	65	15
		②복문 후행절에 수동태 표현이 나타나는 경우	354	50	55	13
비문말	복문	③인용절에 수동태 표현이 나타나는 경우	27	4	7	2
		④의문절에 수동태 표현이 나타나는 경우	12	2	3	1
		⑤연체적 복문 선행절에 수동태 표현이 나타나는 경우	172	24	73	17
		⑥연용적 복문 선행절에 수동태 표현이 나타나는 경우	109	15	223	52
합			715개	100%	426개	100%

위의 <표 13>을 보면 몇 가지 중요한 사실을 확인할 수 있다. 첫째, 수동태 표현이 단문의 방식으로 나타나는 경우, 본 연구의 6%, 마에다의 15%로 큰 차이를 보인다는 점이다. 둘째, 복문 후행절에 수동태 표현이 나타나는 경우, 즉 복문 후행절의 수동태 표현이 종속절을 포함하는 경우, 본 연구의 50%, 마에다의 13%로 역시 큰 차이를 보이는 것을 확인할 수 있다. 셋째, 수동태 표현이 복문 선행절에 나타나는 경우, 본 연구의 15%, 마에다의 52%로 큰 차이를 보이는 것을 알 수 있다.

이러한 운용 양상이 발생하는 이유에 대해서 금후 심도 있는 연구가 필요할 것으로 보인다. 그러나 현재 시점에서 명확하게 말할 수 있는 것은 구어체 자료(426개)보다 에세이와 같은 문장체 자료(715개)에서 수동태 표현이 훨씬 많이 확인된다는 사실이다. 그리고 복문 후행절에 수동태 표현이 나타나는 경우, 연체적 복문 선행절에 수동태 표현이 나타나는 경우는 구어체 자료보다 에세이와 같은 문장체 자료에서 훨씬 많다는 점이다. 반대로 구어체 자료에서는 문장체 자료보다 단문말에 수동태 표현, 연용적 복문 선행절에 수동태 표현의 출현이 더 많이 허용된다는 점이다.

제4장

원어민의 사역태 표현의 습득

4.1 들어가는 말

사역태 표현이란 어떤 관여자(인간, 무생물)가 다른 관여자(인간, 생물, 무생물)에게 어떠한 행위를 지시하거나 영향을 끼치는 것을 말한다. 다음의 예를 보도록 하자. 예문 (1)과 (2)는 무라키 신지로(村木新次郎 1991: 19-20)에서 인용한 것이다.

(1) a. 母が息子に本を読ませた。
    b. 息子が本を読んだ。
(2) a. 多額のローンが山田を悩ませている。
    b. 山田が多額のローンに悩んでいる。

예문 (1a)는 관여자 즉 사역주 母가 또 다른 관여자 즉 피사역주 息子에게 책을 읽도록 지시한 결과, 피사역주 息子가 실제적으로 책을 읽었다는 사실을 묘사한다. (1b)는 동작주 息子가 책을 읽었다는 사실을 묘사한다. 이러한 해석의 차이가 발생하는 것은 예문 (1a)와 (1b)가 파생관계에 놓여 있기 때문이다. 반면에 예문 (2a)와 예문 (2b)의 관계는 변형관계에 놓여 있기 때문에 동일한 사상을 (2a)로 묘사해도 (2b)로 묘사해도 무방하다. 예문 (1a)에서는 관여자가 각각 사역주가 피사역주이지만, 예문 (2a)에서는 관여자는 각각 원인과 경험자이다(cf. 무라키 신지로(村木新次郎 1991:20)).

언어 자료에 나타나는 원어민의 사역태 표현을 보면 파생관계에 의한 사역태 표현도 보이고 변형관계에 의한 사역태 표현도 보인다. 이러한 사역태 표현의 통사적 관계에 대해서는 더 이상 언급할 필요성이 없어 보인다. 기존의 일본어 문법서나 문법 연구서 혹은 논문으로 충분하기 때문이다.

그런데 기존의 일본어문법 연구에서는 이들 사역태 표현의 통사적 특징이 언어 자료에서 동등하게 나타나는지, 아니면 어느 한편에 치우쳐서 나타나는지, 또는 사역태 표현이 문중의 어느 위치에서 구체적으로 어떠한 양상으로 나타나는지에 대해서는 논의된 적이 없다. 본서에서는 이에 대해 살펴보고자 한다.

본서에서 다룰 내용은 세 가지 점에서 중요하다고 생각한다. 첫째는 원어민의 사역태 표현에 대한 운용 양상을 관찰할 수 있기 때문이다. 둘째는 사역태 표현에 대한 원어민의 운용 양상을 통해 사역태 표현과 문중의 요소의 통사적 관계를 알 수 있다는 사실이다. 즉 사역태 표현이 문중의 특정한 위치에 빈번하게 혹은 희박하게 나타나는 경향을 확인함으로써 기존의 일본어문법 연구에서 다뤄지지 못했던 사역태 표현의 새로운 면이 드러날 것이다. 마지막으로 이로 인해 학습자의 사역태 표현 운용 능력을 측정할 수 있다는 점이다.

4.2 사역태 표현의 문중 출현 위치에 따른 분류 및 분석 결과의 개요

본서에서는 사역태 표현 역시 단문과 복문의 다양한 위치에서 출현하므로 수동태 표현과 동일한 기준을 제시함으로써 사역태 표현의 운용 양상을 살펴보고자 한다.

①단문말에 사역태 표현이 나타나는 경우
　(3) 形となった小説は書きそこねの試行錯誤を<u>反響させる</u>。(言葉のポトラック)
②복문 후행절에 사역태 표현이 나타나는 경우
　(4) 彼と仲よしの二羽の鳩が柘榴の粒をいくつか運んできて、嘴で<u>食べさせて</u>くれた。(塩の像)
③인용절에 사역태 표현이 나타나는 경우
　(5) だから清水も一度、小説に<u>登場させたい</u>と思っているのだが、(プロムナード)
④의문절에 사역태 표현이 나타나는 경우
　(6) 小説の本質は作者が、次に何を書くか、どう<u>転換させるか</u>、(プロムナード)
⑤연체적 복문 선행절에 사역태 표현이 나타나는 경우
　(7) まるで、山々を<u>燃え立たせた</u>光彩がそこに凝縮されたかのような、(塩の像)
⑥연용적 복문 선행절에 사역태 표현이 나타나는 경우
　(8) しかし、かれは<u>生徒に何かを考えさせたり</u>生徒と一緒に何かを考えるよりも、(風の旅人)

예문 (3)은 사역태 표현이 단문에서 종지형으로 출현한 것을 보여주는 예이다. 그러나 사역태 표현은 반드시 단문으로만 실현되지는 않으며 시제 형식과 상 형식, 모댈리티 형식과 같은 다양한 형식과 결합하여 실현된다. 예문 (4)는 주절에 사역태 표현이 출현한 경우이다. 선행절(종속절)은 연용절, 연체절, 인용절로 나뉜다. 예문 (5)는 인용절에 사역태 표현이 나타난 것을 보여 주는 예이다. 예문 (6)은 의문절에 사역태 표현이 출현한 것을 보여 주는 예이다. 예문 (7)은 연체절에 사역태 표현이 나타난 것을 보여 주는 예이다. 본서에서는 연체절에 나타나는 사역태 표현이 실질 명사와 형식 명사를 수식하는 사실을 살펴볼 것이다. 예문 (8)은 사역태 표현이 연용절 형식에 결합된 것을 보여 주는 예이다.

본서에서는 이들 6가지 기준을 가지고 원어민의 에세이 자료를 조사하였는데 그 결과를 <표 1>로 정리하면 다음과 같다.

▶ 표1_ 사역태 표현의 문중 출현 위치

문말	단문	①단문말에 사역태 표현이 나타나는 경우	9	11
		②복문 후행절에 사역태 표현이 나타나는 경우	28	34
비문말	복문	③인용절에 사역태 표현이 나타나는 경우	9	11
		④의문절에 사역태 표현이 나타나는 경우	1	1
		⑤연체적 복문 선행절에 사역태 표현이 나타나는 경우	17	20
		⑥연용적 복문 선행절에 사역태 표현이 나타나는 경우	20	23
합			83개	100%

수동태 표현과 마찬가지로 사역태 표현이 나타나는 문중 위치를 분석하면서 몇 가지 방침을 세웠다. 먼저 본서에서는 단문에 국한하여 사역태 표현이 종지형의 방식으로 문말에 나타나는 경우, 모댈리티와 결합해서 나타나는 경우, 시제 및 상의 형식과 결합해서 나타나는 경우를 상정하였다.

둘째, 복문의 경우 사역태 표현은 예를 들어 理解されるのではなく理解させないこと(言葉のポトラック)의 理解されるのではなく에서 보듯 하나의 문법 형식(즉 연용절)을 내포하는 경우가 일반적이지만, 실제로는

다음의 예문 (9)에서 보듯 1개 이상의 문법 형식과의 상관관계를 지니기도 한다. 본서에서는 1개 이상의 문법 형식과 상관관계를 지니는 것으로 판단되는 경우, 그 관계를 모두 인정하였다.

(9) 児童労働というのは子どもを遊ばせずに働かせるわけだから、(人生の岐路)

예를 들어 예문 (9)에서는 사역태 표현 働かせる는 ずに연용절을 내포하고 있으며, 동시에 형식 명사 わけ를 피수식어로 취하는 연체수식절의 내부에 생기하는 1개 이상의 통사적 특징을 보인다. 본서에서는 이런 경우 사역태 표현이 제각기 다른 문중에 출현하는 것으로 인정하였다. 그러나 본 저자가 확인한 바로는 수동태 표현에 비해서 사역태 표현은 한 문장 안에서 평균적으로 1개의 문법 형식과의 관계를 지니는 경우가 많았다.

마지막으로, 다음의 예문 (10)에서 보듯 인용절 내부에 생기하는 사역태 표현 認識させる는 話を聞くこと라는 연체절을 내포하는 것을 볼 수 있다. 본서에서는 이러한 경우, 인용절 내부에 생기하는 사역태 표현으로만 인정하였다.

(10) 話を聞くことで認識させるという、祖父に近づくことでしょうか。
    (これからも石を運びながら)

본서에서는 위의 <표 1>에 제시한 사역태 표현의 출현 위치를 통해 원어민의 에세이를 분석함으로써 원어민이 운용하는 사역태 표현이 구체적으로 어떠한 양상으로 문중에 나타나는지, 그리고 그러한 원어민의 사역태 표현의 운용 양상이 사역태 표현에만 나타나는 특징인지를 알아보기 위해 제3장에서 제시한 수동태 표현과 비교하고자 한다.

4.3 사역태 표현이 나타나는 단문과 복문의 분석

이 절에서는 먼저 단문말에 사역태 표현이 나타나는 경우, 둘째, 복문 후행절(=주절)에 사역태 표현이 나타나는 경우, 셋째, 인용절에 사역태 표현이 나타나는 경우, 넷째, 의문절에 사역태 표현이 나타나는 경우, 다섯째, 연체적 복문 선행절(=연체수식절)에 사역태 표현이 나타나는 경우, 마지막으로 연용적 복문 선행절에 사역태 표현이 나타나는 경우로 분류하여 원어민의 사역태 표현 운용 양상을 고찰한다.

4.3.1 단문말에 사역태 표현이 나타나는 경우

수동태 표현과 마찬가지로 한국 대학의 기초 일본어 교재에는 단문 형식의 사역태 표현만을 실러버스로 도입하고 있다. 그러나 원어민들이 습득한 사역태 표현의 언어 운용을 보면 단문 형식의 사역태 표현보다는 복문 형식의 사역태 표현을 더 많이 사용하고 있음을 볼 수 있다. 우선 이 절에서는 단문말에 사역태 표현이 나타나는 경우만을 보도록 한다.

단문말에 사역태 표현이 나타나는 경우, 크게 두 가지의 유형으로 나눌 수 있다. 하나는 사역태 표현이 종지형으로 실현되는 경우이고, 다른 하나는 사역태 표현이 다른 표현 요소와 결합하여 실현되는 경우이다. 다음의 예문은 사역태 표현이 종지형으로 나타나는 경우를 예시한 것이다. 즉 예문 (11)과 (12)는 사역태 표현 反響させる와 整列させる가 각각 종지형으로 실현된 예이다.

(11) 形となった小説は書きそこねの試行錯誤を反響させる。(言葉のポトラック)
(12) 学校は生徒を文章のなかでも整列させる。(言葉のポトラック)

그 다음 예문 (13)-(15)에서 보듯 문말의 모댈리티가 사역태 표현과 결합한 경우(3건)를 들 수 있다. 3.3.1절에서 이미 언급한 바와 같이 문말의 모댈리티가 태 표현에 결합하는 것은 유표지이다.

(13) とにもかくにも観客を三時間すわらせつづけたことだ。(真夜中)
(14) 西洋朝顔はどれだけいっぱい花を咲かせたことか。(朝顔、寒空に咲く)
(15) 温暖化は人間の内省まで消滅させかねない。(夏の昼の終わり)

예문 (13)에서는 사역태 표현이 문말의 모댈리티 ことだ와 결합하여 화자의 불만이 명시되었으며, 예문 (15)에서는 사역태 표현이 의문의 종조사 か와 결합하여 영탄(詠嘆)이라는 화자의 주관적 태도가 묘사되고 있다. 예문 (15)에서는 부정의 조동사 ない가 결합하여 화자의 주관적 태도가 명시되었다.

모댈리티는 화자의 주관적 심적 태도를 묘사한다는 점에서 일본어학적으로 유표지로 간주되는데, 그에 못지않게 사역태 표현에 결합하는 시제나 상의 형식도 일본어학 연구에서 유표지적 현상으로 간주되고 있다. 다음의 예문을 보도록 하자.

(16) 日々弾くピアノに埋没させる。   (試行錯誤に漂う1)
(17) 夢は眠りを夢ゆえに中絶させもする。(試行錯誤に漂う3)
(18) 一貫して厳しく人を働かせている。 (楽園で働く現代)
(19) 赤い焔が彼の瞳を燃え立たせていた。(塩の像)

예문 (11), (12), (16)은 사역태 표현이 현재시제형과 결합하는 예이다. 예문 (18)은 사역태 표현이 현재진행형과 결합하여 문장 표면에 명시되지 않은 주어의 성질을 묘사한 예이다. 예문 (19)는 사역태 표현이 과거

진행형의 형식과 결합한 방식으로 운용된 예이다. 이러한 출현 양상을
수치화해서 표로 제시하면 다음의 <표 2>와 같다.

▶ 표2_ 단문말에 나타나는 시제 및 상 형식(원어민)

る	た	ている	ていた	계
3개	0개	1개	1개	5개
60%	0%	20%	20%	100%

위의 <표 2>를 보면 총 5건의 시제 및 상 형식 가운데, 현재 시제 형
식이 사역태 표현에 결합한 예가 3개(60%)로 확인된다. 과거 시제 형식
이 사역태 표현에 결합한 예는 한 건도 없었으며 현재 진행 형식과 과
거 진행 형식이 사역태 표현에 결합한 예는 각각 한 건(20%) 씩이 존재
하는 것으로 밝혀졌다.

시제 및 상 형식이 특정한 태 표현에만 나타나는 언어 현상인지에 대
해 알아 보기 위해 사역태 표현에 결합한 시제 및 상 형식의 수치(<표
2>)와 수동태 표현에 결합한 시제 및 상 형식의 수치를 비교하면 다음
의 <표 3>과 같다.

▶ 표3_ 단문말의 수동태 표현과 결합한 시제 및 상 형식

	る	た	ている	ていた	계
본 연구	30%	11%	41%	19%	100%
前田直子	29%	53%	15%	2%	100%
평균	30%	32%	28%	11%	100%

<표 3>을 비교하면 단문말의 수동태 표현과 결합한 시제 및 상 형식
은 다양한 비율로 원어민에 의해 운용되는 것을 알 수 있다.

반면에 <표 2>를 보면 단문말의 사역태 표현과 결합한 시제 및 상의 형식은 지극히 낮은 횟수로 실제 일본인의 언어생활에서 운용되는 것을 알 수 있다. 지금의 시점에서 이들 시제 및 상 형식의 결합 양상이 각각 수동태 표현과 사역태 표현의 특징이라 단정 지을 수는 없다. 그것은 우연일 수도 있고 우연이 아닐 수도 있기 때문이다. 이하 본서 전반을 통해서 문중에 나타난 태 표현의 수치를 면밀히 관찰해 나가겠는데, 이들 태 표현의 출현 양상을 특정 태 표현의 특징으로 결론지을 수 있을지 여부가 매우 궁금하다.

4.3.2 복문말에 사역태 표현이 나타나는 경우

이 절에서는 복문 후행절의 사역태 표현에 대한 원어민의 운용 양상을 살펴보기로 한다. 복문 후행절의 사역태 표현은 28개로 수동태 표현 354개에 비하면 매우 낮은 수치이다. 아래의 <표 4>를 보면 사역태 표현이 연용절을 포함하는 경우가 16개로 57%를 차지하였으며, 연체절을 포함하는 경우가 11개로 47%를 차지하는 것을 알 수 있다. 인용절을 차지하는 경우는 1개로 4%에 불과하였다.

▶표4_ 복문말에 사역태 표현이 나타나는 경우에 선행하는 종속절

연용절	연체절	인용절	계
16	11	1	28개
57%	39%	4%	100%

그러면 구체적인 예를 살펴보도록 하자. 첫째, 사역태 표현이 연용절을 포함하는 예이다.

(20) プロというのは、<u>コンサートを、特別な時間とする</u>のではなく、日々弾く
ピアノに<u>埋没させる</u>。(試行錯誤に漂う1)

(21) 児童労働というのは<u>子どもを遊ばせずに働かせる</u>わけだから、(人生の岐路)

(22) <u>優柔不断と言われようがどうしようが</u>、<u>解消させて</u>はいけない問題という
のが人間にはある。(中央公論2000年7月号)

예문 (20)-(22)에서는 사역태 표현이 연용절 형식(점선 부분) く, ずに,
が를 포함하는 것을 확인할 수 있다. 예를 들어 예문 (20)의 실선 부분
의 사역태 표현은 점선 부분의 く연용절을 내포하는 것을 볼 수 있다.
나머지 예문에 대해서는 구체적인 설명을 생략한다.

둘째, 사역태 표현이 연체절을 포함하는 예를 제시하면 다음과 같다.

(23) <u>小説についてその人が考えた小説には書かれなかった考えも当然反響させ
る</u>。(言葉のポトラック)

(24) さっき書いた二通りの書き方のもう一つの方の書き方とは、<u>それを理解し
ようとしない人をわからせる</u>ことでなく、(真夜中)

(25) <u>一見とても明晰で違和を唱えようとする相手に有無を言わせない</u>ようなと
ころがあるけれど、(中央公論2000年7月号)

예문 (23)의 밑줄 친 부분은 小説을 수식하는 연체절(연체 수식절)이다.
反響させる라는 사역태 표현이 연체절을 포함하고 있는 것이다. 예문
(24)와 (25)에서도 사역태 표현 わからせる와 言わせる가 연체절을 포함
하는 것을 알 수 있다.

셋째, 사역태 표현이 인용절을 내포하는 경우인데, 예문 (26)이 실제
예이다.

(26) <u>高度成長期の時ものを求めた</u>というのは私たち子供たちに同じ思いを<u>させ
ない</u>ためにという反面、(日本とムラ)

<표 4>를 보면 사역태 표현이 연용절을 가장 많이 포함하는 것을 알수 있는데, 그 구체적 내역을 다시 <표 5>로 정리하면 다음과 같다.

▶ 표5_ 복문말에 사역태 표현이 나타나는 경우에 선행하는 연용절(본 연구의 분석)

く	て	ずに	終止形	ものの	で	が	と	としても	もので	くせに	계
3	3	2	1	1	1	1	1	1	1	1	16
19%	19%	13%	6%	6%	6%	6%	6%	6%	6%	6%	100%

16개의 용례 수 가운데 く절, て절, ずに절이 각각 19%, 19%, 13%로 과반수를 차지하는 것을 볼 수 있다. 예문 (27)-(29)는 각각 く절, て절, ずに연용절을 사역태 표현이 내포하는 것을 보여 주는 실제 예이다. 점선 부분의 연용절을 참조하길 바란다.

(27) 理解されるのではなく理解させないこと。(言葉のポトラック)

(28) 彼と仲よしの二羽の鳩が柘榴の粒をいくつか運んできて、嘴で食べさせてくれた。(塩の像)

(29) 児童労働というのは子どもを遊ばせずに働かせるわけだから、(人生の岐路)

예문 (30)은 사역태 표현이 연용 중지형, 예문 (31)은 중지형의 절, 예문 (32)는 が절, 예문 (33)은 と절을 포함한 실제 예이다. 구체적인 설명은 생략한다.

(30) テレビでよく取り上げられる、新しい農法・栽培法を成功させた人なんて、(この狂った社会)

(31) 彼のしゃべったことはただ場違いで、私たちをしらけさせただけだった。(風の旅人)

(32) 優柔不断と言われようがどうしようが、解消させてはいけない問題というのが人間にはある。(中央公論2000年7月号)

(33) こうして思い返してわざわざ書いていると、あのジジの辛い日々をもう一度ジジに体験させているような気持ちになる。(真夜中)

　<표 4>에서 사역태 표현이 연용절, 연체절, 인용절을 포함하는 비율을 확인하였는데, 과연 그 수치들이 사역태의 전형적인 특징을 의미하느냐 하는 의문이 대두된다. 그래서 3.3.2절에서 제시한 수동태 표현이 연용절, 연체절, 인용절을 포함하는 비율을 사역태 표현과 비교하는 방식으로 다음의 <표 6>과 같이 정리해 보았다.

▶ 표6_ 복문말에 수동태와 사역태 표현이 나타나는 경우에 선행하는 종속절의 유형

	연용절	연체절	인용절	계
수동태 표현	59%	25%	17%	100%
사역태 표현	57%	39%	4%	100%

　각 종속절(연용절, 인용절)을 포함하는 수동태 표현의 비율이 사역태 표현보다 비교적 높다. 연체절에서는 사역태 표현의 비율이 높다. 따라서 양적 비교는 근본적으로 불가능하다. 연용절을 포함하는 사역태 표현과 수동태 표현은 불과 2%의 차이밖에 나지 않는데, 이 수치를 가지고 연용절, 수동태 표현, 사역태 표현과의 의미통사적 개연성을 주장하기에는 무리가 있다고 보인다. 2%의 차이를 통해서 특정 태 표현의 전형적인 특징임을 발견해 낼만한 근거가 없기 때문이다. 연체절을 포함하는 수동태 표현과 사역태 표현의 수치는 각각 25%, 39%로 사역태 표현이 14% 가량 높게 나왔다. 인용절의 경우는 수동태 표현이 17%, 사역태 표현이 4%로, 수동태 표현이 13% 가량 높다. 그러나 이들 수치를 가지

고 수동태 표현의 특징이라거나 사역태 표현의 특징이라고 단정하기에는 이르다. 여기에서 분명히 말할 수 있는 것은 수동태 표현이나 사역태 표현만이 연용절을 포함하는 것은 아니라는 것이다. 사역태 표현도 연용절을 포함하는 수치가 수동태 표현과 별반 다를 바가 없다. 따라서 제5장의 기여태 표현, 제6장의 가능태 표현에 이르기까지 그 추이를 끝까지 지켜볼 필요가 있다.

4.3.3 인용절에 사역태 표현이 나타나는 경우

이 절에서는 원어민이 사용한 사역태 표현이 인용절에 나타나는 경우를 살펴보겠다. 원어민이 사용한 전체 83개의 사역태 표현이 인용절에 나타난 예는 9개로 11%를 차지하는 것이 확인되었다. 이하의 예는 인용절에 사역태 표현이 출현한 것을 나타내는 실제 예이다.

    (34) 早いところ安らわせようとは思わなかったのだから、(真夜中)
    (35) 「人もどき」を「局面によっては人間の役割を代行させることができる」と主張するのではないか。(考える人)
    (36) だから清水も一度、小説に登場させたいと思っているのだが、(プロムナード)

예문 (34)에서는 と로 표시되는 인용절에 安らわせ라는 사역태 표현이, 예문 (35)에서는 代行させる라는 사역태 표현이 나타나고 있음을 알수 있다. 예문 (36)에서는 登場させ라는 사역태 표현이 인용절에 나타난것을 확인할 수 있다.

3.3.3절에서 이미 확인한 것처럼, 수동태 표현이 인용절에 출현하는비율이 2%로 나타났는데, 이 수치에 비하면 인용절에 출현하는 사역태

표현의 비율은 11%로 높은 편이다. 수동태 표현이 인용절에 2%의 비율로 나타난다는 것은 인용절과 수동태와의 통사적 제약을 말해 주는 것으로 생각이 가능한데, 그러면 사역태 표현이 인용절에 11%로 나타난다는 것은 인용절과 사역태 표현이 지니는 통사적 제약이 수동태 표현만큼 엄격하지 않는다는 생각을 하게 한다. 이들 수치는 우연일 수도 있기 때문에 단순 비교는 어렵다고 판단한다.

4.2.2절에서 제시한 사역태 표현과 단문, 복문과의 통사적 제약을 비교하면 사역태 표현과 인용절과의 통사적 제약의 위상을 알 수 있을 것이라 생각한다. 4.2.2절에서 복문 후행절의 사역태 표현이 종속절을 포함하는 경우가 34%로 가장 많았으며, 연용적 복문 선행절에 사역태 표현이 나타나는 경우가 23%, 연체적 복문 선행절에 사역태 표현이 나타나는 경우가 20%, 단문말에 사역태 표현이 나타나는 경우와 인용절에 사역태 표현이 나타나는 경우가 11%로 동률을 이루었다. 그리고 의문절에 사역태 표현이 나타나는 비율은 1%로 나타났다. 단문과 복문에서 사역태 표현의 출현 비율이 높으면 사역태 표현과 단문, 복문과의 통사적 제약이 덜 엄격하다는 것을 의미하는 반면, 반대로 출현 비율이 낮으면 사역태 표현과 단문, 복문과의 통사적 제약이 엄격한 것으로 생각할 수 있다. 6개의 단문, 복문과 사역태 표현의 출현 양상을 비교하면 사역태 표현이 인용절에 나타나는 비율이 11%로 4위를 차지한 것을 알 수 있다. 사역태 표현이 단문말에 나타나는 비율과 11%로 동률을 이룬 것을 감안하면 5개 중에서 4위를 차지한 것으로 볼 수 있다. 참고적으로 말하면 인용절에 나타나는 수동태 표현은 5위였다.

이러한 비율이 의미하는 바는 수동태 표현과 마찬가지로 사역태 표현이 인용절에 출현할 가능성이 낮다는 것이며, 나아가 인용절과 수동태 표현의 통사적 제약이 엄격하다는 것을 말해 준다. 이와 같이 수동태 표현과 인용절과의 통사적 제약은 사역태 표현에서도 확인할 수 있었는데, 이러한 통사적 제약은 제5장과 제6장에서도 계속 검토할 것이다.

4.3.4 의문절에 사역태 표현이 나타나는 경우

원어민이 사용하는 사역태 표현이 의문절에 출현하는 예는 전체 83개 가운데 1개로 1%로 밝혀졌다. 다음의 예는 사역태 표현이 의문절에 출현한 것을 보여 주는 실제 예이다.

(37) 小説の本質は作者が、次に何を書くか、どう転換させるか、(プロムナード)

4.2절에서 볼 수 있듯이 의문절에 출현하는 사역태 표현의 비율은 1%로 최하위를 차지한다. 본 저자는 3.3.4절에서 제안한 것처럼 이 절에서도 사역태 표현과 의문절의 관계를 통해 두 가지의 유의미한 사실을 지적하고자 한다. 하나는 6개의 출현 위치 중에서 사역태 표현이 1%라는 가장 낮은 비율로 나타난다는 사실이 주는 의미이다. 이는 수동태 표현과 마찬가지로 의문절에 대한 사역태 표현의 선택제한(반대로 사역태 표현에 대한 의문절의 선택제한)이 매우 엄격하며 이는 의문절과 사역태 표현의 의미 통사적 제약의 엄격성을 강하게 시사하는 것이라는 사실이다. 본서에서는 의문절에 사역태 표현이 출현하기 어려운 사실만 지적하였지만, 금후의 연구를 통해서 의문절에 수동태 표현과 사역태 표현이 나타나기 어려운 이유를 설명할 필요성이 있다고 생각한다. 이러한 통사적 제약이 수동태 표현과 사역태 표현에서 동시에 적용되는 것을 알 수 있는데, 제5장, 제6장을 거치면서 이러한 통사적 제약이 수동태 표현과 사역태 표현 이외의 태 표현에도 적용되는지 그 여부를 계속 검

토할 것이다.

다른 하나는 사역태 표현과 의문문의 통사론적 또는 의미론적 관계의 해명을 향한 새로운 형태의 학문적 담론을 위한 가능성이다. 사역태 표현에 대한 개별 연구로는 결코 얻을 수 없는 새로운 지견을 제공해 줄 것이라고 본 저자는 기대한다.

4.3.5 연체적 복문 선행절에 사역태 표현이 나타나는 경우

이 절에서는 원어민이 운용하는 사역태 표현이 연체적 복문 선행절에 나타나는 예에 대해서 살펴보고자 한다. 사역태 표현이 연체적 복문 선행절에 나타나는 예는 전체 83개의 예 가운데 17개로 20%를 차지하는 것으로 밝혀졌다.

▶표7_ 연체절말에 사역태 표현이 나타나는 경우의 피수식 명사(본 연구의 분석)

실질 명사	형식 명사				
10개(59%)	7개(41%)				
	こと	ため	かた	の	ところ
	2개(12%)	2개(12%)	1개(6%)	1개(6%)	1개(6%)

실질 명사(각1례) : 男, 危險, 空間, 光彩, 基盤, とき, 何日目, ネット, 葉, 物語

다음의 예문 (38)-(40)은 연체절에 나타나는 사역태 표현이 실질 명사를 수식하는 것을 보여 주는 실제 예이다.

(38) ヘゲットを読むのは、このような、小説を成立させている空間そのものを
読むことだ。(試行錯誤に漂う5)
(39) そもそも何が知りたくてそれを始めたのかを当事者に忘れさせてしまう危

険をつねに、(考える人)

(40) 陽光を反射させている葉もあれば、影になっている葉もある。(鎌倉の風景)

예문 (41)~(44)는 연체절에 나타나는 사역태 표현이 형식 명사를 수식하는 것을 보여 주는 실제 예이다.

(41) すべて海への畏れが私たちに見させていることは間違いない。(鎌倉の風景)
(42) 家畜の群れを移動させるために時おり通りかかる遊牧の民ばかりである。(塩の像)
(43) 地球全体に労働という病いを蔓延させたのはヨーロッパ人だ。(楽園で働く現代)
(44) 男子も女子と同等にしっかり実習させるところが我が母校のいいところ。(小子化対策のかぎは高校生に)

<표 7>에서 알 수 있듯이, 연체절의 술어인 사역태 표현이 실질 명사를 수식하는 경우가 59%, 형식 명사를 수식하는 경우가 41%이다. 3.3.5절에서 확인한 것처럼 본 연구의 분석에서는 수동태 표현이 실질 명사와 형식 명사를 수식하는 비율이 75%와 25%였다. 이에 반해 마에다 나오코(前田直子 2011:74-75)의 분석에서는 55%, 45%였다. 단순히 수치만 비교하면 수동태 표현보다 사역태 표현이 실질 명사와 형식 명사를 수식하는 비율이 59%, 41%로, 마에다 나오코(前田直子 2011:74-75)의 55%, 45%에 근접하고 있다. 마에다 나오코(前田直子 2011:75)는 55%, 45%가 수동태 표현이 연체절에 나타날 때의 특징이라 단언할 수 없으며 이 특징을 알기 위해선 연체수식절 전반에 걸친 조사가 필요하다고 하였다. 지금의 시점에서는 마에다 나오코의 예상은 적중했다고 할 수 있다. 그러나 마에다 나오코의 예상이 완벽하게 적중하기 위해서는 범위를 넓혀 태 표현 전반에 걸쳐서 나타나는 특징인지, 제5장과 제6장에 걸쳐 계속

검토할 필요가 있다.

한편 3.3.5절에서 본 것처럼 형식 명사로 こと와 の가 가장 많은 것을 알 수 있었는데, 위의 <표 7>에서도 사역태 표현이 형식 명사 가운데 こと를 가장 많이 수식하는 것을 볼 수 있다. 이 역시 수동태 표현과 사역 태 표현에만 우연히 보이는 특징인지, 태 표현 전반에 나타나는 공통된 특징인지 제5장과 제6장에 걸쳐 계속 검토할 필요가 있다.

4.3.6 연용적 복문 선행절에 사역태 표현이 나타나는 경우

원어민이 운용하는 사역태 표현이 연용절에 출현하는 예로 전체 83개 가운데 19개로 23%의 비율을 차지하는 것으로 확인되었다. 이 수치는 사역태 표현이 나타나는 6개의 위치 가운데 2번째로 높은 수치이다(1위 는 사역태 표현이 종속절을 포함하는 경우이다.). 이것은 사역태 표현이 연용절 의 술어로 출현한다는 사실이 사역태 표현의 중요한 통사적 특징임을 말해 주는 것이라고 할 수 있다. 다음의 <표 8>을 보도록 하자.

▶표8_ 사역태 표현이 나타나는 연용절(본 연구의 분석)

て	たら	たり	と	ようと	ように	ない	はじめる	ば	ずに	ものの	連用中止	계
3	2	2	2	2	2	2	1	1	1	1	1	19개
15%	10%	10%	10%	10%	10%	10%	5%	5%	5%	5%	5%	100%

위의 <표 8>을 보면 て절에 사역태 표현이 15%의 비율로 가장 많이 나타나는 것을 확인할 수 있다. たら, たり, と, ようと, ように 등의 연 용절이 10%의 동률로 나타나고 있음을 볼 수 있다. 그러면 이번에는 실 제 예문을 살펴보도록 하자.

예문 (45)-(46)은 점선 부분에서 알 수 있듯이 사역태 표현이 て절 내부에 생기한 것을 보여주는 실제 예이다. 구체적인 설명은 생략한다.

(45) 西洋朝顔は猛々しいほどに葉を茂ら<u>せて</u>、(朝顔、寒空に咲く)
(46) また5キロの袋をおなかに抱か<u>せて</u>、(少子化対策のかぎは高校生に)

예문 (47)-(52)에서는 점선 부분에서 보듯 たら절, たり절, と절, ものの, ようと절, ように절 내부에 사역태 표현이 출현한 것을 확인할 수 있다. 구체적인 설명은 생략한다.

(47) 既成の形に自分を<u>したがわせたら</u>、模倣や縮小再生産しか生まれず、(試行錯誤に漂う1)
(48) しかし、かれは生徒に何かを<u>考えさせたり</u>生徒と一緒に何かを考えるよりも、(風の旅人)
(49) 長女に<u>いわせると</u>、資格とって仕事もって結婚して子供育てるのは普通だとか...(子供産まず結婚もしない選択肢)
(50) 朝顔たちはかろうじて茎は<u>成長させているものの</u>葉が全然育たない。(朝顔、寒空に咲く)
(51) 直前に公表された中村錦之助との結婚を<u>思いとどまらせようと</u>して来たのだった。(プロムナード)
(52) 自分がやりたいことは何か」を若者に<u>考えさせないように</u>している、この社会が狂っているのだ。(この狂った社会)

<표 8>에서 て절에 사역태 표현이 출현하는 비율이 15%인 사실을 확인할 수 있었는데, 3.3.6절에서 확인한 바와 같이 수동태 표현이 て절에 출현하는 비율은 29%였다. 수치의 차이는 있지만 사역태 표현에서도 수동태 표현도 て절에 출현하는 비율이 가장 높았다는 점에서 공통점을 확인할 수 있다.

4.4 사역태 표현의 문형 확대를 위한 지도 방안

수동태 표현과 마찬가지로 한국의 대학에서 채택된 초급일본어 교재에도 사역태 표현은 모두 단문 형식으로 제시된다.

이미 확인한 것처럼 사역태 표현 역시 수동태 표현과 마찬가지로 단문 즉 단순한 문장보다는 복문, 즉 복잡한 문장에서 훨씬 많이 출현한다. 이를 수동태 표현과 사역태 표현을 비교한 <표 9>로 제시하면 다음과 같다.

▶ 표9_ 원어민이 운용하는 사역태 표현의 문중 출현 위치

		태 표현의 문중 출현 위치	수동태	사역태
문말	단문	①단문말에 태 표현이 나타나는 경우	15%	11%
		②복문 후행절에 태 표현이 나타나는 경우	13%	34%
비문말	복문	③인용절에 태 표현이 나타나는 경우	2%	11%
		④의문절에 태 표현이 나타나는 경우	1%	1%
		⑤연체적 복문 선행절에 태 표현이 나타나는 경우	17%	20%
		⑥연용적 복문 선행절에 태 표현이 나타나는 경우	52%	23%
합계			100%	100%

위의 <표 9>에서 사역태 표현이 단순하게 실현되는 경우는 11%에 불과하며, 89%가 복잡한 문장으로 실현된다. 4.3절에서 제시한 사역태 표현의 문중 출현 위치를 근거로 이하 몇 가지 지도 방안에 대해 살펴보고자 한다.

첫째, 연용절 특히 て절과 조합된 사역태 표현을 수동태 표현과 마찬가지로 적극적으로 교실활동에 도입해야 한다는 사실을 확인할 수 있

다. 본서에서 이미 확인한 것처럼 수동태 표현이 연용절을 내포하는 경우가 26%, 수동태 표현이 연용절에 나타나는 경우는 27%였다. 사역태 표현이 연용절을 내포하는 경우는 31%, 연용절에 나타나는 경우는 15%였다. 각각 비율은 다르지만 합산을 하면 사역태 표현은 45%로 수동태 표현의 53%에 육박하는 것이다. 즉 사역태 표현이나 수동태 표현 모두 て절을 포함한 연용절과의 상관관계를 띠는 비율이 매우 높다는 점이다. 따라서 수동태 표현과 마찬가지로 사역태 표현도 교실활동을 통해 연용절과의 상관관계를 고려한 확대문형(복잡한 문형) 연습을 실시할 필요가 있다고 하겠다.

둘째, 단문말에 수동태 표현이 오는 경우, 단순히 수동태 표현으로 끝을 맺는 것이 아니라 다양한 문말 표현 예를 들어 のだ, なければならない, かもしれない과 결합하여 실현되는 것과 마찬가지로 사역태 표현도 ことだ, か, ない와 같은 모댈리티 형식과 결합하여 실현된다. 물론 수동태 표현만큼 다양한 모댈리티 형식과 결합하여 실현되는 것은 아니었다. 따라서 사역태 표현도 다양한 모댈리티 형식과 결합한 방식으로 문장을 확대해 가는 연습을 교실활동을 통해서 실천해 나갈 필요가 있다고 하겠다.

셋째, 교사는 일본어 학습자들이 수동태 표현을 た나 る의 과거 시제형이나 현재 시제형과 조합할 수 있도록 지도해야 한다는 것이다.

▶표10_ 각 태 표현과 시제 및 상 형식과의 결합 양상

	る	た	ている	ていた	계
수동태 표현	30%	11%	41%	19%	100%
사역태 표현	60%	0%	20%	20%	100%

　한국 대학의 초급 일본어 교재를 보면 대부분 사역태 표현이 과거 시제형 た로 실현되는 경우가 대부분인데, 위의 <표 10>을 보면 현재 시제형 る로 실현되는 비율이 훨씬 높다. 그리고 현재 진행상과 과거 진행상으로 실현되는 비율도 꽤 높은 편이다(수동태 표현의 경우는 사역태 표현에 비해 현재 진행상으로 실현되는 비율이 두 배 높다).

　넷째, 일본어 교사는 학습자들이 こと, の와 같은 형식 명사와 결합한 수동태 표현(<표 11>)과 마찬가지로 사역태 표현도 다양한 형식 명사와 결합하는 것을 볼 수 있으므로(<표 12>), 수동태 표현과 마찬가지로 중급, 고급 과정에서도 계속해서 형식 명사와 결합하는 사역태 표현을 지도할 필요가 있다.

▶ 표11_ 연체절말에 수동태 표현이 나타나는 경우의 피수식 명사(본 연구)

실질 명사	형식 명사						
75%	25%						
	こと	の	もの	ほど	それ	ため	分
	12%	7%	3%	1.2%	1%	1%	1%

▶ 표12_ 연체절말에 사역태 표현이 나타나는 경우의 피수식 명사(본 연구의 분석)

실질 명사	형식 명사				
59%	41%				
	こと	ため	かた	の	ところ
	12%	12%	6%	6%	6%

　마지막으로 사역태 표현도 초급 과정의 후반에 등장하는 경우가 많으므로 초급 단계에서 곤란하다면 중급이나 고급 단계에서 학습자들의 사역태 운용 능력을 드높이려는 시도가 있어야 할 것으로 보인다.

4.5 나오는 말

지금까지 문장체 자료(에세이 자료)에서 나타난 원어민의 사역태 표현의 운용 양상을 살펴보았다. 사역태 표현의 특징을 파악하기 위해 수동태 표현과 비교하기로 한다.

▶ 표13_ 원어민이 운용하는 사역태 표현의 문중 출현 위치

		태 표현의 문중 출현 위치	수동태	사역태
문말	단문	①단문말에 태 표현이 나타나는 경우	6	11
		②복문 후행절에 태 표현이 나타나는 경우	50	34
비문말	복문	③인용절에 태 표현이 나타나는 경우	4	11
		④의문절에 태 표현이 나타나는 경우	2	1
		⑤연체적 복문 선행절에 태 표현이 나타나는 경우	24	20
		⑥연용적 복문 선행절에 태 표현이 나타나는 경우	15	23
합계			100% (715개)	100% (83개)

위의 <표 13>을 통해서 몇 가지 중요한 사실을 확인할 수 있다. 첫째, 문장체 자료에서 수동태 표현이 사역태 표현보다 훨씬 많이 나타난다는 점이다. 문장체 자료에서 수동태 표현이 715개 출현하였으며, 사역태 표현은 83개로 수동태 표현이 거의 10배 가까이 출현한 것을 확인할 수 있다. 둘째, 문장체 자료에서 복문 후행절에서 수동태 표현이 나타나는 비중이 50%로 사역태의 34%보다 훨씬 높다는 점이다. 셋째, 문장체 자료에서 사역태 표현이 단문말에 나타나는 경우, 인용절에 나타나는 경우, 연용적 복문 선행절에 나타나는 경우가 수동태 표현보다 많다는 사실이다. 마지막으로 출현 횟수의 차이는 있지만, 비율로 볼 때 사역태

표현과 수동태 표현이 문장 중에 출현하는 경향이 비슷하다는 사실이다. 예를 들면 수동태 표현이나 사역태 표현 모두 복문 후행절에 가장 많이 나타나며, 의문절에는 가장 적게 나타난다는 사실을 들 수 있다. 2위에서 5위에 해당하는 출현 양상을 살펴보면 순위가 동일하거나 순위의 차이가 적은 것을 확인할 수 있다.

제5장

원어민의 기여태 표현의 습득

5.1 들어가는 말

다음의 예문은 기여태 표현(수수 표현이라고도 한다. 이하 기여태 표현으로 통칭한다.)을 예시한 것이다. 예문은 무라키 신지로(村木新次郎 1991:28)에서 인용한 것이다.

(1) a. 教師が生徒をほめた。
  b. 教師が生徒をほめてやった。
  c. 教師が生徒をほめてくれた。
  d. 生徒が教師に/からほめてもらった。

기여태 표현을 예시하는 예문 (1b)-(1d)는 모두 (1a)와 동일한 사상을 묘사하고 있다. 그럼에도 불구하고 예문 (1b)-(1d)는 화자의 시점이 제각기 다르다는 점에서 차이를 보인다. 대우도의 차이에 따라서 (1b)의

술어인 やる의 교체 형식으로 あげる, さしあげる를 들 수 있으며, (1c)의 くれる는 교체 형식으로 くださる가, (1d)의 もらう의 교체 형식으로는 いただく가 있다.

본서 제5장에서는 제3장과 제4장에 이어 다양한 형식의 기여태 표현이 언어 자료(문어체 자료)에서 동일한 비중으로 출현하는지 아니면 어느 한편에 치우쳐서 출현하는지, 또는 기여태 표현이 문중의 어느 위치에서 구체적으로 어떠한 양상으로 출현하는지에 대해서 살펴보고자 한다.

5.2 기여태 표현의 문중 출현 위치에 따른 분류 및 분석 결과의 개요

기여태 형식은 다양하며 또한 특정한 기여태 형식은 제각기 다른 교체 형식이 있음을 5.1절에서 확인할 수 있었다. 기여태 표현의 문중 출현 위치를 조사하기 전에 우선 원어민의 문어체 자료에서 나타난 기여태 표현을 형식별로 정리해보자.

▶표1_ 문어체 자료에 나타난 기여태 표현의 형식(49개)

	てやる			てくれる		てもらう	
	てやる	てあげる	てさしあげる	てくれる	てくださる	てもらう	ていただく
소계 (%)	4개(8%)	2개(4%)	0개(0%)	36개(73%)	1개(2%)	6개(12%)	0개(0%)
합계 (%)	6개(12%)			37개(76%)		6개(12%)	
전체	49개(100%)						

기여태 표현의 출현 횟수가 49회라는 것은 원어민이 일상생활에서 기여태 표현을 운용하는 정도가 매우 낮다는 것을 말해 준다. 그나마 시사적인 것이 있다면 기여태 표현 가운데 てくれる가 적극적으로 운용된다는 점일 것이다. 원어민이 운용한 기여태 표현이 단문과 복문에 나타난 실제 예를 제시하면 다음과 같다.

　　①단문말에 기여태 표현이 나타나는 경우
　　　(2) 鎌倉市は火葬料として５万円支払ってくれた。(真夜中)
　　②복문 후행절에 기여태 표현이 나타나는 경우
　　　(3) これがもう私のチームは本当の話をしても誰からも信じてもらえないくらい弱く、(プロムナード)
　　③인용절에 기여태 표현이 나타나는 경우
　　　(4) 奥さんが生きていらしたら、ものすごく喜んでくれたと思うと残念です。(いや、わかってますよ)
　　④의문절에 기여태 표현이 나타나는 경우
　　　(5) 人に頼ってはいつ運んでくれるかわからない。(これからも石を運びながら)
　　⑤연체적 복문 선행절에 기여태 표현이 나타나는 경우
　　　(6) 足抜きをしてくれた人がいて、金持ちというわけではなかったらしいが、(人生の岐路)
　　⑥연용적 복문 선행절에 기여태 표현이 나타나는 경우
　　　(7) これも長女が可愛いと褒めてくれ、5・6枚以上作りました。
　　　　(秋冬のファッションはリフォームと昔の服や靴で)

　예문 (2)는 기여태 표현이 종지형으로 단문에 나타난 것을 보여주는 예이다. 기여태 표현은 종지형으로만 실현되는 것은 아니며 시제 형식, 상 형식, 모댈리티 형식과 같은 다양한 형식과 결합하여 실현된다. 예문 (3)은 주절에 기여태 표현이 나타난 것을 보여 주는 실제 예이다. 선행절은 종속절로 다시 연용절, 연체절, 인용절로 나뉜다. 예문 (4)는 인용절에 기여태 표현이 출현한 것을 예시한 것이다. 예문 (5)는 의문절에 기여태 표현이 나타난 것을 예시한 것이다. 예문 (6)은 기여태 표현이 연체절에 나타난 것을 보여 주는 실제 예이다. 예문 (7)은 기여태 표현이 연용절 형식에 결합된 것을 보여 주는 실제 예이다.

본서에서는 이들 6가지 기준을 가지고 원어민의 에세이 자료를 조사하였는데 그 결과는 다음의 <표 2>와 같다.

▶표2_ 기여태 표현의 문중 출현 위치(원어민)

문말	단문	①단문말에 기여태 표현이 나타나는 경우	12	24
		②복문 후행절에 기여태 표현이 나타나는 경우	14	29
비문말	복문	③인용절에 기여태 표현이 나타나는 경우	1	2
		④의문절에 기여태 표현이 나타나는 경우	1	2
		⑤연체적 복문 선행절에 기여태 표현이 나타나는 경우	11	22
		⑥연용적 복문 선행절에 기여태 표현이 나타나는 경우	10	20
합			49개	100%

위의 <표 2>에 제시된 기여태 표현의 운용 양상을 보면 49개가 사용되었는데, 이 수치는 원어민의 기여태 표현의 운용이 실제 생활에서 매우 소극적이라는 사실을 시사하는 것이다. 사역태 표현보다도 훨씬 낮은 수치이다.

수동태 표현, 사역태 표현과 마찬가지로 기여태 표현이 단문과 복문에 출현하는 위치를 분석하기 위해 몇 가지 방침을 세웠다. 먼저 본서에서는 단문에 국한하여 기여태 표현이 종지형의 방식으로 문말에 나타나는 경우, 모댈리티와 결합해서 나타나는 경우, 시제 및 상의 형식과 결합해서 나타나는 경우로 나누어 분석하였다.

둘째, 복문의 경우 기여태 표현은 일반적으로 文字入力と校正をして

くれたメンバー全員のあて名入りのサイン本を作ってもらった(遠い触覚)에서 보듯 기여태 표현이 한 문장 안에서 두 개가 나타나는데, 본서에서는 이 두 형식을 모두 기여태 표현이 들어간 것으로 합산하였다.

셋째, 예를 들어 文字入力と校正をしてくれたメンバー全員のあて名入りのサイン本を作ってもらった(遠い触覚)에서는 기여태 してくれた가 メンバー全員のあて名入りのサイン本이라고 하는 피수식 명사를 취하는 연체수식절 내부에 생기하고 있으며, 기여태 作ってもらった가 文字入力と校正をしてくれたメンバー全員のあて名入りのサイン本라는 연체절을 내포한다는 점에서 이를 모두 기여태 표현이 문중에 출현하는 것으로 인정하였다.

넷째, 奥さんが生きていらしたら、ものすごく喜んでくれたと思うと残念です(遠い触覚)라는 예문에서 보듯 인용절 내부에 생기하는 기여태 표현은 生きていらしたら에서 보듯 たら절을 다시 내포하는 것을 볼 수 있다. 이 경우 본서에서는 기여태 표현이 인용절 내부에 생기하는 것으로만 인정하였다.

마지막으로 다음의 예문 かろうじて児童館が1-2歳対象の児童クラブをしてくれるらしいけど(小子化対策のかぎは高校生に)의 してくれるらしいけど에서 보듯, 기여태 표현에도 전문성의 조동사 らしい에도 역접조사 けど연용절 내부에도 생기하는데, してくれるらしい가 けど연용절의 직접 지배가 인정되므로 하나의 출현 위치 즉 けど연용절 내부에 위치하는 것으로만 인정하였다.

본서에서는 위의 <표 2>에 제시한 이들 6개의 기여태 표현을 통해 원어민의 기여태 표현의 운용 양상을 구체적으로 살펴보기로 한다. 그리고 이러한 원어민에 의한 기여태 표현의 운용 양상이 기여태 표현에만 국한되는 특징인지, 아니면 수동태 표현, 사역태 표현에도 나타나는 특징인지를 비교를 통해서 살펴보고자 한다.

5.3 기여태 표현이 나타나는 단문과 복문의 분석

이 절에서는 먼저 단문말에 기여태 표현이 출현하는 경우, 둘째, 복문 후행절(=주절)에 기여태 표현이 나타나는 경우, 셋째, 인용절에 기여태 표현이 나타나는 경우, 넷째, 의문절에 기여태 표현이 나타나는 경우, 다섯째, 연체적 복문 선행절(=연체수식절)에 기여태 표현이 나타나는 경우, 마지막으로 연용적 복문 선행절에 기여태 표현이 나타나는 경우로 분류하여 실제의 언어생활에서 어떠한 비율로 기여태 표현이 운용되는지를 살펴보도록 한다.

5.3.1 단문말에 기여태 표현이 나타나는 경우

수동태 표현이나 사역태 표현과 마찬가지로 대부분의 한국 대학에서 가르치는 기초 일본어 교재에는 단문 형식의 기여태 표현만을 도입하고 있다. 그러나 실제 일본인들의 언어생활을 들여다보면 기여태 표현이 단문뿐만 아니라 복문의 형식으로 더 많이 운용되는 것을 볼 수 있다. 그러나 이 절에서는 기여태 표현이 단문의 형식으로 사용되는 예부터 살펴보도록 한다. 다음의 예문을 보도록 하자.

    (8) 鎌倉市は火葬料として5万円支払ってくれた。(真夜中)
    (9) 長女が時間割りと宿題を今だ見てくれてます。(小子化は仕方ないことかも)
    (10) 「私の作家遍歴」を水声社が復刊してくれる。(いや、わかってますよ)

예문 (8)에서는 기여태 표현(支払ってくれた)이 과거 시제 형식과 결합하여 종지형의 방식으로 운용되었음을 확인할 수 있다. 예문 (9)에서는 기여태 표현이 보조동사 います와 결합하여 종지형의 방식으로 운용된 사실을 확인할 수 있다. 예문 (10)에서는 기여태 표현이 현재 시제 형식과 결합하여 종지형의 방식으로 실현되었음을 확인할 수 있다.

그다음으로 기여태 표현이 문말의 모델리티 형식과 결합하여 실현되는 예를 살펴보도록 하자.

(11) そんなにやらなくても読者は認めてくれるよ。(真夜中)
(12) 今年の冬は暖かいねぐらを作ってやらなければならない。(言葉のポトラック)
(13) だからジジ、ジジはもうしばらく二人のそばにいてあげて。(真夜中)
(14) 修道士ポルフィリオが、遂一、私に話してくれたことである。(塩の像)
(15) 答えてくれるかい? (塩の像)
(16) さあどうぞ、あなたは私を救って下さったのですから。(塩の像)
(17) お前を救ってやったではないか。(塩の像)

예문 (11)에서는 기여태 표현에 종조사 よ가 결합하여 화자의 단호한 주관적 태도가 묘사되는 것을 확인할 수 있다. 예문 (12)에서는 기여태 표현에 なければならない가 결합하여 당연 및 의무라는 화자의 완고한 주관적 태도가 묘사되었다. 예문 (13)에서는 기여태 표현에 ください가 생략되어 의뢰 혹은 간청이라는 화자의 주관적 태도가 명시되었다. 예문 (14)에서는 기여태 표현에 ことだ가 결합하여 화자와 상대하는 상대방의 행위가 묘사되었다. 예문 (15)에서는 기여태 표현에 의문의 종조사 かい가 결합하여 상대방의 의지 확인이라고 하는 화자의 주관적 태도가 표출된 것을 알 수 있다. 예문 (16)에서는 기여태 표현에 のだ가 결합하여 상대방의 행위를 강조한다는 화자의 주관적 태도가 명시되었다. 마지막으로 예문 (17)에서는 부정 의문 형식 ではないか가 기여태 표현과 결합하여 화자의 행위를 청자에게 확인한다는 화자의 주관적 태도가 묘사되었다.

한편 본 저자가 조사한 바에 의하면 단문말에 나타나는 기여태 표현과 결합하는 시제(tense)와 상(aspect) 형식은 다음의 <표 3>과 같다.

▶ 표3_ 단문말의 기여태 표현과 결합하는 시제 및 상 형식

る	た	ている	ていた	계
4개	2개	1개	0개	7개
57%	29%	14%	0%	100%

위의 <표 3>을 보면 전체 7개 가운데 현재 시제를 취한 기여태 표현은 4개(57%), 과거 시제를 취한 기여태 표현은 2개(29%)가 확인되었다. 현재 진행형은 총 1개(14%)가 출현하였으며, 과거 진행형은 0개(0%)로 한 건도 출현하지 않았음을 확인할 수 있다. 구체적인 예를 살펴보면 다음과 같다.

(18) お風呂も入れてくれるし。(小子化は仕方ないことかも)
(19) 「私の作家遍歴」を水声社が復刊してくれる。(いや、わかってますよ)
(20) 鎌倉市は火葬料として5万円支払ってくれた。(真夜中)
(21) 長女が時間割りと宿題を今だ見てくれてます。(小子化は仕方ないことかも)

예문 (18)-(19)와 예문 (10)은 기여태 표현이 현재 시제와 결합하여 유생 주어 혹은 무생 주어(문장 표면에 드러난 주어도 있으며 드러나지 않은 주어도 있다.)의 행위를 묘사한 예이다. 예문 (20)은 기여태 표현이 과거 시제와 결합하여 무생 주어인 鎌倉市의 복지행정의 한 단면을 묘사한 예

이다. 예문 (21)은 기여태 표현이 현재 진행형과 결합하여 유생 주어 長女의 행위를 묘사한 예이다.

그러면 이번에는 <표 3>에 제시된 수치(비율)가 기여태 표현의 전형적인 특징인지에 대해서 살펴보도록 하자. 이하 <표 4>의 수동태 표현의 출현한 수치는 본 저자가 조사한 수치와 마에다 나오코(前田直子 2009:71)에서 제시된 수치를 합산하여 평균으로 산출한 것이다.

▶표4_ 단문말의 수동태, 사역태, 기여태 표현과 결합한 시제 및 상 형식

	る	た	ている	ていた	계
수동태 표현	30%	32%	28%	11%	100%
사역태 표현	60%	0%	20%	20%	100%
기여태 표현	57%	29%	14%	0%	100%

<표 4>를 보면 기여태 표현과 현재 시제의 운용 양상은 기여태 표현의 전형적인 특징이 아님을 알 수 있다. 사역태 표현과 현재 시제의 운용 양상과 거의 일치하기 때문이다. 그리고 기여태 표현과 과거 시제의 운용 양상을 보면 수동태 표현과 현재 시제의 운용 양상과 거의 일치하고 있다. 그런데 여기서 흥미로운 사실은 현재 진행형, 과거 진행형과 기여태 표현의 운용 양상이 수동태 표현과 사역태 표현의 운용 양상에 비해 턱없이 낮다는 점이다. 따라서 이들 운용 양상이 기여태 표현의 전형적인 특징이 될 수 있는지 여부가 현시점에서 매우 궁금하다. 그러나 본서에서는 이 점은 논외로 한다.

그리고 이와 마찬가지로 수동태 표현, 사역태 표현과 시제 및 상 형식의 결합 양상을 각각 수동태 표현, 사역태 표현의 전형적인 특징으로 결론을 내릴 수 있는지 여부도 지금의 시점에서 단정하기에는 이르다.

아직 가능태 표현에 대한 원어민의 습득 양상 즉 운용 양상이 남아 있으며, 또한 <표 4>에 제시된 수치(비율)도 우연일 수도 있기 때문이다(우연이 아닐 수도 있기 때문이다.).

5.3.2 복문말 후행절에 기여태 표현이 나타나는 경우

그러면 이번에는 복문 후행절에 나타나는 기여태 표현을 원어민들이 어떠한 양상으로 운용하는지에 대해서 살펴보도록 하자.

복문 후행절의 기여태 표현은 다음의 <표 5>에 보는 것처럼 14개밖에 확인되지 않았다. 수동태 표현 354개에 비하면 매우 낮은 수치이고, 28개의 예가 확인된 사역태 표현에 비해서도 절반에 불과하다.

▶표5_ 복문말에 기여태 표현이 나타나는 경우에 선행하는 종속절(본 연구의 분석)

연용절	연체절	인용절	계
8	6	0	14개
57%	43%	0%	100%

<표 5>를 보면 기여태 표현이 연용절을 포함하는 경우가 57%를 차지한다. 연체절을 포함하는 경우는 43%이며, 인용절을 포함하는 경우는 전혀 확인되지 않았다.

그러면 실제로 몇 몇 예를 살펴보도록 하자.

(22) 私たち人間どもが決して知ることのできないコミュニティを作って、ワイワイ大騒ぎしてくれていることを夢見ている。(ラ・アルプ)

(23) 長女はオムツがえでも、ミルク作りでもお風呂に入れるのも、一応全部してくれました。(小子化は仕方ないことかも)

(24) 熱がありそうな時は体温計で見てくれる。(小子化は仕方ないことかも)

예문 (22)에서는 기여태 표현(실선 부분)에 て절(점선 부분)의 연용절이 포함되어 있는 것을 알 수 있다. 예문 (23)에서는 기여태 표현(실선 부분)에 연체절(ミルク作りでもお風呂に入れる)이 포함되어 있는 것을 볼 수 있다. 예문 (24)에서는 기여태 표현(실선 부분)에 연체절(熱がありそうな時)이 내포되어 있는 것을 확인할 수 있다.

기여태 표현에서는 연용절이 포함되는 비율이 높다. 연용절의 구체적인 내역은 다음의 <표 6>과 같이 정리할 수 있다.

▶표6_ 복문말에 기여태 표현이 나타나는 경우에 선행하는 연용절(본 연구의 분석)

て	たら	から	ても	계
4	1	1	1	7개
57%	14%	14%	14%	100%

<표 6>을 보면 기여태 표현이 て절을 내포하는 비율이 57%로 가장 높은 것을 알 수 있다. 구체적인 예를 보도록 하자.

(25) ばあちゃんは引退して遊んでくれる人。(これからも石を運びながら)
(26) 賞の効用が少しはあるから、2、3作は辛抱してもらえるとしても、(プロムナード)
(27) そして祖父に話しても、祖父は何も言わず話だけ聞いてくれました。
(これからも石を運びながら)

예문 (25)에서는 기여태 표현에 て절이, 예문 (26)에서는 から절이, 예문 (27)에서는 ても절이 포함된 것을 알 수 있다.

<표 5>에서 이미 확인한 것처럼, 기여태 표현에는 연용절이 포함되

는 경우가 많았는데, 이러한 원어민의 운용 양상은 기여태 표현에만 국한되어 나타나는 양상인지 검토해 볼 필요가 있다. <표 7>을 보자.

▶표7_ 복문말의 수동태, 사역태, 기여태 표현이 포함하는 선행 종속절

	연용절	연체절	인용절	계
수동태 표현	59%	25%	17%	100%
사역태 표현	57%	39%	4%	100%
기여태 표현	57%	43%	0%	100%

위의 <표 7>을 보면 수동태 표현, 사역태 표현, 기여태 표현 모두 연용절을 포함하는 비율이 가장 높은 것을 알 수 있다. 즉 연용절을 포함하는 비율이 가장 높고 연체절, 인용절 순서로 비율이 낮아지는 것을 알수 있다. 따라서 <표 7>에 제시된 수치를 통해서 선행 종속절과 태 표현의 공통점을 확인할 수 있다. 그러나 제6장에서 가능태 표현을 분석할 것이므로 이 생각의 타당성은 잠시 보류하기로 한다.

앞에서 확인하였지만 기여태 표현에서 て절의 연용절이 57%로 가장 많이 포함되는데, 이는 기여태 표현에만 국한되는 운용 양상이 아니다. 수동태 표현에서는 26%, 사역태 표현에서는 19%의 비율로 て절이 가장 많이 포함된다. 따라서 이러한 언어현상은 특정한 태 표현에만 국한되는 현상이 아닌 것으로 생각할 수 있다. 물론 이 생각이 타당성은 제6장에서 재차 검토하기로 하자.

5.3.3 인용절에 기여태 표현이 나타나는 경우

이번에는 인용절에 기여태 표현이 나타나는 경우를 살펴보도록 하자.

원어민이 사용하는 기여태 표현 49개 가운데 인용절에 나타나는 기여태 표현은 1개로 2%의 비율을 차지하였다. 다음의 예문은 기여태 표현이 인용절에 나타난 것을 보여주는 실제 예문이다.

(28) 奥さんが生きていらしたら、ものすごく喜んでくれたと思うと残念です。
(いや、わかってますよ)

그러면 인용절에 기여태 표현이 나타나는 비율이 2%인 것에 대한 의미를 생각해 보자. 단순히 생각하면 2%라는 수치는 매우 낮은 수치로 이는 기여태 표현과 인용절과의 통사적 제약의 엄격성을 말해 주는 것이라고 할 수 있다. 이 점을 단문, 복문과의 출현 비율로 순위를 매겨 보면 본 저자의 생각이 타당하다는 사실이 더더욱 확고해진다. 기여태 표현이 복문 후행절에 출현하는 경우는 29%(1위), 단문말에 기여태 표현이 출현하는 경우는 24%(2위), 연체적 복문 선행절에 기여태 표현이 출현하는 경우는 22%(3위), 연용적 복문 선행절에 기여태 표현이 출현하는 경우는 20%(4위), 인용절에 나타나는 기여태 표현은 의문절에 나타나는 기여태 표현과 2%(5위)로 동률을 이루었다. 이 랭킹은 사역태의 4위(공동 4위)와 수동태 표현의 5위와 별반 차이가 없다.

이러한 모든 것은 기여태 표현과 인용절과의 통사적 제약이 엄격하며, 이러한 통사적 제약의 엄격성은 기여태 표현에만 국한되지 않으며 사역태 표현과 수동태 표현에도 공통적으로 적용된다는 사실을 말해 주는 것이다. 이제 남은 것은 가능태 표현인데, 본 저자의 이러한 생각이 가능태 표현과 인용절을 통해서도 뒷받침될 수 있을지에 대해서는 제6장에서 검토하도록 하겠다.

5.3.4 의문절에 기여태 표현이 나타나는 경우

원어민이 사용하는 기여태 표현이 의문절에 나타나는 예는 전체 49개 예 가운데 1개(2%)로 기여태 표현이 나타나는 6개의 위치 중에서 최하위를 차지하는 것으로 밝혀졌다. 다음의 예는 기여태 표현이 의문절에 나타나는 유일한 예이다.

(29) 人に頼ってはいつ運んでくれるかわからない。(これからも石を運びながら)

의문절에 출현하는 기여태 표현의 운용 양상(2%)은 기여태 표현과 의문절의 선택제한이 매우 엄격하다는 것을 말해 주며 나아가 의문절과 기여태 표현의 의미 통사적 제약이 매우 엄격하다는 것을 말해 주는 것으로 본 저자는 보고 있다. 금후의 연구를 통해서 기여태 표현과 의문절의 이러한 선택제한이 발생하는 이유를 설명할 필요성이 있다고 본다. 또한 지금까지의 고찰을 통해 기여태 표현뿐만 아니라 수동태 표현, 사역태 표현에서도 의문절과의 선택제한이 강하게 나타나는 것을 확인할 수 있었는데, 이는 마지막 제6장의 가능태 표현 분석을 통해서 재차 확인하기로 한다.

본 저자는 기여태 표현과 의문문의 통사론적 또는 의미론적 관계의 해명을 향한 새로운 형태의 학문적 담론을 시도할 필요성이 있다는 점도 아울러 제안하고자 한다. 기여태 표현에 대한 개별 연구로는 결코 얻을 수 없는 새로운 지견을 얻기 위한 노력이 요구되는 부분이다.

5.3.5 연체적 복문 선행절에 기여태 표현이 나타나는 경우

원어민의 일본어 운용에서 연체절의 술어인 기여태가 실질 명사 또는 형식 명사를 수식하는 예가 전체 49개 가운데 11개로 22%의 비율을 차지하는 것으로 나타났다.

▶ 표8_ 연체절말에 기여태 표현이 나타나는 경우의 피수식 명사(본 연구의 분석)

실질 명사	형식 명사		
	4개(36%)		
7개(64%)	の	方(ほう)	わけ
	2개(18%)	1개(9%)	1개(9%)

실질 명사 : 人(2)、仲間、男、友人、サイン本、派

먼저 연체절의 기여태 표현이 실질 명사를 수식하는 경우를 살펴보자. 다음의 예문 (30)-(33)은 연체절의 술어인 기여태 표현이 실질 명사를 수식하는 것(점선 부분)을 보여주는 실제 예이다.

(30) 足抜きをしてくれた人がいて、金持ちというわけではなかったらしいが、(人生の岐路)
(31) 血縁は一人もいないが受け入れてくれる仲間がいる。(言葉のポトラック)
(32) 今の時世専業主婦させてくれる男の人などありえないし、(小子化は仕方ないことかも)
(33) 自分の小説をよく理解してくれている友人のマックス・ブロードに頼んだ。(試行錯誤に漂う3)

예를 들어 예문 (30)에서는 기여태 표현이 足抜きをしてくれた人에서 보듯 실질 명사 人를 수식하는 것이 확인된다. 예문 (31)-(33)에 대해서도 동종의 설명이 가능하므로 구체적인 설명은 더 이상 하지 않겠다.

그 다음으로 연체절의 기여태 표현이 형식 명사를 피수식 명사로 취하는 경우를 살펴보도록 하자. 예문 (34)-(36)은 연체절의 술어인 기여태 표현이 형식 명사를 수식하는 것(점선 부분)을 보여주는 실제 예이다.

(34) という長女、10歳離れた妹の世話を一番してくれるのはうちの長女。
　　 (小子化は仕方ないことかも)

(35) 酒なんか法律で禁止してくれる方がよっぽどいいと思っている。(プロムナード)

(36) それなのに企業の働かせ方は「暑いから」という理由で楽にしてくれるわけではなく、(楽園で働く現代)

　　예를 들어 예문 (34)에서는 一番してくれるの에서 보듯 기여태 표현이 형식 명사 の를 수식하는 것을 확인할 수 있다. 나머지 예문에 대해서는 동종의 설명이 가능하므로 구체적인 설명은 생략한다.

　　그러면 다시 <표 8>로 돌아가보자. <표 8>에서는 연체절의 술어인 기여태 표현이 실질 명사를 수식하는 예가 64%, 형식 명사를 수식하는 예가 36%임이 확인된다. 3.3.5절에서 수동태 표현이 실질 명사와 형식 명사를 수식하는 비율이 75%와 25%였으며, 마에다 나오코(前田直子 2011: 74-75)의 분석에서는 55%, 45%였다. 사역태 표현은 59%, 41%이다. 이를 다시 정리하면 <표 8>과 같다.

　　기여태 표현의 수치를 보면 마에다 나오코(前田直子 2011:74-75)의 수치 55%, 45%에 근접하고 있다. 4.3.5절에서 언급한 바와 같이 마에다 나오코(前田直子 2011:75)는 55%, 45%의 수동태 표현이 연체절에 나타날 때의 비율은 수동태 표현의 전형적인 특징이라 단언할 수 없다고 하였는데, 사역태 표현과 기여태 표현을 통해서 마에다 나오코가 제시한 비율 55%, 45%는 실은 태 표현 전반에 걸친 특징일 가능성이 농후해졌다. 이 점은 제6장에서 다시 검토하도록 하겠다.

▶ 표9_ 연체절말에 각 태 표현이 나타나는 경우의 피수식 명사(본 연구의 분석)

	실질 명사	형식 명사
본 연구 수동태 표현	75%	25%
마에다 수동태 표현	55%	45%
사역태 표현	59%	41%
기여태 표현	64%	36%

한편 연체절의 수동태 표현이 형식 명사 가운데 こと와 の를 가장 많이 수식하는 사실을 확인할 수 있었는데, 이러한 사실은 다소 순위의 변동은 있으나 사역태와 기여태에서도 확인할 수 있다(기여태에는 こと는 없고 の만 있다.). 즉 태 표현이 こと를 빈번하게 수식하는 경우가 많으며 の는 순위의 변동은 있으나 반드시 순위권에 들어가 있다는 사실이다. 이 점에서도 こと와 の가 태 표현 전반에 나타나는 공통된 특징일 가능성이 매우 농후해졌는데, 이 점에 대해서는 제6장에서 재차 검토하기로 한다.

5.3.6 연용적 복문 선행절에 기여태 표현이 나타나는 경우

원어민의 기여태 표현 운용에서 기여태 표현이 연용절에 출현한 예가 전체 49개 가운데 10개로 20%를 차지하는 것으로 확인되었다. <표 10>에서 연용절 가운데 아래의 て절과 ば절 내부에 생기는 기여태 표현이 각각 20%의 비율을 차지하는 것이 확인된다.

▶ 표10_ 연용절에 나타나는 기여태 표현(본 연구의 분석)

て	ば	が	けど	ない	ても	のだ	連用中止	계
2개	2개	1개	1개	1개	1개	1개	1개	10개
20%	20%	10%	10%	10%	10%	10%	10%	100%

다음의 예문 (37)-(40)의 점선 부분에서 보듯 기여태 표현이 연용절 (て절, ば절, が절, ても절) 내부에 나타나는 것을 확인할 수 있다.

(37) 私はこれを最高級の蓄音機でSPレコードを再生してもらって聞くと、(試行錯誤に漂う1)

(38) どんな人か知らないが、とにかく誰かが喜んでくれればいいじゃないか。(プロムナード)

(39) 大好きなホタテを持っていってあげたが、マーちゃんはケージの奥でちぢこまって何も食べない。(言葉のポトラック)

(40) 鎌倉市は(というか行政は)火葬代は払ってくれても棺の代金は払ってくれないということだから、(真夜中)

예를 들어 예문 (37)에서는 再生してもらって에서 보듯 기여태 표현이 て절 내부에 출현한 것이 확인된다. 예문 (38)에서는 喜んでくれれば에서 보듯 기여태 표현이 ば절 내부에 생기한 것을 확인할 수 있다. 나머지 예문에 대해서도 동종의 설명이 가능하다.

<표 10>에서 알 수 있듯, て절에 기여태 표현이 출현하는 비율은 20%이다. 수동태 표현이 て절에 출현하는 비율은 27%, 사역태 표현이 출현하는 비율은 15%였음을 상기하자. 각 태 표현 모두 て절에 출현하는 비율이 가장 높았다. 이 사실의 타당성은 제6장에서 최종적으로 검토하기로 한다.

5.4절에서 제시한 <표 11>을 보면 원어민의 기여태 표현 운용에서 기여태 표현이 연용절에 출현한 예가 전체 49개 가운데 10개로 20%를 차지하는 것으로 확인된다. 이 수치는 4위에 해당하는 것이다. 3위와 2%밖에 차이가 나지 않으며 2위와는 4%밖에 차이가 나지 않는다. 사역태 표현의 경우는 23%로 2위를 차지하였다. 1위와는 11%의 비교적 큰 차이를 보였다. 수동태 표현의 경우는 15%였다. 2위와는 9%의 차이를

보였다. 이러한 순위들이 의미하는 바는 연용절의 술어가 되는 것이 특정 태 표현이 아닌 각 태 표현 전반에 걸쳐 나타나는 중요한 특징이라고 할 수 있다.

5.4 기여태 표현의 문형 확대를 위한 지도 방안

한국 대학의 초급일본어 교재에는 본 저자가 아는 한, 수동태 표현, 사역태 표현과 마찬가지로 기여태 표현 역시 모두 단문 형식으로 제시된다.

5.3절에서 기여태 표현도 수동태 표현, 사역태 표현과 마찬가지로 단순한 문장보다는 복잡한 문장에서 훨씬 많이 나타난 것이 확인되었다. 각각 수동태 표현, 사역태 표현, 기여태 표현이 나타나는 문장 위치를 비교하면 다음의 <표 11>과 같다.

▶표11_ 원어민이 운용하는 기여태 표현의 문중 출현 위치

태 표현의 문중 출현 위치			수동태	사역태	기여태
문말	단문	①단문말에 태 표현이 나타나는 경우	6%	11%	24%
		②복문 후행절에 태 표현이 나타나는 경우	50%	34%	29%
비문말	복문	③인용절에 태 표현이 나타나는 경우	4%	11%	2%
		④의문절에 태 표현이 나타나는 경우	2%	1%	2%
		⑤연체적 복문 선행절에 태 표현이 나타나는 경우	24%	20%	22%
		⑥연용적 복문 선행절에 태 표현이 나타나는 경우	15%	23%	20%
합계			100%	100%	100%

위의 <표 11>을 보면 기여태 표현이 단순한 문장으로 나타나는 비율

은 24%에 불과하고 나머지 76%는 복잡한 문장으로 나타난다. 기여태 표현은 수동태 표현의 15%, 사역태 표현 11%보다는 훨씬 높은 수치를 보이지만, 어쨌든 단순한 문장보다는 복잡한 문장으로 나타나는 비중이 훨씬 크다. 따라서 교실활동을 통해서 기여태 표현을 단순한 문장보다는 복잡한 문장으로 나타내는 연습이 많이 이루어지도록 교사는 유의해야 할 필요가 있다.

이를 더 구체적으로 살펴보자. 우선 연용절 특히 て절과 조합된 기여태를 보도록 하자. 기여태 표현이 て절을 포함한 예가 19%(＜절 19%), 기여태 표현이 て절에 나타난 예가 15%로 이를 합산하면 전체 34%이다. 수동태 표현은 53%, 사역태 표현이 46%인데, 기여태 표현의 34%는 이들 태 표현보다 낮은 수치이기는 하지만, 기여태 표현 역시 수동태 표현, 사역태 표현 등과 마찬가지로 교실활동을 통한 て연용절이 들어간 확대문형(복잡한 문형) 연습이 실시되어야 할 것이다.

둘째, 5.3.1절에서 이미 확인한 바와 같이 기여태 표현이 문말에 오는 경우 기여태 표현 그 자체로 끝을 맺는 것이 아니라 다양한 문말의 모댈리티 형식이 결합되는 양상을 확인할 수 있다. 예를 들어 기여태 표현에 よ, なければならない, ください, ことだ, かい, のだ, ではないか 등이 결합한 것을 들 수 있다. 이미 본 것처럼 수동태 표현의 경우, のだ, なければならない, かもしれない 등이, 사역태 표현에는 ことだ, か, ない와 같은 모댈리티 형식이 결합되는 것이 확인되었다. 따라서 기여태 표현도 다양한 모댈리티 형식과의 결합을 통해서 문장을 확대해 가는 연습을 학습자들에게 실시할 필요가 있다고 하겠다.

셋째, <표 12>에서 보듯 교사는 일본어 학습자들에게 태 표현이 た나 る의 과거 시제형이나 현재 시제형이 어느 한쪽으로 치우치지 않도록 골고루 조합할 수 있도록 지도해야 한다.

▶표12_ 각 태 표현과 시제 및 상 형식과의 결합 양상

	る	た	ている	ていた	계
수동태 표현	30%	11%	41%	19%	100%
사역태 표현	60%	0%	20%	20%	100%
기여태 표현	57%	29%	14%	0%	100%

　한국 대학의 초급 일본어 교재를 보면 수동태 표현, 사역태 표현과 마찬가지로 기여태 표현은 과거 시제형 た로 실현된다. 그러나 위의 <표 12>를 보면 기여태 표현은 현재 시제형 る로 실현되는 비율이 57%로 가장 높다. 가장 일반적으로 나타나는 과거 시제형은 29%로 현재 시제형의 57%에 훨씬 못 미친다. 현재 진행상으로 기여태 표현이 실현되는 비율은 14%이며, 과거 진행상으로 실현되는 비율은 0%임이 확인된다.

　넷째, <표 13>에서 보듯 기여태 표현은 수동태 표현과 사역태 표현만큼은 높지 않지만 몇 몇 특정한 형식 명사를 피수식 명사로 취하는 사실을 확인할 수 있다. 수동태 표현, 사역태 표현 등과 마찬가지로 중급, 고급 과정에서 체계적인 지도가 요구되는 대목이다.

▶표13_ 연체절말에 수동태 표현이 나타나는 경우의 피수식 명사(본 연구)

실질 명사	형식 명사						
	25%						
75%	こと	の	もの	ほど	それ	ため	分
	12%	7%	3%	1.2%	1%	1%	1%

▶ 표14_ 연체절말에 사역태 표현이 나타나는 경우의 피수식 명사(본 연구의 분석)

실질 명사	형식 명사				
59%	41%				
	こと	ため	かた	の	ところ
	12%	12%	6%	6%	6%

▶ 표15_ 연체절말에 기여태 표현이 나타나는 경우의 피수식 명사(본 연구의 분석)

실질 명사	형식 명사		
7개(64%)	4(36%)		
	の	方(ほう)	わけ
	18%	9%	9%

　　마지막으로 수동태 표현, 사역 표현과 마찬가지로 기여태 표현도 초급 과정의 후반에 등장하는 경우가 많은데, 초급 단계에서 기여태 표현의 확대문형 지도가 곤란하다면 중급이나 고급 단계에서 학습자들의 기여태 표현이 운용 능력을 제고하고자 하는 교사의 노력이 있어야 할 것으로 보인다.

5.5 나오는 말

　　제5장에서는 문장체 자료에 나타난 기여태 표현의 운용 양상을 살펴보았다. 이를 정리하면 <표 16>과 같다.

태 표현의 문중 출현 위치			수동태	사역태	기여태
문말	단문	①단문말에 태 표현이 나타나는 경우	6	11	24
		②복문 후행절에 태 표현이 나타나는 경우	50	34	29
비문말	복문	③인용절에 태 표현이 나타나는 경우	4	11	2
		④의문절에 태 표현이 나타나는 경우	2	1	2
		⑤연체적 복문 선행절에 태 표현이 나타나는 경우	24	20	22
		⑥연용적 복문 선행절에 태 표현이 나타나는 경우	15	23	20
합계			100% (715개)	100% (83개)	100% (49개)

우선 기여태 표현에 주목해보자. 기여태 표현은 복문 후행절에 가장 많이 출현한다. 두 번째가 단문, 세 번째는 연체적 복문 선행절, 네 번째는 연용적 복문 선행절에 나타난다. 다섯 번째는 인용절과 의문절에 가장 적게 기여태 표현이 나타난다.

그 다음으로 기여태 표현을 수동태 표현, 사역태 표현과 비교해 보면 대략 네 가지의 중요한 사실을 확인할 수 있다. 첫째 에세이와 같은 문장체 자료에서 수동태 표현이 가장 많이 출현하고, 기여태 표현이 가장 적게 출현한다는 사실이다. 둘째, 비록 비율의 차이가 나기는 하지만 수동태 표현, 사역태 표현, 기여태 표현 모두 복문 후행절에 가장 많이 출현한다는 사실이다. 셋째, 수동태 표현, 사역태 표현, 기여태 표현 모두 인용절과 의문절에 출현하는 비율이 매우 낮다는 사실이다. 마지막으로 수동태 표현, 사역태 표현, 기여태 표현 모두 문중에 나타나는 경향이 유사하다는 사실이다. 각각의 태 표현이 6가지의 문장 위치에 나타나는 각각의 태 표현을 순위별로 제시하면 다음과 같다.

수동태 표현 ②→⑤→⑥→①→③→④

사역태 표현 ②→⑥→⑤→③·①→④

기여태 표현 ②→①→⑤→⑥→③·④

제6장에서는 이러한 각 태 표현의 문중 출현 경향을 최종적으로 확인하겠다.

원어민의 가능태 표현의 습득

6.1 들어가는 말

다음의 예문은 가능문(이하, 가능태 표현으로 통칭한다.)을 예시하는 것이다. 예문 (1a)-(1d)는 이지마 마사히로(井島正博1991: 150, 158, 175)에서 인용한 것이다. 밑줄은 본 저자가 친 것이다.

(1) a. 太郎が中国語を／が<u>話せる</u>。(가능 동사형)
    b. この会社は5時には<u>退社できる</u>。(가능 동사형)
    c. この魚が<u>食べられる</u>。(수동형)
    d. 太郎が明日花子の家に行くことは<u>ありうる</u>。(동사의 연용형＋うる)
    e. ひとつには新聞記事は単純に情報として<u>読むことができる</u>。
       (동사의 기본형＋ことができる)(みすず)

예문 (1)에서 가능태 표현의 형식으로 다양한 형식이 있음을 확인할 수 있다. 예문 (1)에서 보는 가능태 표현 형식의 통사적 특징과 의미적 특징에 대해서는 이지마 마사히로(井島正博 1991)가 자세히 고찰하고 있으므로 논외로 하기로 하고 본서에서는 제3장-제5장에 이어 다양한 형식의 가능태 표현이 원어민이 작성한 언어 자료(문어체 자료)에서 동일한 (유사한) 비중으로 출현하는지 아니면 어느 한편에 치우쳐서 출현하는지, 또는 가능태 표현이 문중의 어느 위치에 구체적으로 출현하는지를 살펴보고자 한다.

6.2 가능태 표현의 문중 출현 위치에 따른 분류 및 분석 결과의 개요

아래의 <표 1>은 실제의 원어민들의 언어 자료에 나타난 가능태 표현 형식의 유형을 수치화한 것이다.

▶표1_ 가능태 표현 형식의 유형

동사의 연용형+うる (えない)	동사의 가능형 (가능 동사)	동사 기본형+ ことができる	동사의 수동형	전체
20개	160개	43개	31개	254개
8%	63%	17%	12%	100%

위의 <표 1>을 보면 전체 254개 가능태 표현 가운데 동사의 가능형이 160개로 63%를 차지하는 것을 알 수 있다. 그 다음이 동사 기본형+ことができる형이 43개로 17%를 차지하였으며, 동사의 수동형에 의한 가능태 표현은 31개로 12%를 차지하는 것으로 나타났다. 동사의 연용형+うる(えない)가 접속한 가능태 표현은 20개로 8%를 차지하는 것으로 나타났다.

본서에서는 가능태 표현에 대해서도 수동태 표현에서와 마찬가지로 6가지의 문중 출현 위치를 기준으로 가능태 표현의 운용 양상을 분석하고자 한다. 6가지 기준을 통해서 가능태 표현의 문중 출현 위치를 살펴보았는데 구체적인 예를 들면 다음과 같다.

①단문말에 가능태 표현이 나타나는 경우
　(2) ひとつには新聞記事は単純に情報として<u>読む</u>ことが<u>できる</u>。(試行錯誤に漂う1)
②복문 후행절에 가능태 표현이 나타나는 경우
　(3) あの手この手の設定を使いつつも、作者自身もどかしくもそれを<u>書ききれない</u>のではないか。(箱崎ジャンクション)
③인용절에 가능태 표현이 나타나는 경우
　(4) 「客観」というのを、何人もの人間に<u>共有されうる</u>共通了解だと考えると、(風の旅人)
④의문절에 가능태 표현이 나타나는 경우
　(5) 書き手の側にも共通了解を<u>得られた</u>かのような安心感が生まれる。(ちくま)
⑤연체적 복문 선행절에 가능태 표현이 나타나는 경우
　(6) ぞろぞろランチの<u>食べられる</u>喫茶店に入っていったときのこと。(新入社員の困惑)
⑥연용적 복문 선행절에 가능태 표현이 나타나는 경우
　(7) 王朝の名前なんかは<u>全然思い出せない</u>けれど、(風の旅人)

예문 (2)는 단문에 가능태 표현이 종지형으로 실현된 것을 보여 주는 실제 예이다. 가능태 표현은 종지형으로만 실현되는 것은 아니며 시제 형식, 상 형식, 모댈리티 형식 등의 다양한 형식과 결합한 방식으로 실현된다. 예문 (3)은 가능태 표현이 주절(연용절, 연체절, 인용절)에 나타난 것을 예시한 것이다. 예문 (4)는 인용절에 가능태 표현이 나타난 것을 예시한 것이다. 예문 (5)는 의문절에 가능태 표현이 나타난 것을 예시한 것이다. 예문 (6)은 가능태 표현이 연체절에 나타난 것을 예시한 것인데, 본서에서는 연체절에 나타나는 가능태 표현이 수식하는 실질 명사와 형식 명사의 양상을 살펴볼 것이다. 예문 (7)은 가능태 표현이 연용절 형식에 결합된 것을 보여 주는 실제 예이다.

본서에서는 이들 6가지 기준을 가지고 원어민의 에세이 자료에 나타난 가능태 표현의 출현 양상을 조사하였는데 그 결과는 다음의 <표 2>와 같다.

▶ 표2_ 가능태 표현 문중 출현 위치(원어민)

문말	단문	①단문말에 가능태 표현이 나타나는 경우	46	16
		②복문 후행절에 가능태 표현이 나타나는 경우	110	39
비문말	복문	③인용절에 가능태 표현이 나타나는 경우	23	8
		④의문절에 가능태 표현이 나타나는 경우	2	0.7
		⑤연체적 복문 선행절에 가능태 표현이 나타나는 경우	58	20
		⑥연용적 복문 선행절에 가능태 표현이 나타나는 경우	46	16
합			285개	100%

우선 <표 1>에서 보듯 가능태 표현의 운용 횟수가 285회인 사실을 통해서 원어민들은 에세이 형식의 언어생활에서 수동태 표현 다음으로 가능태 표현의 운용에 적극성을 보이는 사실을 알 수 있다. 그런데 가능태 표현 유형이 운용된 횟수를 보면 254개인데, 위의 <표 2>를 보면 285개로 수치의 차이가 보인다.

이러한 수치상의 차이가 발생한 데에는 본서에서 수동태 표현, 사역태 표현, 기여태 표현과 마찬가지로 한 문장 안에 한 개 이상의 가능태 표현이 들어갔기 때문이다. 그리고 본서에서는 이하와 같은 방침을 가지고 가능태 표현의 출현 횟수를 산출하였다. 먼저 가능태 표현이 종지형의 방식으로 문말에 나타나는 경우, 모댈리티와 결합해서 나타나는 경우, 시제 및 상의 형식과 결합해서 나타나는 경우는 오로지 단문에만 한정했음을 밝혀 둔다.

둘째, 복문의 경우 수동태 표현은 기여태 표현이 들어간 しかし、能動的にふるまうことができなかったから、作者はそれを未整理状態にしておく結果となった(みすず)에서 보듯 가능태 표현이 から연용절 내부에 생기한다고 하는 하나의 통사적 특징만 보이는 것이 일반적인데, 다음의 예문 母になったらあるいは父になったら子どもと一緒に成長できるんだよ(小子化は仕方ないことかも)에서 보듯 두 개의 たら연용절을 내포하는데, 본서에서는 이들 두 개의 연용절을 모두 합산하였다.

마지막으로 다음의 예문에서 보듯 それを知りたくて、動けない、まわりが見えない、という条件を作っていった(みすず)의 인용절 내부에 생기하는 가능태 표현 動けない가 知りたくて와 같은 て절을 내포하더라도 본서에서는 이를 일절 인정하지 않고 가능태 표현 動けない가 인용절 내부에 생기하는 1개의 경우로만 인정하였다.

본서에서는 위의 <표 2>에서 제시된 가능태 표현의 문중 출현 양상을 통해 원어민의 가능태 표현의 운용 양상을 구체적으로 살펴보기로 한다. 그리고 이러한 원어민의 가능태 표현의 운용 양상이 가능태 표현에만 국한되어 나타나는 특징인지, 아니면 수동태 표현, 사역태 표현, 기여태 표현에도 나타나는 특징인지를 비교를 통해서 살펴보고자 한다.

6.3 가능태 표현이 나타나는 단문과 복문의 분석

이 절에서는 먼저 단문말에 가능태 표현이 출현하는 경우, 둘째, 복문 후행절(=주절)에 가능태 표현이 나타나는 경우, 셋째, 인용절에 가능태 표현이 나타나는 경우, 넷째, 의문절에 가능태 표현이 나타나는 경우, 다섯째, 연체적 복문 선행절(=연체수식절)에 가능태 표현이 나타나는 경우, 마지막으로 연용적 복문 선행절에 가능태 표현이 나타나는 경우로 분류하여 실제 원어민들의 언어생활에서 기여태 표현이 어떠한 비율로 운용되는지 그 양상을 살펴보기로 한다.

6.3.1 단문말에 가능태 표현이 나타나는 경우

가능태 표현도 한국 대학의 기초 일본어 교재에서 단문의 방식으로 도입된다고 해도 과언이 아니다. 그러나 본 저자가 조사한 바에 의하면 6.6.2절에서 제시한 바와 같이 실제의 언어생활에서 운용된 285개의 전체 가능태 표현 중에서 46개만이 단문의 방식으로 운용되는 것으로 나타나 실제의 언어생활에서는 단문보다 복문의 방식으로 가능태 표현이 사용되는 것을 알 수 있다.

우선 이 절에서는 가능태 표현이 단문으로 사용되는 점에 주목하여 논의를 해나가도록 한다. 가능태 표현은 복수의 다양한 형태적 특징을 지니는데, 예문 (8)의 ふるまいうる에서 보는 것처럼. 동사의 연용형에 うる가 결합한 형태, 예문 (9)의 できる와 같이 する의 가능 동사, 예문 (10)의 言える와 같이 5단 활용 동사 言う의 가능형, 예문 (11)과 같이 동사의 종지형(연체형)에 ことができる가 결합한 형태로 분류할 수 있다.

(8) 作者は未整理原稿に対して能動的にふるまいうる。(試行錯誤に漂う6)

(9) そのようなことはすべて散文でもできる。(ちくま)

(10) こういう賛辞は子どもでも言える。(試行錯誤に漂う1)

(11) 私たち人間も生きていることができる。(ラ・アルプ)

그 다음으로 본 저자가 가능태 표현에 29개의 문말의 모댈리티가 사용된 것을 확인할 수 있었다. 다음의 예를 보도록 하자.

(12) 一ひねりもふたひねりもできるんです。(ファッションを楽しむこととは)

(13) これからも彼らの作品を映画ファンとして楽しむこともできるであろう。(ムッシュ・シネマ)

(14) 二人が幕府側の全権大使という形にならざるをえなかったことだろう。(真夜中)

(15) 何より大切なのは、自分がどこまで納得できるか?(プロムナード)

(16) もういまではその数字を思いだせない。(試行錯誤に漂う5)

예문 (12)는 가능태 표현에 のだ가 결합하여 화자의 능력이나 어떤 사항의 가능성을 강조한다는 화자의 주관적 태도를 묘사한 예이다. 예문 (13)은 가능태 표현에 であろう라는 추량 형식이 결합하여 대상의 관람 가능성을 묘사한 예이다. 예문 (14)는 가능태 표현 ざるをえない에 こと＋だろう라는 이중의 모댈리티 형식이 결합하여 유생 주어 二人의 상태에 대한 화자의 주관적 태도(가능성)를 묘사한 것이다. 예문 (15)에서는 가능태 표현에 의문의 종조사가 결합하여 의문이라고 하는 화자의 주관적 태도가 묘사되었다. 예문 (16)에서는 가능태 표현에 부정의 조동사가 결합하여 불가능이라는 화자의 주관적 태도가 묘사되었다.

마지막으로 단문말에 나타나는 가능태 표현이 시제 및 상 형식과 결합하는 양상을 살펴보면 다음의 <표 3>과 같다.

▶ 표3_ 단문말의 가능태 표현에 나타나는 시제 및 상 형식

る	た	ている	ていた	계
17개	4개	2개	0개	23개
74%	17%	9%	0%	100%

<표 3>을 보면 가능태 표현이 현재 시제로 실현되는 경우가 17개 (74%)이며, 과거 시제로 실현되는 경우는 4개(17%)임을 확인할 수 있다. 현재 진행형으로 실현되는 경우는 2개(9%)이며, 과거 진행형으로 실현되는 경우는 0개(0%)로 단 한 건도 확인되지 않는다. 다음의 예는 실제 예이다.

(17) 想像は何度でもやり直しができる。(中央公論2000年7月号)

(18) こういう賛辞は子どもでも言える。(試行錯誤に漂う1)

(19) それでも3枚は着まわせる。(秋冬のファッションはリフォームと昔の服や靴で)

(20) わたしのおかげで小島信夫という作家を知ることができた。(真夜中)

(21) 六十代の小島さんとはとてもあんなにひんぱんに話はできなかった。(真夜中)

(22) その子の話は本当は私には全然聞き取れなかった。(雨上がり、男の子が)

(23) 「私」自身がまだ事態の因果関係を把握できていない。(ちくま)

(24) 科学は自然と人間との繋がりをまだ全然解明できていない。(秋の日暮れは)

예문 (17)-(19)는 가능태 표현이 현재시제형 やり直しができる, 言える, 着まわせる로 실현된 경우를 예시한 것이다. 예문 (20)-(22)는 가능태 표현이 과거 시제형 知ることができた, できなかった, 聞き取れなかった로 실현된 경우를 예시한 것이다. 마지막으로 예문 (23)-(24)는 가능태 표현이 현재 진행형으로 실현된 경우를 예시한 것이다.

그런데 여기에서 확인해야 할 것은 <표 3>에 제시된 수치(비율)가 가능태 표현의 전형적인 특징이냐는 점이다. 이 점을 살펴보기 위해 지금까지 제시해 온 수동태 표현, 사역태 표현, 기여태 표현과 가능태 표현에 나타난 수치(비율)를 비교하면 다음의 <표 4>와 같이 정리해 보았다.

▶표4_ 단문말의 수동태, 사역태, 기여태, 가능태 표현과 결합한 시제 및 상 형식

	る	た	ている	ていた	계
수동태 표현	30%	32%	28%	11%	100%
사역태 표현	60%	0%	20%	20%	100%
기여태 표현	57%	29%	14%	0%	100%
가능태 표현	74%	17%	9%	0%	100%
평균	55%	20%	18%	8%	100%

<표 4>에서 최소한 네 가지의 가설을 제기해 볼 수 있다. 첫째, 현재 시제형으로 실현되는 각각의 태 표현에 대한 원어민들의 운용 양상이 특정한 태 표현에만 나타나는 것이 아니라 태 표현 전반에 걸쳐서 나타나는 것이라는 점이다. 둘째, 과거 시제형으로 실현되는 수동태와 기여태 표현의 운용 양상이 각각 32%와 29%로 나타남에 따라 과거 시제형에서 드러난 수치는 수동태와 기여태 표현의 전형적인 특징은 될 수 없는 반면에, 과거 시제형으로 실현된 사역태 표현, 가능태 표현의 운용 양상은 각 태 표현의 전형적인 특징이 될 수 있느냐는 점이다. 셋째, 현재 진행형으로 실현되는 각 태 표현과 넷째, 과거 진행형으로 실현되는 각 태 표현의 운용 양상 역시 각각의 태 표현의 전형적인 특징이 될 수 있느냐는 것이다.

이 점에 대해서는 분명 의문의 여지가 있다. 왜냐하면 <표 4>에 제시한 수치(비율)가 일반성을 지닐 가능성에 대해 아무런 확답을 내릴 수

없기 때문이다. 그러나 반대로 일반성이 없다고도 할 수 없다. 왜냐하면 본 저자는 최소한 특정 태 표현과 결합하는 시제 및 상 형식의 운용 양상에 대한 데이터를 가지고 있기 때문이다.

그럼에도 불구하고 본 저자는 다음의 두 가지 가능성을 조심스럽게 제시해 본다. 하나는 잠정적으로 특정 시제 및 상 형식에서 실현되는 특정 태 표현의 운용 양상이 특정 태 표현의 전형적인 특징으로 간주해 보는 것이다. 이것은 아직 두고 볼 일이나 지금 현재로서는 가장 유력한 근거이다. 다른 하나는 <표 4>에서 보듯 평균치를 산정하여 그 평균치를 모든 태 표현의 공통된 특징으로 간주하는 것이다.

이에 본 저자는 평균치를 배제한 수치, 즉 특정 태 표현과 결합하는 특정 시제 및 상 형식과의 결합 양상을 수치화한 것을 특정 태 표현의 전형적인 특징으로 간주하고 논의를 진행해 나가고자 한다. 왜냐하면 제2부에서는 학습자의 일본어 태 습득을 고찰하는데, 이들 특정 태들의 운용 양상을 기준으로 삼아야 학습자들의 일본어 태 습득의 양상을 논의하기가 용이하다는 현실을 무시할 수 없기 때문이다. 따라서 본 저자는 본서 전반을 통해서 이 생각을 적용해 나갈 것이다.

6.3.2 복문말 후행절에 가능태 표현이 나타나는 경우

그러면 이 절에서는 복문 후행절의 가능태 표현에 대한 원어민의 운용 양상을 살펴보기로 한다. 복문 후행절의 가능태 표현은 모두 110개로 수동태 표현 354개보다는 적은 수치이지만 사역태와 기여태보다는 훨씬 많은 수치이다.

아래의 <표 5>를 보면 가능태 표현에 연용절이 포함되는 예가 60개로 55%의 비율을 차지하는 것으로 나타났다. 연체절이 포함되는 예는

42개로 38%로 그 뒤를 이었다. 인용절이 포함되는 예는 8개로 7%의 비율을 차지하는 것으로 나타났다.

▶표5_ 복문말에 가능태 표현이 나타나는 경우에 선행하는 종속절(본 연구의 분석)

연용절	연체절	인용절	계
60	42	8	110개
55%	38%	7%	100%

첫째, 가능태 표현에 연용절이 포함되는 예를 예시하면 다음과 같다. 밑줄 친 부분이 연용절이며, 실선 부분이 가능태 표현이다.

(25) 急用が<u>生じて</u>横浜まで<u>行けなくなった</u>。(箱崎ジャンクション)

(26) 大スターになった後となる前に断絶が<u>あるんだったら</u>あのような文章は<u>書けない</u>。(ちくま)

(27) 雷雨のときは雨が<u>上がっても</u>しばらく<u>出てこられなかった</u>。(言葉のポトラック)

(28) 子ども二人以上は<u>共稼ぎせんと</u><u>生めない</u>。(小子化対策のかぎは高校生に)

(29) 投手陣さえ<u>再建されれば</u><u>優勝できる</u>。(横浜、来季が見えない)

(30) ちょっと姿を現しただけでも太陽の光は<u>強く</u>、<u>直視できず</u>、輪郭が燃えるように滲む。(猫が日の出前に起こす)

(31) またはじめにむいたゆずなどの皮はお風呂に<u>いれれるし</u>漬物などにも<u>使える</u>。(果実酒の作り方)

(32) その感じを<u>書こうとした</u>がうまく<u>書けず</u>、(心とは?意識とは?わたしとは?)

(33) 文学が内面の吐露<u>だったり</u>訴え<u>だったり</u>叫び<u>だったり</u>する場合意味は<u>欠かせない</u>。(試行錯誤に漂う6)

(34) 文章は「冷蔵庫の中にケーキがあります」という小さなメモを含めて<u>書かずに済ます</u>ことが<u>できない</u>。(ちくま)

예를 들어 예문 (25)에서는 急用が生じて에서 보듯 복문 후행절의 가능태 표현이 て절 연용절을 내포하는 것이 확인된다. 나머지 예문에 대해서도 동종의 설명이 가능한데, 구체적인 설명은 생략하기로 한다.

둘째, 연체절이 포함되는 가능태 표현은 다음과 같이 예시할 수 있다. 점선 부분은 연체절이며 실선 부분은 수동태 표현이다.

(35) 着物の柄も相手がしゃべった言葉も映画ではまさにそれでしかありえない。(ちくま)

(36) そういう意地悪な人間が誰からも避難されない環境なんて考えられなかった。(新入社員の困惑)

(37) この同語反復的で秘教的な言い方を超えた思考法を見つけられなければ、人間は「人間もどき」との差を主張できなくなる。(心とは?意識とは?わたしとは?)

(38) 全体から部分へと作用していたかもしれない因子が存在する可能性を排除しきれているわけではない。(中央公論2000年7月号)

(39) 情報は片方しか報道しないこともありうるのです。(日本とムラ)

예를 들어 예문 (35)에서 복문말에 위치하는 가능태 표현이 相手がしゃべった言葉에서 보듯 연체절을 내포하는 것을 확인할 수 있다. 나머지 예문에 대해서는 동종의 설명이 가능하므로 구체적인 설명은 생략한다.

마지막으로 인용절이 내포되는 가능태 표현은 다음의 (40)-(42)와 같이 예시할 수 있다. 점선 부분은 인용절을 가리킨다.

(40) いつでも一緒だと思うことができたけれど、(動物霊園にて)

(41) マサイ族だったかどこか忘れたがアフリカのその部族は整列するということができない。(言葉のポトラック)

(42) その小説(映画)は求心運動や凝集運動を必要とせずに小説(映画)たりえたと言える。(真夜中)

가능태 표현에는 연용절이 가장 많이 포함된다고 하였는데, 그 구체적인 내역을 정리하면 다음의 <표 6>과 같다.

▶ 표6_ 복문말에 가능태 표현이 나타나는 경우에 선행하는 연용절(본 연구의 분석)

て(で)	たら	ても	と	ば	く	し	が	たり	ずに	기타	계
17	8	5	5	4	2	2	2	2	2	11	60개
28%	13%	8%	8%	7%	3%	3%	3%	3%	3%	18%	100%

기타(각1례) : には、連用中止、ので、なんて、にも、であり、つつも、けれど、ながら、ながらも、のだから

<표 6>을 보면 て절의 연용절이 28%의 비율로 가능태 표현에 가장 많이 포함되는 것을 알 수 있다. たら, ても, と절의 연용절이 13%, 8%, 8%로 각각 그 뒤를 잇고 있다.

그러면 원어민들이 운용한 실제 예문을 보도록 하자. 예문 (43)-(50)은 가능태 표현(실선 부분)에 て절(점선 부분)이 포함된 것을 예시한 것이다.

(43) 手芸店で金の鎖が手作りバック用においてて500円くらいで買えます。
　　　(秋冬のファッションはリフォームと昔の服や靴で)

(44) レモンならパンストにいれて床磨きに使えるし、(果実酒の作り方)

(45) 靴がずぶずぶはまって足が抜けなくなったりする。(鎌倉の風景)

(46) 大きなビニール袋いっぱいになって、子どもの力では持ち上げられなくなった。(プロムナード)

(47) で、年末年始などなど何やかやといろいろあってなかなか敢えなかったが、(プロムナード)

(48) 私は小学校では算数ばっかりできて国語が全然できない子どもだった。
　　　(<それ>は何を指すか?)

(49) そんな親が十年なって我慢できるはずがないのだが、(人生の岐路)

(50) 現在の経済構造を温存しておいて環境破壊は止められない。(今の禁煙・エコは変だ)

예를 들어 예문 (44)에서는 金の鎖が手作りバック用においてて500円くらいで買えます에서 보듯 복문말에 위치한 가능태 표현 買えます가 金の鎖が手作りバック用においてて와 같이 て절을 내포하는 것을 확인할 수 있다. 나머지 예문에 대해서도 동일한 현상이 관찰된다.

예문 (51)–(54)의 점선 부분에서 보듯 가능태 표현(실선 부분)에 たら절(점선 부분)이 포함되는 경우도 있다.

(43) 子どもは見てくれる人が10人いたら10人分の愛情を受けれますもの。
(小子化対策のかぎは高校生に)
(44) 結婚しなかったら自分の好きなこともできるし、毎日楽しくくらせるしと。(子どもを産まず結婚もしない選択肢)
(45) レトロですが家庭用クリーニングをしたらしっかり使えます。
(秋冬のファッションはリフォームと昔の服や靴で)
(46) 困るのは、他人事だったら簡単に否定できるけれど、(中央公論2000年7月号)

예를 들어 예문 (51)에서는 子どもは見てくれる人が10人いたら10人分の愛情を受けれますもの에서 보듯, 가능태 표현이 子どもは見てくれる人와 같은 연체절을 내포하는 것이 관찰된다. 나머지 예문에 대해서도 동종의 현상을 관찰할 수 있다.

예문 (55)–(57)의 점선 부분에 보듯 가능태 표현(실선 부분)이 ても절(점선 부분)을 포함하는 경우도 있다.

(55) いくらそこを論じてもキリスト教の核心には到達することはできない。(真夜中)
(56) 私がハイデガーの本をぱらぱらめくってチェックを入れた個所を捜しても見つけられなかったのは、(試行錯誤に漂う6)
(57) 私のチームは本当の話をしても誰からも信じてもらえないくらい弱く、(プロムナード)

예를 들어 예문 (55)에서는 복문말에 출현한 가능태 표현 到達するこ
とはできない가 論じても에서 보듯 ても연용절을 내포하는 현상을 관
찰할 수 있다.

예문 (58)-(60)의 점선 부분에 보듯 と절(점선 부분)을 가능태 표현(실선
부분)이 포함하는 경우도 관찰된다. 구체적인 설명은 생략한다.

(58) 私は飲み出すと「ほどほど」ということができない。（プロムナード）
(59) アルコール規制が本格化すると公共の場で飲酒できなくなる。（プロムナー
　　 ド）
(60) 子どもには個性があると刷り込みができたまま成長するでしょう。
　　 （小子化は仕方ないことかも）

예문 (61)-(62)에서 보듯 가능태 표현(실선 부분)이 ば절(점선 부분)을 포
함하는 경우도 있다. 구체적인 설명은 생략한다.

(61) そのしらけを我慢して読んでいけば、それなりにおもしろくも読めないわ
　　 けでもないが、（真夜中）
(62) 絵なんて中学校の美術の授業が終わってしまえば一生描かずに生きていけ
　　 るが、（ちくま）

예문 (63)-(72)의 점선 부분에 보듯, 가능태 표현(실선 부분)이 く절, し
절, が절, たり절, ずに절, 연용중지형, ので절, つつも절, けれど절, なが
ら절을 내포하는 경우도 관찰된다. 구체적인 설명은 생략한다.

(63) 頬が痛く、目が開けていられなかった。（プロムナード）
(64) またはじめにむいたゆずなどの皮はお風呂にいれれるし漬物などにも使え
　　 る。（果実酒の作り方）
(65) マサイ族だったかどこか忘れたがアフリカのその部族は整列するというこ

    とができない。(言葉のポトラック)

(66) 文学が内面の吐露だったり訴えだったり叫びだったりする場合、意味は欠かせない。(試行錯誤に漂う6)

(67) 絵や音楽と違い、文章は書かずに済ますことができない。(ちくま)

(68) ベケットを読み、というかベケットが読め、ベケットのような書き方が生まれるのを妨げないこと。(試行錯誤に漂う5)

(69) 大袈裟にしても3日前と比べると確実に腫れがひどくなるという状態なので手が打てず、(プロムナード)

(70) あの手この手の設定を使いつつも、作者自身もどかしくもそれを書ききれないのではないか。(箱崎ジャンクション)

(71) バイオテクノロジーは死を先延ばしすることはできるけれど、死をなくすことはできない。(中央公論2000年7月号)

(72) なんだかんだいいながら作り上げてしまうことができる。(ムッシュ・シネマ)

    그러면 て절의 연용절이 가능태 표현에 가장 많이 포함되는 것은 가능태 표현의 전형적인 특징인 것일까? 위의 <표 6>에서 본 것처럼 가능태 표현에는 17%의 비율로 て절이 가장 많이 포함된다. 기여태 표현에는 57%로 て절이 가장 많이 포함되며, 수동태 표현 26%, 사역태 표현 19%의 비율로 모든 태에 て절이 가장 많이 포함된다. 제각기 비율은 다르지만 수동태 표현, 사역태 표현, 기여태 표현, 가능태 표현 모두 て절을 가장 많이 포함한다. 이 사실에서 연용절은 특정 태 표현에만 포함되는 것이 아님이 밝혀졌다. 따라서 이러한 원어민들의 운용 양상은 특정한 태 표현에만 국한되는 현상이 아닌 것으로 생각할 수 있다.

    다시 가능태 표현이 연용절, 연체절, 인용절을 포함하는 대목으로 돌아가자. <표 5>에서 확인한 것처럼, 가능태 표현에 가장 많이 포함되는 종속절은 연용절이고 연체절과 인용절이 각각 그 뒤를 잇고 있다. 이러한 가능태 표현에 대한 원어민의 운용 양상이 과연 가능태 표현의 특징을 말해 주는 것인지를 알아보기 위해서 수동태, 사역태, 기여태 표현을 다음의 <표 6>과 같이 정리해 보았다.

▶ 표6_ 수동태, 사역태, 기여태, 가능태 표현과 선행 종속절

	연용절	연체절	인용절	계
수동태 표현	59%	25%	17%	100%
사역태 표현	57%	39%	4%	100%
기여태 표현	57%	43%	0%	100%
가능태 표현	55%	38%	7%	100%

위의 <표 6>에 제시된 수치는 제각각 다르다. 그러나 우리는 이들 수치를 통해서 크게 두 가지의 결론을 내릴 수 있다. 하나는 가능태 표현에 연용절이 가장 많이 포함되는 특징은 가능태 표현에만 국한된 것이 아니라는 점이다. 가능태뿐만 아니라 수동태, 사역태, 기여태 표현에서도 연용절이 가장 많이 포함되는 것을 볼 수 있다. 이것은 각 태 표현이 연용절을 포함하는 것이 각 태 표현의 중요한 통사적 특징이라는 사실을 말해주는 것이다.

다른 하나는 비록 수치는 다르지만, 가능태, 수동태, 사역태, 기여태 표현 모두 연용절이 가장 많이 포함되며, 그 다음이 연체절, 그 다음이 인용절이 가장 적게 포함된다는 사실이다. 이에 대해서는 6.4절에서 다시 살펴보기로 한다.

6.3.3 인용절에 가능태 표현이 나타나는 경우

이 절에서는 원어민이 사용하는 가능태 표현이 인용절에 나타나는 경

우에 대해서 살펴보고자 한다. 원어민이 사용한 총 285개의 가능태 표현 가운데 인용절에 가능태 표현이 출현한 예는 23개로 약 8%의 비율을 차지한 것으로 밝혀졌다. 다음의 예문 (73)~(79)는 인용절에 가능태 표현이 출현한 것을 보여주는 실제 예이다.

(73) CGによっていろいろなことができると思っている。(試行錯誤に漂う5)

(74) 何日もドブのようなところにはまって出てこられなくなったんだと思う。(言葉のポトラック)

(75) 「じゃあ冬は越せないわね」という。(言葉のポトラック)

(76) 事態の推移に対して俯瞰的立場が取れないということは、(ちくま)

(77) あの暑さから逃げられたと思うとホッとする気持ちもあるけれど、(秋の日暮れは)

(78) 局面によっては人間の役割を代行させることができると主張するのではないか。(心とは?意識とは?わたしとは?)

(79) 三五年後では思い出せないということを理由にして、(風の旅人)

예를 들어 예문 (73)에서는 CGによっていろいろなことができると思っている에서 보듯 가능태 표현 いろいろなことができる가 인용절 내부에 생기하는 것을 확인할 수 있다. 나머지 예문에 대해서도 동종의 설명이 가능하므로 구체적인 설명은 생략하기로 한다.

그러면 인용절에 나타나는 가능태 표현의 비율이 8%라는 수치의 의미에 대해서 생각해보자. 가능태 표현이 인용절에 나타나는 비율 8%는 단문, 복문에 나타나는 가능태 표현 중에서 5위를 차지하는 수치이다 (6.2.2절 참조). 이 순위는 가능태 표현과 인용절과의 통사적 제약이 엄격하다는 사실을 단적으로 말해 주는 것이다.

제1부를 통해서 본 저자는 이러한 가능태 표현과 인용절과의 통사적 제약이 가능태뿐만 아니라 수동태 표현, 사역태 표현, 기여태 표현 전반

에 걸쳐 적용되는 것으로 결론을 내린다. 이 결론을 통해서 본 저자는 적어도 두 가지 중요한 시사점을 제시하고자 한다. 하나는 특정한 태 표현이 특정한 단문이나 복문에서 출현하는 비율이 높거나 낮은 사실을 통해서 태와 절 형식과의 통사적 관계를 밝힐 수 있을 것이라는 점이다. 단문이나 복문, 그리고 절 형식 자체에 대한 통사적 분석은 많이 행해져 왔다. 그러나 특정한 언어 형식에 내재된 의미 통사적 특징뿐만 아니라 언어 형식 상호간의 의미 통사적 특징에도 주목한 연구는 없었기 때문에 이에 대한 담론이 본서를 통해서 활성화될 수 있을 것으로 기대한다. 예를 들면 가능태 표현을 비롯하여 수동태 표현, 사역태 표현, 기여태 표현이 인용절에 출현하지 않거나 출현하는 비율이 낮은 이유를 각 태 표현의 의미 통사적 특징과 인용절의 의미 통사적 특징을 비교함으로써 그동안 논의되지 못했던 각 태 표현과 인용절에 대한 담론을 활성화함으로써 복문 연구에 새로운 시각을 던져 주는 것이다. 이것은 마에다 나오코(前田直子 2011)에서도 지적되지 않았다.

다른 하나는 본서가 수동태 표현, 사역태 표현, 기여태 표현, 가능태 표현이 태의 범주에 속한다는 사실을 보증하고 있다는 것이다. 즉 수동태, 사역태, 기여태, 가능태의 의미 통사적 특징으로 태의 범주에 들어가는 것으로 규정한 무라키 신지로(村木新次郎 1991:1-30)의 연구가 과연 타당하느냐는 것인데 이 타당성은 인용절을 비롯한 단문, 복문 후행절의 태 표현이 포함하는 종속절(연용절, 연체절, 인용절), 의문절, 연체적 복문 선행절, 연용적 복문 선행절에 나타나는 각 태 표현의 출현 양상을 통해서도 뒷받침될 것이다.

6.3.4 의문절에 가능태 표현이 나타나는 경우

원어민이 사용하는 가능태 표현이 의문절에 나타나는 예가 전체 285개 가운데 2개가 확인되었다. 0.7%의 비율로 운용된 셈이다. 다음의 예문은 가능태 표현이 의문절에 출현한 실제 예이다.

(80) 書き手の側にも共通了解を得られたかのような安心感が生まれる。(ちくま)

(81) これを作品として実現させられるかどうかはまだわかっていない。(真夜中)

6.2.2절에서 알 수 있듯이 의문절에 출현하는 가능태 표현이 0.7%로 1%에도 못 미치고 가능태 표현이 출현하는 6개의 위치 중에서 최하위를 차지했다는 것은 본서 제1부를 통해서 일관되게 지적해온 것처럼 가능태 표현 역시 의문절과의 의미 통사적 제약이 매우 엄격하다는 것을 말해 준다. 이러한 가능태 표현의 의미 통사적 제약이 가능태 표현에만 국한되지 않고 수동태 표현, 사역태 표현, 기여태 표현 전반에서 일관되게 나타났다는 점에서 각 태 표현과 의문절 사이에 내재된 의미 통사적 제약을 규명할 설명할 필요성이 있다고 생각한다.

나아가서 수동태 표현, 사역태 표현, 기여태 표현, 가능태 표현과 의문문의 통사론적 또는 의미론적 관계의 해명을 향한 새로운 형태의 학문적 담론이 필요하다고 생각한다. 그러나 다른 한편으로는 예를 들어 수동태 표현이 의문절에 출현하는 비율이 낮은 것이 원어민들의 우연한 운용 습관에서 비롯되는 것인지에 대해서도 살펴보아야 할 것이다.

6.3.5 연체적 복문 선행절에 가능태 표현이 나타나는 경우

원어민의 일본어 운용에서 연체절의 술어인 가능태 표현이 실질 명사 또는 형식 명사를 수식하는 예는 전체 285개의 예 가운데 58개로 20%의 비율을 차지하는 것으로 밝혀졌다. 다음의 <표 7>을 보도록 하자.

▶ 표7_ 연체절말에 가능태 표현이 나타나는 경우의 피수식 명사(본 연구의 분석)

실질 명사	형식 명사						
29개(50%)	29개(50%)						
	こと	もの	の	わけ	くらい	はず	ほど
	9(16%)	6(10%)	5(9%)	4(7%)	2(3%)	2(3%)	1(2%)

실질 명사 : 人(4)、日(2)、状態(2)、語彙の歪み、氣、句、コミュニティ、喫茶店、機會、人間、時期、とき、レベル、子、可能性、段階、問題、地區、職、仕事、道、海、スポット、死

먼저 연체수식절에 출현하는 가능태 표현이 실질 명사를 수식하는 경우부터 살펴보도록 하자. 예문 (82)~(91)의 연체절의 술어인 가능태 표현이 실질 명사를 수식하는 것(점선 부분)을 보여주는 실제 예이다.

(82) 家族の遺体を完全な物として処分できる人がいるだろうか。(真夜中)

(83) 日本だって戦争によって家族をうしなった人たちは、戦争があったことを忘れられる日なんか一日もないよ。(風の旅人)

(84) だから愛する人がいる状態というのはその人がそばにいないことを片時も忘れることができない辛い状態だが、(試行錯誤に漂う3)

(85) 使ってみたいと思いながらもどうも自分の文章に上手く嵌め込めない語彙の歪みであり、(この音の先には何かがある)

(86) ぞろぞろランチの食べられる喫茶店に入っていったときのこと。(新入社員の困惑)

(87) 半年くらいほとんど口をきけなかった時期があったそうだ。(風の旅人)

(88) 当事者は生きられる可能性があるかぎり「どんなことをしてでも生きたい」
と思う。(中央公論2000年7月号)
(89) 生命という現象がいまだに明確に記述できていない段階で(中央公論2000年
7月号)
(90) 仕事しながら子育てできる仕事につくため(小子化対策のかぎは高校生に)
(91) 私たちにあたり前とも言えるこの海が荒れ狂う、(鎌倉の風景)

　예를 들어 예문 (82)에서는 家族の遺体を完全な物として処分できる人
がいるだろうか에서 보듯 가능태 표현이 실질 명사 人를 수식하는 것이
확인된다. 예문 (83)에서는 日本だって戦争によって家族をうしなった人
たちは、戦争があったことを忘れられる日에서 보듯 가능태 표현 忘れ
られる가 실질 명사 日를 수식하는 것이 확인된다. 나머지 예문에 대해
서도 동종의 설명이 가능하다.
　그러면 이번에는 연체수식절 내에 출현하는 가능태 표현이 형식 명사
를 수식하는 것을 살펴보자. 예문 (92)-(103)은 연체절의 술어인 가능태
표현이 형식 명사(こと,もの,の,わけ,くらい,はず)를 수식하는 것(점선 부분)을
예시한 것이다.

(92) 昨日のことでも思い出せないことは思い出せないのと同じように、(風の旅
人)
(93) 葬られた後に復活したということは信じられないことであるがゆえに確実
である。(真夜中)
(94) キリストの蘇りみたいなありえないことを真っ正面から取り上げる方が私
は断然好きだ。(真夜中)
(95) すでに彼らは若くなかったという文で語られうるものほどには明確ではな
い。(真夜中)
(96) それが10年と35年という数値化された長さで測れるものではないというこ
とは、(風の旅人)

(97) あの感じは新入社員が新入生でしか経験できないもので(新入社員の困惑)

(98) 昨日のことでも思い出せないことは思い出せないのと同じように、(風の旅人)

(99) 全体として何かブレイクスルーを生み出しうるのではないか?(心とは?意識とは?わたしとは)

(100) 私たちは本当のところ個人として存在できているわけでなく(箱崎ジャンクション)

(101) その猫の姿そのものをはっきりと思い浮かべられるわけではない。(風の旅人)

(102) 私のチームは本当の話をしても誰からも信じてもらえないくらい弱く、(プロムナード)

(103) そんな親が十年なって我慢できるはずがないのだが、(人生の岐路)

예문 (92)에서는 가능태 표현이 형식 명사 こと를 수식하는 현상이 관찰된다. 나머지 예문에 대해서도 동종의 설명이 가능하다.

<표 7>에서 연체절의 술어인 가능태 표현이 실질 명사를 수식하는 예가 50%, 형식 명사를 수식하는 예가 50%임이 확인된다. 이를 다른 태 표현과 비교하면 다음의 <표 8>과 같이 정리할 수 있다.

▶ 표8_ 연체절의 술어인 각 태 표현이 수식하는 명사

	실질 명사	형식 명사
본 연구의 수동태 표현 분석	75%	25%
마에다의 수동태 표현 분석	55%	45%
본 연구의 사역태 표현 분석	59%	41%
본 연구의 기여태 표현 분석	64%	36%
본 연구의 가능태 표현 분석	50%	50%

가능태 표현의 수치를 보면 실질 명사와 형식 명사를 수식하는 비율

이 각각 50%이다. 이 수치는 마에다 나오코(前田直子 2011:74-75)의 수치 55%, 45%에 근접한 수치이다. 제1부의 분석을 통해서 마에다 나오코(前田直子 2011:75)는 55%, 45%가 수동태 표현이 연체절에 나타날 때의 특징이라 단언할 수 없다고 하였는데, 사역태 표현, 기여태 표현, 가능태 표현을 통해서 마에다 나오코의 수치 55%, 45%가 실은 태 표현 전반에 공통적으로 적용되는 특징이라는 점이 밝혀졌다. 즉 원어민들은 연체절의 술어인 태 표현을 실질 명사와 형식 명사를 5대 5 혹은 6대 4의 비율로 운용한다는 점이다.

한편 3.3.5절에서 연체절의 수동태 표현이 형식 명사 가운데 こと와 の를 가장 많이 수식하는 사실을 확인할 수 있었는데, 사역태와 기여태에서도 확인할 수 있다(기여태에는 こと는 없고 の만 있다.). 그리고 연체절의 수동태 표현도 형식 명사 가운데 즉 こと를 가장 많이 수식하는 것으로 나타났으며 の도 순위권에 들어가는 것을 확인할 수 있었다. こと와 の가 태 표현 전반에서 피수식 명사로 운용되는 현상이 상당히 보편적인 현상임이 밝혀졌다.

6.3.6 연용적 복문 선행절에 가능태 표현이 나타나는 경우

원어민이 운용하는 가능태 표현이 연용절의 내부에 출현하는 예가 전체 285개 가운데 46개로 16%의 비율을 차지하는 것으로 확인되었다. 이 수치는 3위에 해당하는 수치로 2위와는 4%의 차이를 보이고 있다.

가능태 표현은 다양한 연용절 내부에 출현하는데, 그 구체적인 내역을 제시하면 다음의 <표 9>와 같다.

ば	が	ず	けれど	から	し	ような	だけ	ない	ても	のなら	んじゃないか	のに	ので	まま	連用中止	계
8	7	5	5	4	3	3	2	2	1	1	1	1	1	1	1	46
17	15	11	11	9	7	7	4	4	2	2	2	2	2	2	2	100%

위의 <표 9>를 보면 한 가지 특이한 사실을 발견할 수 있는데, 그것은 수동태 표현, 사역태 표현, 기여태 표현과는 달리 て절 내부에 나타나는 가능태 표현이 하나도 확인되지 않는다는 사실이다. ば절이 17%로 가장 많고, が절이 15%, ず절과 けれど절이 각각 11%로 그 뒤를 잇고 있다. 그러면 구체적인 예를 살펴보도록 하자.

먼저 예문 (104)~(107)의 점선 부분에 보듯, 가능태 표현이 ば연용절 내부에 출현하는 현상을 확인할 수 있다.

(104) この連中にわかってもらえさえすればいいのだが。(試行錯誤に漂う5)

(105) かろうじて生活できればそれでいい。(この狂った社会)

(106) できれば丸ごと記憶したいと思う。(好きなもの)

(107) この同語反復的で秘教的な言い方を超えた思考法を見つけられなければ、人間は「人間もどき」との差を主張できなくなる。(心とは?意識とは?わたしとは?)

예문 (104)에서는 わかってもらえさえすれば에서 보듯 가능태 표현이 ば연용절 내부에 생기한 현상이 관찰된다. 예문 (105)에서는 かろうじて生活できれば에서 보듯 가능태 표현이 ば연용절 내부에 위치한 것을 확인할 수 있다. 나머지 예문에 대해서도 동종의 설명이 가능하다.

예문 (108)~(110)의 점선 부분에 보듯 가능태 표현이 が절에 나타나는 현상도 관찰된다. 예를 들어 예문 (108)에서는 가능태 표현이 역접의 의미를 지니는 が연용절 내부에 생기하는 현상이 관찰된다. 나머지 예문에서도 동종의 현상이 관찰된다.

(108) 絵なんて中学校の美術の授業が終わってしまえば一生描かずに<u>生きていけるが</u>、(ちくま)
(109) <u>できるのだが</u>そのような美意識から離脱する意志として散文は書かれるものだ。(ちくま)
(110) 量的な変化の方は<u>予測できなくもないが</u>、(中央公論2000年7月号)

　가능태 표현은 예문 (111)-(113)의 점선 부분에서 보듯 ず연용절의 내부에도 생기하는 현상이 관찰된다. 예를 들어 예문 (111)에서는 直視できず에서 보듯 가능태 표현이 ず연용절 내부에 생기하는 현상을 확인할 수 있다. 나머지 예문에 대해서도 동종의 현상이 관찰된다.

(111) ちょっと姿を現しただけでも太陽の光は強く、<u>直視できず</u>、輪郭が燃えるように滲む。(猫が日の出前に起こす)
(112) その感じを書こうとしたが<u>うまく書けず</u>、(心とは? 意識とは? わたしとは?)
(113) 草食動物の鹿やシマウマのように走りつづけるなんて<u>全然できず</u>、(ラ・アルプ)

　예문 (114)-(116)의 점선 부분에 보듯 가능태 표현이 けれど연용절 내부에 생기하는 언어 현상이 관찰되는 경우도 있다. 예를 들어 예문 (114)의 否定できるけれど에서 보듯 가능태 표현이 けれど연용절 내부에 생기하는 것을 들 수 있다.

(114) 困るのは、他人事だったら簡単に<u>否定できるけれど</u>、(中央公論2000年7月号)
(115) バイオテクノロジーは死を先延ばしすることは<u>できるけれど</u>、死をなく

すことはできない。(中央公論2000年7月号)
(116) いつでも一緒だと思うことができたけれど、(動物霊園にて)

예문 (117)-(118)의 점선 부분에서 보듯 가능태 표현이 から연용절 내부에 생기하는 경우가 관찰되기도 한다. 자세한 설명은 생략하기로 한다.

(117) しかし、能動的にふるまうことができなかったから、作者はそれを未整理状態にしておく結果となった。(試行錯誤に漂う6)
(118) 育児経験がとても豊富と言えないから、自信がない。(小子化は仕方ないことかも)

예문 (119)-(120)의 점선 부분에 보듯 가능태 표현이 し절 내부에 출현하는 경우도 있다. 자세한 설명은 생략한다.

(119) キラキララメ入りの毛糸で、マフラーもあめるし、テイペットにできるようなファ一もおいています。(五輪のアナウンサーについて)
(120) 結婚しなかったら自分の好きなこともできるし、毎日楽しくくらせるしと。(子どもを産まず結婚もしない選択肢)

예문 (121)-(131)의 점선 부분에 보듯 가능태 표현이 다양한 연용절 내부에 생기하는 현상이 관찰되기도 한다. 이하 예문에 관련된 구체적인 설명은 생략하기로 한다.

(121) キラキララメ入りの毛糸で、マフラーもあめるし、テイペットにできるようなファ一もおいています。(五輪のアナウンサーについて)
(122) ストールにも使えるようなオーガンジーの薄い布など。(五輪のアナウンサーについて)

(123)　ただ何かを考えておくという可能性だけはできるだけ疑わずに。(試行錯誤に漂う5)

(124)　これはもう全然言葉では伝えられない、(空間を浄化する鳴き声)

(125)　もし全身麻酔に耐えられなくても私はまだ悲しくない。(言葉のポトラック)

(126)　その何かを「暴力」とか「リビドー」とか言ってしまうことができるのなら、(箱崎ジャンクション)

(127)　それは人間と言えるんじゃないか、ちう考え方が成り立ちうる。(心とは?意識とは?わたしとは?)

(128)　死ぬ前だったらこれを小島さんに見せることができたのに残念だ。(真夜中)

(129)　最初の短編は「文芸春秋」の締切りまでに書ききれなかったので、(プロムナード)

(130)　子どもには個性があると刷り込みができたまま成長するでしょう。(小子化は仕方ないことかも)

(131)　ベケットを読み、というかベケットが読め、ベケットのような書き方が生まれるのを妨げないこと。(試行錯誤に漂う5)

　　제3장–제5장에서 일관되게 수동태 표현, 사역태 표현, 기여태 표현이 연용절 내부에 생기는 것이 이들 표현의 중요한 통사적 특징일 가능성을 살펴보았는데, 그러면 이것을 좀 더 면밀히 살펴보도록 하자. 다음의 <표 10>을 보도록 하자.

▶ 표10_ 태 표현이 연용절에 나타나는 비율과 순위

수동태 표현	사역태 표현	기여태 표현	가능태 표현	평균
15%	23%	20%	16%	19%

　　<표 10>을 보면 사역태 표현이 연용절에 나타나는 비율이 23%로 가장 높고, 기여태 표현이 20%, 가장 높고 가능태 표현이 16%, 수동태 표

현이 15%로 각각 그 뒤를 잇고 있다. 평균이 19%로 태 표현이 출현하는 5개의 예 가운데 1개의 예는 연용절에 태 표현이 나타나는 것을 알수 있다. 이는 연용절에 나타나는 태 표현이 태 표현의 중요한 통사적특징 가운데 하나라는 것을 시사해 주는 것이라고 할 수 있다.

다시 <표>로 돌아가면 한 가지 특이한 사실을 발견할 수 있는데, 그것은 수동태 표현, 사역태 표현, 기여태 표현과는 달리 て절에 나타나는가능태 표현이 하나도 확인되지 않는다는 사실이다. 이것을 각각의 태와 비교하면 다음의 <표 11>과 같이 정리할 수 있다. 1위에서 5위까지의 순위만 제시한다.

▶표11_ 각 태 표현이 출현하는 연용절 형식

태 표현	연용절 형식
수동태 표현	て절(27%), が절(15%), 連用中止(9%), たり(7%), たら(6%)
사역태 표현	て절(15%), たら(11%), たり(11%), と(11%), ようと(11%), ように(11%), ない(11%)
기여태 표현	て절(20%), ば절(20%), が(10%), けど(10%), ない(10%), ても(10%), のだ(10%), 連用中止(10%)
가능태 표현	ば절(17%), が절(15%), ず절(11%), けれど절(11%)

위의 <표 11>을 보면 각각의 태 표현에 나타나는 연용절 형식의 출현 양상이 제각기 다른 것을 알 수 있다. て절에 나타나는 수동태, 사역태, 기여태 표현의 비율이 가장 높다는 점에서 て절에 나타나는 것이 이들 태 표현의 중요한 통사적 특징을 말해 주는 것으로 생각된다. 그러나이미 언급한 바와 같이 て절에 나타나는 가능태 표현은 하나도 확인되지 않는다. て절 이외에는 が절이 사역태 표현을 제외한 모든 절에서골고루 출현하는 것이 확인된다.

6.4 가능태 표현의 문형 확대를 위한 지도 방안

본 저자가 아는 한, 수동태 표현, 사역태 표현, 기여태 표현 등과 마찬가지로 한국의 대학에서 채택된 초급일본어 교재에는 가능태 표현 역시 모두 단문 형식으로 제시된다.

가능태 표현도 수동태 표현, 사역태 표현, 기여태 표현과 마찬가지로 단순한 문장에서보다는 복잡한 문장에 훨씬 많이 나타난다. 이를 각 태 표현과 비교하면 <표 12>와 같다.

<표 12>에서 가능태 표현이 단순한 문장으로 나타나는 경우는 16% 인 반면, 복잡한 문장으로 나타나는 경우는 84%이다. 단순한 문장으로 나타나는 경우보다 복잡한 문장으로 나타나는 경우가 훨씬 많은 것이다. 초급일본어 교재와는 완전히 다른 모습이다.

▶표12_ 원어민이 운용하는 기여태 표현의 문중 출현 위치

		태 표현의 문중 출현 위치	수동태	사역태	기여태	가능태	평균
문말	단문	①단문말에 태 표현이 나타나는 경우	6	11	24	16	14
		②복문 후행절에 태 표현이 나타나는 경우	50	34	29	39	38
비문말	복문	③인용절에 태 표현이 나타나는 경우	4	11	2	8	6
		④의문절에 태 표현이 나타나는 경우	2	1	2	0.7	1
		⑤연체적 복문 선행절에 태 표현이 나타나는 경우	24	20	22	20	22
		⑥연용적 복문 선행절에 태 표현이 나타나는 경우	15	23	20	16	19
합			100% (715개)	100% (83개)	100% (49개)	100% (285개)	100% (1132개)

그러면 일본어 학습자로 하여금 가능태 표현을 복잡한 문장으로 산출해 내도록 하는 지도 방안을 생각해 보자. 첫째, 연용절 특히 て절과 조합된 가능태 표현을 적극적으로 교실활동에 도입해야 한다는 방안을 모색해 볼 수 있다. 다음의 <표 13>을 보도록 하자.

▶ 표13_ て절과 조합된 태 표현

수동태 표현	사역태 표현	기여태 표현	가능태 표현
53%	46%	34%	28%

て절과 조합된 태 표현 가운데 가능태 표현이 28%로 가장 낮다(다시 말하지만 이 비율은 가능태 표현이 て절만을 포함한 수치이다. て절 내부에 나타나는 예는 한 개도 없었다.). 수동태 표현이 53%로 가장 높고, 사역태 표현이 46%로 그 뒤를 잇고 있다. 기여태 표현은 34%의 비율을 보였다. 이들 수치가 각 태 표현의 통사적 특징을 말해 주는 것인지 여부는 검토의 여지가 있으나 현 시점에서 이들 수치 외에 신뢰할만한 데이터가 없다. 가능태 표현이 28%로 가장 수치가 낮지만, 거의 30%에 육박해서 가능태 표현이 て절과 조합하여 나타나므로 다른 태 표현과 마찬가지로 확대 문형(복잡한 문형) 연습을 실시할 필요가 있겠다.

둘째, 단문말에 수동태 표현이 오는 경우, 단순히 수동태 표현으로 끝을 맺는 것이 아니라 다양한 문말 표현 예를 들어 のだ, なければならない, かもしれない과 결합하여 실현되는 것과 마찬가지로 가능태 표현도 ことだ, か, ない, だろう와 같은 모댈리티 형식과 결합하여 실현된다. 물론 수동태 표현만큼 다양한 모댈리티 형식과 결합하여 실현되는 것은 아닌 것으로 확인되었다. 따라서 가능태 표현도 다양한 모댈리티 형식과 결합한 방식으로 문장을 확대해 가는 연습을 교실활동을 통해서 실천해나갈 필요가 있다고 하겠다.

셋째, 교사는 일본어 학습자들이 가능태 표현을 た나 る의 과거 시제형이나 현재 시제형과 잘 조합할 수 있도록 지도해야 한다는 것이다.

▶표14_ 각 태 표현과 시제 및 상 형식과의 결합 양상

	る	た	ている	ていた	계
수동태 표현	30%	32%	28%	11%	100%
사역태 표현	60%	0%	20%	20%	100%
기여태 표현	57%	29%	14%	0%	100%
가능태 표현	74%	17%	9%	0%	100%
평균	55%	20%	18%	8%	100%

본 저자가 아는 바로는 한국 대학의 초급 일본어 교재에서는 각각의 태 표현이 과거 시제형 た로 예시되는 경우가 대부분이었다. 그러나 실제로는 위의 <표 14>에서 보듯 제각각 수치는 다르지만 수동태 표현이든 사역태 표현이든, 기여태 표현이든, 가능태 표현이든 현재 시제형 る로 산출되는 비율이 훨씬 높다는 공통점을 확인할 수 있다. 그리고 상의 경우 과거 진행상보다는 현재 진행상으로 산출되는 비율이 훨씬 높은 사실을 확인할 수 있다.

넷째, 가능태 표현도 다양한 형식 명사를 수식하는 것으로 나타났는데, 가능태 표현 역시 수동태 표현, 사역태 표현, 기여태 표현 등과 마찬가지로 초급 단계가 어려우면 중급, 고급 과정에서 형식 명사와의 조합을 집중적으로 지도할 필요가 있다고 하겠다.

▶ 표15_ 연체절말에 수동태 표현이 나타나는 경우의 피수식 명사

실질 명사	형식 명사						
	25%						
75%	こと	の	もの	ほど	それ	ため	分
	12%	7%	3%	1.2%	1%	1%	1%

▶ 표16_ 연체절말에 사역태 표현이 나타나는 경우의 피수식 명사

실질 명사	형식 명사				
	41%				
59%	こと	ため	かた	の	ところ
	12%	12%	6%	6%	6%

▶ 표17_ 연체절말에 기여태 표현이 나타나는 경우의 피수식 명사

실질 명사	형식 명사		
	36%		
7개(64%)	の	方(ほう)	わけ
	18%	9%	9%

▶ 표18_ 연체절말에 가능태 표현이 나타나는 경우의 피수식 명사

실질 명사	형식 명사						
	50%						
50%	こと	もの	の	わけ	くらい	はず	ほど
	16%	10%	9%	7%	3%	3%	2%

　　마지막으로 수동태 표현과 마찬가지로 가능태 표현도 초급 과정의 후반에 등장하는 경우가 많으므로 초급 단계에서 곤란하다면 중급이나 고급 단계에서 학습자들의 가능태 표현의 운용 능력을 제고하려는 시도가 있어야 할 것으로 보인다.

6.5 나오는 말

기여태 표현의 문중 출현 위치를 수동태 표현, 사역태 표현, 기여태 표현과 비교하면 다음의 <표 19>와 같다.

다음의 <표 19>에서 우선 가능태 표현이 문중에 나타난 양상을 살펴보자. 가능태 표현은 복문 후행절에 가장 많이 나타난다. 그 다음이 연체적 복문 선행절이고, 단문과 연용적 복문 선행절, 인용절, 의문절이 각각 그 뒤를 잇는다.

그 다음으로 가능태 표현을 수동태 표현, 사역태 표현, 기여태 표현과 비교하면 네 가지의 중요한 사실을 알 수 있다. 첫째, 문장체 자료에서 수동태 표현이 가장 많이 출현하고, 그 다음이 가능태 표현, 그 다음이 사역태 표현이고, 마지막으로 기여태 표현이 가장 적게 출현한다는 사실이다.

▶표19_ 원어민이 운용하는 기여태 표현의 문중 출현 위치

		태 표현의 문중 출현 위치	수동태	사역태	기여태	가능태	평균
문말	단문	①단문말에 태 표현이 나타나는 경우	6	11	24	16	14
		②복문 후행절에 태 표현이 나타나는 경우	50	34	29	39	38
비문말	복문	③인용절에 태 표현이 나타나는 경우	4	11	2	8	6
		④의문절에 태 표현이 나타나는 경우	2	1	2	0.7	1
		⑤연체적 복문 선행절에 태 표현이 나타나는 경우	24	20	22	20	22
		⑥연용적 복문 선행절에 태 표현이 나타나는 경우	15	23	20	16	19
합			100% (715개)	100% (83개)	100% (49개)	100% (285개)	100% (1132개)

문장체 자료에 출현하는 각 태 표현 :

수동태 표현(715개) > 가능태 표현(285개) > 사역태 표현(83개) > 기여태
표현(49개)

위의 <표 19>에 제시된 여러 의미에서 의의를 지닌다. 첫째, 각 태
표현의 출현 횟수는 각 태 표현의 쓰임새를 보여 주는 것임과 동시에
원어민의 각 태 표현에 대한 운용 양상을 보여 준다는 점에서 의의가
있다고 생각된다. 기존의 일본어 문법서나 일본어문법 연구에서는 본
저자가 아는 한, 이러한 태 표현들의 쓰임새가 언급된 적은 없었다. 또
한 기존의 일본어 문법서나 일본어문법 연구에서는 수동태 표현, 가능
태 표현, 사역태 표현, 기여태 표현의 의미 통사적 특징을 동등하게 다
루는데, 이것이 일본어교육 현장에 크게 공헌하기를 바라기는 어려울
것으로 보인다. 반면에 각 태 표현의 문중 출현 분석은 일본어교사가 각
태 표현의 학습에 있어 우선순위를 매길 수 있게 되었다는 점에서 본서
가 일본어교육에 시사하는 바가 크다고 생각한다. 문중에 출현하는 비
율을 근거로 무슨 태 표현을 먼저 가르치고 무슨 태 표현을 나중에 가
르치느냐는 실러버스의 디자인이 가능해졌다는 것이다. 문중 출현의 비
율이 낮은 태 표현을 먼저 가르치느냐 혹은 가장 높은 것을 가르치느냐
는 물론 교사가 곰곰이 생각해 볼 문제이다. 일본어교사뿐만 아니라 일
본어 교재 집필자도 문법 실러버스 편성에 있어 각 태 표현 가운데 무
엇을 먼저 배정하고 무엇을 나중에 배정할 수 있을지가 분명해졌다. 둘
째, 각 태 표현들의 문중 출현에 있어 비율의 차이가 있다고 해도 수동
태 표현, 사역태 표현, 기여태 표현, 가능태 표현 모두 복문 후행절에 가
장 많이 나타난다는 사실이 밝혀졌다는 점은 기존의 태 표현 연구에서
는 밝혀지지 않은 새로운 성과로 인정된다는 점에서 연구적 의의가 있

다고 생각한다.

셋째, 수동태 표현, 사역태 표현, 기여태 표현, 가능태 표현 모두 인용절과 의문절에 출현하는 비율이 매우 낮다는 사실이 밝혀졌다는 점에서 연구적 의의가 있다고 생각한다.

마지막으로 수동태 표현, 사역태 표현, 기여태 표현, 가능태 표현 모두 문중에 출현하는 경향이 유사하다는 사실이다. 각각의 태 표현이 6가지의 문장 위치에 나타나는 비율을 토대로 순위별로 제시하면 다음과 같다.

수동태 표현	②→⑤→⑥→①→③→④
사역태 표현	②→⑥→⑤→③ · ①→④
기여태 표현	②→①→⑤→⑥→③ · ④
가능태 표현	②→⑤→⑥ · ①→③→④
평균(多)	②→⑤→⑥→①→③→④ (少)

위에 제시한 각 태 표현의 문중 출현 경향은 원어민들이 산출해 내는 각 태 표현과 각 태 표현이 출현하는 단문 및 복문의 상호간에 내재되는 통사적 긴밀성의 정도를 시사한다고 본 저자는 생각한다. 금후의 연구를 통해서 왜 이러한 차이가 발생하는지에 대한 면밀한 검토가 있어야 할 것으로 보인다.

제1부의 결론

본서에서는 제1부에서 살펴본 내용 즉, 원어민이 운용한 수동태 표현, 사역태 표현, 기여태 표현, 가능태 표현이 문중에서 출현하는 양상을 정리한다. 우선 6.6절에서 제시한 <표 1>을 다음과 같이 다시 제시한다.

▶표1_ 원어민이 운용하는 태 표현의 문중 출현 위치

		태 표현의 문중 출현 위치	수동태	사역태	기여태	가능태	평균
문말	단문	①단문말에 태 표현이 나타나는 경우	6	11	24	16	14
		②복문 후행절에 태 표현이 나타나는 경우	50	34	29	39	38
비문말	복문	③인용절에 태 표현이 나타나는 경우	4	11	2	8	6
		④의문절에 태 표현이 나타나는 경우	2	1	2	0.7	1
		⑤연체적 복문 선행절에 태 표현이 나타나는 경우	24	20	22	20	22
		⑥연용적 복문 선행절에 태 표현이 나타나는 경우	15	23	20	16	19
합			100% (715개)	100% (83개)	100% (49개)	100% (285개)	100% (1132개)

먼저 언어 자료에 나타난 태 표현 가운데 수동태 표현이 715회, 63%로 가장 많은 것을 알 수 있다. 이 수치를 통해서 원어민은 에세이 형식의 공간에서 수동태 표현을 가장 많이 선호하는 것을 알 수 있다. 그 다음이 가능태 표현으로 285개, 25%의 비율을 차지하였으며 사역태와 기여태 표현이 각각 83개(7%), 49개(4%)로 그 뒤를 이었다. 즉 에세이 형식의 언어 자료에서 기여태 표현<사역태 표현<가능태 표현<수동태 표현의 순서로 기여태 표현이 가장 적게 운용되며 수동태 표현이 가장 많이 운용되는 것이다.

둘째, 특정 태에 관계없이 ②>⑤>⑥>①>③>④의 순서로 복문 후행절에 태 표현이 가장 많이 출현하며, 의문절과 인용절에 가장 적게 출현한다는 것이다. 복문 후행절과 태 표현의 이러한 관계는 태 표현의 전형적인 통사적 특징으로 간주될 수 있다. 동시에 의문절, 인용절과 태 표현의 배타적 관계도 유추해 볼 수 있다. 금후 이러한 통사적 관계가 어떠한 이유에 의해서 비롯되는지 자세한 고찰이 필요할 것으로 보인다.

셋째, 단문말에는 수동태 표현이 가장 적게 출현하고 기여태 표현이 가장 많이 출현한다. 대학 일본어교재에는 수동태 표현, 사역태 표현, 기여태 표현, 가능태 표현이 모두 단문의 방식으로 제시되지만 실제 원어민들의 운용을 보면 각 태 표현이 단문의 방식으로 출현하는 경우는 평균 14%에 불과하다. 나머지 86%는 복문의 방식으로 출현하는 것이다. 그 다음으로 단문의 방식으로 운용되는 수동태 표현, 사역태 표현, 기여태 표현, 가능태 표현이 시제 및 상 형식과 결합되는 양상을 살펴보면 다음의 <표 2>와 같다(모댈리티 형식은 생략한다.).

▶ 표2_ 단문말의 수동태, 사역태, 기여태, 가능태 표현과 결합한 시제 및 상 형식

	る	た	ている	ていた	계
수동태 표현	30%	32%	28%	11%	100%
사역태 표현	60%	0%	20%	20%	100%
기여태 표현	57%	29%	14%	0%	100%
가능태 표현	74%	17%	9%	0%	100%
평균	55%	20%	18%	8%	100%

위의 <표 2>를 보면 각 태 표현은 현재 시제형으로 운용되는 비율이 평균 55%로 가장 많은 것을 알 수 있다. 수동태 표현, 사역태 표현, 기여태 표현이 대부분의 대학 일본어 교재에서 과거 시제형으로 예시되는 것과는 사뭇 다른 양상이다. 가능태 표현은 무려 74%라는 압도적인 비율로 현재 시제형으로 운용되는 것을 볼 수 있다. 사역태 표현은 오로지 현재 시제형으로만 운용되며, 수동태 표현은 현재 시제형과 과거 시제형과 거의 동등한 비율로 운용되는 것을 확인할 수 있다. 상의 운용에 초점을 두면 각 태 표현은 과거 진행상보다 현재 진행상으로 운용되는 비율이 높은 것을 알 수 있다. 기여태 표현과 가능태 표현은 과거 진행상으로 운용되는 비율이 0%로 전무한 것을 알 수 있다.

넷째, 복문 후행절에 태 표현이 출현한 경우, 즉 복문 후행절(주절)의 태 표현이 종속절인 연용절, 연체절, 인용절을 내포하는 양상을 보도록 하자.

▶표3_ 수동태, 사역태, 기여태, 가능태 표현과 선행 종속절

	연용절	연체절	인용절	계
수동태 표현	59%	25%	17%	100%
사역태 표현	57%	39%	4%	100%
기여태 표현	57%	43%	0%	100%
가능태 표현	55%	38%	7%	100%
평균	57%	36%	7%	100%

위의 <표 3>을 보면 각각의 태 표현이 종속절로 연용절을 내포하는 경우가 평균 57%로 가장 많은 것을 알 수 있다. 연체절과 인용절이 각각 그 뒤를 잇고 있다. 위의 <표 3>에는 제시되지 않았지만 이미 살펴본 바와 같이 각각의 태 표현은 연용절 형식 중에서 て절을 가장 많이 내포하는 것을 확인할 수 있었다. 따라서 복문 후행절에 출현하는 태 표현이 종속절로 연용절을 가장 많이 내포한다는 사실은 특정 태 표현에 국한되지 않은 태 표현에 공통적으로 나타나는 통사적 특징으로 간주할 수 있다. 이와는 반대로 각각의 태 표현은 공통적으로 인용절과 배타적 관계를 보이는데(기여태 표현은 인용절을 전혀 내포하지 않는다.) 금후 이러한 통사적 관계가 어디에서 비롯되는지에 대한 자세한 고찰이 필요할 것으로 보인다.

다섯째, 이미 언급한 바와 같이 수동태 표현, 사역태 표현, 기여태 표현, 가능태 표현은 모두 인용절과 의문절의 내부에 출현하는 비율이 매우 낮다. 각 태 표현과 인용절 그리고 의문절과의 배타적 관계가 어디에서 비롯되는지 금후 상세한 고찰이 요구된다.

여섯째, 연체적 복문 선행절에 수동태 표현, 사역태 표현, 기여태 표현, 가능태 표현이 나타나는 경우, 즉 각각의 태 표현이 연체수식절에 출현하여 실질 명사와 형식 명사를 수식하는 양상을 정리하면 다음과 같다.

	실질 명사	형식 명사
수동태 표현	75%	25%
사역태 표현	59%	41%
기여태 표현	64%	36%
가능태 표현	50%	50%
평균	62%	38%

위의 <표 4>를 보면 각 태 표현이 평균적으로 실질 명사를 수식하는 비율이 62%로 형식 명사의 38%보다 높은 사실을 확인할 수 있다. 수동태 표현이 형식 명사를 수식하는 경우가 25%로 가장 낮고, 가능태 표현이 형식 명사를 수식하는 경우가 50%로 가장 높다. 이와 같이 각 태 표현이 대부분 6:4의 비율로 실질 명사를 수식하는 비율이 높다. 단 가능태 표현은 5:5의 비율로 실질 명사와 형식 명사를 수식하는 것으로 나타났다. 그리고 형식 명사로는 こと가 가장 많이 운용되는 것을 알 수 있었다.

마지막으로 수동태 표현, 사역태 표현, 기여태 표현, 가능태 표현이 복문 선행절 즉 연용절에 나타나는 경우는 이미 확인한 것처럼 평균 19%로 비교적 높은 비율로 운용되는 것을 알 수 있었다. 가장 높은 경우가 23%로 사역태 표현이었으며, 수동태 표현이 15%로 가장 낮았다. 그리고 가능태 표현을 제외한 수동태 표현, 사역태 표현, 기여태 표현은 모두 て절 형식의 연용절에 가장 많이 나타나는 것을 확인할 수 있었다 (て절 연용절에 나타난 가능태 표현은 확인되지 않았다.). <표 5>와 <표 6>을 참조할 것.

▶ 표5_ 태 표현이 연용절에 나타나는 비율과 순위

수동태 표현	사역태 표현	기여태 표현	가능태 표현	평균
15%	23%	20%	16%	19%

▶ 표6_ 각 태 표현이 출현하는 연용절 형식

태 표현	연용절 형식
수동태 표현	て절(27%),が절(15%),連用中止(9%),たり(7%),たら(6%)
사역태 표현	て절(15%),たら(11%),たり(11%),と(11%),ようと(11%),ように(11%),ない(11%)
기여태 표현	て절(20%),ば절(20%),が(10%),けど(10%),ない(10%),ても(10%),のだ(10%), 連用中止(10%)
가능태 표현	ば절(17%),が절(15%),ず절(11%),けれど절(11%)

제 2 부

한국인 일본어 학습자의 태와 복문 습득

제8장

학습자의 수동태 표현 습득

8.1 들어가는 말

다음의 예문은 정의상·정일영(2009:159, 160)이 집필한 한국인 학습자용 일본어 문법서에 나오는 수동문(이하, 수동태 표현으로 통칭한다.)을 예시한 것이다.

(1) a. 子供が犬に噛まれた。
    b. 子供の時、私は祖母に育てられた。
    c. 授業中に騒いで、先生に注意された。
    d. 夜遅く友だちに来られて寝られなかった。

수동태 표현은 대부분의 일본어교재 후반부에 편성되어 있으며, 위의 예문에서 보듯 과거형 た로 예시된다. 학습자가 사용하는 일본어 수동태 표현에 대한 기존의 연구는 대부분 오용 연구이다(cf 천호재·조병현

2011). 본서와 같이 학습자의 작문 자료에 나타난 수동태 표현이 문중의 어느 위치에 어떠한 양상으로 나타나는지에 대해서는 일찍이 연구가 된 적이 없다. 아울러 원어민이 운용한 수동태 표현과 비교하여 학습자의 수동태 표현 운용 능력이 어느 정도인지 살펴본 연구도 본 저자가 아는 한 아직 없다. 그리고 학습자의 수동태 표현 확대 사용을 위한 지도 방안이 마련된 적도 없었다. 본서에서는 바로 이들 문제를 살펴보고자 한다.

8.2 수동태 표현의 문중 출현 위치에 따른 분류 및 분석 결과의 개요

학습자가 운용한 수동태 표현의 문중 출현 위치를 보여 주는 실제 예를 제시하면 다음과 같다.

①단문말에 수동태 표현이 나타나는 경우
　(2) これはとても気ままに感じられる。(芝を踏まないください)
②복문 후행절에 수동태 표현이 나타나는 경우
　(3) 自分の能力を生かしながら、やりがいも感じられるだろう。
　　(どんな仕事を選んだらいいのか)
③인용절에 수동태 표현이 나타나는 경우
　(4) 私がみて携帯電話の一番の問題点は共同社会で守らなければならない基本的の携帯電話文化が形成されていないと思う。(携帯電話の問題点)
④의문절에 수동태 표현이 나타나는 경우
　(5) ひとつの事件で人生がどんなふたまた道で分けられるかを見えた状況のゲームでした。(女のふたまた道の人生)
⑤연체적 복문 선행절에 수동태 표현이 나타나는 경우
　(6) 両親が承諾するし人々に祝福される結婚をしたい。(私の片方)

⑥연용적 복문 선행절에 수동태 표현이 나타나는 경우

(7) なぜなら私は大家族の中で育てられてきたから、家族がたくさんいる
    ことが好きです。(理想型と結婚)

예문 (2)는 단문에 수동태 표현이 종지형으로 나타난 것을 예시한 예
이다. 후술하지만 수동태 표현은 종지형으로만 실현되는 것은 아니며
시제 형식, 상 형식, 모댈리티 형식 등의 다양한 형식과 결합한 방식으
로 실현된다. 예문 (3)은 수동태 표현이 주절에 나타난 것을 예시한 것
이다. 예문 (4)는 수동태 표현이 인용절에 출현한 것을 보여 주는 실제
예이다. 예문 (5)는 의문절에 수동태 표현이 나타난 것을 보여 주는 실
제 예이다. 예문 (6)은 수동태 표현이 연체절에 나타난 것을 예시한 것
인데, 본서에서는 연체절에 나타나는 수동태 표현이 수식하는 실질 명
사와 형식 명사의 양상을 살펴볼 것이다. 예문 (7)은 수동태 표현이 연
용절 형식에 결합된 것을 보여 주는 실제 예이다.

본서에서는 이들 6가지 기준을 가지고 학습자의 작문 자료에 나타난
수동태 표현의 출현 양상을 조사한 결과 다음과 같은 수치를 확보할 수
있었다.

▶표1_ 학습자가 운용한 수동태 표현의 문중 출현 양상

문말	단문	①단문말에 수동태 표현이 나타나는 경우	23	7
		②복문 후행절에 수동태 표현이 나타나는 경우	157	49
비문말	복문	③인용절에 수동태 표현이 나타나는 경우	25	8
		④의문절에 수동태 표현이 나타나는 경우	1	0.3
		⑤연체적 복문 선행절에 수동태 표현이 나타나는 경우	64	20
		⑥연용적 복문 선행절에 수동태 표현이 나타나는 경우	51	16
합			321개	100%

위의 <표 1>을 보면 학습자가 운용한 수동태 표현이 문중에 출현한 횟수가 총 321회임이 확인된다. 부록을 보면 220개의 예문이 제시되어 있는데, 위의 <표 1>에는 321개로 커다란 차이가 보인다.

이러한 차이가 발생한 이면에는 지금까지 그러해 온 것처럼 본서에서 몇 가지 방침을 세워 수동태 표현이 나타나는 단문과 복문의 출현 위치를 분석하였기 때문이다. 먼저 종지형의 방식으로 수동태 표현이 문말에 위치하는 경우, 모댈리티와 결합해서 나타나는 경우, 시제 및 상의 형식과 결합해서 나타나는 경우는 복문은 제외하고 단문에만 국한했음을 밝혀둔다.

둘째, 복문의 경우 수동태 표현은 またたくさんの人々に<u>さわられた</u>あまり、9番が押せないです(私の携帯電話)에서 보듯 あまり연용절에 생기하는 하나의 통사 관계를 지니는 것이 일반적이지만, 다음의 예문 大学に進学するためにこんな3年間を過ごした私にとって、いまでは<u>失われた</u>青春が惜しい(星空を見上げて生きる高校生)에서 보듯 수동태 표현이 大学に進学するために와 같이 ために연용절을 내포하거나 こんな3年間を過ごした私에서 보듯 연체절을 내포하는 것처럼 1개 이상의 통사 관계를 수행하는 경우가 있다. 본서에서는 이러한 수동태 표현의 문중 위치를 모두 합산하였다.

마지막으로 다음의 예문 この話を聞いた時、<u>失われて</u>行く夢はそれを実現できなかったから大人になっても<u>忘れられない</u>んだと単純におもってしまったが、今になっては自分も同じことを考えて生きている(輝かしい未来を生きるために)에서 보듯 수동태 표현 忘れられない가 인용절 내부에 생기하는데, 이때 수동태 표현은 다시 2개의 연체절을 내포하고 실질 명사 夢와 형식 명사 ん을 취하는 것을 볼 수 있다. 이 경우 본서에서는 이를 일절 인정하지 않고 인용절 안에 수동태 표현이 1개만 생기하는 것으로 인정하였다.

본서에서는 위의 <표 1>에서 제시된 수동태 표현의 출현 양상을 통해 학습자의 수동태 표현의 운용 양상을 구체적으로 살펴보기로 한다. 그리고 학습자의 수동태 표현 운용 능력을 측정하기 위해 제3장에서 제시한 원어민의 수동태 표현의 운용 양상을 비교하고자 한다. 그리고 마에다 나오코(前田直子 2011)가 제시한 수동태 표현의 지도 방안의 타당성도 검토한다.

8.3 수동태 표현이 나타나는 단문과 복문의 비교 분석

이 절에서는 학습자의 일본어 운용 양상을 단문말에 수동태 표현이 나타나는 경우(8.3.1), 복문 후행절에 수동태 표현이 나타나는 경우(8.3.2), 인용절에 수동태 표현이 나타나는 경우(8.3.3), 의문절에 수동태 표현이 나타나는 경우(8.3.4), 연체적 복문 선행절에 수동태 표현이 나타나는 경우(8.3.5), 연용적 복문 선행절에 수동태 표현이 나타나는 경우(8.3.6)로 나누어서 살펴보기로 한다.

8.3.1 단문말에 수동태 표현이 나타나는 경우

이 절에서는 단문말에 나타나는 수동태 표현의 사용 양상을 단순한 문말, 문말의 모댈리티, 시제 및 상 형식으로 나누어 살펴보겠다.

먼저 수동태 표현이 단순한 문말로 사용된 예부터 살펴보자. 모두 15개의 예가 확인되었는데, 구체적인 예 몇 가지를 제시하면 다음과 같다.

(8) そんなワールドカップが2002年には韓国と日本でいっしょにかいさいされる。(ワールドカップと韓日の関係)

(9) これはとても気ままに感じられる。(芝を踏まないください)

(10) そして最近はゲームにも利用されています。(マンガの重さ)

(11) せっけんがシャンプーより浄化がよくされますから。(私たちが思わずしたこと)

(12) 社(→車)内の乗客はあちこち押されました。(バス、このようにしてもいいですか)

예문 (8)은 밑줄 친 부분의 수동태 표현이 현재형으로 실현되어 2002년 한일월드컵 개최라는 객관적 사실을 묘사하고 있다. 예문 (9)는 수동태 표현이 역시 현재형으로 나타나 화자의 주관적 태도(기분)를 묘사하였다. 예문 (10)은 수동태 표현이 현재 진행형으로 실현되어 무엇인가가 게임에 이용되고 있다는 객관적 사실을 묘사하고 있다. 예문 (11)은 수동태 표현에 정중체 ます와 원인 및 이유를 나타내는 접속조사 から가 결합하여 비누(せっけん)의 장점이 묘사되고 있다. 예문 (12)는 수동태 표현이 과거형으로 실현되어 버스 운전수의 난폭운전으로 인한 버스 내 상황이 묘사되었다.

둘째, 수동태 표현이 모댈리티 요소와의 결합에 의해 실현된 예를 보도록 하자. 모두 9개의 예를 확인할 수 있었는데 이하 몇 가지만을 살펴보도록 하자.

(13) そして、保護帯が設置されているそうです。(正東津)

(14) 自動販売機のコーヒーの味は管理人の良心に左右されるそうだ。(おいしいコーヒーが好くよ)

(15) そして高級コーヒーと普通のコーヒーの味の違いもあ７８９２まり感ずられない。(おいしいコーヒーが好くよ)

(16) しかしこのごろはあの愛嬌の塊がよく見られない。(愛される男子)

(10) それで友だちに妬まれました。(彼のチャームポイント)

　예문 (13)은 수동태 표현에 전문 형식이 결합하여 객관적 사실(보호대설치)을 묘사하고 있다. 예문 (14)는 수동태 표현에 역시 전문 형식이 결합하여 자동판매기 커피 맛이 관리인의 양심에 좌우된다고 하는 제3자의 의견이 묘사되고 있다. 예문 (15)는 수동태 표현에 부정 형식이 결합하여 보통 커피와 고급 커피 맛의 차이를 느끼지 못하는 화자 자신의 상황을 묘사하고 있다. 예문 (16)은 수동태 표현에 역시 부정 형식이 결합하여 친구의 애교를 볼 수 없게 된 상황을 묘사하고 있다. 예문 (17)은 수동태 표현에 정중함의 모댈리티를 표시하는 ます, 그리고 과거 시제가 결합하여 친구로부터 받은 질투를 묘사하고 있다.

　마지막으로 단문말에 나타나는 수동태 표현이 시제 및 상 형식과 결합한 예를 보도록 하자. 다음의 <표 2>는 단문말에 나타나는 수동태 표현과 결합한 시제 형식과 상 형식의 운용 양상을 수치로 나타낸 것이다.

▸표2_ 단문말에 나타나는 시제 및 상 형식

る	た	ている	ていた	계
6	7	5	1	10개
32%	37%	26%	5%	100%

　전체 10개의 예 가운데 현재 시제로 실현된 수동태 표현은 6건으로 32%를 차지하였다. 과거 시제로 실현된 수동태 표현은 7개로 37%를 차지하였다. 현재 시제로 실현된 수동태 표현보다 그 사용이 약간 우세하다. 현재 진행형으로 실현된 수동태 표현은 5개로 26%를 차지하였으며, 과거 진행형으로 실현된 수동태 표현은 1개로 5%를 차지하는 것으로

나타났다.

그러면 실제 예를 살펴보도록 하자.

(18) このPCS使用こうがいはやっぱり大衆交通しゅだんのちかてつやバスとか
で感じられる。(PCSの騒音公害)

(19) 大邱市は大邱地域の経済の活性化のために위천工団の造成で洛東江の水質
汚染が加重される。(위천工団が洛東江にあたえる影響とそれに対して釜
山市民の姿勢)

(20) 日常会話の中でも「世間知らず」「世間体が悪い」など「世間」という言葉がひ
んぱんに使われる。(日本人の世間体)

예문 (18)-(20)은 수동태 표현이 현재형으로 실현되어 화자의 주관적
태도(판단) 혹은 객관적 사실을 묘사하고 있다. 예를 들어 예문 (18)은
퍼스널 컴퓨터의 사용으로 인한 폐해가 지하철이나 버스를 통해서 알
수 있다는 사실을 묘사하고 있다. 예문 (19)와 (20)은 현재형의 수동태
표현을 통하여 객관적 사실을 묘사하고 있다. 구체적인 설명은 생략하
기로 한다.

그 다음의 예를 보도록 하자.

(21) しかしそういうプロセスで深刻な不作用(→副作用)などがもたされた。
(IMFはもう終わったといえども)

(22) PIFF(PUSAN INTERNATIONAL FILM FESTIVAL)の広場は3年前に映
画祭ために建てられた。(PIFF広場とやき栗)

(23) ごのころ幼ちえん生もPCSが広く利用された。(PCSの騒音公害)

예문 (21)-(22)는 수동태 표현이 과거 진행형으로 실현되어 과거에
발생한 객관적 사실을 묘사하였다. 예를 들어 예문 (21)은 수동태 표현
에 과거 진행형이 결합하여 과거 어느 시점에서 뭔가의 이유로 심각한

부작용이 초래되었다는 객관적 사실을 묘사한다. 예문 (22)와 (23)에 대한 구체적인 설명은 생략하기로 한다.

다음의 예 (24)-(26)은 수동태 표현이 현재 진행형으로 실현된 것을 예시하는 것이고, 예문 (27)은 수동태 표현이 과거 진행형으로 실현된 것을 예시한 것이다.

(24) また、こんなPCSしょうおんこうがいの問題は学校でも大いに話されている。(PCSの騒音公害)

(25) いまは彼女の意図の通りみな男たちに好かれている。(男をひどく好む女)

(26) ジンジュは文化の都市とか教育の都市と呼ばれています。(住みいい所-普州)

(27) 全体的にこの店のイメージはまるで映画の中の「ドラキュラの城」のように感じられていた。(제목 없음)

예문 (24)는 수동태 표현이 현재 진행형과 결합하여 PCS 소음공해 문제가 학교에서 크게 화제가 되는 객관적 사실을 묘사하고 있다. 예문 (25)와 (26)에 대해서도 유사한 설명이 가능하다. 예문 (27)은 수동태 표현이 과거 진행형과 결합하여 어느 가게의 이미지가 드라큐라성처럼 느껴진다는 화자의 느낌을 묘사한다.

그런데 여기에서 짚고 넘어가야 할 사항이 있다. 그것은 원어민의 단문에 의한 수동태 표현의 운용, 그 중에서도 단문 형식의 수동태 표현에 시제 및 상 형식을 결합시키는 언어 운용 양상에 학습자는 어느 정도 근접해 있느냐는 것이다.

아래의 <표 3>을 보도록 하자.

▶표3_ 단문 형식의 수동태 표현과 시제 및 상 형식과의 결합 양상

	る	た	ている	ていた	계
원어민	30%	11%	41%	19%	100%
한국인 학습자	32%	37%	26%	5%	100%

<표 3>을 보면 수동태 표현과 현재 시제형의 운용에 대한 한국인 학습자의 운용 양상은 32%로 일본인의 30%를 넘고 있다. 수동태 표현과 과거 시제형의 운용에 대한 한국인 학습자의 운용 능력은 37%로 원어민의 11%를 훨씬 넘어서 있다. 현재 진행상과 과거 진행상은 각각 26%와 5%로 원어민의 41%, 19%에 못 미치는 양상을 띠고 있다.

이 <표 3>에서 본 저자는 최소한 세 가지의 중요한 결론을 도출해 낼 수 있다. 먼저 한국인 학습자는 현재 시제, 과거 시제, 현재 진행형과 수동태 표현의 운용에 있어서 원어민의 운용 능력에 거의 근접하였거나 넘어 서고 있다는 점이다. 둘째, 학습자는 과거 진행상과 수동태 표현의 운용을 둘러싼 습득 능력이 원어민의 운용 능력에 한참 못 미친다는 점이다. 학습자들이 집중적으로 습득해야 할 부분이다. 이는 곧 과거 진행상과 수동태 표현의 운용 능력 향상을 위해 일본어 교사가 주력할 필요성이 있음을 의미하기도 한다. 마지막으로 비록 <표 3>에 제시된 수치가 다름에도 불구하고 본 저자는 하나의 공통점을 발견할 수 있다. 그것은 한국인 학습자이든 원어민이든 수동태 표현이 과거 진행상→ 현재 진행상→ 현재 시제형→ 과거 시제형의 순서로 결합하는 비율이 높아져 간다는 점에서 거의 일치한다는 점이다. 이는 일본어 학습자들의 일본어 습득 양상이 올바른 방향으로 이루어지고 있다는 사실을 뒷받침해 주는 것이다. 물론 그 원인이 학습자의 올바른 학습 덕분인지 아니면 수동태 표현의 운용 양상이 한국어와 일본어와의 공통점 때문인지는 알 수 없다. 이 점에 대해서는 이 글을 읽는 독자의 몫으로 돌리겠다.

8.3.2 복문 후행절에 수동태 표현이 나타나는 경우

이 절에서는 복문말의 수동태 표현에 대한 학습자들의 운용 능력을 연용절, 연체절, 인용절을 통해서 살펴보기로 한다. 그 다음에 이를 원어민들의 운용 양상과 비교를 할 것이다.

복문말의 수동태 표현에 대한 학습자들의 운용 능력은 다음의 <표 4>와 같이 수치화할 수 있다.

▶ 표4_ 복문말에 수동태 표현이 나타나는 경우에 선행하는 종속절(한국인 학습자)

연용절	연체절	인용절	계
83	60	14	157개
53	38	9	100%

총 157개의 수동태 표현 가운데 연용절을 포함하는 예가 83개로 53% 를 차지하였다. 연체절을 포함하는 예는 60개로 38%의 비율을 차지하였으며 인용절을 포함하는 예는 14개로 9%를 차지하는 것으로 나타났다.

예문 (28)~(35)는 수동태 표현(실선 부분)이 연용절을 포함하는 실제 예를 나타낸 것이다. 다양한 연용절 형식(점선 부분)이 포함되어 있는 것을 확인할 수 있다.

(28) いつからかよくわからないけれどもこんなことを防止するための法案が作られました。(携帯電話)
(29) 自分の能力を生かしながらやりがいも感じられるだろう。
　　　(どんな仕事を選んだらいいのか)
(30) そこは観光地でなくて捨てられる空き地からです。(捨てられるオリュクト)
(31) 両親が承諾するし人々に祝福される結婚をしたい。(私の片方)
(32) ただ私はヒーティングと電気がつけていったので入ってきたばかりのに寝

耳に水でしかられたものです。(外はとても寒いよ)

(33) その経済のピンチの乗り越えるのためにIMFのよって経済の政策を<u>推進さ</u>
<u>れて</u>います。(新自由主義と韓国)

(34) 重金属の中でも有害な物質は長い間に地下に<u>浸透し</u>地下水に<u>溶け込み</u>、や
がて飲料水ばかりでなく農作物などにも入りこむことが<u>考えられます</u>。
(釜山飲料水の危機-市民の飲料水は安全か)

(35) それで彼女が相談の相手に<u>なると</u>そうそうすることができない冷静な忠告
を<u>聞かれる</u>ようになるのだ。(冷静な彼女)

예문 (28)은 복문 후행절에 위치한 수동태 표현이 けれども라는 연용
절을 포함하는 것을 보여 주는 예이다. 예문 (29)는 복문 후행절의 수동
태 표현 感じられるが ながら라는 연용절 형식을 포함한 것을 보여 주
는 실제 예이다. 예문 (30)-(35)에 대한 설명은 생략하기로 한다.

예문 (36)-(41)은 수동태 표현(실선 부분)이 연체절(점선 부분)을 포함하
는 예를 나타낸 것이다.

(36) <u>赤く染まり出す日の出を見ていれば</u>、詰まったストレスが<u>解消さ</u>れます。
(正東津)

(37) <u>ここには芸術家の魂を込めていた</u>30余種の作品が<u>展示さ</u>れています。
(正東津)

(38) <u>今残っているこくほうきゅうのぶんかざいのだいたすうは統一新羅時代に</u>
<u>つくられたもので、今日までも大部分よく保存されて</u>いるのです。(ギョ
ンジュへいっていよう)

(39) <u>安ちゃんはびっくりして「はい」と大声で答えてしまい立ち上がったとたん</u>
皆さんに「ははは」<u>笑われて</u>しまった。(私の友人「バカ王子」)

(40) <u>現在、私たち釜山市民の生活用水は洛東江上流を水源とする地下水を汲み</u>
<u>上げることによってまかなわれて</u>います。(釜山飲料水の危機-市民の飲料
水は安全か)

(41) <u>その中で政府の環境処の大臣をはじめとする公務員たちと釜山の環境団体</u>

との間で生活用水の安全性について話し合いが<u>もたれ</u>ましたが、結局は意見のくいちがいから不調に終わっています。(釜山飲料水の危機-市民の飲料水は安全か)

예문 (36)은 복문 후행절의 수동태 표현 解消されます가 日の出를 피수식어로 하는 연체절 赤く染まり出す를 내포한 것을 보여 주는 실제 예이다. 예문 (37)은 복문 후행절 즉 주절에 위치한 수동태 표현 展示される가 30余種の作品을 피수식으로 하는 연체절 ここには芸術家の魂を込めていた를 내포한 것을 보여 준다. 예문 (38)~(41)에 대한 설명은 생략하기로 한다.

예문 (42)~(46)은 수동태 표현(실선 부분)이 인용절(점선 부분)을 포함하는 예를 나타낸 것이다.

(42) このころは昔よりたくさん親切になったと言われますが、まだ不親切だと感じます。(不親切)
(43) 現代人の必須品だと言われる携帯電話は、とこにいっても自分の位置を相手に教えてあげられるし、何か問題があったらすぐ解決するのができる一番便利なものです。(携帯電話)
(44) けれども私には確かの理想型ないと考えられる。(私の人生)
(45) にせものがあまりにも多いのでほんものを買ってもそれがにせものだと思われるくらい私の国ではにせものが多いです。(にせものの天国)
(46) また外国からはにせものの天国だと呼ばれているくらい私の国のにせものの問題は深刻です。(にせものの天国)

예문 (42)를 보면 복문 후행절의 수동태 표현 言われます가 このころは昔よりたくさん親切になった라는 인용절을 내포하는 것을 알 수 있다. 예문 (43)에서는 수동태 표현 言われる가 現代人の必須品だ라는 인용절을 내포하고 있음을 확인할 수 있다. 解決するのができる는 解決す

ることができる의 오용이다. 예문 (44)-(46)에 대해서는 설명을 생략하
기로 한다.

　<표 4>에서는 복문말의 수동태 표현이 연용절을 가장 많이 포함하는
것을 알 수 있었는데, 그 구체적 내역을 살펴보면 다음의 <표 5>와 같
이 정리할 수 있다. 다음의 <표 5>를 보도록 하자.

▶ 표5_ 복문말에 수동태 표현이 나타나는 경우에 선행하는 연용절

て	が	と	から	ので	連用中止	ば	たら
24	7	7	5	5	5	4	4
29	8	8	6	6	6	5	5
けれど	たり	ても	ずに	し	ために	기타	계
3	3	3	2	2	2	7	83
4	4	4	2	2	2	8	100%

기타(각1례)：後、く、途中に、で、であり、ながら、のに

　<표 5>를 보면 복문말의 수동태 표현이 て절을 포함하는 예가 24건
(29%)으로 가장 많은 것을 알 수 있다. 다음의 예문 (47)-(56)은 복문말
의 수동태 표현(실선 부분)이 て절(점선 부분)을 포함하는 실제 예문이다.

(47) 例えば「少年隊」、「光Genzi」韓国のあるグループたちが歌を盗作して知ら
　　　れた「忍者」、今も大人気の「SMAP」、「TOKIO」、「Kinki　kids」などがあ
　　　ります。(スーパーアイドルグループ「北斗七星」)
(48) こんな生き方向は急に決まることがなくて、若い時代のうち、いろいろな
　　　経験のなかで自然に得られるんじゃないでしょうか。(私の人生観)
(49) 日本人は礼儀正しい反面、公徳心に欠けると言ってしばしば非難される。
　　　(日本人の世間体)
(50) ただはじらいが多くてちがう人よりすこし何にうまいからそがいされるの
　　　です。(いじめという現代の新しい問題)

(51) ハンリョン山ののろし台は釜山ののろし台中に一番大きくて、よく修復されています。(내 고향 부산진구)

(52) 剣だけでなくて禅も教育課程に含まれているからだ。(ぼくが剣禅道をえらんだ理由)

(53) 朝の8時半、登校時間になると私たちはみんな赤と黒のランドセルを一つ背中にせおって、頭には水色の帽子をかぶり決められた道を通って学校へ行く。(なつかしき小学生時代のある日)

(54) もちろん開通されたあとは便利になるだろうがつづけて遅延されているから利用できる車路が少なくなって道路上の車の運行に妨げているのだ。(腹が立つ二十四番バス)

(55) 学校に通うのだけじゃなくて人々の主だった交通の手段で使われているバスの利用にとって不便な点を早く改善されなければならないだろう。(腹が立つ二十四番バス)

(56) 私が「正東津」を知られた契機はSBSで放送した「砂時計」というドラマで政府の捜査網を逃れて、漁村に潜っていた「ゴ・ヒョン・ジョン」が汽車を待っている途中に追ってきた警察に逮捕されたその場所に登場してからです。(正東津)

예문 (47)에서는 주절에 위치한 수동태 표현의 知られた가「少年隊」、「光Genzi」韓国のあるグループたちが歌を盗作して라는 て절을 포함하는 것을 확인할 수 있다. 예문 (48)에서는 수동태 표현 得られる가 こんな生き方向は急に決まることがなくて라는 연용절을 내포하는 것을 알 수 있다. 예문 (49)-(56)에 대해서는 자세한 설명을 생략하기로 한다.

예문 (57)-(58)은 수동태 표현(실선 부분)이 が절(점선 부분)을 포함하는 예이다. 모두 7개(8%)의 예가 확인되었다.

(57) 私が今書くのも失恋のはなしですが、失恋のはなしよりも失恋をされたあと、どんなにするのがいいかなを書くつもりです。(失恋をされたときの脱出方案)

(58) 洛東江の水質改善のいちばんいい方法は위천工団の造成を阻止する方法だ
が、造成を阻止できないと洛東江の水質改善のため外の方法が議論される
べきだ。(위천工団が洛東江にあたえる影響とそれに対して釜山市民の姿
勢)

예문 (57)에서는 수동태 표현 された가 연용절 私が今書くのも失恋の
はなしですが를 내포하고 있는 것을 볼 수 있다. 예문 (58)에서는 복문
후행절 즉 주절에 위치한 수동태 표현 議論される가 洛東江の水質改善
のいちばんいい方法は위천工団の造成を阻止する方法だが라는 연용절을
내포하는 것이 확인된다.

예문 (59)~(61)은 수동태 표현(실선 부분)이 と절(점선 부분)을 포함하는
예로 7개(8%)의 예가 확인되었다.

(59) 私たちがこんな問題点を袖手傍観せずに指摘して進むと、いつだったかこ
んな問題たちが解決されでしょう。(택시)
(60) 洛東江の水質改善のいちばんいい方法は위천工団の造成を阻止する方法だ
が、造成を阻止できないと、洛東江の水質改善のため外の方法が議論され
るべきだ。(위천工団が洛東江にあたえる影響とそれに対して釜山市民の
姿勢)
(61) 朝の8時半、登校時間になると私たちはみんな赤と黒のランドセルを一つ
背中にせおって、頭には水色の帽子をかぶり決められた道を通って学校へ
行く。(なつかしき小学生時代のある日)

예문 (59)의 수동태 표현 解決されでしょう는 解決されるでしょう의
형태적 오용이다. 수동태 표현이 私たちがこんな問題点を袖手傍観せず
に指摘して進むと라는 연용절을 내포하는 것을 확인할 수 있다. 예문
(60)는 수동태 표현 議論される가 造成を阻止できないと라는 연용절을
포함하는 것을 보여 주는 실제 예이다. 예문 (61)에 대한 구체적인 설명

은 생략하기로 한다.

예문 (62)-(64)는 수동태 표현(실선 부분)이 から절(점선 부분)을 포함하는 예로 5개(6%)의 예가 확인되었다.

(62) ただはじらいが多くてちがう人よりすこし何にうまいからそがいされるのです。(いじめという現代の新しい問題)

(63) そのわけは「～じゃない？」というのは韓国語の発音で「～アニガ」って言うから「アンヒガブ」は「アニガブ」で発音されるから発音が似ているのだ。(私の友人「バカ王子」)

(64) 頭の中にある考えをせいりする物語を読んだからなんか考えがせいりされる気がした。(私だちのまわりの物語)

예문 (62)에서는 수동태 표현 そがいされる가 うまいから라는 연용절을 포함하는 것을 알 수 있다. 예문 (63)과 (64)에 대한 구체적인 설명은 생략한다.

다음의 예문을 보도록 하자. 예문 (65)는 수동태 표현(실선 부분)이 ので절(점선 부분)을 포함하는 예이다. 모두 5개(6%)의 예가 확인되었다.

(65) そして私は日本語もあまり上手じゃないので心配されています。(私の今)

예문 (66)-(68)은 수동태 표현이 연용중지형을 포함하는 것으로 모두 5개(6%)의 예가 확인되었다. 예문 (69)-(70)은 수동태 표현이 ば절을 포함하는 예이다. 모두 4개(5%)의 예가 확인되었다. 예문 (71)-(72)에서는 수동태 표현에 たら절이 포함된 예로 모두 4개(5%)의 예를 확인할 수 있었다. 예문 (73)은 けれど절이 수동태 표현에 포함된 예로 3개(4%)의 예가 확인되었다. 예문 (74)는 たり절, 예문 (75)는 ても절이 수동태 표현에 포함된 예로 각각 3개(4%)의 예가 확인되었다. 2개 이하의 예는 설

명은 생략하지만 실제 예문을 제시하면 예문 (76)-(85)와 같다.

(66) 文化評論で小説とマンガがいっしょに分析され、演劇の舞台にあがり、映画化もされています。(マンガの重さ)

(67) 重金属の中でも有害な物質は長い間に地下に浸透し地下水に溶け込み、やがて飲料水ばかりでなく農作物などにも入りこむことが考えられます。(釜山飲料水の危機-市民の飲料水は安全か)

(68) 朝の8時半、登校時間になると私たちはみんな赤と黒のランドセルを一つ背中にせおって、頭には水色の帽子をかぶり決められた道を通って学校へ行く。(なつかしき小学生時代のある日)

(69) 最後に、職業の貴賤がない社会、健康なふいきの社会になれば、貧富の差は減らされるだろう。(貧富の差ない国)

(70) どんな職業を持つかを考えば自分の夢にかかわらせれる。(私の人生)

(71) しかし姉にもかかわらずこんな性格を持っていったらみんなさんは信じられますか。(もう一つの母)

(72) なお雨が降る日になったら交通が込まれるようになるので座らなくなったらつづいて立って行くようになる。(腹が立つ二十四番バス)

(73) 友達はいらない固執だというけれど私は私の値うちを認められたかったんです。(私の人生観)

(74) そして、集団の中で特異性をもっていたり、他の人とコミュニケーションが少ない人がいじめられる場合も多いです。(いじめに対して)

(75) 例えば、性格の暗い人と汚い人、おとなしい人、いじめても我慢する人、自己主張のない人、気が弱い人たちがグループから仲間外れにされたりいじめられます。(いじめに対して)

(76) 食べ物にたいして小言を言うのは母が子供の時に食べなかったで育てられたからだ。(母の小言は愛)

(77) また、いすを見るし、座る部分と背中部分が小く、低いからもたれられません。(つくえといす)

(78) その経済のピンチの乗り越えるのためにIMFのよって経済の政策を推進されています。(新自由主義と韓国)

(79) 私が「正東津」を知られた契機はSBSで放送した「砂時計」というドラマで政

府の捜査網を逃れて、漁村に潜っていた「ゴ・ヒョン・ジョン」が汽車を待っている途中に追ってきた警察に<u>逮捕された</u>その場所に登場してからです。(正東津)

(80) そしてそれは<u>不安</u>で暗い時代が<u>持続される</u>ほどもっと強烈になる。(正しい宗教観)

(81) まず、何を食べるかは、<u>文化の問題であり</u>、宗教と観念に<u>影響されます</u>。(動物虐待か食文化か)

(82) 自分の能力を<u>生かし</u>ながらやりがいも<u>感じられる</u>だろう。(どんな仕事を選んだらいいのか)

(83) ただ私はヒーティングと電気がつけていったので入ってきたばかりのに寝耳に水で<u>しかられた</u>ものです。(外はとても寒いよ)

(84) また、いすを見るし、座る部分と背中部分が<u>小く</u>、低いから<u>もたれられ</u>ません。(つくえといす)

(85) これが<u>捨てられた</u>後、土のなかで自然<u>分解される</u>からです。
(ゴミを捨てる前、考えましょう)

수동태 표현에 연용절이 가장 많이 포함되며, 연용절 중에서도 て절이 29%로 가장 많이 포함되는데, 이러한 학습자의 운용 능력은 원어민의 운용 양상에 어느 정도 근접한 것일까? 이를 비교해 보도록 하자.

▶표6_ 복문 후행절의 수동태 표현이 포함하는 종속절 운용 양상의 비교

	연용절	연체절	인용절	계
일본인 학습자	59%	25%	17%	100%
한국인 원어민	53%	38%	9%	100%

위의 <표 6>을 보면 크게 두 가지 사실을 알 수 있다. 하나는 한국인 학습자나 원어민이 사용하는 복문 후행절의 수동태 표현이 연용절을 포함하는 비율이 가장 많다는 것이다. 다른 하나는 학습자나 원어민이 운

용한 복문 후행절의 수동태 표현이 연용절을 포함하는 비율이 가장 높고, 연체절, 인용절의 순서로 포함하는 비율이 낮아진다는 점에서 일치를 보였다는 것이다. 이는 상당히 이른 시기에서 학습자의 운용 능력이 원어민의 능력에 근접해 가고 있다는 사실을 보여 주는 예라고 할 수 있다. 연체절의 경우에는 학습자가 원어민의 운용 능력을 앞서고, 인용절의 경우는 반대의 양상을 보이는 듯하지만, 이들 수치를 가지고 유의미한 결론을 도출하기에는 무리가 있을 것으로 판단된다. 우연일 수도 있기 때문이다.

이미 확인한 것처럼 학습자가 사용한 복문 후행절의 수동태 표현은 연용절 가운데 て절을 24개(29%)로 가장 많이 포함하는 것으로 나타났다. 원어민의 운용 양상도 복문 후행절의 수동태 표현이 て절을 43개(26%)의 비율로 가장 많이 포함하는 것으로 나타났다. て절 이외의 연용절 형식에 대해서는 별다른 특징을 찾을 수 없었다. 이를 <표 7>과 <표 8>로 구체적으로 비교하면 다음과 같다.

이하 원어민과 학습자가 각각 운용한 복문 후행절의 수동태 표현이 연용절을 포함하는 구체적인 내역을 각각 제시하면 다음과 같다. 구체적인 설명은 생략하기로 하고 수치만 제시하기로 한다.

▶표7_ 원어민이 운용한 복문 후행절의 수동태 표현에 포함되는 연용절

て	연용중지	たり	が	と	から	ときに	く	ために	ず(に)	ば
43	22	12	11	10	10	7	6	5	4	4개
26	13	7	7	6	6	4	4	3	2	2%
たら	ながら	か	で	し	なんて	前に	ままで	ように	기타	계
3	3	2	2	2	2	2	2	2	10	165개
2	2	1	1	1	1	1	1	1	6	100%

て	が	と	から	ので	連用中止	ば	たら
24	7	7	5	5	5	4	4
29	8	8	6	6	6	5	5

けれど	たり	ても	ずに	し	ために	기타	계
3	3	3	2	2	2	7	83개
4	4	4	2	2	2	8	100%

8.3.3 인용절에 수동태 표현이 나타나는 경우

학습자가 사용하는 수동태 표현이 인용절에 나타나는 예는 전체 321개 가운데 25개, 8%를 차지하는 것으로 밝혀졌다. 다음의 예문 (86)-(93)은 수동태 표현이 인용절에 출현한 것을 나타내는 실제 예이다. 인용절 형식 と가 という, と思う, と考える의 형식과 결합하는 방식으로 운용되는 것을 볼 수 있다.

(86) 私がみて携帯電話の一番の問題点は共同社会で守らなければならない基本的の携帯電話文化が形成されていないと思う。(携帯電話の問題点)

(87) 現代社会を生きていきながら、なくてはいけないもののなかで通信手段も含まれると思います。(携帯電話)

(88) しかし、大学生になってからもっと多いバスに接することができた私は、この不思議な現象が単にAバスに限られないというのを気づいた。(バスがこわい-空飛ぶバス)

(89) だからもっと多くの問題点が指摘されるのではないかと思います。(乗りたくないバス)

(90) しかしこういうよけんにもかかわらずみんな小さな秩序からまもられるとこうつうじこもなくなると私のこんなしっぱいもなくなると思います。(バスの横暴)

(91) 恐らく、女性の大部分がこんなことをやられたことがあろうと思います。
(乗りたくないバス)

(92) 私は私が認められることは一流大学に入っていい職場に就職して裕福な家庭をつくることだと考えて勉強しました。(私の人生観)

(93) この話を聞いた時、失われて行く夢はそれを実現できなかったから大人になっても忘れられないんだと単純におもってしまったが、今になっては自分も同じことを考えて生きている。(輝かしい未来を生きるために)

　학습자가 사용하는 수동태 표현이 인용절에 나타나는 예가 8%라는 수치의 의미에 대해서 검토해보자. 구체적으로 언급하자면 수동태 표현이 인용절에 나타내는 비율 8%가 과연 원어민의 일본어 운용 능력에 어느 정도로 근접한 수치냐는 것이다.

　일본인이 사용하는 수동태 표현이 인용절에 나타나는 비율은 3.3.3절에서 이미 확인한 것처럼 본 저자가 입수한 데이터에는 4%였다. 학습자의 8%와 원어민의 4%를 비교할 때, 학습자가 수동태 표현을 인용절 내부에서 운용하는 정도가 지나치다는 해석을 해 볼 수 있다. 그러나 이러한 방식의 비교는 별 의미가 없다고 생각된다. 그것보다는 단문과 복문에 나타나는 수동태 표현 전체로 시야를 넓혀 인용절에 수동태 표현이 나타나는 양상을 비교하는 것이 의미가 있을 것으로 생각된다.

　제3장에서 확인한 바와 같이 일본인이 사용하는 수동태 표현이 인용절에 나타나는 경우는 수동태 표현이 단문과 복문에 나타나는 6개의 위치 가운데 5위에 해당하는 수치(4%)이다. 반면에 8.2.2절에서 살펴본 것처럼 한국인이 사용하는 수동태 표현이 인용절에 나타나는 경우는 8%로 4위에 해당하는 수치이다. 한국인 학습자의 8%와 원어민의 4%를 단순히 비교했을 경우에 신빙성이 희박하지만, 운용 서열을 기준으로 하면 한국인 학습자의 8%, 원어민 4%는 각각 5위와 4위를 차지하므로 학습자 쪽이 인용절에 수동태 표현을 다용한다는 결론을 내릴 수 있다. 따

라서 교사는 인용절에 나타나는 수동태 표현의 사용 양상을 살펴보고 오용이나 부자연스러운 습득이 없는지 면밀히 관찰해 볼 필요가 있다고 생각한다.

8.3.4 의문절에 수동태 표현이 나타나는 경우

학습자의 일본어 운용에서 수동태 표현이 의문절에 출현하는 예는 전체 322개 가운데 2개, 0.6%의 비율을 차지하는 것으로 밝혀졌다. 이 수치는 수동태 표현이 출현하는 6개의 위치 중에서 6위로 가장 낮은 서열을 지닌다. 다음의 예는 수동태 표현이 의문절에 출현한 실제 예이다.

> (94) ひとつの事件で人生がどんなふたまた道で分けられるかを見えた状況の ゲームでした。(女のふたまた道の人生)
> (95) けれどもうちの学科は果たしてその学生たちを引き入れる準備がされてい るのかどうか見て見よう。(われわれの文化)

예문 (94)에서는 수동태 표현 分けられる가, 예문 (95)에서는 수동태 표현 される가 의문절에 나타난 것을 알 수 있다.

학습자의 일본어 운용에서 수동태 표현이 의문절에 사용되는 비율이 0.6%이고, 수동태 표현이 나타나는 6개의 위치 가운데 6위로 가장 낮은 서열을 지닌다는 사실이 보여 주는 의미에 대해서 생각해 보자.

3.2.2절에서 확인할 수 있듯이 원어민의 일본어 운용에서 수동태 표현이 의문절에 출현하는 비율은 2%로 최하위를 기록하였다. 학습자의 0.6%와 원어민의 2%는 거의 근접한 수치이며, 수동태 표현이 출현하는 6개의 위치 가운데 최하위를 기록하였다는 점은 학습자의 일본어 운용 능력이 원어민의 운용 능력에 거의 근접해 있다는 것을 의미한다.

8.3.5 연체적 복문 선행절에 수동태 표현이 나타나는 경우

학습자의 일본어 운용에서 연체절의 술어인 수동태 표현이 실질 명사와 형식 명사를 수식하는 예가 전체 322개 가운데 64개로 20%의 비율을 차지하는 것으로 밝혀졌다. 다음의 <표 9>를 보도록 하자.

▶ 표9_ 연체절말에 수동태 표현이 나타나는 경우의 피수식 명사

실질 명사	형식 명사				
46개(72%)	18개(28%)				
	こと	の	くらい	ほど	もの
	7개(11%)	5개(8%)	2개(3%)	2개(3%)	2개(3%)

예문 (96)-(108)은 연체절의 술어인 수동태 표현이 실질 명사(青春, 期間, 携帯電話, 理想型, 忍者, 二酸化炭素, 排気ガス, 日本人の姿, 運動会, 彼, 思い出, 場所, 感動)를 수식하는 것(점선 부분)을 보여주는 실제 예이다.

(96) 大学に進学するためにこんな3年間を過ごした私にとっていまでは失われた青春が惜しい。（星空を見上げて生きる高校生）

(97) オレンジがくさられる期間は30年以上がかかるし、カンは100年以上がかかります。（不必要なカードの発行）

(98) 現代人の必須品だと言われる携帯電話は、とこにいっても自分の位置を相手に教えてあげられるし、何か問題があったらすぐ解決するのができる一番便利なものです。（携帯電話）

(99) みんながそのように私にも長い時間で形成された私だけの理想型があります。（私の理想型）

(100) 例えば「少年隊」、「光Genzi」韓国のあるグループたちが歌を盗作して知られた「忍者」、今も大人気の「SMAP」、「TOKIO」、「Kinki kids」などがあります。（スーパーアイドルグループ「北斗七星」）

(101) 人々の生活から出される二酸化炭素やフロンガスは気温を上げます。

（地球を守るための努力について）

(102) また車や工場から出される排気ガスは空気を汚し、その汚れた空気も自然破壊につながっています。（地球を守るための努力について）

(103) 韓国で普通言われる日本人の姿は東京です。（日本人）

(104) 私は小学校の5・6年の時に日本の小学校で行われる運動会に参加しました。（日本の運動会の文化）

(105) せんぱいにもこうはいにも愛される彼はまじめな人です。（私の友だち）

(106) 高校時代によくあそんだりもんだいを起こしたりして先生にしかられた思い出が今もよみがえります。（私の友だち）

(107) 私が「正東津」を知られた契機はSBSで放送した「砂時計」というドラマで政府の捜査網を逃れて、漁村に潜っていた「ゴ・ヒョン・ジョン」が汽車を待っている途中に追ってきた警察に逮捕されたその場所に登場してからです。（正東津）

(108) 私は時々、その終わりの文句から感じられる感動のため、しばらく心を落ちつけられなかったこともある。（「コウンス」の思いを勧める）

예문 (109)–(119)는 연체절의 술어인 수동태 표현이 형식 명사(こと, の, くらい, ほど, もの)를 수식하는 것(점선 부분)을 보여주는 실제 예이다.

(109) しかし伝統は積まれることだから、こんな学生たちの意識が続いたら、伝統は作れないのだ。（われわれの文化）

(110) 私もしない検査費を請求されたことがあります。（病原(→院)の問題）

(111) プロの内容ははじき出すこととか、イジメのグループ（はじき出される人の集り）とか、私がイジメっ子になること（私がはじき出されること）など。（イジメがない学校）

(112) まず日本である一人の児童が学校でいじめられたことを苦に自殺しました。（いじめ(＝ワンタ)対策）

(113) その環境の中で第一で作られることはいすとつくえですけど、現はそれよりほかのことに神経を使うにただ哀れだ。（つくえといす）

(114) そんなに作ったカードがよく管理されるのはないでしょう。（不必要なカードの発行）

(115) そのうえ選定結果がいくつかの大学に集中されたのは一部特権層の特恵と
私教育費の問題をもっと深刻にするだろう。(BK21について)

(116) けれどもうちの学科は果たしてその学生たちを引き入れる準備がされてい
るのかどうか見て見よう。(われわれの文化)

(117) また外国からはにせものの天国だと呼ばれているくらい私の国のにせもの
の問題は深刻です。(にせものの天国)

(118) 青少年だちは自律と自由が得られるほど責任を取って生活するべきで
す。(青少年の文化空間)

(119) 今残っているこくほうきゅうのぶんかざいのだいたすうは統一新羅時代に
つくられたもので、今日までも大部分よく保存されているのです。(ギョ
ンジュへいってみよう)

   <표 10>을 보면 연체절의 술어인 수동태 표현이 실질 명사를 수식하는 비율이 72%, 형식 명사를 수식하는 비율은 28%인 것을 알 수 있다. 그리고 <표 9>에서 본 바와 같이 형식 명사 가운데 こと와 の를 수식하는 비율이 각각 11%와 8%를 차지하는 것을 알 수 있다.

   문제는 이러한 수치가 의미하는 바가 무엇이냐 하는 것이다. 다음의 <표 10>을 보도록 하자.

▶ 표10_ 연체절의 술어인 수동태 표현이 수식하는 명사

	실질 명사	형식 명사
본 연구의 수동태 표현 분석	75%	25%
마에다의 수동태 표현 분석	55%	45%
한국인 학습자의 수동태 운용	72%	28%

   위의 <표 10>을 보면 본 저자가 분석한 원어민의 일본어 운용(에세이, 문어체 자료)에서 연체절 술어인 수동태 표현이 실질 명사를 수식하는 비율은 75%, 형식 명사를 수식하는 비율은 25%임을 확인할 수 있었다.

이에 반해 마에다의 분석에서는 실질 명사가 55%, 형식 명사가 45%이다. 그런데 학습자의 수동태 표현 운용을 보면 72%와 28%로 본 연구의 수치에 근접해 있는 것을 알 수 있다. 마에다의 분석 자료가 구어체 자료인 점을 감안하면 이 수치는 학습자의 수동태 표현 운용 능력이 원어민의 운용 능력에 상당히 근접해 있음을 말해 주는 것이라 생각된다.

한편 형식 명사 중에서 문어체 자료에서는 こと(12%)＞の(7%)＞もの(3%), 마에다의 구어체 자료에서는 こと(18%)＞の(9%)＞ほう(4%), 학습자의 문어체 자료에서는 こと(11%)＞の(8%)의 운용 양상을 보였다. 수치의 차이는 보이지만 그 어느 자료에서도 연체절말의 수동태 표현이 형식 명사 こと와 の를 수식한다는 것은 수동태 표현의 특징이라고 생각된다. 이러한 특징이 수동태 표현에만 국한된 것인지, 아니면 사역태 표현, 기여태 표현, 가능태 표현 전반에 나타나는 특징인지 여부를 제9장, 제10장, 제11장을 통해서 계속해서 검토하기로 한다.

8.3.6 연용적 복문 선행절에 수동태 표현이 나타나는 경우

학습자가 운용하는 수동태 표현이 연용절의 술어로 사용된 실제 예는 전체 322개 가운데 51개로 16%의 비율을 차지하는 것으로 밝혀졌다.

수동태 표현은 다양한 연용절 형식에 나타나는데, 구체적인 내역을 살펴보면 다음의 <표 11>과 같다.

▶표11_ 수동태 표현이 나타나는 연용절

て	連用中止	から	が	ので	ように	後	たら	ても	기타	계
15	6	5	4	3	3	2	2	2	10	51
29	12	10	8	6	6	4	4	4	20	100%

기타(각1례) : あまり、今、し、ずに、ために、てから、と、によって、のに、ば

　　학습자가 운용하는 수동태 표현은 て절에 나타나는 비율이 29%로 가장 많고, 연용중지절이 12%, から절이 10%, が절이 8%, ように절이 6%로 각각 그 뒤를 잇고 있음을 확인할 수 있다.

　　그러면 구체적으로 예를 살펴보자. 예문 (120)-(129)는 수동태 표현이 て절에 나타난 것을 보여 주는 실제 예이다. 점선 부분을 주시해 주길 바란다.

(120) 自分で考える方を教えるのよりも考えを取られてすることだ。(うちの大学)

(121) 日本に行って来た兄はしばらくの間日本という国に魅了されて私はその点でも日本に興味を持つようになることた。(私はキャリアウマンがなる！)

(122) いじめされる人は精神病(例を挙げていうとゆううつ症、そううつ病など)に苦痛されて甚だしくは自殺までしてしゃかいのもんだいになっています。(いじめのもんだいかいけつの方案)

(123) このような有害物質は汚・廃水と混じて洛東江で排出されて洛東江の水質を悪化させる。(위천工団が洛東江にあたえる影響とそれに対して釜山市民の姿勢)

(124) このごろは彼らのため字幕放送などが増えているが、もっと拡大されて映画までも彼らが見られるようになるといい。(聴覚障害者も映画を楽まれるその日のために)

(125) いつだったのか南浦洞の景気がソミョン、海雲台などに圧倒されてしずんでいる。(南浦洞の景気の活性化対策)

(126) わたしの国はとらの形で、三面が海にかこまれて、山もたくさんあります。(かんこくの四季のしょうかい)

(127) 開発されなくて不便なところもありますが、だれより自然を近くにいられるからです。(土の香が匂うわが町)

(128) 高校3年生だと罪名で東莱高等学校という監獄で収監されて一日中家で休まれる時間は8時間が高がだ。(愛される男子)

(129) プライドが傷つけられて一度勇敢に戦うことがあります。(私の弟について話)

예문 (120)에서 수동태 표현 取られる가 て절의 연용절에 출현한 것을 확인할 수 있다. 예문 (121)은 수동태 표현 魅了される가 역시 て절의 연용절에 나타난 것을 보여 주는 실제 예이다. 예문 (122)-(129)에 대해서도 유사한 설명이 가능하므로 구체적이 설명은 생략한다.

예문 (130)-(132)는 수동태 표현이 연용중지형의 방식으로 나타난 것을 보여 주는 실제 예이다. 예문 (130)은 수동태 표현이 分析され라는 연용중지형의 방식으로 나타난 것을 보여 주는 실제 예이다. 예문 (131)-(132)에 대해서도 동종의 설명이 가능하므로 설명은 생략한다.

(130) 文化評論で小説とマンガがいっしょに分析され、演劇の舞台にあがり、映画化もされています。(マンガの重さ)

(131) しかし、地球の所々で、工場の廃水や毒劇物のために食水源が汚染され、おおい動物が死にいっています。(地球を生かしましょう)

(132) なぜなら染色工場は各種の重金属物質が使用され、その排液の中に人体に有害な重金属物質が含まれ洛東江に流れ込む危険性が高いからです。(釜山飲料水の危機-市民の飲料水は安全か)

예문 (133)-(134)는 から절에 수동태 표현이 나타난 경우이며, 예문 (135)-(136)은 が절에, 예문 (137)-(138)은 ように절에 수동태 표현이 나타난 경우이다.

(133) なぜなら私は大家族の中で育たてられてきたから、家族がたくさんいることが好きです。(理想型と結婚)

(134) そのわけは「～じゃない？」というのは韓国語の発音で「～アニガ」って言うから「アンヒガブ」は「アニガブ」で発音されるから発音が似ているのだ。(私の友人「バカ王子」)

(135) 巷間には新聞の連載の漫画よりも本にもっと知られたが、私がその漫画にはじめて接したのは新聞だった。(「コウンス」の思いを勧める)

(136) 進級も能力があればできるとおもわれていますが、いくら能力がある女性でも進級するのはだめです。(男女の不平等)

(137) 社会が青少年のための施設が商業主義に汚染されないように運営するべきです。(青少年の文化空間)

(138) 私によって彼が完成されるようにする感じがしました。(誰に何がなりたいです)

예문 (139)-(151)은 수동태 표현이 다양한 연용절 형식에 출현한 것을 보여 주는 실제 예이다. 점선 부분에 유의하면서 자세히 읽어보길 바란다.

(139) これが捨てられた後、土のなかで自然分解されるからです。
(ゴミを捨てる前、考えましょう)

(140) まず多くの人が失恋をされたらたべることでその失恋の痛みをすっかり忘れようとします。(失恋をされたときの脱出方案)

(141) 以上の四つの条件が充足させられても学生たちが学校に向いてプライドがなければなりません。(世界一流の大学になるため)

(142) ここはグリーンベルトちくで、近所に空港があって、まだ開発されていなかったので、高いたてものよりは田や畑が多いです。(土の香が匂うわが町)

(143) そのとき、恋人が私を1時間の以上も待たされたので私はひどく腹が立ってあった。(思い出のコーヒー店)

(144) なお雨が降る日になったら交通が込まれるようになるので座らなくなったらつづいて立って行くようになる。(腹が立つ二十四番バス)

(145) またたくさんの人々にさわられたあまり、9番が押せないです。(私の携帯電話)

(146) この問題が重要される今、解決策やはり急です。(いじめという現代の新しい問題)

(147) まだわが社会で、女性における性はとても隠蔽されるし、抑圧的だ。(女性の性は無罪)

(148) それにもかかわらず私に腹を立てられずにまるで自分の事のように気をか
けてくれた姉に母のような母性愛が感じられました。（天使のような心）

(149) 歴史あつまりで学生に歴史を易しく理解されるために開きました。（ナク
アン民俗村）

(150) 大学修学能力考査が受けられてから一週間ほど経って行きます。（青少年
の文化空間）

(151) 小言をあまりに聞かれば無反応になるとそうだ。（母の小言は愛）

이상이 학습자가 운용한 수동태 표현이 연용절에 나타나는 것을 보여
주는 실제 예이다.

그러면 이번에는 학습자와 원어민과의 수동태 표현의 운용 능력을 비
교하기 위해, 원어민이 운용한 수동태 표현과 학습자가 운용한 수동태
표현이 연용절에 나타나는 비율을 확인해보자.

▶표12_ 수동태 표현이 연용절에 나타나는 비율(원어민과 일본어 학습자의 비교)

	원어민	학습자
수동태 표현	15%	16%

위의 <표 12>를 보면 학습자와 원어민의 수동태 표현 운용 능력이
거의 일치하는 것을 확인할 수 있다. 그러면 좀 더 세부적으로 연용절을
형식별로 나누어 원어민과 학습자의 운용 능력을 비교해보자.

▶표13_ 연용절 형식에 출현하는 원어민과 학습자의 수동태 표현

	연용절 형식
원어민	て절(27%), が절(15%), 連用中止절(9%), たり절(7%), たら절(6%), と절(6%)
한국인 학습자	て절(29%), 連用中止절(12%), から절(10%), が절(8%), ように절(6%)

위의 <표 13>을 보면 원어민과 학습자가 운용하는 수동태 표현이 て
절에 나타나는 비율이 거의 일치하는 것을 알 수 있다. 비율의 차이가
있기는 하지만 て절 이외에 連用中止절, が절의 연용절 형식을 학습자
와 원어민들이 운용하는 것을 볼 수 있다. たり절, たら절, と절 형식은
학습자의 수동태 표현 운용에는 보이지 않는다.

8.4 수동태 표현의 지도 방안과 실제

이 절에서는 마에다 나오코(前田直子 2011:80-81)가 제안한 수동태 표현
의 지도 방안 즉 일본어 학습자들이 단순한 수동태 표현 문장에서 복잡
한 수동태 표현 문장으로 확대해서 습득해 나갈 수 있도록 하기 위해서
제안한 이하의 몇 가지 지도 방안의 타당성을 학습자의 수동태 표현의
운용 양상을 토대로 살펴보기로 한다.

①연용절 특히 て절과 조합된 수동태 표현을 학습자들이 적극적으로
  산출할 수 있도록 지도해야 하는가?
②단문말에 수동태 표현이 오는 경우, 단순히 수동태 표현으로 끝을
  맺는 것이 아니라 다양한 문말 표현 예를 들어 のだ, たい, だろう,
  ものだ, かもしれない, ことだ, ばかりだ, こともある과 조합해낼
  수 있도록 지도해야 하는가?
③일본어 교사는 일본어 학습자들이 수동태 표현을 たな る의 과거
  시제형이나 현재 시제형과 골고루 조합해 낼 수 있도록 지도해야
  하는가?

④일본어 교사는 학습자들이 の, こと와 같은 형식 명사와 결합한 수동태 표현을 사용할 수 있도록 중급, 고급 과정에서도 계속해서 지도해야 하는가?

⑤수동태 표현은 초급 과정의 후반에 등장하는 경우가 많으므로 수동태를 복잡한 문장으로 만드는 연습은 초급 단계에서 곤란하다면 중급이나 고급 단계에서 학습자들의 수동태 운용 능력을 재차 확인할 필요가 있겠는가?

그러면 첫 번째 질문부터 살펴보도록 하자. 다시 말하면 연용절 특히 て절과 조합된 수동태 표현을 학습자들이 적극적으로 산출할 수 있도록 지도해야 하느냐는 것이다. 이 질문에 대답하기 위해서는 원어민과 학습자가 운용한 수동태 표현의 출현 양상을 비교할 필요가 있다.

원어민이 운용한 수동태 표현이 て절을 포함한 경우와 て절에 나타난 경우는 53%이었다. 한편 학습자의 경우는 58%였다. 학습자가 원어민보다 5% 이상 앞선 수치이다. 이러한 양상이 일본인 학습자의 수동태 표현에 대한 완벽한 습득에서 오는 것인지, 아니면 한국어와 일본어와의 유사성에서 오는지는 확실하지 않다. 그러나 분명한 것은 중급 단계의 학습자는 수동태와 て절과의 조합에 있어 원어민과 거의 동일한 능력을 지니고 있다는 사실이다.

본 저자가 직접 체험한 교실활동을 통해 볼 때 일본어 교사가 학습자들에게 수동태와 て절과의 조합을 의식적으로 연습을 시켰다고는 생각하지 않는다. 왜냐하면 그럴 시간적 여유가 없을 뿐만 아니라 그것을 의식적으로 교사가 지도할 필요성을 느낄 가능성이 거의 없기 때문이다. 이것은 결국 학습자가 수동태와 て절과의 조합을 무의식적으로 혹은 자연적으로 습득했다는 것을 의미한다.

그러나 이것은 て절과 수동태 표현의 조합에만 해당되는 것으로 て절 이외의 연용절 형식과 수동태 표현과의 조합에는 원어민과 학습자 사이의 많은 갭이 보인다. 따라서 일본어 학습자는 て절 이외의 연용절 형식과 수동태 표현과의 조합 능력을 의식적으로 배양할 수 있도록 교사가 노력을 할 필요가 있다.

둘째의 질문, 즉 단문말에 수동태 표현이 오는 경우, 단순히 수동태 표현으로 끝을 맺는 것이 아니라 다양한 문말 표현 예를 들어 のだ, たい, だろう, ものだ, かもしれない, ことだ, ばかりだ, こともある과 조합해낼 수 있도록 지도해야 하느냐이다. 3.3.1절에서 확인한 것처럼 원어민이 운용하는 수동태 표현은 のだ, なければならない, かもしれない, でしょう, だろうか, てしまう, そうだ와 같은 모댈리티 형식과 결합하여 단문으로 실현된다. 8.3.1절에서 확인한 바와 같이 학습자가 운용하는 수동태 표현도 そうだ, ない, ます와 같은 모댈리티 형식과 결합하여 실현된다. 그러나 원어민이 운용하는 수동태 표현은 다양한 모댈리티 형식과 결합하는 반면에, 학습자는 다양하지 못하다. 따라서 학습자들이 수동태 표현에 다양한 모댈리티 형식을 결합할 수 있도록 지도를 할 필요가 있다고 하겠다.

세 번째의 질문은 일본어 학습자들이 수동태 표현을 た나 る의 과거 시제형이나 현재 시제형과 골고루 조합해낼 수 있도록 지도해야 하느냐는 것이다.

▶ 표14_ 단문말에 있어서 시제 및 상 형식

	る	た	ている	ていた	계
원어민	30%	11%	41%	19%	100%
한국인 학습자	32%	37%	26%	5%	100%

위의 <표 14>를 보면 한국인 학습자의 현재 시제형의 운용 능력은 원어민과 거의 일치하는 반면에, 과거 시제형의 운용은 37%로 원어민의 11%를 훨씬 넘어서 있다. 학습자가 원어민에 비해 과거 시제형을 사용하는 비율이 매우 높은 것을 알 수 있다. 이는 초급일본어 교재에 과거 시제 형식으로 예시되는 수동태 표현이 압도적으로 높기 때문인지도 모른다. 그리고 현재 진행상과 과거 진행상의 운용은 원어민 쪽이 학습자에 비해 훨씬 높으므로 이들 형식에 대한 지도가 필요할 것으로 보인다.

넷째의 질문은 즉 일본어 교사는 학습자들이 の, こと와 같은 형식 명사와 결합한 수동태 표현을 사용할 수 있도록 중급, 고급 과정에서도 계속해서 지도해야 하느냐는 것이다. 이에 대한 대답은 그렇다이다. 아래의 <표 15>를 보면 수동태 표현이 명사를 수식하는 경우, 형식 명사보다 실질 명사 쪽이 훨씬 많다.

▶ 표15_ 연체절의 술어인 수동태 표현이 수식하는 명사

	실질 명사	형식 명사
원어민의 수동태 표현 분석	75%	25%
마에다의 수동태 표현 분석	55%	45%
한국인 학습자의 수동태 운용	72%	28%

본 저자의 관심은 실질 명사가 어휘의 문제이고 문맥에 따라 다양한 명사가 나타나므로 가변적인 반면, 형식 명사는 문법의 문제이고 다양한 문맥 속에서도 한정된 수의 명사가 나타나므로 그 사용이 그리 가변적이지 않다고 생각된다. 따라서 가변적이지 않은 형식 명사의 운용을 비교할 필요가 있다.

▶표16_ 연체절말에 수동태 표현이 나타나는 경우의 피수식 명사(원어민)

실질 명사	형식 명사						
75%	25%						
	こと	の	もの	ほど	それ	ため	分
	12%	7%	3%	1.2%	1%	1%	1%

▶표17_ 연체절말에 수동태 표현이 나타나는 경우의 피수식 명사(학습자)

실질 명사	형식 명사				
72%	28%				
	こと	の	くらい	ほど	もの
	11%	8%	3%	3%	3%

위의 <표 16>과 <표 17>을 보면 형식 명사 こと, の, もの, ほど의 운용에 있어서 학습자가 원어민과 거의 일치하는 것을 알 수 있다. 수동태 표현에서 형식 명사가 피수식 명사가 될 경우 학습자는 비교적 원어민의 운용 능력에 근접해 있는 것으로 생각된다. 본 연구의 대상자는 중급 단계에 있는 학습자로 고급 과정에서는 형식 명사를 수식하는 수동태 표현을 그리 적극적으로 지도하지 않아도 될 것으로 판단된다.

마지막 질문이다. 즉 수동태 표현은 초급 과정의 후반에 등장하는 경우가 많으므로 수동태를 복잡한 문장으로 만드는 연습은 초급 단계에서 곤란하다면 중급이나 고급 단계에서 학습자들의 수동태 운용 능력을 재차 확인할 필요가 있겠느냐는 것인데, 대답은 그렇다이다. 원어민의 수동태 표현 운용 능력에서 보건대, 복잡한 문장으로 수동태 표현이 나타나는 비율이 높기 때문에 중급 단계에서뿐만 아니라 고급 단계에서도 수동태 표현을 복잡한 문장으로 만드는 지속적인 연습을 학습자들에게 시킬 필요가 있다고 생각한다.

8.5 나오는 말

제8장에서는 학습자가 운용한 수동태 표현이 문중에 출현하는 위치를 수량화하여 살펴보았다. 이를 원어민과 비교하면 다음과 같다.

▶표18_ 문어체 자료, 구어체 자료에 나타난 원어민의 수동태 표현과 학습자의 수동태 표현 문중 위치 비교

		수동태 표현의 문중 출현 위치	원어민	학습자
문말	단문	①단문말에 수동태 표현이 나타나는 경우	6	7
		②복문 후행절에 수동태 표현이 나타나는 경우	50	49
비문말	복문	③인용절에 수동태 표현이 나타나는 경우	4	8
		④의문절에 수동태 표현이 나타나는 경우	2	0.3
		⑤연체적 복문 선행절에 수동태 표현이 나타나는 경우	24	20
		⑥연용적 복문 선행절에 수동태 표현이 나타나는 경우	15	16
합			100% (715개)	100% (322개)

위의 <표 18>을 보면 몇 가지 중요한 사실을 확인할 수 있다. 첫째, 일본어 학습자보다 원어민 쪽이 수동태 표현의 사용 빈도가 높다는 사실이다. 학습자보다 두 배 정도 많은 것을 알 수 있다(학습자의 작문 자료가 일본인의 문장체 자료보다 분량이 4배나 많았다.). 둘째, 비율로 볼 때 학습자는 원어민의 수동태 표현 운용 능력에 거의 근접해 있는 것을 알 수 있다. 마지막으로 수동태 표현의 문중 출현 위치의 수치를 순위별로 매길 때 학습자와 원어민이 거의 일치한다는 사실이다. 이러한 것이 학습자의 수동태 표현에 대한 완전한 습득에서 비롯되는 것인지, 아니면 한국어와 일본어의 유사성에서 비롯되는 것인지는 재론의 여지가 있으나,

한국 원어민의 한국어 수동태 표현 운용에 대한 자료 조사가 없는 한, 지금으로서는 학습자의 수동태 표현에 대한 운용 능력이 원어민에게 거의 근접해 있다고 보는 것이 가장 유력한 견해라고 생각한다.

제9장

학습자의 사역태 표현 습득

9.1 들어가는 말

이하 한국 대학의 초급 일본어 교재에 나타난 사역태 표현을 예시하면 다음과 같다. 이하의 예문은 나성영·홍민표(2014:73)에서 인용한 것이다.

　(1) 学生は先生を怒らせました。
　(2) むりやりお酒を飲ませました。

사역태 표현은 수동태 표현과 마찬가지로 대부분 일본어교재 후반부에 편성되어 있으며, 위의 예문에서 보듯 과거형 た로 예시되는 것이 일반적이다. 일본어 학습자의 사역태 표현에 대한 기존의 연구는 대부분 오용 연구이다(cf 천호재·조병현 2011). 본서와 같이 학습자의 작문 자료에 나타난 사역태 표현이 구체적으로 문중의 어느 위치에 어떠한 양상으로 출현하는지에 대해서 논의한 연구는 없다. 더구나 원어민과 비교

하여 학습자의 사역태 표현의 운용 능력이 어느 정도인지 살펴본 연구도 없다. 나아가 학습자가 사역태 표현을 적극적으로 산출해낼 수 있도록 하기 위한 지도 방안이 마련된 적도 없었다. 본서에서는 바로 이들 문제들에 대해 살펴볼 것이다.

9.2 사역태 표현의 문중 출현 위치에 따른 분류 및 분석 결과의 개요

학습자의 작문 자료에서 나타난 실제 사역태 표현의 문중 위치를 제시하면 다음과 같다.

①단문말에 사역태 표현이 나타나는 경우

(3) しかしこの食堂は本当に私を感動させた。(感動の味「ドゥルチギ」)

②복문 후행절에 사역태 표현이 나타나는 경우

(4) またユーモアがあって、私をいつも笑わせる人間が良い。(夢の相手)

③인용절에 사역태 표현이 나타나는 경우

(5) このごろ母の第一の望みは兄と私と弟の結婚をさせることだと話します。(理想型と結婚)

④의문절에 사역태 표현이 나타나는 경우

(6) 없음

⑤연체적 복문 선행절에 사역태 표현이 나타나는 경우

(7) そして、たぶん私の記憶で、私をいちばん感動させた彼女の言葉は、私が親のために心を痛めた時、わたしに言ってくれた「でも、わたしはあなたのご両親に感謝したい。あなたのご両親のおかげで、あなたに会えたから」という言葉だ。

(彼女には何か特別なことがある)

⑥연용적 복문 선행절에 사역태 표현이 나타나는 경우

(8) 車が前後に並んだ場合は、後ろの車は前の車との間に他の車を<u>割り込ま</u><u>せまい</u>として、車間距離をちぢめようとします。(釜山の交通問題)

　예문 (3)은 단문에 종지형의 방식으로 사역태 표현이 나타난 실제 예이다. 후술하지만 사역태 표현은 종지형의 방식으로만 나타나는 것은 아니며 시제 형식, 상 형식, 모댈리티 형식 등의 다양한 형식과 결합하는 방식으로 실현된다. 예문 (4)는 사역태 표현이 주절에 나타난 것을 예시한 것이다. 선행절 즉 연용절, 연체절, 인용절과 사역태 표현과의 관계를 살펴볼 것이다. 예문 (5)는 사역태 표현이 인용절에 나타난 것을 보여 주는 실제 예이다. 예문 (6)은 의문절에 사역태 표현이 출현한 것을 보여 주는 실제 예이다. 예문 (7)은 사역태 표현이 연체절에 나타난 것을 예시한 것인데, 본서에서는 연체절에 나타나는 사역태 표현이 어떠한 양상으로 실질 명사와 형식 명사를 수식하는지를 살펴볼 것이다. 예문 (8)은 사역태 표현이 연용절에 출현한 것을 보여 주는 실제 예이다.

　본 저자가 이들 6가지 문장 출현 위치를 가지고 학습자의 작문 자료에 나타난 사역태 표현의 출현 양상을 조사한 결과 다음과 같은 수치를 얻을 수 있었다.

▶표1_ 사역태 표현의 문중 위치 출현 현황(한국인 학습자)

문말	단문	①단문말에 사역태 표현이 나타나는 경우	19	21
		②복문 후행절에 사역태 표현이 나타나는 경우	44	49
비문말	복문	③인용절에 사역태 표현이 나타나는 경우	4	4
		④의문절에 사역태 표현이 나타나는 경우	0	0
		⑤연체적 복문 선행절에 사역태 표현이 나타나는 경우	7	8
		⑥연용적 복문 선행절에 사역태 표현이 나타나는 경우	16	18
합			90개	100%

부록을 보면 사역태 표현의 예문이 84개인데 위의 <표 1>을 보면 90개로 수치의 차이가 보인다. 그 이유는 몇 가지 방침을 세워 학습자의 작문 자료에서 나타난 사역태 표현의 문중 위치를 분석하였기 때문이다. 먼저 사역태 표현이 종지형의 방식으로 문말에 나타나는 경우, 모델리티와 결합해서 나타나는 경우, 시제 및 상의 형식과 결합해서 나타나는 경우를 상정하는 경우는 단문에서도 복문에서도 보이지만, 본서에서는 단문에 국한하였다.

둘째, 복문의 경우 사역태 표현은 朝飯じゅんびをして高等学生のいもうとを覚めさせます(私の母)에서 보듯 하나의 통사관계 즉 사역태 표현이 て연용절을 내포하는 경우가 일반적인데, 다음의 예문 즉 かわいく包装していっても、包装を脱がせても脱がせても包装だけで空っぽでした(誰に何がなりたいです)에서 보듯 사역태 표현이 1개의 て도연용절을 내포하고 2개의 て도절 내부에 생기하는 경우도 있다. 이와 같이 본서에서는 사역태 표현이 1개 이상의 통사 관계를 형성하면서 문중에 출현하는 경우 그 통사 관계를 모두 합산하였음을 밝혀둔다.

마지막으로 다음의 예문 このテーマでは聴覚障害が疾病とか事故とかいう後天的な理由でできるのを話しながら私たちみんなが潜在的聴覚障碍者だというのを認識させてくれた(聴覚障害者も映画を楽まれるその日のために)에서 보듯 실선 부분의 사역태 표현 認識させる는 인용절을 내포하는데 인용절 내부에는 ながら연용절이 생기해 있다. 그러나 본서에서는 ながら연용절의 존재를 인정하지 않고 인용절 1개로 합산하였다.

본서에서는 위의 <표 1>에서 제시된 사역태 표현의 출현 양상을 기반으로 학습자가 사용한 사역태 표현의 운용 양상을 구체적으로 살펴보기로 한다. 그리고 학습자의 사역태 표현의 운용 능력을 측정하기 위해

제4장에서 제시한 원어민의 사역태 표현 운용 양상을 비교할 것이다. 또한 학습자의 사역태 표현 운용 양상이 사역태 표현에만 국한되는 것인지 아니면 이미 살펴본 수동태 표현에도 나타나는 것인지를 비교할 것이다. 마지막으로 마에다 나오코(前田直子 2011)가 제시한 수동태 표현의 지도 방안이 사역태 표현에도 적용될 수 있는지를 검토하고자 한다.

9.3 사역태 표현이 나타나는 단문과 복문의 분석

이 절에서는 학습자의 사역태 표현 운용을 단문말에 사역태 표현이 나타나는 경우(9.3.1), 복문 후행절에 사역태 표현이 나타나는 경우(9.3.2), 인용절에 사역태 표현이 나타나는 경우(9.3.3), 의문절에 사역태 표현이 나타나는 경우(9.3.4), 연체적 복문 선행절에 사역태 표현이 나타나는 경우(9.3.5), 연용적 복문 선행절에 사역태 표현이 나타나는 경우(9.3.6)로 나누어 살펴보도록 한다.

9.3.1 단문말에 사역태 표현이 나타나는 경우

이 절에서는 단문말에 나타나는 사역태 표현이 단순한 문말로 실현되는 경우, 문말의 모댈리티 요소와 결합하여 실현되는 경우, 시제 및 상 형식으로 실현되는 경우를 살펴보도록 한다. 마지막으로는 시제 및 상 형식으로 실현되는 경우를 원어민들의 사역태 표현 운용과 비교를 하고자 한다.

우선 첫째, 단문말에 나타나는 사역태 표현이 그 자체 단순한 문말로 실현되는 경우(밑줄 친 부분)부터 살펴보도록 하자. 전체 8개의 예가 확인되었다.

(9) でも大部分の人々は問題を頭角させる。(つくえといす)
(10) 私にとってはこの三つの人生観はいつも私の生活を楽しくさせてくれる。
(私の人生観)

예문 (9)는 사역태 표현 頭角させる가 종지형의 방식으로 운용된 것을 보여주는 실제 예이다. 예문 (10)에서는 사역태 표현 楽しくさせる가 기여태 てくれる와 결합한 것을 볼 수 있다.

둘째, 사역태 표현이 문말의 모댈리티와 결합하여 실현된 경우(밑줄 친 부분)를 보도록 하자. 전체 11개의 예가 확인되었다. 다음의 예를 보도록 하자.

(11) 健康、つまりじょうぶな身体的状態を維持させることです。(人生で成功する方法)
(12) だから、これからその理由をみんなさんに聞かせたいのだ。
(彼女には何か特別なことがある)
(13) それでは何が私たちにそんな答えをさせるでしょうか。(公共図書館の問題点)
(14) それでそのまわりのあらゆる人々を驚かせてしまいました。(私の友だち)
(15) このような時点で위천工団の設置は極度に悪貨(→悪化)させるだろう。
(위천工団が洛東江にあたえる影響とそれに対して釜山市民の姿勢)
(16) そして私の大きな花園が数名の従業員によって多彩な花を咲かせます。
(たかく飛んだ鳥がとおく見る)

예문 (11)에서는 사역태 표현 維持させる가 ことだ와 결합하여 화자의 주관적 태도가 명시된다. 예문 (12)에서는 사역태 표현 聞かせる가

희망의 조동사 たい와 강조의 의미를 나타내는 のだ가 결합하여 화자의 진술이 묘사되었다. 예문 (13)에서는 사역태 표현 させる에 추량의 조동사 でしょう와 의문 종조사 か가 결합하여 화자의 주관적 태도가 묘사되었다. 예문 (14)에서는 사역태 표현 驚かせる에 완료를 나타내는 てしまう가 결합하는 방식으로 화자의 진술이 묘사되었다. 예문 (15)에서는 사역태 표현 悪化させる에 추량의 조동사 だろう가 결합하여 인식(판단)이 묘사되었다. 悪貨는 悪化의 표기 오용이다. 예문 (16)에서는 사역태 표현 咲かせる가 정중함을 나타내는 ます와 결합한 것이 확인된다.

셋째, 사역태 표현이 시제 및 상 형식과 결합하는 양상을 보도록 하자. 아래의 <표 2>를 보면 전체 16개 가운데 사역태 표현이 현재 시제로 실현되는 예가 10개(63%)로 가장 많고 과거 시제로 실현되는 예는 6개로 37%를 차지하며 그 뒤를 잇고 있다. 흥미로운 것은 사역태 표현이 현재 진행상과 과거 진행상과 결합한 예는 한 개도 확인되지 않았다.

▶표2_ 단문말의 사역태 표현에 나타나는 시제 및 상 형식

る	た	ている	ていた	계
10	6	0	0	16개
63%	37%	0%	0%	100%

실제 예를 보도록 하자. 다음의 예문을 보면 예문 (17)-(18)과 같이 사역태 표현이 종지형의 방식으로 운용되는 경우, 예문 (19)와 같이 사역태 표현이 추량의 조동사 だろう와 결합하는 방식으로 운용되는 경우를 볼 수 있다.

(17) ある漫画家はこれを「出産の苦しみ」とも連想させる。(まんがもアートだ)
(18) 病の具合いについて聞くと答えはせずに無視してしまう。本当に笑わせ

(19) このような時点で위천工団の設置は極度に悪貨(→悪化)させるだろう。
(=(15)) (위천工団が洛東江にあたえる影響とそれに対して釜山市民の姿勢)

예문 (17)에서는 사역태 표현 連想させる가 현재 시제를 나타내는 종지형의 방식으로 운용된 것을 알 수 있다. 예문 (18)에 대해서도 동일한 설명이 가능하다. 예문 (19)에서는 사역태 표현 悪化させる가 추량의 조동사 だろう와 결합하는 방식으로 운용되는 것을 볼 수 있다.

다음의 예는 사역태 표현이 과거 시제로 실현되는 것을 예시한 것이다. 구체적인 설명은 생략하기로 한다.

(20) しかしこの食堂は本当に私を感動させた。(感動の味「ドゥルチギ」)
(21) このゲームらは制作会社(→製作会社)にたくさんのりえきを得らせた。
(ゲーム産業を育成しよう)
(22) その日も私は3時間を待たせました。(私の友だちの話し)

그런데 여기에서 주목해야 할 것은 단문말의 사역태 표현과 시제 및 상 형식에 대한 학습자의 습득 양상과 원어민의 운용 양상을 비교했을 때, 학습자는 원어민의 운용 능력에 어느 정도 근접하고 있느냐는 것이다. 그러면 <표 1>과 4.3.1에서 제시한 원어민의 운용 양상을 수치화한 표와 비교해보자.

▶표3_ 단문말의 사역태 표현에 나타나는 시제 및 상 형식의 비교

	る	た	ている	ていた	계
원어민	30	32	28	11	100%
한국인 학습자	63	37	0	0	100%

위의 <표 3>을 통해서 최소한 세 가지의 중요한 점을 도출해 낼 수 있다. 첫째, 원어민에 비해 학습자 쪽이 단문말의 사역태 표현이 현재 시제로 실현되는 비율이 압도적으로 높다는 점이다. 즉 학습자는 사역태 표현을 현재 시제에 연결시켜 표현하는 비율이 63%로 원어민의 30%보다 훨씬 높다. 따라서 일선의 일본어 교사는 학습자들의 이러한 습득 양상을 인위적으로 조절할 필요가 있다고 생각한다.

둘째, 사역태 표현이 과거 시제형으로 실현되는 경우에 한해서 한국인 학습자는 원어민의 언어 운용과 거의 일치한다는 점이다. 물론 학습자 쪽이 5% 정도 높지만 말이다.

마지막으로 원어민들은 사역태 표현을 현재 진행상과 과거 진행상으로도 운용하는 데에 반해, 학습자는 전혀 그렇지 않다는 점이다. 이러한 이유로는 대략 두 가지를 들 수 있다. 하나는 학습자가 사역태 표현을 현재 진행상과 과거 진행상으로 실현시키는 능력을 습득하지 못했기 때문이거나, 다른 하나는 학습자가 한국어라는 모어의 영향을 받았기 때문이다. 후자의 가능성을 입증하기 위해서는 한국어와의 비교가 선행되어야 할 것이다. 현시점에서는 원어민의 사역태 표현과 현재 진행상, 과거 진행상을 운용한 비율이 28%, 11%인 것을 기준으로 이를 학습자들이 사역태 표현과 상 형식과의 습득을 양성해 나가는 것이 무엇보다 필요하다고 생각된다.

9.3.2 복문 후행절에 사역태 표현이 나타나는 경우

아래의 <표 4>를 보면 학습자가 사용한 복문 후행절의 사역태 표현은 연용절을 포함하는 경우가 36개(82%)로 가장 많은 것을 확인할 수 있다. 연체절을 포함한 경우는 7개로 16%를 차지하는 것으로 나타났으며,

인용절을 포함하는 경우는 1개로 2%를 차지한 것으로 나타났다.

▶ 표4_ 복문말에 사역태 표현이 나타나는 경우에 선행하는 종속절

연용절	연체절	인용절	계
36	7	1	44개
82	16	2	100%

실제 예를 살펴보면 다음과 같다. 예문 (23)-(32)는 복문말의 사역태 표현(실선 부분)이 연용절(점선 부분)을 포함한 것을 나타내는 실제 예문이다.

(23) またユーモアがあって私をいつも笑わせる人間が良い。(夢の相手)

(24) つねに、自分の心に何がやりたいとか何になりたいとか考えてきたらそれを実現させることだ。(どんな仕事を選んだらいいのか)

(25) かわいく包装していっても、包装を脱がせても脱がせても包装だけで空っぽでした。(誰に何がなりたいです！)

(26) ときどき、えさをつくったり近くを散歩させたりすることがめんどうだと時もあります。(うちの家族)

(27) それに歌をリクエストするとそれを聞かせてもらえるシステムになっているから自分が好きな歌を聞くことができます。(日本が見える場所)

(28) 運転士たちはバス停にバスを止まるのではなくて、もうすこし行って通り過ぎるとか、すこしまえにバスを停車させることがよくあります。(乗りたくないバス)

(29) だから一時間だけ勉強しれば腰と尻がいたいから起こさせればなりません。(つくえといす)

(30) 政治家ばかりなじるし、社会の与件ばかりとがめるし、国民が変わらなかったら、不正腐敗は取りのけることができない社会を変化させるために、先自身を変化させなければならない。(国民も気を取り直しよう)

(31) もちろんグループの活動もするけどあるほど人気が上がると日本の「SMAP」

みたいにいろんなテレビ番組にゲストとして出演させます。(スーパーア
イドルグループ「北斗七星」)

(32) 個人病院はそくばくの不安、つまり当てにならない心があるので、総合病
院へ行かせた。(病院)

예문 (23)에서는 사역태 표현 笑わせる가 て절 형식의 연용절을 내포
하는 것을 알 수 있다.

예문 (24)에서는 사역태 표현 実現させる가 考えてきたら에서 보듯
たら절을 내포하는 것을 볼 수 있다. 예문 (25)에서는 사역태 표현 脱が
せる가 包装していっても에서 보듯 ても절을 내포하고 있음을 확인할
수 있다. 예문 (26)-(32)에 대해서도 유사한 설명이 가능한데, 자세하게
는 점선 부분과 실선 부분을 참조하길 바란다.

예문 (33)-(36)은 복문 후행절의 사역태 표현(실선 부분)이 점선 부분의
연체절을 포함한 것을 나타내는 실제 예문이다.

(33) それだけではなく、料理が得意な姉はおいしい料理をつくってわたしを喜
ばせます。(母のような姉)

(34) グループの特色は韓国の七代都市―ソウル、プサン、デグ、クァンジュ、
インチョン、マサン、チェジュドでひとりずつオーディションで選ばれた
七名の少年たちを合宿させていろんなことを訓練させることです。(スー
パーアイドルグループ「北斗七星」)

(35) なぜなら、一人の先生が約50人もいる学生の一人一人の悩みを聞くとかス
トレスを解消させるのはとても難しいです。(いじめに対して)

(36) 水産物として有名なチャガルチ市場、また新鮮な刺身が食べられるチャガ
ルチ市場だけの独特なことを観光商品化させて、外貨獲得を図るようにす
る。(南浦洞の景気の活性化対策)

예문 (33)에서는 사역태 표현 喜ばせます가 姉를 연체수식어로 취하

는 연체수식절 料理が得意な姉을 내포하는 것을 확인할 수 있다. 예문 (34)에서는 사역태 표현 合宿させる가 연체수식절 オーディションで選ばれた七名를 내포하는 것을 볼 수 있다. 예문 (35)와 (36)에 대해서는 상세한 설명을 생략하기로 한다.

마지막으로 다음의 예문 (37)은 복문 후행절의 사역태 표현(실선 부분)이 인용절(점선 부분)을 포함하는 것을 나타낸 실제 예문이다.

(37) このテーマでは聴覚障害が疾病とか事故とかいう後天的な理由でできるのを話しながら私たちみんなが潜在的聴覚障碍者だというのを認識させてくれた。(聴覚障害者も映画を楽まれるその日のために)

<표 4>에서 복문 후행절의 사역태 표현이 36개의 연용절을 82%의 비율로 가장 많이 포함하는 것을 알 수 있었는데, 그러면 이번에는 연용절의 구체적인 내역에 대해서 살펴보기로 하자. 다음은 복문 후행절의 사역태 표현이 포함하는 연용절의 구체적인 내역이다.

▶표5_ 복문말에 사역태 표현이 나타나는 경우에 선행하는 연용절

て	ても	たら	し	と	とか	기타	계
20	3	2	2	2	2	7	38개
53	8	5	5	5	5	18	100%

기타(각1례) : から、終止形、たり、であり、ので、ば、ほど

<표 5>를 보면 복문 후행절의 사역태 표현이 て절을 포함하는 예가 20개로 55%의 비율을 차지하는 것을 알 수 있다. 과반수의 비율로 て절을 사역태 표현이 포함하고 있다. 다음의 예 (38)-(47)은 복문 후행절의 사역태 표현이 て절을 포함한 실제 예이다.

(38) 細かいことでも気に入らないとすぐ怒ったりその上物も壊したりして私を<u>がっかりさせました</u>。（私の理想的なタイプ）

(39) 夜おそくまでわたしたちを待ってドアを<u>開かせます</u>。（私の母）

(40) 朝飯じゅんびを<u>して</u>高等学生のいもうとを<u>覚めさせます</u>。（私の母）

(41) 今から気をつけてれっしんにべんきょうしてぜひ私のきぼうを<u>じつげんさせたいです</u>。（私の紹介）

(42) <u>本当にあきれて笑わせた</u>こんな笑い話をえんじるアンちゃんは実は心が気やすくて誰よりもやさしい人である。（私の友人「バカ王子」）

(43) それでとなりの席に座ろうとしたが腕でふさいで自分の友人をそこに<u>座らせたのだ</u>。（思考の変化）

(44) 問題は以前から女性を男性と同等に<u>待遇しなくて</u>生理的な劣性を<u>立たせてきたためだ</u>。（援助交際）

(45) 運転士たちはバス停にバスを<u>止まるのではなくて</u>、もうすこし行って通り過ぎるとか、すこしまえにバスを停車させることがよくあります。（乗りたくないバス）

(46) クラスのA君、B君は僕のことを「デブ、デブ」と呼んで、ぼくのお母さんの財布から5万円盗んでこさせたりしたこともあります。（いじめ（＝ワンタ）対策）

(47) 今度は僕をトイレに連れていって、トイレの水を飲ませたりしました。（いじめ（＝ワンタ）対策）

예를 들어 예문 (38)에서는 사역태 표현 가っかりさせました가 壊したりして에서 보듯 て절을 내포하고 있는 것을 확인할 수 있다. 예문 (39)-(47)에 대해서도 동일한 방식으로 설명을 할 수 있는데 자세한 설명은 생략하기로 한다.

마지막으로 복문 후행절의 사역태 표현이 て절 이외의 연용절을 포함한 실제 예를 제시하면 예문 (48)-(59)와 같다.

(48) かわいく包装していっても、包装を脱がせても脱がせても包装だけで空っぽでした。(誰に何がなりたいです)

(49) 政治家ばかりなじるし、社会の与件ばかりとがめるし、国民が変わらなかったら、不正腐敗は取りのけることができない社会を変化させるために、先自身を変化させなければならない。(国民も気を取り直しよう)

(50) もちろんグループの活動もするけどあるほど人気が上がると日本の「SMAP」みたいにいろんなテレビ番組にゲストとして出演させます。(スーパーアイドルグループ「北斗七星」)

(51) 運転士たちはバス停にバスを止まるのではなくて、もうすこし行って通り過ぎるとか、すこしまえにバスを停車させることがよくあります。(乗りたくないバス)

(52) だから一時間だけ勉強しれば腰と尻がいたいから起こさせればなりません。(つくえといす)

(53) 政治家ばかりなじるし、社会の与件ばかりとがめるし、国民が変わらなかったら、不正腐敗は取りのけることができない社会を変化させるために、先自身を変化させなければならない。(国民も気を取り直しよう)

(54) 「この仕事は私のタイプじゃない」とか「私がどんなにこんな(つまらない)事を…」とか、または逆に「私がこんな大事な仕事をよくできるわけがない」とかする、このような心構えが自分をいまの状況に置かれさせたかもしれない。(失業者の脱出のプロジェクト)

(55) ときどき、えさをつくったり近くを散歩させたりすることがめんどうだと時もあります。(うちの家族)

(56) このように南浦洞と言えば、国際市場、チャガルチ市場と共にわが釜山市民のいきてきた歴史であり、釜山の雰囲気を感じさせてくれる魅力的なところである。(南浦洞の景気の活性化対策)

(57) 個人病院はそくばくの不安、つまり当てにならない心があるので、総合病院へ行かせた。(病院)

(58) 機会ができればかならず聞かせてくれたいのです。(日本の勉強を長い間で)

(59) なぜかというと「旅」をすればするほど自分を大きく成長させてくれるし、普段では味わえない体験ができるからだ。(私が勧めたいこと-汽車旅行-)

여기에서 <표 4>를 다시 살펴보도록 하겠다.

▶ 표4_ 복문말에 사역태 표현이 나타나는 경우에 선행하는 종속절

연용절	연체절	인용절	계
36	7	1	44개
82	16	2	100%

위의 <표 4>를 보면 복문 후행절의 사역태 표현이 포함하는 종속절로 연용절이 가장 많다는 것을 알 수 있다. 무려 82%나 된다. 이 수치를 원어민들의 경우와 비교해보자.

▶ 표6_ 복문말의 사역태 표현이 나타나는 경우에 선행하는 종속절

	연용절	연체절	인용절	계
일본인 원어민	57	39	4	100%
한국인 학습자	82	16	2	100%

위의 <표 6>을 보면 한국인 학습자이건 원어민이건 복문말의 사역태 표현이 연용절을 포함하는 비율이 가장 높다는 사실을 알 수 있다. 그리고 연용절을 포함하는 비율이 가장 높고 연체절과 인용절 순서로 포함하는 비율이 낮아지고 있다는 점에서 한국인 학습자와 원어민의 운용 양상이 유사한 점을 확인할 수 있다. 물론 한국인 학습자가 사용하는 복문 후행절의 사역태 표현이 연용절을 포함하는 비율이 82%로 원어민의 57%보다 훨씬 높지만 말이다.

그다음으로 이미 <표 5>에서 본 것처럼 학습자가 사용하는 복문 후행절의 사역태 표현이 て절을 포함하는 경우가 53%로 가장 많으며, ても절, たら절, し절이 각각 그 뒤를 잇고 있음을 확인할 수 있었다. 이들

학습자의 운용 능력은 원어민의 운용 양상에 어느 정도 근접해 있는지 알아보기 위해 각각의 운용 능력을 비교해 보도록 하자.

▶ 표7_ 복문말에 사역태 표현이 나타나는 경우에 선행하는 연용절(원어민)

く	て	ずに	終止形	ものの	で	が	と	としても	もので	くせに	계
3	3	2	1	1	1	1	1	1	1	1	16
19%	19%	13%	6%	6%	6%	6%	6%	6%	6%	6%	100%

▶ 표5_ 복문말에 사역태 표현이 나타나는 경우에 선행하는 연용절(한국인 학습자)

て	ても	たら	し	と	とか	기타	계
20	3	2	2	2	2	7	38개
53%	8%	5%	5%	5%	5%	18%	100%

<표 7>과 <표 5>를 보면 원어민이나 학습자가 사용하는 사역태 표현은 연용절 형식 중에서 て절을 포함하는 비율이 가장 높다는 것을 알 수 있다. 물론 수치는 30% 이상 한국인 학습자 쪽이 높기는 하다. 그 밖의 연용절 형식이 포함되는 양상은 우연으로 보이는 반면에 て절이 포함되는 양상은 결코 우연으로 보이지 않는다. 이 사실에서 보건대 학습자는 최소한 て절을 포함하는 운용 능력만큼은 원어민의 운용 능력에 근접해 있는 것을 알 수 있다.

9.3.3 인용절에 사역태 표현이 나타나는 경우

학습자가 사용하는 사역태 표현이 인용절에 나타나는 예는 전체 90개 가운데 4개로 약 4%의 비율을 차지하는 것으로 밝혀졌다. 다음의 예문

(60)-(62)는 학습자가 사용한 사역태 표현이 인용절에 출현한 것을 나타내는 실제 예문이다.

(60) そこに自由主義思想というのは、市場の自由な作動が均衡の達成、経済の発展をさせると言います。(新自由主義と韓国)

(61) このごろ母の第一の望みは兄と私と弟の結婚をさせることだと話します。(理想型と結婚)

(62) 最近は、フランス人のベルドーさんが2002年サッカーの韓国誘致委員会にあて「誘致を成功させようとするならば、いぬの肉の販売消費を禁止すべきだ」と迫りました。(動物虐待か食文化か)

예를 들어 예문 (60)에서는 사역태 표현 させる가 인용절 내부에 출현하는 것을 확인할 수 있다. 예문 (61)과 (62)에 대해서도 동일한 설명이 가능하다. 구체적인 설명은 생략한다.

그런데 위에서 확인한 것처럼, 사역태 표현이 인용절이라는 복문에서 나타나는 비율은 4%인데, 이 비율은 사역태 표현이 단문과 복문에서 출현하는 예 가운데 5위를 차지하는 수치이다. 그러면 이 수치는 원어민의 일본어 운용 능력에 어느 정도 근접한 수치이냐는 의문이 대두하는데 이 점에 대해서 살펴보도록 하자.

2.2절에서 이미 확인한 것처럼 사역태 표현이 인용절에 나타나는 비율은 11%로 이 수치는 4위에 해당하는 것이었다. 단문말에 사역태 표현이 나타나는 비율이 11%로 동률을 이루는 것을 감안하면 실질적으로는 서열 5위에 해당하는 수치이다.

따라서 이들 수치를 근거로 학습자의 사역태 표현의 운용 능력은 원어민의 운용 능력에 거의 근접해 있다는 결론을 내릴 수 있다. 물론 이러한 학습자의 사역태 운용 능력이 완벽한 일본어 학습에서 비롯된 것인지 아니면 한국어와 일본어의 유사성에 의해서 비롯된 것인지 의문의 여지는 있다. 그러나 본 저자가 내린 결론은 본 저자가 직접 획득한 데이터에서 얻은 것이므로 본 결론의 타당성은 일본어를 전공하지 않은 한국인들이 작문 자료와 비교가 이루어질 때까지는 유효하다고 할 수 있다.

9.3.4 의문절에 사역태 표현이 나타나는 경우

학습자의 일본어 운용에서 사역태 표현이 의문절에 사용되는 예는 하나도 존재하지 않는다.

(63) 해당 예문 없음

사역태 표현이 의문절에 출현하는 비율이 0%라는 이러한 학습자의 일본어 운용 능력은 원어민의 일본어 운용 능력에 어느 정도 근접한 것이냐는 의문이 대두된다.

4.2.2절에서 알 수 있듯이 원어민의 일본어 운용에서 사역태가 의문절에 나타나는 비율은 1%에 불과한데, 이 수치는 사역태 표현이 출현하는 6개의 위치 중에서 최하위를 차지하는 것이다. 학습자의 0%와 원어민의 1%라는 수치를 통해 학습자의 일본어 운용 능력이 원어민의 운용 능력과 거의 일치한다는 결론을 내릴 수 있다.

9.3.5 연체적 복문 선행절에 사역태 표현이 나타나는 경우

학습자의 일본어 운용에서 연체절의 술어인 사역태 표현이 실질 명사와 형식 명사를 수식하는 예가 전체 90개 가운데 7개로 8%를 차지하는 것으로 나타났다. 다음의 <표 8>을 보도록 하자.

▶ 표8_ 연체절말에 사역태 표현이 나타나는 경우의 피수식 명사

실질 명사	형식 명사		
4개(57%)	3개(43%)		
	こと	ために	だけ
	1개(14%)	1개(14%)	1개(14%)

위의 <표 8>을 보면 연체절의 술어인 사역태 표현이 실질 명사를 수식하는 경우가 57%, 형식 명사를 수식하는 경우가 43%인 것을 알 수 있다.

예문 (64)–(67)은 연체절의 술어인 사역태 표현이 실질 명사(言葉,詩,感じ,思い)를 수식하는 것(점선 부분)을 보여 주는 실제 예이다. 구체적인 설명은 생략하기로 한다.

(64) そして、たぶん私の記憶で、私をいちばん感動させた彼女の言葉は、私が親のために心を痛めた時、わたしに言ってくれた「でも、わたしはあなたのご両親に感謝したい。あなたのご両親のおかげで、あなたに会えたから」という言葉だ。(彼女には何か特別なことがある)

(65) 暗号のようかかせているこの詩を内容に一致して科学的根拠があって解釈するシーンと本物のはいけいの同じコンピューターグラフィックはこの映画の楽しみをもっとしてあげる。(映画「건축무한육면각체의비밀」)

(66) 彼女を芸能人としてはもちろん、わが社会でも完全に孤立させた感じがする。(女性の性は無罪)

(67) では、これから私を一目で惚れさせた「コウンスの思い」という漫画の魅力を言ってみることにする。(「コウンス」の思いを勧める)

　　예문 (68)-(70)은 연체절의 술어인 사역태 표현이 형식 명사(こと,ため, だけ)를 수식하는 것(점선 부분)을 보여주는 실제 예이다.

(68) これが私たちの江を汚染させていることをあなたはしていますか。
　　　(私たちが思わずしたこと)
(69) ほかの人を楽しませるため悪意のない言葉や行為を知っているからこの人
　　　のことをにくめない。(私の友人「バカ王子」)
(70) 自尊心に大きい打撃を負わせただけではなく人材の流出が加速化されるか
　　　もしれない危機感が高い。(危機の地方大学)

　　<표 8>에서 연체절말의 사역태 표현이 피수식 명사로 실질 명사를 수식하는 경우가 57%, 형식 명사를 수식하는 경우가 43%인 것을 알 수 있다. 이 수치를 통해 학습자들의 일본어 운용 능력이 원어민들의 일본어 운용 능력이 어느 정도이냐라는 의문이 대두된다. 다음의 <표 9>를 보도록 하자.

▶ 표9_ 연체절의 술어인 수동태 표현이 수식하는 명사

	실질 명사	형식 명사
본 연구의 수동태 표현 분석	75%	25%
마에다의 수동태 표현 분석	55%	45%
한국인 학습자의 수동태 운용	72%	28%
원어민들의 사역태 운용	59%	41%
한국인 학습자의 사역태 운용	57%	43%

　　위의 <표 9>에서 한국인 학습자의 사역태 운용 비율은 57%, 43%로 원어민들의 사역태 운용 비율과 거의 일치한다. 즉 이 수치들을 통해 학습자의 사역태 표현 운용 능력이 원어민의 사역태 표현 운용 능력에 거

의 근접한 것으로 판단이 된다.

그리고 연체절말의 사역태 표현이 수식하는 형식 명사로는 こと를 들수 있는데, 본서의 문어체 자료와 마에다 나오코의 구어체 자료에서 나온 수동태 표현에서도 こと가 피수식 명사로 가장 많이 출현하는 것으로 밝혀짐에 따라 형식 명사에서 こと가 위상이 상당이 높다는 사실을 알 수 있다(の는 확인되지 않는다.). 이러한 특징이 수동태 표현와 사역태 표현 이외의 기여태 표현과 가능태 표현에도 나타나는지 제10장, 제11장을 통해서도 계속해서 검토하기로 한다.

9.3.6 연용적 복문 선행절에 사역태 표현이 나타나는 경우

학습자가 운용하는 사역태 표현이 연용절에 나타나는 예는 전체 90개 가운데 16개로 18%의 비율을 나타내는 것으로 확인되었다.

16개의 예 가운데 다음의 <표 10>에 보듯 て절에 나타나는 사역태 표현이 7개, 44%로 가장 많았으며, たり가 19%, が, 終止形, たら, と, まい, よう가 각각 6%로 동률을 이루는 것으로 확인되었다.

▶표10_ 사역태 표현이 나타나는 연용절

て	たり	が	終止形	たら	と	まい	よう	계
7	3	1	1	1	1	1	1	16개
44	19	6	6	6	6	6	6	100%

예문 (71)-(73)은 사역태 표현이 て절에 나타나는 것을 보여 주는 실제 예이다. 점선 부분을 유의해서 보도록 하자.

(71) その大会では参加者たちにリンボーゲームを<u>させて</u>はらはら<u>させる</u>下着を見えてした。(放送プロの露出問題)

(72) いつか某大学には新入生の歓迎会のときせんぱいがこうはいにむりやりに<u>のみすぎさせて</u>あの学生はしんでしまったの事件がありました。(お酒の文化の問題点)

(73) そしてその少年たちを自分の特技を<u>生かさせて</u>どのテレビ番組に出ても自分の個性を<u>発揮させて</u>人気を得られるようにします。(スーパーアイドルグループ「北斗七星」)

예를 들어 예문 (71)에서는 させて에서 보듯 て형식의 연용절 내부에 사역태 표현이 출현한 것을 확인할 수 있다. 예문 (72)와 (73)에 대해서도 동일한 방식의 설명이 가능하다.

예문 (74)-(80)은 사역태 표현이 다양한 연용절에 나타나는 것을 보여 주는 실제 예이다.

(74) あれは過ぎし日の思い出に<u>ふけさせ</u>たり未来を<u>夢みさせ</u>たりかなしく<u>ならせ</u>たりします。(私がぞっこんほれ込む音楽)

(75) しかしたいていの人々はそんな事を<u>させる</u>が、なんらの言もしられない。(病院)

(76) 二番目の理由は、びくっと驚くほど私を<u>感動させる</u>、彼女の友情のこもった言葉だからだ。(彼女には何か特別なことがある)

(77) またこれによって情緒を<u>純化させ</u>たらいいです。(私がぞっこんほれ込む音楽)

(78) 生の花を<u>咲かせ</u>ないと死ぬ人と100歳まで長寿して死ぬ人の生がもちろん同じいわけにはいかないです。(とうとい今日のために)

(79) 車が前後に並んだ場合は、後ろの車は前の車との間に他の車を<u>割り込ませ</u>まいとして、車間距離をちぢめようとします。(釜山の交通問題)

(80) 最近は、フランス人のベルドーさんが2002年サッカーの韓国誘致委員会にあて「<u>誘致を成功させ</u>ようとするならば、いぬの肉の販売消費を禁止すべきだ」と迫りました。(動物虐待か食文化か)

예를 들어 예문 (74)에서는 ふけさせたり와 夢みさせたり에서 보듯 사역태 표현이 たり형식의 연용절에 나타난 것을 확인할 수 있다. 예문 (75)에서는 させる가에서 보듯 사역태 표현이 역접 조사 が의 연용절에 출현한 것을 알 수 있다. 예문 (76)에서는 感動させる에서 보듯 사역태 표현이 종지형의 연용절에 나타난 것이 확인된다. 예문 (77)에서는 純化 させたら에서 보듯 사역태 표현이 たら형식의 연용절에 출현한 것이 확인된다. 예문 (78)~(80)에 대해서도 동일한 방식의 설명이 가능하다.

이번에는 학습자의 사역태 표현 운용 능력을 측정해 보자. 이를 위해서는 8.3.6절에 이어 원어민과 비교를 할 필요가 있다. <표 11>을 보도록 하자.

▶표11_ 사역태 표현이 연용절에 나타나는 비율(원어민과 일본어 학습자의 비교)

원어민	학습자
15%	16%
23%	18%

위의 <표 11>에서 학습자의 운용 능력이 18%로 수동태 표현과는 달리 원어민의 23%에 못 미치는 것으로 나타났다.

이번에는 좀 더 세부적으로 연용절을 형식별로 나누어 원어민과 학습자의 운용 능력을 비교해 보자.

▶표12_ 연용절 형식에 출현하는 원어민과 학습자의 사역태 표현

	연용절 형식
원어민	て절(15%), たら절(11%), たり절(11%), と절(11%), よう と(11%), ように(11%)
한국인 학습자	て절(44%), たり절(19%), が절(6%), 終止形(6%), たら절(6%), と절(6%)

위의 <표 12>에서 원어민과 학습자 모두 사역태 표현이 て절에 가장 많이 출현한다는 공통점을 확인할 수 있다. 그리고 たら절, たり절, と 절에서 골고루 사역태 표현이 나타났다는 점에서 한구인 일본어 학습자의 사역태 표현 운용 능력을 엿볼 수 있다.

그러나 차이점은 て절의 경우 한국인 학습자의 경우 44%로 원어민들의 15%에 비해 훨씬 많은 수치를 보이고 있다는 사실이다.

9.4 지도 방안과 실제

이 절에서는 학습자의 사역태 표현의 운용 양상을 통해서 마에다 나오코(前田直子 2011:80-81)의 지도 방안의 타당성을 살펴보기로 한다.

첫째, て절과 조합된 사역태 표현을 학습자들이 적극적으로 산출할 수 있도록 지도해야 하는지에 대해서 살펴보자. 우선 원어민과 학습자가 운용한 사역태 표현을 비교해 보자.

학습자가 운용한 사역태 표현이 て절을 포함한 경우는 55%, て절에 나타난 경우 44%였다. 모두 포함하면 99%이다. 사역태 표현과 て절의 조합 비율이 상당히 높은 것을 알 수 있다. 한편 원어민의 경우는 각각 19%와 15%로 학습자의 55%와 44%에 훨씬 못 미친다. 원어민의 운용에서 나타난 사역태 표현과 て절의 조합 비율은 연용절 형식 가운데 가장 높은 수치이기는 하나, 학습자의 운용에 비하면 많이 낮은 수치이므로 학습자들로 하여금 て절과 조합된 사역태 표현을 적극적으로 산출할 수 있도록 지도할 필요성은 없어 보인다. て절 이외의 다양한 연용절 형식과 사역태 표현이 조합되는 것을 감안하여 て절 이외의 연용절과

조합된 사역태 표현을 적극적으로 산출할 수 있도록 지도해야 할 필요가 있다.

둘째의 질문, 즉 단문말에 사역태 표현이 오는 경우, 단순히 사역태 표현이 종지형으로 끝나는 것이 아니라 다양한 문말 표현 예를 들어 모델리티 표현과 조합하여 나타나는 것처럼 이를 위한 능력을 발휘해 낼 수 있도록 지도해야 하는지에 대해서 살펴보자. 4.3.1절을 보면 원어민이 운용하는 사역태 표현은 ことだ, か, ない 등의 모델리티 형식과 조합하여 실현되는 것을 알 수 있다. 한편 9.3.1절을 보면 학습자의 경우는 ことだ, でしょう, たい, てしまう, か, だろう 등의 모델리티 형식과 결합하여 단문으로 실현되는 것을 알 수 있다. 단문말에 나타난 사역태 표현은 원어민의 경우가 83개, 학습자의 경우가 90개로 그 수치가 거의 일치하는 편이다. 그런데 학습자 쪽이 원어민보다 사역태 표현과 모델리티 표현이 조합되는 예가 11개(원어민 3개)로 더 많다. 이 수치를 통해 학습자들로 하여금 모델리티 형식과 조합된 사역태 표현을 잘 산출할 수 있도록 지도할 필요는 없다라는 생각도 가능하지만, 그것보다는 원어민이 모델리티 형식과 조합된 사역태 표현에 소극적이라는 생각을 하는 것이 더 중요하다. 이 점에 대해서는 금후의 과제로 돌린다.

셋째, 일본어 학습자가 사역태 표현을 た나 る의 과거 시제형이나 현재 시제형과 골고루 조합해 낼 수 있도록 지도해야 하느냐는 것이다. 다음의 <표 13>을 보도록 하자.

▶표13_ 단문말에 있어서 시제 및 상 형식

	る	た	ている	ていた	계
원어민	60%	0%	20%	20%	100%
한국인 학습자	63%	37%	0%	0%	100%

위의 <표 13>을 보면 한국인 학습자의 현재 시제형의 운용 능력이 원어민과 거의 일치하는 것을 확인할 수 있다. 반면에 과거 시제형의 운용 능력은 원어민에게는 보이지 않는 데에 비해, 학습자는 37%의 비율을 보였다. 수동태 표현과 마찬가지로 학습자가 원어민에 비해 과거 시제형의 운용에 치우쳐져 있는 것이다. 이 역시 초급일본어 교재에 과거 시제 형식 일변도로 수동태 표현이 예시된 데에서 비롯된 것인지도 모른다.

한편 현재 진행상과 과거 진행상의 운용 양상은 원어민의 경우는 활발한 반면에, 학습자에게는 전혀 보이지 않는다. 수동태 표현에서도 현재 진행상과 과거 진행상의 운용 양상이 학습자보다 원어민 쪽이 활발하였다. 현재 진행상, 과거 진행상과 조합한 사역태 표현을 적극적으로 산출해낼 수 있도록 철저히 지도가 되어야 한다고 생각한다.

넷째, 일본어 교사는 학습자들로 하여금 こと, の와 같은 형식 명사와 결합한 사역태 표현을 사용할 수 있도록 중급, 고급 과정에서도 계속해서 지도해야 하는지에 대해서 살펴보자. 그러면 원어민과 학습자들이 운용하는 사역태 표현이 수식하는 명사를 비교해 보자.

▶표14_ 연체절말의 사역태 표현의 피수식 명사(원어민)

실질 명사	형식 명사				
59%	41%				
	こと	ため	かた	の	ところ
	12%	12%	6%	6%	6%

실질 명사	형식 명사		
57%	43%		
	こと	ために	だけ
	14%	14%	14%

위의 <표 14>와 <표 15>를 보면 원어민과 학습자가 운용하는 사역태 표현이 실질 명사와 형식 명사를 수식하는 비율은 거의 동일한 것을 알 수 있다. 그리고 형식 명사에서도 こと와 ため가 차지하는 비율이 거의 근접해 있는 사실을 확인할 수 있다. 그러나 차이점은 원어민이 운용한 사역태 표현이 かた, の, ところ와 같은 형식 명사까지도 수식한다는 데에 있다. 따라서 중급이나 고급 단계의 일본어 학습자들에게 다양한 형식 명사를 수식하는 사역태 표현을 산출해 낼 수 있도록 지속적인 지도가 필요할 것으로 보인다.

마지막으로 사역태 표현도 초급 과정의 후반에 등장하는 경우가 많으므로 복잡한 사역태 표현을 만드는 연습은 초급 단계보다 중급이나 고급 단계에서 집중적으로 시켜나갈 필요가 있다고 판단한다.

9.5 나오는 말

제9장에서는 학습자가 운용한 사역태 표현이 문중에 출현한 위치를 수량화한 결과 다음의 <표 16>과 같은 결과를 얻었다. 아울러 원어민의 사역태 표현 운용 양상도 비교 제시한다.

▶표16_ 사역태 표현의 문중 출현 위치(원어민과 학습자의 비교)

		사역태 표현의 문중 출현 위치	원어민	학습자
문말	단문	①단문말에 사역태 표현이 나타나는 경우	11	21
		②복문 후행절에 사역태 표현이 나타나는 경우	34	49
비문말	복문	③인용절에 사역태 표현이 나타나는 경우	11	4
		④의문절에 사역태 표현이 나타나는 경우	1	0
		⑤연체적 복문 선행절에 사역태 표현이 나타나는 경우	20	8
		⑥연용적 복문 선행절에 사역태 표현이 나타나는 경우	23	18
합			100% (84개)	100% (90개)

위의 <표 16>을 보면 몇 가지 사실을 확인할 수 있다. 원어민이 운용한 사역태 표현과 학습자가 운용한 사역태 표현이 거의 비슷한 수치를 나타냈다는 점이다(그러나 한국인 학습자의 작문 자료가 원어민의 에세이 자료보다 4배 많은 점을 고려하면 비슷한 수치를 나타낸 것은 아니다. 오히려 원어민들이 학습자보다 사역태 표현을 다용한다고 생각하는 것이 타당하다.). 둘째, 복문 후행절에 사역태 표현이 나타나는 경우, 비록 비율은 다르지만 학습자나 원어민에게 있어 가장 높게 나타났다는 사실이다. 마지막으로, 학습자나 원어민이 운용한 사역태 표현이 모두 인용절과 의문절에서 낮은 비율로 출현했다는 점이다.

제10장

학습자의 기여태 표현 습득

10.1 들어가는 말

다음의 예문은 정의상·정길영(2009:209, 208, 211, 212)이 집필한 학습자용 일본어 문법서에 게재된 것을 예시한 것이다.

(1) a. 父は弟を駅まで送ってやりました。
   b. 田中は、木村に漫画本を貸してあげた。
   c. 田中さんが(私の)妹に絵本を買ってくれた。
   d. 先生が、母に奈良を案内してくださいました。
   e. 田中さんは、木村さんに漫画本を貸してもらった。
   f. 課長は社長にプレゼントを買っていただきました。

본 저자가 확인한 바에 따르면 예문 (1)에서 보듯 기여태 표현은 수동태 표현, 사역태 표현 등과 마찬가지로 대부분 일본어교재 후반부에 편성되어 있으며, 과거형 た로 예시된다. 학습자가 작문한 기여태 표현

연구는 모두 오용 연구이다(cf 천호재·조병현 2011). 본서와 같이 학습자가 작성한 작문 자료에 나타난 기여태 표현이 문중의 어느 위치에 어떠한 양상으로 구체적으로 출현하는지에 대해서 논의한 연구는 없다. 더구나 원어민과 비교하여 학습자의 기여태 표현 운용 능력이 어느 정도인지 살펴본 연구도 없다. 또한 학습자가 기여태 표현을 적극적으로 산출해 낼 수 있도록 하기 위한 구체적인 지도 방안이 마련된 적도 없었다. 본서에서는 이상 제기한 세 가지 문제들을 구체적으로 살펴보고자 한다.

10.2 기여태 표현의 출현 위치에 따른 분류 및 분석 결과의 개요

기여태 형식은 다양하며 또한 특정한 기여태 형식은 제각긱 교체 형식이 있다. 기여태 표현의 문중 출현 위치를 조사하기 전에 우선 일본어 학습자의 작문 자료에 나타난 기여태 표현을 형식별로 정리해 보자.

▶표1_ 문어체 자료에 나타난 기여태 표현의 형식(힌국인 일본어 학습자)

	てやる			てくれる		てもらう	
	てやる	てあげる	てさしあげる	てくれる	てくださる	てもらう	ていただく
소계 (%)	13개(8%)	4개(2%)	2개(1%)	139개 (83%)	1개(1%)	8개(5%)	0개(0%)
합계 (%)	19개(11%)			140개(84%)		8개(5%)	
전체	167개(100%)						

위의 <표 1>을 보면 てくれる형의 기여태 표현이 140개로 84%를 차지하는 것을 알 수 있다. てやる형의 기여태 표현이 11%, てもらう형의 기여태 표현이 5%로 각각 그 뒤를 잇고 있다.

그러면 학습자의 작문 자료에 나타난 기여태 표현의 문중 출현 위치를 살펴보도록 하자.

①단문말에 기여태 표현이 나타나는 경우
  (2) 仲間が「ペチ」という名を<u>つけてくれた</u>。(あなたは「ペチ」をわかりますか)
②복문 후행절에 기여태 표현이 나타나는 경우
  (3) アカタクリスティの本のなかでリカタミステリーのほかにも短い話がある本がありますけど、その本は次に<u>教えてあげます</u>。(ほんとうにおもしろい本)
③인용절에 기여태 표현이 나타나는 경우
  (4) さびしい時やこまっている時は、いつでも<u>力になってくれよう</u>と思う。
   (私の王者はどこにいらっしゃいますか)
④의문절에 기여태 표현이 나타나는 경우
  (5) 없음
⑤연체적 복문 선행절에 기여태 표현이 나타나는 경우
  (6) だから、わたしは今日も彼女と<u>会えさせてくれた</u>神様に感謝のお言葉を申し上げるんだ。(彼女には何か特別なことがある)
⑥연용적 복문 선행절에 기여태 표현이 나타나는 경우
  (7) なぜかというと「旅」をすればするほど自分を大き<u>く成長させてくれる</u>し、普段では味わえない体験ができるからだ。(私が勧めたいこと-汽車旅行-)

예문 (2)는 단문에 종지형의 방식으로 기여태 표현이 출현한 것을 보여 주는 실제 예이다. 조사 결과, 기여태 표현도 종지형의 방식으로만 나타나는 것은 아니며 시제 형식, 상 형식, 모댈리티 형식 등의 다양한 형식과 결합하는 방식으로 실현되는 것을 알 수 있었다. 예문 (3)은 기여태 표현이 주절에 나타난 것을 예시한 것이다. 선행절 즉 연용절, 연체절, 인용절과 기여태 표현과 다양한 방식으로 통사적 관계를 지니는 것을 확인할 수 있었다. 예문 (4)는 기여태 표현이 인용절에 나타난 것을 보여 주는 실제 예이다. 예문 (5)는 의문절에 기여태 표현이 출현한 것을 예시한 것이다. 예문 (6)은 기여태 표현이 연체절에 출현한 것을 예시한 것이다. 예문 (7)은 기여태 표현이 연용절에 출현한 것을 보여 주는 실제 예이다.

본 저자가 이들 6가지 문장 출현 위치를 가지고 학습자의 작문 자료에 나타난 기여태 표현의 출현 양상을 조사하였는데, 그 결과를 정리하면 다음의 <표 2>와 같다.

▶표2_ 기여태 표현의 문중 출현 위치(힌국인 일본어 학습자)

문말	단문	①단문말에 기여태 표현이 나타나는 경우	21	10
		②복문 후행절에 기여태 표현이 나타나는 경우	137	63
비문말	복문	③인용절에 기여태 표현이 나타나는 경우	4	2
		④의문절에 기여태 표현이 나타나는 경우	0	0
		⑤연체적 복문 선행절에 기여태 표현이 나타나는 경우	35	16
		⑥연용적 복문 선행절에 기여태 표현이 나타나는 경우	21	10
합			218개	100%

위의 <표 2>에 제시된 기여태 표현의 출현 횟수는 218개로 원어민의 49개보다 훨씬 많았다. 이는 원어민들과는 달리 학습자가 일본어 운용에 있어 기여태 표현을 매우 능동적이고 적극적이라는 것을 말해 주는 것이다(학습자의 작문 자료가 4배 많은 것을 감안하더라도). 한편 <표 1>에서 이미 본 바와 같이 기여태 표현이 167개의 형식으로 운용이 되었는데, 위의 <표 2>를 보면 218개로 상당한 차이가 나는 것을 확인할 수 있다.

이러한 수치상의 차이가 발생하는 이면에는 본서에서 몇 가지 방침을 세우고 기여태 표현의 문중 출현 위치를 분석하였기 때문이다.

먼저 본서에서는 단문에만 한정하여 기여태 표현이 종지형의 방식으로 문말에 나타나는 경우, 모댈리티와 결합해서 나타나는 경우, 시제 및 상의 형식과 결합해서 나타나는 경우로 나누어 분석하였다.

둘째, 복문의 경우 기여태 표현은 다음의 예문 それにもかかわらず私に腹を立てられずにまるで自分の事のように気をかけてくれた姉に母のような母性愛が感じられました(天使のような心)에서 보듯 예를 들어 하나의 ずに연용절을 내포하는 것이 일반적인데, 그러나 실제로는 映像会というのは歌手をきめてその歌手が出演した放送とライフを1時間ぐらい続けて見せてくれるプログラムです(日本が見える場所)에서 보듯 두 개의 연용절 きめて, 続けて와 その歌手が出演した放送와 같은 연체절을 내포하는 경우가 꽤 많았다. 본서에서는 이들 기여태 표현과 관련한 복수의 통사 관계가 형성되는 경우를 모두 합산하였다.

마지막으로 예를 들어 周囲の人たちが関心を持って助けてくれるべきだと思います(いじめ(＝ワンタ)対策)라는 예문에서 보듯 인용절 내부에 생기하는 기여태 표현이 다시 持って와 같이 연용절을 내포하는 경우, 본서에서는 이를 인정하지 않고 오로지 기여태 표현이 인용절 내부에 생기하는 것으로만 간주하였다.

본서에서는 위의 <표 2>에 제시된 기여태 표현의 출현 양상을 기반으로 학습자의 기여태 표현의 운용 양상을 구체적으로 살펴볼 것이다. 그리고 학습자의 기여태 표현 운용 능력을 측정하기 위해 지금까지 살펴본 원어민의 수동태 표현, 사역태 표현의 운용 양상을 비교할 것이다. 또한 학습자의 기여태 표현 운용 양상이 기여태 표현에만 국한되는 특수한 경우인지, 아니면 이미 살펴본 수동태 표현과 사역태 표현에도 나타나는 것인지도 비교해서 살펴볼 것이다. 마지막으로 마에다 나오코(前田直子 2011)가 제시한 수동태 표현의 지도 방안이 기여태 표현에도 적용될 수 있는지를 검토하고자 한다.

10.3 기여태 표현이 나타나는 단문과 복문의 분석

이 절에서는 학습자의 기여태 표현 운용 양상을 단문말에 기여태 표현이 나타나는 경우(10.3.1), 복문 후행절에 기여태 표현이 나타나는 경우(10.3.2), 인용절에 기여태 표현이 나타나는 경우(10.3.3), 의문절에 기여태 표현이 나타나는 경우(10.3.4), 연체적 복문 선행절에 기여태 표현이 나타나는 경우(10.3.5), 연용적 복문 선행절에 기여태 표현이 나타나는 경우(10.3.6)로 분류하여 고찰하기로 한다.

10.3.1 단문말에 기여태 표현이 나타나는 경우

이 절에서는 단순한 문말로 기여태 표현이 나타나는 경우, 문말의 모델리티와 결합하여 기여태 표현이 나타나는 경우, 시제 및 상 형식과 결합하여 기여태 표현이 나타나는 경우로 나누어서 학습자의 기여태 표현의 운용 양상을 고찰하고자 한다. 그리고 마지막으로 시제 및 상 형식과 결합한 기여태 운용 능력을 학습자와 원어민으로 나누어 비교하고자 한다.

먼저 단순한 문말로 기여태가 실현된 예로 15개의 예가 확인되었다. 이하 몇 몇 예를 제시하면 다음과 같다.

(8) そしてまるで自分のことのようにけんかをしてくれました。（これだけは負けたくないんだ）

(9) 三目、彼はよく理解してくれます。（彼のチャームポイント）

(10) 今からその友人を紹介してあげました。（私の友だち）

예문 (8)에서는 기여태 표현에 정중함을 나타내는 ます와 과거 시제 형태소 た가 결합하여 화자가 제3자로부터 받은 행위가 묘사되었다. 예문 (9)에서는 기여태 표현에 정중함을 나타내는 ます가 결합하여 화자가 3인칭 주어로부터 받은 행위가 묘사되고 있다. 예문 (10)에서는 기여태 표현에 정중함을 나타내는 ます와 과거 시제 형태소 た가 결합하여 화자가 청자(읽는 이)에게 친구를 소개했다는 사실이 묘사되었다.

그다음으로 기여태 표현이 문말의 모댈리티와 결합하여 실현된 경우를 보도록 하자. 모두 6개의 예가 확인되었는데, 몇 가지 예를 들면 다음과 같다.

(11) 私の希望はいつまでも力になってくれることです。（私のベストフレンド）

(12) 私の気持によく取ってくれようだ。（私の王者はどこにいらっしゃいますか）

(13) 私の金(学生会費)でそんあフェスティバルだけしないでくれるの！
（フェスティバルにいこう！）

(14) 私のいそうけいの彼が私にプロポーズをしてくれるといいのに。（私のすきな彼）

예문 (11)에서는 기여태 표현에 ことだ, 예문 (12)에서는 기여태 표현에 추량의 조동사 ようだ가 결합한 것을 볼 수 있다. 私の気持によく取ってくれようだ는 私の気持をよく取ってくれるようだ의 형태적 오용이다. 예문 (13)에서는 부정의 기여태 표현에 강조를 나타내는 종조사 の가 결합한 것을 볼 수 있다. しないでくれるの는 오용으로 しないで

ほしい로 고쳐 써야 한다. 예문 (14)에서는 기여태 표현에 아쉬움을 나타내는 いいのに가 결합하여 화자의 간절한 소망이 묘사되고 있다.

시제 및 상 형식으로 실현되는 기여태 표현의 운용 양상은 다음의 <표 3>과 같이 나타낼 수 있다.

▶표3_ 기여태 표현에 나타나는 시제 및 상 형식

る	た	ている	ていた	계
6	8	0	0	14개
43	57	0	0	100%

전체 14개 가운데 기여태 표현이 현재 시제로 실현되는 경우가 6건으로 43%를 차지하였다. 그리고 기여태 표현이 과거 시제로 실현되는 경우는 8건으로 총 57%를 차지하는 것으로 나타났다. 이에 반해 현재 진행상이나 과거 진행상으로 기여태 표현이 실현된 경우는 단 한 건도 확인되지 않았다.

그러면 구체적인 예를 살펴보도록 하자.

(15) 私にとってはこの三つの人生観はいつも私の生活を楽しくさせてくれる。
(私の人生観)
(16) pocket ball은女性にもビリヤードにたいして興味をもってくれる。
(pocket ball、一度やってみませんか)
(17) 母は禾(→私)たちをあいしてくれます。(私の母)

예문 (15)-(17)은 기여태 표현이 현재 시제로 나타나는 것을 예시한 것이다. 예문 (15)로 말하면 형용사 어간에 사역형이 결합하고 다시 그것에 기여태 표현이 결합하여 현재 시제형으로 실현되었다. 예문 (16)과 (17)에 대해서도 동종의 설명이 가능하다. 예문 (17)에서는 禾가 私의 표기 오용임을 확인할 수 있다.

다음의 예 (18)~(20)은 기여태 표현이 과거 시제로 실현된 것을 예시한 것이다.

(18) 私の大学生活におけてこの本はほんとうに役に立ってくれました。
    (勧めりたい本:20代でしなければならない50のこと))
(19) 仲間が「ペチ」という名をつけてくれた。(あなたは「ペチ」をわかりますか)
(20) 今からその友人を紹介してあげました。(私の友だち)(=(10))

예문 (18)과 예문 (20)에서는 문말의 술부 부분의 기여태 표현에 ます와 과거 시제 형태소가 결합한 것을 알 수 있다. 예문 (18)의 제목 勧めりたい本은 형태적 오용으로 勧めたい本으로 고쳐 써야 한다. 예문 (20)의 기여태 표현 紹介してあげました는 오용으로 紹介してあげます로 바꿔 써야 한다. (19)에서는 기여태 표현에 과거 시제 형태소가 결합한 것을 알 수 있다.

그런데 여기에서 다시 검토해야 할 것은 <표 3>에서 제시된 학습자의 기여태 표현의 운용 능력이 원어민들의 기여태 표현 운용 능력에 어느 정도 근접해 있느냐하는 것이다. 그러면 5.3.1에서 제시한 원어민의 운용 양상을 학습자와 비교해 보도록 하자. 이것을 정리하면 다음의 <표 4>와 같다.

▶표4_ 원어민과 학습자의 기여태 표현에 대한 운용 양상의 비교

	る	た	ている	ていた	계
원어민	57	29	14	0	7개
한국인 학습자	43	57	0	0	100%

<표 4>를 통해서 세 가지의 중요한 사실을 도출해낼 수 있을 것으로 생각된다. 첫째, 학습자는 기여태 표현을 현재 시제로 실현시키는 운용 능력이 43%로 원어민의 운용 능력 57%에 한참 못 미친다는 점이다. 둘째, 학습자는 기여태 표현을 과거 시제를 통해 실현시키는 운용 능력이 57%로 원어민의 운용 능력 29%보다 훨씬 높은 수치를 보인다는 것이다. 셋째, 학습자는 기여태 표현을 현재 진행상으로 실현시키는 능력이 0%인 데 반해 원어민은 14%의 운용 능력을 보인다는 점이다. 마지막으로 현재 과거 진행상과 기여태 표현과의 운용 비율은 원어민과 학습자 모두 각각 0%로 일치를 보였다는 점이다.

10.3.2 복문 후행절에 기여태 표현이 나타나는 경우

이번에는 학습자의 일본어 운용에서 복문 후행절의 기여태 표현이 종속절을 포함하는 양상을 살펴보기로 한다. 다음의 <표 5>는 바로 그 양상을 수치로 나타낸 것이다.

▶표5_ 복문말에 기여태 표현이 나타나는 경우에 선행하는 종속절

연용절	연체절	인용절	계
90	43	4	137개
66	31	3	100%

<표 5>를 보면 학습자가 운용하는 일본어 복문 후행절의 기여태 표현 137개 가운데 연용절을 포함하는 기여태 표현이 90개 66%의 비율로 가장 많다는 것을 알 수 있다. 연체절이 43개(31%), 인용절 4개(3%)로 각각 그 뒤를 잇고 있다.

다음의 예문 (21)-(29)는 기여태 표현(실선 부분)이 연용절(점선 부분)을 포함한 것을 나타내는 실제 예문이다.

(21) 私だちが学校から帰えれば母は準備しておいたおやつを一様に配ってくださいましたが、私はいつも足りなかった。(天使のような心)

(22) それで食べてから姉の顔をじろじろ見ていれば姉は笑顔で「もう食べたの？」といいながら自分の分にすこしぐらい分けてくれたりした。(天使のような心)

(23) それにもかかわらず私に腹を立てられずにまるで自分の事のように気をかけてくれた姉に母のような母性愛が感じられました。(天使のような心)

(24) また彼の家から私の家まで2時間以上かかりますが、私の家までよく連れてくれました。(彼のチャームポイント)

(25) その時、彼は私がりょうりをしたりそうじをしたりしたらいつもわたしをてつだってくれました。(彼のチャームポイント)

(26) 私に悪いことがあったら自分のことのように心配してなぐさめてくれます。(彼のチャームポイント)

(27) こんなすべてのものたちはこれから剣禅道が韓国を代表する剣道流派になるとかくしんできるようにしてくれる。(ぼくが剣禅道をえらんだ理由)

(28) 会食などにおくれるようになるといぜんに連絡をしてくれます。(私の恋人について)

(29) でもこの本はこんなけいけんを叙述するだけでなくそんなことから得る教訓を私たちにおしえてくれます。(いい考え)

예문 (21)은 기여태 표현 配って くださいました가 帰えれば에서 보듯 ば형식의 연용절을 포함한 것을 보여 주는 실제 예이다. 예문 (22)에서는 기여태 표현 分けてくれ가 いいながら에서 보듯 ながら 연용절을 내포하는 것을 확인할 수 있다. 예문 (23)-(29)에 대해서도 유사한 설명이 가능한데 구체적인 설명은 생략한다.

예문 (30)-(39)는 기여태 표현(점선 부분)이 연체절(실선 부분)을 포함하는 실제 예문이다.

(30) だから「珍像」の和風の穏やかな内部と食事しているあいだの細心なサービスはいっそう食欲を<u>そそってくれ</u>そうです。(純韓国式シャブシャブ店の珍像)

(31) さいごに午後2時から3時ごろにかけて来るお客の限りに持(→特)別な料理を<u>提供してもらえます</u>。(純韓国式シャブシャブ店の珍像)

(32) 飲食のごみの解決はははの苦労を和らげて太っちょのおいしいくごはんをたべるの容貌は飲食の貴重みを知るように<u>なってくれます</u>。(私の二つに分け＝ものの片方)

(33) 彼女は一番、ワタシにあっている日本人あいてにてきがいしんを<u>なってくれました</u>。(日本人の友だち)

(34) あまり親しくなかった私によろこんで<u>対してくれました</u>。(片恋)

(35) <u>この映画は何かに追われるか</u>のように前ばかり見て走るこのごろ人々にちょっとだが休みを<u>提供してくれて</u>、新しい人生の意味を<u>提供してくれる</u>いいきっかけがなるだろうです。(ティベットで七年)

(36) 職業は人生の目標を達成してくれる機会を与え、私の能力、知識、および技術が利用できて、未来に対して安定を保障してくれて、<u>社会のために奉仕することのできる</u>機会を<u>提供してくれる</u>からです。(人生で成功する方法)

(37) また、あねは私のたんじょう日には気の入れてえらんだぼうしをヘッドに<u>かぶてくれたり</u>、たまに甘い食べ物が好な父のためチョコレートをかって来たりする。(愛される男子)

(38) まだ大学の選定において選定結果が外国の学界によって一瞬間に変わったのはどんなに外国に従属的なのかを<u>いってくれる</u>。(BK21について)

(39) 父と私がアパートに入ったと時そのアパートに住んでいる人たちがはじめて見る私の父にうれしそうにあいさつを<u>してくれた</u>。(双子の父)

예문 (30)은 기여태 표현 そそってくれそうです가 연체절 だから「珍像」の和風の穏やかな内部と食事しているあいだの細心なサービスを　내

포하는 것을 보여 주는 실제 예이다. 예문 (31)에서는 기여태 표현 提供してもらえますが さいごに午後2時から3時ごろにかけて来るお客를 내포하고 있는 것을 확인할 수 있다. 예문 (32)-(39)에 대해서도 동일한 방식으로 설명이 가능하다.

그러면 예문 (40)-(41)에서 보듯 복문 후행절의 기여태 표현(실선 부분)이 인용절(점선 부분)을 포함하는 경우를 살펴보도록 하자.

(40) 二番目で日本語は私の趣味なんですと答えてあげます。(将来計画)
(41) たまには批判的に回りをながめることもいいだと言ってくれたい。
(ＴＶの中の世)

예문 (40)에서는 기여태 표현 答えてあげます가 인용절 二番目で日本語は私の趣味なんです를 포함한 것을 확인할 수 있다. 예문 (41)에서는 기여태 표현 言ってくれたい가 たまには批判的に回りをながめることもいいだ를 내포한 것을 확인할 수 있다. たまには批判的に回りをながめることもいいだ에서 だ가 삭제되어야 하며, 言ってくれたい는 오용으로 言ってあげたい로 고쳐 써야 한다.

이상 복문 후행절의 기여태 표현이 연용절, 연체절, 인용절을 포함하는 한국인 학습자의 일본어 운용 양상을 살펴보았다. 복문 후행절의 기여태 표현이 연용절을 포함하는 경우가 66%로 가장 높은 비율을 차지하는 것을 알 수 있었는데 그러면 연용절을 이루는 다양한 형식이 어떠한 양상으로 나타나는지 그 구체적인 내역을 살펴보도록 하자.

▶ 표6_ 복문말에 기여태 표현이 나타나는 경우에 선행하는 연용절

て	と	し	ながら	ように	たら	で	から
30	11	5	5	5	4	4	3
35	13	6	6	6	4	4	3

が	たり	ば	か	けれど	とか	기타	계
3	3	3	2	2	2	8	90
3	3	3	2	2	2	8	100%

기타(각1례) : からは、ずに、ても、であり、ないで、に、ので、連用中止

위의 <표 6>에서 학습자가 사용하는 복문 후행절의 기여태 표현에는 て절이 35%의 비율로 가장 많이 포함되는 것을 알 수 있다. と절, し절, ながら절, ように절, たら절, で절이 각각 그 뒤를 잇고 있음을 확인할 수 있다.

예문 (42)-(51)은 복문 후행절의 기여태 표현(실선 부분)이 て절(점선 부분)을 포함한 것을 나타내는 실제 예문이다.

(42) 姉はそんな私が気にかかったのか試験場に出迎えを来て、試験を終えて出る私においしい食べ物も買ってくれた、気分も解けてくれました。(もう一つの母)

(43) 私がむずかしい時いつも心配してくれて、力になってくれる姉。(もう一つの母)

(44) それでもしやと思って私が取ってやると身もだえしなかった。(ポリがきれいに見える理由)

(45) 彼に話しをたくさんかけて彼も私に親切に当たってくれた。
(私があいしている男の子のものがたり)

(46) それで、私をなぐさめて、忠告してくれる大切な友だちです。(私の友だちヒョンジョン)

(47) 飲食のごみの解決ははの苦労を和らげて太っちょのおいしいくごはんをたべるの容貌は飲食の貴重みを知るようになってくれます。(私の二つに分

け＝ものの片方)

(48) この本は月ごとに、一つのテーマをきめて、読者たちが原稿をおくってこ
れば、そのなかでいいものをえらんで本にのせてくれます。(心があたた
かくなる本)

(49) 七番、いちばじゅうようなことは私を多いあいして哀(→愛)情のひょうげ
んをしてくればいいだ。(ある男は結婚したいですか)

(50) 幼いがんの患者のまえで、赤い浣腸器を鼻にかけてあそんでくれたり…。
(あなたは「ペチ」をわかりますか)

(51) おきゃくさんがサイズやデザインなどをきいてみたら、店員たちはお互い
におしゃべりをして答えてくれませんでした。(不親切な店員)

예문 (42)에서는 기여태 표현 買ってくれた가 出迎えを来てから 보듯
て절을 포함하는 것을 확인할 수 있다. 예문 (43)에서는 기여태 표현 力
になってくれる가 같은 心配してくれて에서 보듯 て절을 포함하는 것
을 확인할 수 있다. 예문 (44)~(51)에 대해서도 동일한 방식으로 설명이
가능하다.

위의 <표 6>에 명시된 순서대로 복문 후행절의 기여태 표현(실선 부
분)이 각 연용절 형식(점선 부분)을 포함한 실제 예문을 제시하면 다음과
같다. 예문 (52)의 제목 私の理想形는 한자 표기 오용으로 私の理想型로
고쳐 써야 한다. (53)의 見送てやります는 오용으로 본동사에 촉음이 들
어간 見送ってやります로 표기해야 한다. 그러나 이 문장은 시점이 私
에 맞춰져 있으므로 見送ってくれます로 고쳐 써야 한다. 이하 구체적
인 설명은 생략하기로 한다.

(52) さいごには人を好きだととくに私をあいしてくれるべきだ。(私の理想形
(→型))

(53) 彼は集まりで遅くおわるとワタシのうちまでいつも見送てやります。(私の
すきな彼)

(54) またとうぜんのことのようにいっしょに買い物をするときにはわたしがひとりごとでとても美しい買いたいと<u>話す</u>とかならず彼は<u>買ってくれる</u>。(私のともだち)

(55) でもどんな理由があって彼を愛しているのかというと彼が性格がいいしわたしのことを<u>理解してくれる</u>しおかねがあるからわたしが好でいるのではなくなによりもたいせつなことは真剣に彼を愛しているということだ。(私のともだち)

(56) またある運転士は年よりのおばあさんや、おじいさんがバスに<u>乗ろう</u>とすると、門も<u>あけてくれない</u>で、出発してしまうこともありました。(乗りたくないバス)

(57) 支払い能力がない青少年や小学生にも父母の同意もないし<u>加入させてくれて</u>社会問題になったりした。(携帯電話の問題点)

(58) 国のために心身を捧げ報国する人を倣うことができて子供たちに教育的な面でもいいし、家族に和合できて場所を<u>提供してくれる</u>だけではなく、住民の健康のためにきっと必要です。(忠烈祠)

(59) 食事のメニューは主に洋食と定食などが<u>ある</u>し、あとデザートは飲み物なら何でもただで<u>作ってくれた</u>。(私の好きなレストラン「リチャード」)

(60) このテーマでは聴覚障害が病気とか事故とかという後天的な理由でできるのを話しながら私たちみんなが潜在的聴覚障害者だというのを<u>認識させてくれた</u>。(聴覚障害者も映画を楽まれるその日のために)

(61) それで食べてから姉の顔をじろじろ見ていれば姉は笑顔で「もう食べたの?」といいながら自分の分にすこしぐらい<u>分けてくれた</u>りした。(天使のような心)

(62) ここで彼は私が力がいるのがきらいだと<u>言い</u>ながら私のにもち(→つ)を<u>もってくれました</u>。(私のすきな彼)

(63) かのじょのてがみは私たちをさらにそっちょくに<u>なるようにしてくれた</u>。(幸せ)

(64) また、便利に乳母車を押していけるように坂道を<u>作ってくれる</u>のもいいです。(官庁に託児施設を作ってください)

(65) そしてウェーターたちのサービスとマナーがとてもいいからお客さんたちの気分が<u>よくなるようにしてくれて</u>帰るときはいつも一人でもドアの前まで出てきて<u>見送ってくれた</u>。(私の好きなレストラン「リチャード」)

(66) それに皆しんせつでわからないことがあったらすぐ<u>教えてくれろん</u>です。
   (ESSの勉強会)

(67) その時、彼は私がりょうりをしたりそうじをしたりしたらいつもわたしを
   <u>てつだってくれました</u>。(彼のチャームポイント)

(68) また還払をぜったい<u>してくれませんで</u>服をよく<u>交わしてくれません</u>です。
   (何とかかんとかいっても親切が最高!!)

(69) 小さいときから本を読むのが好きだった姉は知らないのをたずられたりす
   るとあわてないでわかりやすくて<u>説明をしてくれる</u>のである。(天使のよう
   な心)

(70) この名はごはんをよくたべるから<u>私がなつけてやる</u>です。(私の二つに分け
   ＝ものの片方)

(71) 私より7歳年うえではじめは両親が反対しましたが、何回会って見てから
   はつき合いを<u>承諾してくれました</u>。(私の恋人について)

(72) 主人が夕食を食べる間果物をあげたり、魚もあげて一日のできごとを<u>きか
   せてやりたい</u>。(私はこんな生き方がしたい)

(73) この本は月ごとに、一つのテーマをきめて、読者たちが原稿をおくってこ
   れば、そのなかでいいものをえらんで本に<u>のせてくれます</u>。(心があたた
   かくなる本)

(74) アカタクリスティの本のなかでリカタミステリーのほかにも短い話がある
   本がありますけど、その本は次に<u>教えてあげます</u>。(ほんとうにおもしろ
   い本)

(75) たとえば母となんでもない事でけんかをしてあとから考えてみると自分の
   まちがえだったとかお金を拾ったのにもち主を<u>さがしてあげよう</u>ともせず
   すぐ使って10倍にちかい自分のお金をなくしたとか一回くらいは私もけい
   けんしたことがあります。(いい考え)

(76) 私より7歳年うえではじめは両親が反対しましたが、何回会って見てから
   はつき合いを<u>承諾してくれました</u>。(私の恋人について)

(77) それにもかかわらず私に腹を立てられずにまるで自分の事のように<u>気をか
   けてくれた</u>姉に母のような母性愛が感じられました。(天使のような心)

(78) 彼は特別な日じゃなくても私にプレゼントを<u>買ってくれたり</u>、大変なこと
   じゃなくても<u>手伝ってくれたり</u>とてもやさしい人でした。(私の理想的なタ
   イプ)

(79) このように、南浦洞といえば国際市場、チャガルチ市場と共にわが釜山市民のいきてきた歴史であり、釜山の雰囲気を感じさせてくれる魅力的なところである。(南浦洞の景気の活性化対策)

(80) 小さいときから本を読むのが好きだった姉は知らないのをたずられたりするとあわてないでわかりやすくて説明をしてくれるのである。(天使のような心)

(81) すきらいがとてもかくしつなので、親しくなるととてもよくしてくれるが、それともあまり、とりそろえてくれないので、まわりのひとのごかいをうけたりします。(大事なともだち)

　복문 후행절의 기여태 표현이 연용절을 포함하는 예는 <표 5>에서 본 것처럼 66%로 과반수를 차지하는 것으로 나타났는데, 이러한 수치에서 드러난 학습자의 운용 능력이 원어민의 운용 능력에 어느 정도 근접했느냐가 관심의 대상이 될 수 있다. 왜냐하면 비교를 통해서 학습자의 습득 정도를 측정할 수 있기 때문이다. 다음의 <표 7>은 원어민과 학습자들이 사용하는 복문 후행절의 기여태 표현에 포함된 종속절을 비교한 것이다.

▶표7_ 복문말에 기여태 표현이 나타나는 경우에 선행하는 종속절

	연용절	연체절	인용절	계
일본인 원어민	57	43	0	100%
한국인 학습자	66	31	3	100%

　위의 <표 7>에서 각 종속절이 복문 후행절의 기여태 표현에 포함되는 수치의 차이는 비록 보이지만, 두 가지 분명한 사실을 우리는 확인할 수 있다. 하나는 원어민이건 학습자이건 그들이 사용하는 복문 후행절의 기여태 표현에는 연용절이 가장 많이 포함되어 있다는 것이다. 다른 하나는 그들이 사용하는 복문 후행절의 기여태 표현에는 연용절이 가장

많이 포함되며 연체절, 인용절의 순서로 기여태 표현에 포함되는 비율이 낮아지고 있다는 사실이다. 이 점에서 우리는 학습자의 일본어 운용 능력이 원어민의 운용 능력과 거의 동등하다는 결론을 내릴 수 있다. 물론 이러한 수치가 진정한 일본어 학습에서 비롯된 것인지, 한국어와 일본어의 유사성에서 비롯된 것인지 단정하기는 어렵지만, 현재 상태로는 학습자의 일본어 운용 능력인 것만큼은 분명하다고 할 수 있다.

이와 같이 학습자가 사용하는 복문 후행절의 기여태 표현은 연용절을 가장 많이 포함하는 것을 알 수 있다. 그런데 흥미로운 사실은 다음의 <표 6>에서 보듯 학습자 쪽이 원어민(<표 8>)에 비해 훨씬 다양한 운용 양상을 보여 주는 것을 확인할 수 있다는 점이다. 기여태 표현의 운용이 학습자 쪽이 훨씬 많기 때문에 나타나는 것으로 생각이 되는데, 이것은 역으로 생각하면 학습자 쪽이 원어민에 비해 기여태 표현을 더 적극적으로 운용한 결과라고 보아야 할 것이다. <표 6>을 다시 제시하면 다음과 같다.

▶표6_ 복문말에 기여태 표현이 나타나는 경우에 선행하는 연용절(학습자)

て	と	し	ながら	ように	たら	で	から
30	11	5	5	5	4	4	3
35	13	6	6	6	4	4	3
が	たり	ば	か	けれど	とか	기타	계
3	3	3	2	2	2	8	90
3	3	3	2	2	2	8	100%

기타(각1례) : からは、ずに、ても、であり、ないで、に、ので、連用中止

▶표8_ 복문말에 기여태 표현이 나타나는 경우에 선행하는 연용절(원어민)

て	たら	から	ても	계
4	1	1	1	7개
57	14	14	14	100%

10.3.3 인용절에 기여태 표현이 나타나는 경우

학습자가 사용하는 기여태 표현이 인용절에 나타나는 예는 전체 218 개 가운데 4개, 2%의 비율을 차지하는 것으로 밝혀졌다. 다음의 예문 (82)-(86)은 인용절 형식 と가 と思う와 という의 형식으로 실현된 것을 보여주는 실제 예문이다.

(82) あの人を会う前、私は「私を愛してくれるといい」と思った。(私の人生に 対して)

(83) テレビといっしょにした時間がとても多かった私は土曜日午前10時になる といつもMBCをつけて「家を直してくれます」という番組を見た。(心の暖 かい建築家になりたい)

(84) 私がすることに対して関心を持ってくれ、私をいつも信じてくれ、私もそ のようにしてあげたいと思います。(私が結婚したい男性は)

(85) しかし、学校側でも私たちをもう少し考えてくれるといえばあの寒い冬に 冷たい教室に追ってしまわないようです。(外はとても寒いよ)

(86) 私がすることに対して関心を持ってくれ、私をいつも信じてくれ、私もそ のようにしてあげたいと思います。(私が結婚したい男性は)

학습자가 사용하는 기여태 표현이 인용절에 나타나는 비율이 2%이 며, 이 수치는 기여태 표현이 위치하는 6개의 단문과 복문 가운데 4위에 해당하는 수치이다.

그러면 이러한 학습자의 기여태 표현에 대한 운용 능력은 원어민의 운용 능력에 어느 정도 근접한 것이냐는 의문이 대두된다. 5.2.2절에서 이미 확인한 것처럼, 원어민이 사용하는 기여태 표현이 인용절에 출현 하는 예가 1개로 2%를 차지하는 것으로 나타났다. 그리고 이 수치는 단 문과 복문에 나타나는 전체 6개의 위치에서 5위를 차지하는 것으로 일 본의 원어민들 역시 인용절 내부에서 기여태 표현을 운용하는 빈도가 매우 낮다는 것을 알 수 있다.

이러한 학습자와 원어민의 기여태에 대한 운용 능력은 학습자가 원어민의 운용 능력에 거의 근접해 있음을 단적으로 말해 주는 것이다. 이러한 운용 능력이 학습자의 완벽한 일본어 학습에서 비롯된 것인지 아니면 일본어와 한국어와의 유사성에서 비롯된 것인지는 재론의 여지가 있으나 현재 단계로서는 한국어 자료 분석이 이루어지지 않는 한, 본서에서 제시된 데이터 이외에 신뢰할 다른 자료는 없다.

10.3.4 의문절에 기여태 표현이 나타나는 경우

학습자의 일본어 운용에서 기여태 표현이 의문절에 출현하는 예는 하나도 확인되지 않았다.

    (87) 없음

학습자의 일본어 운용에서 의문절에 출현하는 기여태 표현이 0%의 비율을 보였다는 것의 의미를 곰곰이 생각해 보자. 여기에서 중요한 것은 이 수치가 학습자의 일본어 운용 능력이 원어민의 일본어 운용 능력에 어느 정도 근접한 것이냐는 것이다. 5.2.2절에서 알 수 있듯이 원어민의 일본어 운용에서 기여태 표현이 의문절에 나타나는 비율은 2%로 최하위를 기록하였다. 이러한 모든 것은 학습자의 일본어 운용 능력이 일본인의 일본어 운용 능력에 거의 근접하였다는 것을 말해 주는 것이다.

10.3.5 연체적 복문 선행절에 기여태 표현이 나타나는 경우

학습자의 일본어 운용에서 연체절말의 기여태 표현이 피수식 명사를 수식하는 예가 전체 218개 가운데 35개로 16%의 비율을 차지하는 것으로 확인되었다.

▶ 표9_ 연체절말에 기여태 표현이 나타나는 경우의 피수식 명사

실질 명사	형식 명사	
28(80%)	7(20%)	
	こと	の
	4(11%)	3(9%)

실질 명사 : 人(6)、心(2)、センス、幸せ、權利、學校、神樣、姉、相手、女、父、男(2)、機會、友人、何か、医者(2)、プロ、本、

다음의 예문 (88)~(100)은 연체절말의 기여태 표현이 실질 명사를 수식하는 것(점선 부분)을 보여 준다.

(88) それは親切なふりのあいさつをしてもらう人に不快感を与えるのはないだろうか。(あいさつについて)
(89) そして最後に命がけで私を惜しんで愛してくれる心がいちばん重要だと思う。(早く会いたい彼氏)
(90) なぜならねばりけがないとか忍耐がたりない人はほかの人にたのしくしてくれるセンスがないからだ。(私はこんな男がほしい)
(91) そして彼が享受してる豊かな生きがある。その中の世間が言ってくれる幸せということは正しい価値観とか不断の努力から来られることじゃない。(TVの中の世)
(92) しかし乗客たちは安全を保障してもらう權利も忘れてしまって、運転手の顔色をうかがいながら、疾走するバスの中で取っ手一つに寄りかかれるしかないのだ。(バスがこわい-空飛ぶバス)

(93) それで子供たちには歴史を<u>教えてくれる</u>学校のです。(忠烈祠)

(94) <u>だから、わたしは今日も彼女と会えさせてくれた</u>神様に感謝のお言葉を申し上げるんだ。(彼女には何か特別なことがある)

(95) そして、いつも私を<u>愛してくれる</u>姉についてありがたみを感じながら、母のような姉だと話したいです。(母のような姉)

(96) というのは毎日くりかえす生活に笑いを<u>伝えてくれる</u>相手がいるのは生きていくにとってとても大きい力になるからです。(私の結婚相手)

(97) そして、自分よりほかの人をさきに<u>考えてあげる</u>女を私は大好きだ。(こんなの女、どこにいないかな〜)

(98) それで私を<u>愛してくれる</u>父が幼い時理想の男性でした。(私の理想の男性たち)

(99) それでいつも私を<u>愛してくれる</u>男。(私はこんな男が好き!)

(100) 職業は人生の目標を<u>達成してくれる</u>機会を与え、私の能力、知識、および技術が利用できて、未来に対して安定を保障してくれて、社会のために奉仕することのできる機会を提供してくれるからです。(人生で成功する方法)

예문 (88)에서는 연체수식절에 출현한 기여태 표현 してもらう가 실질 명사 人를 수식하는 것을 확인할 수 있다. 예문 (89)에서는 연체수식절에 나타난 기여태 표현 愛してくれる가 실질 명사 心를 수식하고 있는 것을 알 수 있다.

예문 (101)~(104)는 연체절의 술어인 기여태 표현이 형식 명사(こと, の)를 수식하는 것을 보여 준다.

(101) 寝入ない夜で唯一して心を<u>温かくしてくれる</u>ことがあると思いでしょう。(寝入ない夜で)

(102) その上に心暖まる思になる話しがたくさん出るから知的な面はもちろん、感性的な面も<u>補ってくれる</u>ことができると思います。(見れば見るほどいい「いい考え」)

(103) しかし、昔を<u>きかせてくれない</u>のが物たりないです。(尊い人といっしょに)

(104) 誰かが私のために何かをしてくれるのを望みました。(誰に何がなりたい
    です)

예문 (101)에서는 기여태 표현 溫かくしてくれる가 형식 명사 こと를
수식하는 것을 확인할 수 있다. 예문 (103)에서는 기여태 표현 きかせて
くれない가 형식 명사 の를 수식하는 것을 확인할 수 있다.

<표 9>에서 연체절말의 기여태 표현이 실질 명사를 수식하는 예가
80%, 형식 명사를 수식하는 예가 20%임이 확인되었다. 학습자의 기여
태 표현 운용 능력을 알아보기 위해 지금까지 그렇게 해 온 것처럼,
5.3.5절에서 확인된 원어민의 기여태 표현의 운용 능력을 비교해 보자.
다음의 <표 10>을 보도록 하자.

▶ 표10_ 연체절의 술어인 기여태 표현이 수식하는 명사

	실질 명사	형식 명사
본 연구의 수동태 표현 분석	75%	25%
마에다의 수동태 표현 분석	55%	45%
한국인 학습자의 수동태 운용	72%	28%
원어민들의 사역태 운용	59%	41%
한국인 학습자의 사역태 운용	57%	43%
원어민들의 기여태 운용	64%	36%
한국인 학습자의 기여태 운용	80%	20%

위의 <표 10>에서 한국인 학습자의 기여태 운용 비율은 실질 명사
80%, 형식 명사 20%로 원어민들의 실질 명사 64%를 훨씬 상회하는 반
면, 형식 명사 36%에 한참 못 미친다. 형식 명사의 습득이 부족하거나
습득이 되어 있어도 운용 능력이 떨어지기 때문으로 생각되는데 이 점
에 대해서는 추후 밀도 있는 연구가 지속되어야 할 것이다.

학습자의 일본어 운용에서 연체절말의 기여태 표현이 수식하는 형식 명사로는 こと가 11%, の가 9%로 출현하는 것을 확인할 수 있는데, 이는 5.3.5에서 본 것처럼 の의 18%에는 한참 못 미치는 수치이다. こと는 원어민의 기여태 표현 운용에서는 보이지 않는다.

10.3.6 연용적 복문 선행절에 기여태 표현이 나타나는 경우

학습자가 운용하는 기여태 표현이 연용절에 나타나는 예는 전체 218개 가운데 21개로 약 10%의 비율을 차지하는 것으로 확인되었다.

기여태 표현이 나타나는 연용절의 내역을 구체적으로 제시하면 다음의 <표 11>과 같다.

▶ 표11_ 기여태 표현이 나타나는 연용절(학습자)

たり	て	ように	が	し	ない	ので	ば	ませんで	계
7	4	2	2	1	1	1	1	1	21개
32	18	10	10	5	5	5	5	5	100%

<표 11>을 보면 たり절이 32%로 가장 많고 て절이 18%로 그 뒤를 잇고 있다. 이하 기여태 표현이 연용절 형식에 나타난 실제 예를 살펴보자.

다음의 예문 (105)-(108)은 기여태 표현이 たり절에 나타난 것을 보여주는 실제 예이다.

(105) そのたびに姉は私の話に乗ってくれたり、私をなぐさめてくれたりしました。(母のような姉)

(106) 時々、互いに「愛している」と言ってくれたり、いっしょにえいごをみに

　　　行きたり、旅行したりしたいと思います。(私が結婚したい男性は)

(107) 彼は特別な日じゃなくても私にプレゼントを買ってくれたり、大変なことじゃなくても手伝ってくれたりとてもやさしい人でした。(私の理想的なタイプ)

(108) 幼いがんの患者のまえで、赤い浣腸器を鼻にかけてあそんでくれたり…。
　　　(あなたは「ペチ」をわかりますか)

　　다음의 예문 (105)-(108)은 기여태 표현이 て절에 나타나는 것을 보여 주는 실제 예이다. 예를 들어 예문 (109)에서는 説明してくれて에서 보듯 て절의 연용절에 기여태 표현이 출현한 것을 확인할 수 있다.

(109) そんな私に親切に説明してくれて本当にありがっていました。
　　　(お兄さんのような友だち)

(110) それで、私とは同じ年ですが、末っ子の私のだだとかんしゃくを聞いてくれて、私には本当のお姉さんのような人です。(私の友だちヒョンジョン)

　　예문 (111)-(116)은 기여태 표현이 다양한 연용절 형식에 나타나는 것을 보여주는 실제 예이다. 구체적인 설명은 생략하기로 한다.

(111) その代わりに親の社業を結んでもらえるようになってるハンサームな王子がいらっしゃってる。(TVの中の世)

(112) テレビのはったつのためわたしたちのはちじょうせいかつにいろいろのべんりとりえきをもってくれたが、もんだいてんもいろいろあります。(テレビのばんぐみのもんだいてん)

(113) なぜかというと「旅」をすればするほど自分を大きく成長させてくれるし、普段では味わえない体験ができるからだ。(私が勧めたいこと-汽車旅行-)

(114) すぎきらいがとてもかくしつなので、親しくなるととてもよくしてくれるが、それともあまり、とりそろえてくれないので、まわりのひとのご

かいをうけたりします。(大事なともだち)

(115) 但、買ってあればついていきます。(済州のおじいさんの豚の腸詰め食堂)

(116) また還払をぜったいしてくれませんで服をよく交わしてくれませんです。(何とかかんとかいっても親切が最高!!)

그러면 이번에는 원어민과 학습자의 기여태 표현 운용 양상을 비교해 보자.

▶ 표12_ 기여태 표현이 연용절에 나타나는 비율(원어민과 학습자의 비교)

	원어민	학습자
수동태 표현	15	16
사역태 표현	23	18
기여태 표현	20	10

<표 12>에서 기여태 표현이 연용절에 나타나는 비율이 원어민과 학습자가 다른 것을 알 수 있다. 원어민이 운용하는 기여태 표현은 연용절에 나타나는 비율이 20%인 반면에, 학습자의 경우는 10%이다. 수동태 표현을 제외하고는 사역태 표현과 기여태 표현에서 학습자가 원어민만큼의 운용 능력을 발휘하지 못하는 것을 볼 수 있다.

이번에는 기여태 표현이 나타나는 다양한 연용절 형식을 보도록 하자.

▶ 표13_ 기여태 표현이 나타나는 다양한 연용절 형식

	연용절 형식
원어민	て절(20%), ば절(20%), が(10%), けど(10%), ない(10%), ても(10%), のだ(10%), 連用中止(10%)
한국인 학습자	たり(32%), て(18%), ように(10%), が(10%), し(5%), ない(5%), ので(5%), ば(5%)

위의 <표 12>를 보면 학습자가 운용하는 기여태 표현은 32%로 たり
절에 가장 많이 나타난다. 반면에 원어민이 운용하는 기여태 표현은
20%의 비율로 て절에 가장 많이 나타난다. 비록 순위는 다르지만 て절
에 나타나는 기여태 표현의 비율은 학습자 18%, 원어민 20%로 거의 일
치한다. 학습자가 운용하는 연용절 형식이 원어민과 많은 차이를 보이
는 것을 볼 수 있다.

10.4 지도 방안과 실제

이 절에서는 학습자의 기여태 표현의 운용 양상을 통해서 마에다 나오
코(前田直子 2011:80-81)의 지도 방안이 과연 타당한 것인지 살펴보도록 하자.
첫째, 수동태 표현, 사역태 표현과 마찬가지로 て절과 조합한 기여태
표현을 학습자들이 적극적으로 산출할 수 있도록 지도해야 하는지에 대
해서 살펴보도록 하자. 이를 위해서 원어민과 학습자가 운용한 기여태
표현을 비교할 필요가 있다.
학습자의 운용에서 나타난 기여태 표현과 て절의 조합은 모두 53%이
다. 즉 て절을 포함하는 기여태 표현은 35%이고, て절에 나타나는 기여
태 표현의 비율은 18%이다. 한편 원어민의 경우는 각각 57%와 20%로
학습자의 35%와 18%를 훨씬 넘어서고 있다. 이 수치를 근거로 학습자
들로 하여금 て절과 조합된 기여태 표현을 적극적으로 산출할 수 있도
록 지도할 필요가 있다. 그리고 학습자의 기여태 운용에는 다양한 연용
절 형식이 조합되기는 하지만, 원어민이 운용하는 기여태 표현과 연용
절 형식과의 조합에 근접할 수 있도록 면밀한 지도가 요청된다.
둘째, 원어민이 운용하는 수동태 표현, 사역태 표현과 마찬가지로 기

여태 표현 역시 단순히 종지형으로 끝나는 것이 아니라 다양한 모댈리티 표현과 조합하여 나타난다는 점에서 학습자도 원어민의 운용 능력에 근접할 수 있도록 면밀한 지도가 요구되는지에 대해서 살펴보자. 5.3.1절에서 확인된 것처럼, 원어민이 운용하는 기여태 표현은 よ, て, ことだ, かい, のだ, ではないか 등의 모댈리티 형식(8개)과 조합한다. 한편 10.3.1절을 보면 학습자의 경우는 ます, ました, といいのに, ようだ, たい, の, のか 등의 모댈리티 형식과 조합한 것(17개)을 볼 수 있다. 단문 말에 나타난 기여태 표현은 원어민의 경우가 12개, 학습자의 경우가 21개로 원어민보다 더 많다.

이 수치는 과연 무엇을 의미하는 것일까? 이 수치는 학습자의 기여태 표현과 문말의 모댈리티의 조합 능력이 충분하다는 것을 의미하는 것일까? 대답은 아니오이다. 학습자의 기여태 표현이 문말의 모댈리티 표현과 조합하는 비율이 높은 것은 문장에서 기여태를 운용한 빈도가 원어민보다 훨씬 많기 때문이다. 학습자가 기여태 문장을 사용한 횟수는 218개이고, 원어민의 경우는 49개이다. 원어민이 운용한 49개 기여태 문장 중에서 12개가 모댈리티 표현과 조합이 확인된 반면, 학습자가 운용한 218개 중에서 21개가 모댈리티 표현과 조합한 것이 확인되었다. 이 말은 학습자가 일본어 운용에서 기여태 표현을 운용하는 비중이 훨씬 높지만 모댈리티 표현과 기여태 표현이 조합되는 비율은 원어민보다 훨씬 떨어진다는 것을 의미한다. 따라서 수동태 표현, 사역태 표현과 마찬가지로 기여태 표현도 적극적으로 산출해낼 수 있도록 학습자를 지도할 필요가 있다는 결론을 얻을 수 있다.

셋째, 기여태 표현 역시 수동태 표현이나 사역태 표현처럼 과거 시제형이나 현재 시제형과 골고루 조합해 낼 수 있도록 일본어 학습자들을 지도해야 할 필요가 있는지에 대해서 살펴보자. 다음의 <표 13>을 보자.

▶표14_ 단문말의 기여태 표현과 시제 및 상 형식

	る	た	ている	ていた	계
원어민	57%	29%	14%	0%	100%
한국인 학습자	43%	57%	0%	0%	100%

위의 <표 14>를 보면 원어민의 현재 시제형의 운용 능력은 57%로 학습자의 43%를 능가하고 있다. 반면에 원어민의 과거 시제형의 운용 능력은 29%로 학습자의 57%에 크게 못 미친다. 원어민의 현재 진행형 운용 능력은 14%로 학습자의 0%를 크게 앞서고 있다. 과거 진행형의 운용 능력은 각각 0%로 동률을 이루고 있다.

위의 <표 14>에서 두 가지 사실을 확인할 수 있다. 하나는 수동태 표현, 사역태 표현과 마찬가지로 기여태 표현에 있어서도 학습자가 과거 시제형의 운용에 치우쳐져 있다는 사실이다. 이 역시 초급일본어 교재에 과거 시제 형식 일변도로 기여태 표현이 예시된 데에서 비롯된 것인지도 모른다는 추측을 해 볼 수 있다.

다른 하나는 원어민이 지닌 현재 진행상의 운용 능력을 갖출 수 있도록 학습자들을 지도할 필요가 있다는 것이다.

넷째, 일본어 교사가 학습자들로 하여금 こと, の와 같은 형식 명사와 결합한 기여태 표현을 사용할 수 있도록 중급, 고급 과정에서도 계속해서 지도해야 하는지에 대해서 살펴보자. 그러면 원어민과 학습자들이 운용하는 기여태 표현이 수식하는 명사를 비교해 보자.

▶표15_ 연체절말의 기여태 표현의 피수식 명사(원어민)

실질 명사	형식 명사		
7개(64%)	4개(36%)		
	の	方(ほう)	わけ
	2개(18%)	1개(9%)	1개(9%)

▶ 표8_ 연체절말의 기여태 표현의 피수식 명사(학습자)

실질 명사	형식 명사	
28개(80%)	7개(20%)	
	こと	の
	4개(11%)	3개(9%)

위의 <표 14>와 <표 8>을 보면 형식 명사를 피수식 명사로 취하는 기여태 표현의 운용에 있어 원어민보다 학습자 쪽이 훨씬 활발해 보인다. 그러나 원어민이 운용한 4개의 형식 명사는 총 49개에서 나타난 것인 반면, 학습자가 운용한 7개의 형식 명사는 총 218개에서 나타난 것이므로 원어민 쪽이 기여태 표현과 형식 명사의 조합에 있어 우위를 차지하는 사실을 확인할 수 있다.

마지막으로 기여태 표현도 수동태 표현, 사역태 표현과 마찬가지로 초급 과정의 후반에 등장하는 경우가 많으므로 복잡한 기여태 표현을 만드는 연습은 초급 단계보다 중급이나 고급 단계에서 적극적으로 행할 필요가 있다고 생각한다.

10.5 나오는 말

원어민과 학습자가 사용한 기여태 표현의 유형을 비교해보자.

▶표16_ 문어체 자료에 나타난 기여태 표현의 형식(원어민)

	てやる			てくれる		てもらう	
	てやる	てあげる	てさしあげる	てくれる	てくださる	てもらう	ていただく
소계 (%)	4개(8%)	2개(4%)	0개(0%)	36개 (73%)	1개(2%)	6개(12%)	0개(0%)
합계 (%)	6개(12%)			37개(76%)		6개(12%)	
전체	49개(100%)						

▶표1_ 문어체 자료에 나타난 기여태 표현의 형식(일본어 학습자)

	てやる			てくれる		てもらう	
	てやる	てあげる	てさしあげる	てくれる	てくださる	てもらう	ていただく
소계 (%)	13개(8%)	4개(2%)	2개(1%)	139개 (83%)	1개(1%)	8개(5%)	0개(0%)
합계 (%)	19개(11%)			140개(84%)		8개(5%)	
전체	167개(100%)						

위의 <표 16>과 <표 1>을 보면 학습자가 167개로 원어민의 49개보다 기여태 표현을 훨씬 선호하는 것을 알 수 있다(학습자의 작문 자료가 4배 많다고 하더라도.). 또한 학습자는 てもらう형의 기여태 표현의 운용이 5%로 원어민의 12%에 한참 못 미치는 것을 알 수 있다. 공통점도 확인할 수 있는데, 그것은 원어민이든 학습자이든 てくれる형 기여태 표현을 운용하는 비율이 압도적으로 높다는 점이다. 이 점에서 학습자는 てくれる형 기여태 표현의 운용에 있어 원어민의 운용 능력과 거의 일치하는 것으로 생각할 수 있다.

한편 제10장에서는 학습자가 운용한 기여태 표현이 문중에 출현하는 위치에 대해서 살펴보았다. 학습자의 기여태 표현 운용 능력을 파악하기 위해 원어민과 비교를 하면 다음의 <표 17>과 같다.

▶표17_ 기여태 표현의 문중 출현 위치(원어민)

		기여태 표현의 문중 출현 위치	원어민	학습자
문말	단문	①단문말에 기여태 표현이 나타나는 경우	24	10
		②복문 후행절에 기여태 표현이 나타나는 경우	29	63
비문말	복문	③인용절에 기여태 표현이 나타나는 경우	2	2
		④의문절에 기여태 표현이 나타나는 경우	2	0
		⑤연체적 복문 선행절에 기여태 표현이 나타나는 경우	22	16
		⑥연용적 복문 선행절에 기여태 표현이 나타나는 경우	20	10
합			100% (49개)	100% (218개)

첫째, 학습자의 기여태 표현 운용 양상부터 살펴보자. 학습자가 운용하는 기여태 표현은 복문 후행절에 63%로 가장 많이 나타난다. 즉 학습자들은 주절에 기여태 표현이 위치하고 종속절에 연용절, 연체절, 인용절이 있는 경우를 가장 많이 선호하는 것을 알 수 있다.

둘째, 그다음으로 원어민과 학습자의 기여태 표현 운용 양상을 비교해보자. 기여태 표현의 출현 빈도를 보면 원어민의 49개에 비해 학습자는 218개로 그 수치가 압도적으로 높은 것을 알 수 있다. 이것을 두고 학습자가 일본어 기여태 표현을 완벽하게 습득하였다고 판단하기엔 무리가 있다고 생각된다. 그렇다고 해서 이러한 운용 양상이 우연히 발생했다고 판단하기도 어렵다. 현 시점에서 가장 유력한 생각은 이를 한국어의 문제로 돌리는 것이다. 즉 한국어의 문장체 자료에는 일본어의 문장체 자료보다 기여태 표현이 훨씬 많이 출현하므로 학습자가 일본어 작문을 하면서 그러한 모어(한국어)의 특징이 전이되었다고 보는 것이다.

셋째, 원어민이나 학습자가 운용하는 기여태 표현은 모두 복문 후행절에 출현하는 비중이 높다는 점에서 공통점을 지니는 것을 확인할 수 있다. 그러나 그 비율은 학습자 쪽이 훨씬 높으며 이것은 한국어라는 모어가 전이되어 나타난 결과로 판단이 된다.

마지막으로 원어민이나 학습자가 운용하는 기여태 표현은 인용절이나 의문절에는 거의 나타나지 않는다는 점에서 공통점이 확인된다.

제11장

학습자의 가능태 표현 습득

11.1 들어가는 말

다음의 예문은 가능태 표현을 예시한 것으로 나성영·홍민표(2014: 96, 97)에서 인용한 것이다.

(1) a. 山田さんはハングルが書けますか。
    b. 金さんは納豆が食べられますか。
    c. 木村さんの行動が理解できません。
    d. あなたはあしたのゼミに出席できますか。

일본어 교재에는 예문 (1)에서 보듯 가능태 표현이 수동태 표현, 사역태 표현, 기여태 표현과 마찬가지로 후반부에 배치되는 것이 일반적이다. 그리고 가능태 표현은 예문 (1)을 포함하여 수동태 표현, 사역태 표현, 기여태 표현과는 달리 모두 현재 시제형으로 예시되는 것을 확인할 수 있었다. 학습자가 작문한 가능태 표현 관련 연구는 오용 연구가 주축을 이룬다(cf 천호재·조병현 2011). 본서와 같이 학습자의 작문 자료에 나타난 가능태 표현이 문중의 어느 위치에 어떠한 양상으로 구체적으로 출현하는지에 대해서 논의한 연구는 없다. 더구나 원어민과 비교하여 학습자의 가능태 표현에 대한 운용 능력이 구체적으로 어느 정도인지 살펴본 연구도 없다. 또한 학습자가 가능태 표현을 적극적으로 산출해 낼 수 있도록 하기 위해서 구체적으로 어떠한 지도 방안이 필요한지에 대해서 논의한 연구도 없다. 본서에서는 이상 제기한 세 가지 문제들을 구체적으로 살펴보고자 한다.

11.2 가능태 표현의 문중 출현 위치에 따른 분류 및 분석 결과의 개요

아래의 <표 1>은 학습자들의 작문 자료에서 나타난 가능태 표현 형식의 유형을 수치화한 것이다.

▶표1_ 가능태 표현 형식의 유형

동사의 ます형+ うる(えない)	동사의 가능형 (가능 동사)	동사 기본형+ ことができる	동사의 수동형	전체
1개	262개	110개	84개	457개
0.2%	57%	24%	18%	100%

위의 <표 1>을 보면 가능 동사를 술어로 하는 가능태 표현은 전체 457개 가운데 262개로 57%를 차지하는 것을 알 수 있다. 그다음이 동사 기본형+ことができる형이 110개로 24%를 차지하는 것을 볼 수 있으

며, 동사의 수동형이 18%, 동사의 ます형＋うる(えない)이 0.2%로 각각 그 뒤를 잇고 있음을 알 수 있다.

학습자의 작문 자료에서 나타난 가능태 표현의 문중 출현 예를 살펴보면 다음과 같다.

①단문말에 가능태 표현이 나타나는 경우
  (2) まずこのプロはおもしろく英語がならえる。(グットモーニングポップス)
②복문 후행절에 가능태 표현이 나타나는 경우
  (3) まず「ＰＡＰＥＲ」を読むと、たような考えができます。(「PAPER」知っ
    ていますか)
③인용절에 가능태 표현이 나타나는 경우
  (4) それで消費者は節制できる能力を持ちこと(→持つこと)が必要だと思いま
    す。(いいかげんなねだん)
④의문절에 가능태 표현이 나타나는 경우
  (5) 以上、この計画が全部できるかわからないけれど、一生懸命努力したい
    という気持ちです。(私の将来の計画)
⑤연체적 복문 선행절에 가능태 표현이 나타나는 경우
  (6) それで共感できる人も理解できない人もいるのだ。(私の人生観)
⑥연용적 복문 선행절에 가능태 표현이 나타나는 경우
  (7) また5時から7時までは推薦の曲といろんな歌の順列も見せてくれるの
    で、新しい歌をおぼえることもできるし、すきな歌が日本でも人気があ
    るかどうかをしることもできます。(日本が見える場所)

예문 (2)는 가능태 표현이 단문에 종지형의 방식으로 실현된 것을 보여 주는 실제 예이다. 조사 결과 가능태 표현도 종지형의 방식으로만 실현되는 것은 아니며, 시제 형식, 상 형식, 모댈리티 형식 등의 다양한 형식과 결합하는 방식으로 실현되는 것이 밝혀졌다. 예문 (3)은 가능태 표현이 주절에 나타난 것을 예시한 것인데, 선행절 즉 연용절, 연체절, 인용절과 가능태 표현이 활발한 통사적 관계를 이루는 것이 확인되었다.

예문 (4)는 가능태 표현이 인용절에 나타난 것을 보여 주는 실제 예이다. 예문 (5)는 의문절에 가능태 표현이 출현한 것을 예시한 것이다. 예문 (6)은 가능태 표현이 연체절에 나타난 것을 예시한 것이다. 예문 (7)은 가능태 표현이 연용절에 나타난 것을 보여 주는 실제 예이다.

본 저자가 이들 6가지 문장 출현 위치를 통해 학습자의 작문 자료에 나타난 가능태 표현의 출현 양상을 조사하였는데, 그 결과는 다음의 <표 2>에서 보는 바와 같다.

▶ 표2_ 가능태 표현의 문중 출현 위치(학습자)

문말	단문	①단문말에 가능태 표현이 나타나는 경우	78	12%
		②복문 후행절에 가능태 표현이 나타나는 경우	351	55%
비문말	복문	③인용절에 가능태 표현이 나타나는 경우	57	9%
		④의문절에 가능태 표현이 나타나는 경우	5	1%
		⑤연체적 복문 선행절에 가능태 표현이 나타나는 경우	99	15%
		⑥연용적 복문 선행절에 가능태 표현이 나타나는 경우	53	8%
합			643개	100%

위의 <표 2>를 보면 학습자가 운용한 가능태 표현 형식이 643회에 걸쳐 문중에 출현한 것을 알 수 있다. 원어민의 285회에 비해 월등히 높은 수치이다. 이를 통해서 학습자는 일본어 가능태 표현의 운용에 매우 적극적인 자세를 지니는 것을 알 수 있다.

그런데 <표 1>을 보면 학습자가 운용한 가능태 표현 형식으로 총 457개인데, 실제 문중에 나타난 가능태 표현이 등장한 횟수가 643회로 되어 있다. 이러한 수치상의 차이가 발생한 이면에는 본서에서 몇 가지 방침을 세워 단문과 복문에 나타나는 가능태 표현의 출현 위치를 분석하였기 때문이다. 먼저 단문에 한정하여 가능태 표현이 종지형의 방식으로 문말에 나타나는 경우, 모댈리티와 결합해서 나타나는 경우, 시제 및 상의 형식과 결합해서 나타나는 경우를 분석하였다.

둘째, 복문의 경우 예를 들어 まわりをざっと見回すと、すぐ近くに韓国のことが感じられます(韓国のお茶はいかがでしょうか)에서 보듯 가능태 표현 感じられます는 하나의 と연용절을 내포하는 것이 일반적이다. 그런데 많은 경우, 다음의 예문 次にガソリンスタンドを壊る場面とかけんかする場面はちょっと暴力性はあるが、そんなにできない自己に代わって代理満足が感じられます(こんな映画はどうですか)에서 보듯, 가능태 표현 感じられます와 できない가 두 개의 연체절과 が연용절을 내포하고, 피수식 명사 즉 실질 명사 自己를 취하는 등 다양한 통사관계를 지니는 경우 본서에서는 이들 모두를 합산하였다.

마지막으로 예를 들어 音楽会や演劇などはそれに応じる知識と教養がなければ楽しむことができないと思います(もう一つの世界)에서 보듯 인용절 내부에는 가능태 표현이 생기하는데, 그 가능태 표현은 다시 연체절과 ば연용절을 내포한다. 그러나 본서에서는 이를 일절 인정하지 않고 가능태 표현 楽しむことができない가 인용절 내부에 생기하는 것 하나만 인정하였다.

본서에서는 위의 <표 2>에서 제시된 가능태 표현의 출현 양상을 통해 원어민의 가능태 표현 운용 양상을 구체적으로 살펴보기로 한다. 그리고 이러한 원어민의 가능태 표현 운용 양상이 가능태 표현에만 국한되는 특징인지, 아니면 수동태 표현, 사역태 표현, 기여태 표현에도 나타나는 특징인지를 비교를 통해서 살펴보고자 한다.

본서에서는 위의 <표 2>에 제시한 가능태 표현의 수치를 기반으로 학습자의 가능태 표현 습득 양상을 구체적으로 살펴볼 것이다. 그리고 학습자의 가능태 표현 운용 능력을 측정하기 위해 지금까지 고찰해온 원어민의 수동태 표현, 사역태 표현, 기여태 표현의 운용 양상을 비교하고자 한다. 또한 학습자의 기여태 표현 운용 양상이 가능태 표현에만 국한되는 것인지, 아니면 이미 살펴본 수동태 표현, 사역태 표현, 기여태 표현에도 나타나는 것인지도 비교해서 살펴볼 것이다. 마지막으로 마에다 나오코(前田直子 2011)가 제시한 수동태 표현의 지도 방안이 가능태 표현에도 적용되는지 여부도 검토한다.

11.3 가능태 표현이 나타나는 단문과 복문의 분석

이 절에서는 단문말에 가능태 표현이 나타나는 경우(11.3.1), 복문 후행절에 가능태 표현이 나타나는 경우(11.3.2), 인용절에 가능태 표현이 나타나는 경우(11.3.3), 의문절에 가능태 표현이 나타나는 경우(11.3.4), 연체적 복문 선행절에 가능태 표현이 나타나는 경우(1.3.5), 연용적 복문 선행절에 가능태 표현이 나타나는 경우(11.3.6)로 나누어서 학습자의 가능태 표현에 대한 운용 능력을 고찰한다.

11.3.1 단문말에 가능태 표현이 나타나는 경우

이 절에서는 단문말에 나타나는 가능태 표현을 일본어 학습자들이 어떻게 운용하는지 파악하기 위해 가능태 표현이 단순한 문말로 실현되는 경우, 문말의 모델리티로 실현되는 경우, 시제 및 상 형식으로 실현되는 경우로 나누어서 살펴보기로 한다.

먼저 가능태 표현이 단순한 문말의 방식으로 실현되는 예로 49개의 예를 확인할 수 있었다. 이하 10개의 예문을 제시하면 다음과 같다.

(8) ほかでもせいけつな環境とかな温泉水の使いができる。

(9) それで心行くまで水遊びもできた。(もう一度行ってみたいところ)

(10) またこのゲームはダイエットにも効果的です。エアロビクスと同じく効を得られます。(健全なゲーム)

(11) 人の一生を決められる大切なごろである。(イジメがない学校)

(12) なぜなら就職について正確な情報をとられるからです。(実力と情報)

(13) グサンバンリョ岩は天然記念物の第267号として地球の生成過程を分かられる遺跡です。(내 고향 부산진구)

(14) それで私は体重を11キロをへられるようになりました。(今は体重計が怖くない)

(15) だれでも気楽に楽しめるところだった。(校内の飲食店)

(16) そして何よりもあなたに必要なことは美しさが感じれる感受性だ。(秋に勧めたいこと)

(17) しかしそんな努力にもかかわらず短期的ではおおきく変化を見られない部分だ。(貧富の差ない国)

예문 (8)-(9)는 가능태 표현이 현재 시제와 과거 시제로 실현된 것을 예시한 것이다. 예문 (10)에서는 정중함을 나타내는 조동사 ます가 결합된 것을 알 수 있으며, 예문 (11)에서는 가능태 표현에 형식 명사 ごろ가 결합된 것을 확인할 수 있다. 예문 (12)에서는 가능태 표현에 원인 및 이유를 나타내는 접속조사 から가 결합된 것을 볼 수 있다. 예문 (13)-(17)에서도 가능태 표현에 다른 표현 요소들이 결합한 것을 확인할 수 있다.

둘째, 가능태 표현이 문말의 모댈리티와의 결합을 통해서 운용되는 경우를 보도록 하자. 총 29개의 예가 확인되었는데, 이하 10개의 예를 제시한다.

(18) 他人の人生を見られること。(こんな映画はどうですか)

(19) 私はそのところのきれいな景色と独特な魅力はまだ忘れられない。(奢侈の島、済洲島)

(20) しかし映画はただそのまま安く(→優しく)対することができるんです。(もう一つの世界)

(21) こんなに正しく大便をすることができるか。(「コウンスの思い」を勧める！)

(22) それでその友人とは久しい間、親しくすごすことができるのようです。(私の友達)

(23) 外国語の中でもとくに英語が上手に話せなければならないです。(実力と情報)

(24) 図書館はたくさん人が楽に利用できるところべきです。(図書館の不親切)

(25) このシルは来年2月までしがつ間全国の郵便局の窓口や企業体や公共機関や学校などに自律的で販売できるそうだ。(クリスマスのシルの活用)

(26) どっちでもカードを使えるようにいいです。(カードが泣いている)

(27) そして映画館、バスの中、講義室までベルはとどまらなく鳴っている。もうがまんできないほどだ。(携帯電話と文化の意識)

예문 (18)에서는 가능태 표현에 ことだ가 결합하여 화자의 주관적 태도(인식)이 묘사된 것을 알 수 있다. 예문 (19)에서는 가능태 표현에 부정의 조동사 ない가 결합하여 불가능이라는 화자의 주관적 태도가 묘사된 것을 알 수 있다. 예문 (20)에서는 가능태 표현에 のだ가 결합하여 화자의 주관적 태도(강조)가 묘사되었다. 예문 (21)에서는 가능태 표현에 의문의 종조사 か가 결합하여 의문이라는 화자의 주관적 태도가 묘사된 것을 알 수 있다. 예문 (22)에서는 가능태 표현에 ようだ가 결합하여 완곡이라는 화자의 주관적 태도가 묘사된 것을 확인할 수 있다. できるのようです는 오용으로 できるようです로 고쳐 써야 한다. 예문 (23)에서는 가능태 표현에 의무 및 당연을 나타내는 표현 요소가, 예문 (24)에서는 가능태 표현에 べきだ가 결합하여 당위라는 화자의 주관적 태도가 묘사되었다. 예문 (25)에서는 전문 형식이 결합된 것을 확인할 수 있으며, 예문 (26)에서는 화자의 희망, 바람이 불완전한 결합 방식으로 습득이 이루어진 것을 알 수 있다. 예문 (27)에서는 정도를 나타내는 ほど가 결합한 것을 알 수 있다.

셋째, 가능태 표현이 시제 및 상 형식으로 실현되는 경우를 살펴보자. 이하 실제 예를 제시하면 다음과 같다.

> (28) まずこのプロはおもしろく英語がならえる。(グットモーニングポップス)
> (29) だから集中ができる。(グットモーニングポップス)
> (30) ポップソングで面白い表現がならえる。(グットモーニングポップス)
> (31) いちとうに２，3千ウォンと買われます。(都市で育ていいハムスター)
> (32) ブラジルのサンバの応援とかヨーロッパのフリガンそして近くの日本のウルトラニッポンの応援を見られる。(ワールドカップと韓日の関係)

예문 (28)-(32)에서는 가능태 표현이 현재 시제로 실현된 것을 알 수 있다. 예를 들어 예문 (28)에서는 어느 텔레비전 프로그램을 통해서 시청자들이 재미있게 영어를 배울 수 있다는 사실이 현재 시제의 방식으로 묘사된 것을 확인할 수 있다. 예문 (29)-(32)에 대해서도 유사한 방식으로 설명이 가능하다.

한편 다음의 예문 (33)에서는 가능태 표현이 과거 시제로, 예문 (34)에서는 현재 진행상으로 실현되는 경우가 있음을 확인할 수 있다.

> (33) 地震訓練のおかげで３時間目の授業はつぶせた。(なつかしき小学生時代のある日)
> (34) プサンの国際の映画祭はアジアの映画だけでなく、短編の映画とドキュメ

ンタリーの映画も見られています。(映画の海で(→へ)来てください)

가능태 표현이 현재 시제로 실현되는 경우는 아래의 <표 3>에서 보듯 88%로 나타났으며, 과거 시제로 실현된 경우는 8%로 나타났다. 그리고 현재 진행상으로 실현된 경우는 4%에 불과하였다. 과거 진행상으로 실현된 경우는 0%로 하나의 예도 확인되지 않았다.

▶표3_ 학습자의 가능태 표현과 시제 및 상 형식에 대한 운용 양상

る	た	ている	ていた	계
21	2	1	0	24개
88%	8%	4%	0%	100%

이번에는 <표 3>에 나타난 학습자의 운용 비율이 원어민의 운용 능력에 어느 정도 근접한 것인지에 대해 살펴보자. 다음의 <표 4>는 일본인 원어민의 운용 비율이다(6.3.1 참조).

▶표4_ 가능태 표현과 시제 및 상 형식에 대한 학습자와 원어민의 운용 능력 비교

	る	た	ている	ていた	계
한국인 학습자	88	8	4	0	100%
일본인 원어민	74	17	9	0	100%

위의 <표 4>를 통해서 몇 가지 유의미한 사실을 알 수 있다. 첫째, 가능태 표현이 현재 시제로 실현되는 비율이 학습자의 경우 88%로 원어민의 74%를 훨씬 넘어서고 있다는 점이다. 반대로 과거 시제와 현재 진행상으로 실현되는 비율은 각각 8%, 4%로 원어민의 17%, 9%에 한참 못 미친다는 사실이다. 그리고 과거 진행상으로 실현되는 비율은 0%로

원어민과 일치를 보였다는 사실이다. <표 4>에 제시된 수치는 학습자의 가능태 표현과 시제 및 상 형식의 운용 능력을 단적으로 보여 주는 나름 의미있는 성과라고 생각한다.

11.3.2 복문 후행절에 가능태 표현이 나타나는 경우

이 절에서는 학습자가 사용하는 복문 후행절의 가능태 표현이 연용절, 연체절, 인용절을 포함하는 양상은 어느 정도인지에 대해서 살펴보도록 하자. 다음의 <표 5>를 보도록 하자.

▶ 표5_ 복문말에 가능태 표현이 나타나는 경우에 선행하는 종속절(학습자)

연용절	연체절	인용절	계
229	117	5	351개
65	33	1	100%

위의 <표 5>를 보면 학습자가 사용하는 복문 후행절의 가능태 표현 351개 가운데 무려 229개의 가능태 표현이 65%의 비율로 연용절을 포함하는 것을 알 수 있다. 연체절은 117개로 33%의 비율로 포함되는 것을 알 수 있다. 인용절은 5개로 1%에 불과하였다.

그러면 실제 예문을 보도록 하자. 예문 (35)-(44)는 연용절(점선 부분)을 포함한 가능태 표현(실선 부분)을 예시한 것이다.

(35) まわりをざっと見回すと、すぐ近くに韓国のことが感じられます。
   (韓国のお茶はいかがでしょうか)
(36) 若いからできる運動だから今のうちにやっておいた方がいいです。(若者の楽しみ)

(37) 単純な歴史の<u>小説</u>ではなくてそれは人生だとあえて<u>話すことができるの</u>だ。(人生が盛り込んである本「三国志」)

(38) 毎日新しい表現がこんなときはこんなに、というコーナーが<u>あるので</u>簡単に<u>言える</u>。(グットモーニングポップス)

(39) 乗り場から<u>出たら</u>、すばらしい日の出が<u>見られます</u>。(正東津)

(40) なぜかというと「旅」を<u>すればする</u>ほど自分を大きく<u>成長させてくれる</u>し、普段では味わえない体験が<u>できるからだ</u>。(私が勧めたいこと-汽車旅行-)

(41) とくにせいぞうされたきのう性、クリームをぬって10分間ま<u>さつする</u>とゴミが出てくる。はじめて使う人も<u>かがみをみながら</u>かんたんに<u>できます</u>。(すすめたいのはマッサージ)

(42) 国のために<u>心身を捧げ</u>報国する人を倣うことが<u>できて</u>子供たちに教育的な面でもいいし、家族に<u>和合できて</u>場所を提供してくれるだけではなく、住民の健康のためにきっと必要です。(忠烈祠)

(43) 開発され<u>なくて</u>不便なところもありますが、だれより自然を近くに<u>いられるからです</u>。(土の香が匂うわが町)

(44) そのとき私はしばらくの間、何の口も<u>利かなかった</u>まま、暖かい視線に慰労してくれる彼女を、眺めるのしか<u>できなかった</u>。(彼女には何か特別なことがある)

예문 (35)는 見回すと에서 보듯 と절의 연용절을 가능태 표현 感じられます가 포함하고 있음을 보여 준다. 예문 (36)에서는 가능태 표현 できる가 若いから에서 보듯 から연용절을 포함하고 있음을 확인할 수 있다. 예문 (37)에서는 가능태 표현 話すことができる가 単純な歴史の小説ではなくて에서 보듯 て절을 포함하고 있음을 알 수 있다. 예문 (38)-(44)에 대해서도 동종의 설명이 가능하다. 구체적인 설명은 생략하기로 한다.

예문 (45)-(54)는 연체절(점선 부분)을 포함한 가능태 표현(실선 부분)을 예시한 것이다.

(45) こんな姿勢をしている人々に学科はただし学院だけでその以上も以下もないで卒業のあとにも同門会ということもできないことだ。(われわれの文化)

(46) スーパーヘルスの20世紀を住む私たちはどんなに得るできるか。
(健康をためプロジェクト)

(47) いい20代を送った人だけが、いい30代になれるのです。
(勧めりたい本：20代でしなければならない50のこと)

(48) そして義ということはとんな人でも自由と平等に生きるのができるのです。(男女の不平等)

(49) まず一生懸命はたらけばはたらくだけの所得をあげられる条件が前提になるべきだ。(貧富の差ない国)

(50) それで共感できる人も理解できない人もいるのだ。(私の人生観)

(51) 何かに執着しているとできることもできなくなる。(私の人生観)

(52) 職業は人生の目標を達成してくれる機会を与え、私の能力、知識、および技術が活用できて未来に対して安定を保障してくれて、社会のために奉仕することのできる機会を提供してくれるからです。(人生で成功する方法)

(53) そこを利用する人々がうれしい心で勉強できるようにしてくれることが彼らの本分がないだろうか。(図書館の不親切)

(54) それにいつも装束が変わって最新式のファッションにぜんぜん後れないドラマの中の主人公の月平均の衣装の支出の費用は私の計算についたら約80万元くらいで推定できる。(TVの中の世)

　예문 (45)에서는 가능태 표현 いうこともできない가 연체절(연체수식절) こんな姿勢をしている人々을 내포하는 것을 확인할 수 있다. 예문 (46)에서는 가능태 표현 得るできる가 연체절 スーパーヘルスの20世紀を住む私たち을 내포하는 것을 알 수 있다. 得るできる는 오용으로 得ることができる로 고쳐 써야 한다. 예문 (47)에서는 연체절 いい20代を送った人를 가능태 표현 30代になれる가 포함하고 있음을 확인할 수 있다.

예문 (55)-(58)은 인용절(점선 부분)을 포함한 가능태 표현(실선 부분)을 예시한 것이다. 이하 구체적인 설명은 생략하기로 한다.

(55) こんなすべてのものたちはこれから剣禅道が韓国を代表する剣道流派になるとかくしんできるようにしてくれる。(ぼくが剣禅道をえらんだ理由)
(56) だれかが私に「あなたは何をしたいですか」ときいても私は答えられません。(たかく飛んだ鳥がとおく見る)
(57) 私の人生の方向がどんなに変えるかもしれませんけど、点数を稼ぐ人生より「生きがいがある人生だった」と話せる人生を作りたいと思います。(私の人生観)
(58) 性格が内向的ですから、ユウモラスだとか、面白い人だとは言えません。(私の恋人について)

<표 5>에서 학습자가 사용하는 복문 후행절의 가능태 표현이 연용절을 포함하는 경우가 65%로 가장 많았는데, 그러면 구체적으로 어떠한 형식의 연용절이 어떠한 양상으로 복문 후행절의 가능태 표현에 포함되는지를 살펴보도록 하자. 다음의 <표 6>을 보도록 하자.

▶표6_ 복문말에 가능태 표현이 나타나는 경우에 선행하는 연용절(학습자)

て	から	と	たら	ので	ば	が	ても	ながら	し	く
48	22	21	17	17	17	15	13	11	10	5
21	10	9	7	7	7	6.5	6	5	4	2%

で	のに	けど	ために	たり	とか	まで	ように	連用中止	기타	계
4	4	3	3	3	3	2	2	1	6	228개
2	2	1.3	1.3	1.3	1.3	1	1	0.4	3	100%

기타(각1례) : 以上、たびに、でも、ながらも、まま、なら

위의 <표 6>을 보면 て절이 전체 228개 가운데 45개(21%)로 가장 많이 복문 후행절의 가능태 표현에 포함되는 것을 알 수 있다. から절, と절, たら절, ので절, ば절, が절이 각각 그 뒤를 잇고 있다.

이하의 예문 (59)~(135)는 위의 <표 6>에 나열한 순서대로 각 연용절 형식(점선 부분)이 복문 후행절의 가능태 표현(실선 부분)에 포함된 실제 예를 예시한 것이다.

(59) 次にガソリンスタンドを壊る場面とかけんかする場面はちょっと暴力性はあるが、そんなにできない自己に代わって代理満足が感じられます。(こんな映画はどうですか)

(60) 単純な歴史の小説ではなくてそれは人生だとあえて話すことができるのだ。(人生が盛り込んである本「三国志」)

(61) 先だって生きた人々を通して私たちが生きるべきの道を習うことができるからだ。(人生が盛り込んである本「三国志」)

(62) 広いホールの向こう側には大型のミュージックビデオのスクリーンがあって最近の国内外のミュージックビデオを楽しみにしていることができるようになっていた。(私の好きなレストラン「リチャード」)

(63) 二人用、四人用、団体客用などいろいろがあって人数にしたがって座れます。(お兄さん！どこへ？)

(64) この本はいろいろな話が一冊にあります。そして退屈しなくて空き時間たびに優く読むことができるます。(ほんとうにおもしろい本)

(65) その方法を考えて見るとまず午前の時間代(→時間帯)と夜間の時間代(→時間帯)にバスを増やしてバス一台に集中されないようにするのを話せるだろう。(腹が立つ二十四番バス)

(66) 一人で所在なくて退屈なときは趣味の生活をして過ごせています。(趣味はどう？)

(67) 一方の壁がガラスになっていて外の景色を一目で見られた。(校内の飲食店)

(68) そして私はそれを言いたくて我慢できない。(「コウンスの思い」を勧める！)

예를 들어 예문 (59)에서는 가능태 표현 感じられます가 自己에 代와서에서 보듯 て절 연용절을 내포하고 있는 것을 확인할 수 있다. 예문 (64)의 読むことができるます는 오용으로 読むことができます로 고쳐 써야 한다. 예문 (65)의 時間代는 한자 표기 오용으로 時間帯로 표기해야 한다. 예문 (60)-(68)에 대한 구체적인 설명은 생략하기로 한다. 다음의 예문을 보도록 하자.

(69) そして信仰についてわからない友人とは人生の価値観もちがいから(→違うから)日常的で軽い対話しかできない。(とても好きな友人)

(70) 台詞がないから、自分がってに無人島にたいしていろいろな考えができます。(「PAPER」知っていますか)

(71) それにほかの雑誌より大きいから、広告やかわいい絵があるところは封筒を作ったり、小さいプレゼントなどを飾ったりできます。(「PAPER」知っていますか)

(72) 若いからできる運動だから今のうちにやっておいた方がいいです。(若者の楽しみ)

(73) 若いうちにやっておくこと、若いからできること、DDRを今のうちにやってみましょう。(若者の楽しみ)

(74) でも「サモーニ」レストランは午後5時までだからだれも安い値段でおいしい食事もして後食で自分がほしい茶も飲める。(尊い人といっしょに)

(75) そして三食をきちんとたべて公演があったときは舞台のまえで進行をしたから生き生きして見ることができます。(祝祭期間に何をしましたか)

(76) でも広い世の中、短かい人生で自身が経験できることはあまり多くないから、時間、お金などの面で趣味は多いことを経験できるように手伝います。(趣味はどう？)

(77) 今はぐんたいにいるからよく見ることはできないけど、たまに彼の思いをしていると本当に見たがります。(なつかしき小学生時代のある日)

(78) それに歌をリクエストするとそれを聞かせてもらえるシステムになっているから自分が好きな歌を聞くことができます。(日本が見える場所)

예를 들어 예문 (69)는 ちがいから에서 보듯 가능태 표현 対話しかできない가 から연용절을 내포하는 것을 확인할 수 있다. ちがいから는 형태적 오용으로 ちがうから로 표기해야 한다. 예문 (70)~(78)에 대한 구체적 설명은 생략하기로 한다.

다음 예문을 보도록 하자.

(79) 工場公害がないので<u>夜になると</u>、たくさんの星が<u>見られます</u>。(土の香が匂うわが町)

(80) それに歌を<u>リクエストすると</u>、それを<u>聞かせてもらえる</u>システムになっているから自分が好きな歌を聞くことができます。(日本が見える場所)

(81) だから、たまには荒唐だったこともあるが、もう一回思ってみると、その荒唐な結論さえ大変に見える「コウンスの思い」だけの奇抜なユーモアを<u>感じられるのだ</u>。(「コウンスの思い」を勧める！)

(82) 道を<u>知らないと</u>現地の人に聞いて行けばいいし、みずうみに着いたらその場で白鳥といっしょにおよげるし本当にすてきな事が<u>けいけんできます</u>。(スイスのインタラケン)

(83) すこし<u>つとめるとできる</u>。(親切な店員)

(84) 同じ空間も輪納家具だけよく用いるといくらでも広くなることができるの、また同じ空間もペンキ塗りだけよく<u>するといくらでも新しくなること</u>ができるのを、これを見てから感じた。(心の温かい建築家になりたい)

(85) 今は多い不足しても今からいっしょうけんめい実力を<u>積むとできます</u>。(私の未来)

(86) 周りを<u>見ると</u>、人の目を意識してやってもいいことも<u>できずに</u>、いる人が多いです。(私の人生観)

(87) 何かに<u>執着しているとできることもできなくなる</u>。(私の人生観)

(88) 私が他人の立場になって<u>考えるとすべてを理解できる</u>時もある。(私の人生観)

예를 들어 예문 (79)에서는 夜になると에서 보듯 가능태 표현 見られ

ます가 と절 연용절을 내포하는 것을 볼 수 있다. 예문 (80)-(88)에 대해서도 동종의 설명이 가능하다.

다음의 예문을 보도록 하자.

(89) 少しだけバスに乗って行ったらヘウンデを始めとして海を今すぐ見えります。(私は釜山がほんとうに好きです)
(90) 冬休みにある栄養士の試験に合格したらてがるに就職ができます。
(キムチを世界的な飲食で作ろう)
(91) 正しい文化空間があったらその数多い青少年がおしい命を失うことはできません。(青少年の文化空間)
(92) これからいっしょに住む男だから困難なことに合ったら自分で賢く押し分けて進められる自信と勇気のある男。(早く会いたい彼し)
(93) もし서○○さんが男の人だったらこんなに多い世人の関心を引くことができただろうか。(女性の性は無罪)

예를 들어 예문 (89)에서는 가능태 표현 見えります가 行ったら에서 보듯 たら연용절을 내포하는 것을 확인할 수 있다. 見えります는 형태적 오용으로 見えます로 표기해야 하나, 이 문장을 작문한 학습자는 見える가 見る의 가능 동사로 착각을 한 듯하다. 학습자의 의도대로라면 見られます로 표기했어야 했다. 예문 (90)-(93)에 대한 구체적인 설명은 생략하기로 한다.

다음의 예문을 보도록 하자.

(94) 部屋は子供の個人的な空間なので淫乱物をやさしく見れます。
(子供の健全なパソコンの使用)
(95) その理由は学生たちは勉強しなければならないから、自由に行動できないので自分がしたいことも出来ません。(いじめに対して)
(96) それにその主人は一か月に2回ぐらい日本に行くのでそのとき注文すれば

CDを買うこともできます。(日本が見える場所)

(97) 工場公害がないので、夜になるとたくさんの星が見られます。(土の香が匂うわが町)

(98) もちろん日本の音楽が聞ける店はほかにもありますが、そこは大きな画面があるのでただ音楽を聴くだけでなくその曲のミュージックビデオまで観覧することができます。(日本が見える場所)

예문 (94)-(98)에서는 원인과 이유를 나타내는 ので연용절을 가능태 표현이 포함하는 것을 확인할 수 있다. 예를 들어 예문 (94)에서는 가능태 표현 見れますが 子供の個人的な空間なので에서 보듯 ので연용절을 포함하는 것을 확인할 수 있다. 예문 (95)-(98)에 대해서도 동종의 설명이 가능하다.

다음의 예문 (99)-(103)은 가능태 표현이 ば절 연용절을 내포한 것을 예시한 것이다.

(99) 貧しいでも、一生懸命働ければ、富有(→富裕)がなれます。(私の彼は)

(100) 元気しないでも努力する運動をしたり、くすりをのめば元気になれます。(私の彼は)

(101) そのだけでなく人々がぞくにゲームだといえば連想されるキルリングタイム用ゲームもたんしゅんなこどものあそびだとむしにできないほどのすいじゅんにきています。(ビデオゲーム、あそびじゃないよ)

(102) また、黒、赤、青以外の色のボールペンは、ボールペンセットもなければ買われなかった。(おじさん、ボールペンの芯ありますか)

(103) なぜならある店はただの100ウォンも決定ができますがある店は2万ウォン以上になければものを買うことができません。(カードが泣いている)

예를 들어 예문 (99)에서는 一生懸命働ければ에서 보듯 ば연용절을 가능태 표현 富有(→富裕)がなれますが 내포하는 것을 확인할 수 있다.

富有는 富裕라는 한자를 잘못 표기한 형태적 오용이며 富有가なれます
는 富有になれます와 같이 に격 조사의 특징을 습득하지 못한 데에서
비롯된 오용으로 생각된다. 예문 (100)-(103)에 대한 구체적인 설명은
생략하기로 한다.

다음의 예문 (104)-(108)은 가능태 표현이 が연용절을 내포하는 것을
보여 주는 실제 예이다.

> (104) あいにくそのとき家にキャッシュがなくてカードで<u>決定することになろう
> としたができなかった</u>です。（カードが泣いている）
> (105) なぜならある店はただの100ウォンも<u>決定ができます</u>がある店は2万ウォン
> 以上になければ<u>ものを買うことができません</u>。（カードが泣いている）
> (106) 反対に数年を<u>会った</u>がどうも知ない男、能力があらない男、言葉多い
> 男、浮気をする男は<u>堪忍できない</u>。（私の理想形）
> (107) そして世界から<u>みとめていた</u>が国内にはそう<u>できない</u>。（建物がくずれて
> いる）
> (108) 洛東江の水質改善のいちばんいい方法は위천工団の造成を<u>阻止する方法
> だが、造成を阻止できない</u>と洛東江の水質改善のため外の方法が論議さ
> れるべきだ。（위천工団が洛東江にあたえる影響とそれに対して釜山市民
> の姿勢）

예를 들어 예문 (104)에서는 가능태 표현 できなかったです가 決定す
ることになろうとした가에서 보듯 が연용절을 내포하는 것을 확인할
수 있다. 예문 (105)-(108)에 대해서도 동종의 설명이 가능하다.

다음의 예문 (109)-(113)은 가능태 표현이 ても연용절을 내포하는 것
을 보여 주는 실제 예이다.

> (109) なぜなら赤ん坊を産むとたんは<u>苦しくても</u>あとの利き目は言語で<u>述べられ
> ない</u>ものとひとしいからだ。（まんがもアートだ）

(110) 学校の基盤の施設の後押しすることがなければいくら学生たちが優れても
その才能を<u>育てるのができません</u>。(世界一流の大学になるために)

(111) 外高を出す多い学生たちが語学系列に大学進学をしてもよく<u>適応できなく
て</u>休学します。(どんなしごとをしても)

(112) 今は多い<u>不足しても</u>今からいっしょうけんめい実力を<u>積むと</u>できます。
(私の未来)

(113) もし私が<u>いなくても</u>一人暮らしが<u>できる</u>ぐらいの彼女である。(3 Kより
あばたもえくぼ)

예를 들어 예문 (109)에서는 가능태 표현 述べられない가 なぜなら赤
ん坊を産むとたんは苦しくても에서 보듯 ても연용절을 내포하는 것을
확인할 수 있다. 예문 (110)의 育てるのができません은 오용으로 育てる
ことができません으로 활용되어야 한다. 예문 (111)-(113)에 대한 구체
적인 설명은 생략하기로 한다.

다음의 예문 (114)-(118)은 가능태 표현이 ながら연용절을 내포하는
것을 보여 주는 실제 예이다.

(114) 自分の能力を<u>生かしながら</u>やりがいも<u>感じられる</u>だろう。
(どんな仕事を選んだらいいのか)

(115) どうしてそんなに軽はずみに<u>振舞いながら</u>このことについて関心を持つの
が<u>理解できなかった</u>。(女性の性は無罪)

(116) 仕事を<u>しながら</u>合間に外国の<u>かんこうができる</u>から。(空を飛びたい夢)

(117) 権威から抜け出て学生と近くで<u>息をしながら</u>学生の立場を理解したときに
なったらこんな問題の<u>解決できる</u>だろう。(われわれの文化)

(118) 食堂と売店は学生が授業のきんちょうからまめかれて<u>たべながら</u>ともだち
といっしょに<u>休める</u>ところだ。(食堂と売店で学生のマナ)

예문 (114)는 가능태 표현 感じられる가 生かしながら에서 보듯 なが
ら연용절을 내포하는 것을 보여 준다. 예문 (115)-(118)에 대해서도 동

種의 설명이 가능하다.

예문 (119)-(123)은 가능태 표현이 ㄴ연용절을 내포하는 것을 보여주는 실제 예이다. 이하 구체적인 설명은 생략하기로 한다.

（119）しかしこのカードで買い物ができる場合もあるし、できない場合もあります。（カードが泣いている）
（120）私のゆめのために時間が過ぎて変われるし、このような人に会わないことができるのでこれは訂正できる。（今このような人がいるなら愛したい）
（121）政治家ばかりなじるし、社会の条件ばかりとがめるし、国民が変わらなかったら、不正腐敗は取りのけることができない。（国民も気を取り直しよう）
（122）国のために心身を捧げ報国する人を倣うことができて子供たちに教育的な面でもいいし、家族に和合できて場所を提供してくれるだけではなく、住民の健康のためにきっと必要です。（忠烈祠）
（123）道を知らないと現地の人に聞いて行けばいいし、みずうみに着いたらその場で白鳥といっしょにおよげるし本当にすてきな事がけいけんできます。（スイスのインタラケン）

예문 (124)-(135)에서는 다양한 연용절을 가능태 표현이 포함하는 것을 확인할 수 있다. 이하 구체적인 설명은 생략하기로 한다. 점선 부분은 연용절을, 실선 부분은 가능태 표현을 가리킨다.

（124）そのだけでなく人々がぞくにゲームだといえば連想されるキリングタイム用ゲームもたんしゅんなこどものあそびだとむしにできないほどのすいじゅんにきています。（ビデオゲーム、あそびじゃないよ）
（125）今度、プサンの国際の映画祭は映画を好きなマニアだけでなく、ハリウドの映画に慣れている人々にもおもむきが異なる映画を見られていいと思います。（映画の海で(→へ)来てください）
（126）みんなが酒の気に依存しないで、真実なはなしができる日がきたら、こ

302　제2부 일본어 한국어 학습자의 태와 복문 습득

んな問題もなくなてしまったでしょ。(お酒の文化の問題点)

(127) 私のような人が一人か二人がないのにそんな事で陰口をきくこと自体が<u>理解ができません</u>でした。(親切)

(128) 私は日本の音楽や映画やアニメに興味があるけどそれに<u>接することができる</u>ところがまだすくない。(私の職業観)

(129) 一つの作品を作るために入れる労力と時間を私たちは<u>想像さえできない</u>だろう。(まんがもアートだ)

(130) 次にむじかしく図書館へ行くでも具備図書が不足したり本が古かったりするので満足な資料が<u>もらえない</u>。(公共図書館の問題点)

(131) もし、日本のチェーンストアには「파전」の上におこのみやきのソースを<u>はるとか</u>「파전」とみそしるをセットで<u>するとか</u>「파전すし」を<u>作ることができます</u>。(파전がピッシャをおさえる日のため)

(132) また授業時間に<u>おそくないように入るできる</u>。(自動の食券の販売機を設置しよう)

(133) バス内はとても<u>込み</u>、なかなか座れ<u>ないながらも</u>、早く<u>行ける</u>ので、いつもスクールバスを利用していた。(星空を見上げて生きる高校生)

(134) なぜならば私がよく<u>かなしくなる</u>性格から相手が<u>あかるい</u>性格ならその人<u>を会うたびに幸福になれる</u>ようです。(私の理想型)

(135) それからどんな仕事でも自分が<u>選んだ以上</u>、まじめにやれば自分なりの生きがいを<u>感じられる</u>し、(どんな仕事を選んだらいいのか)

이미 확인한 바와 같이 <표 5>에서는 학습자가 사용하는 복문 후행절의 가능태 표현이 연용절을 가장 많이 포함하는 것으로 나타났는데, 이러한 운용 양상은 원어민의 운용 양상에 어느 정도 근접하였는지를 비교를 통해서 살펴보도록 하자.

▶표7_ 복문 후행절이 가능태 표현에 포함되는 종속절의 비교

	연용절	연체절	인용절	계
일본인 원어민	55%	38%	7%	100%
한국인 학습자	65%	33%	1%	100%

위의 <표 7>을 보면 두 가지 사실을 알 수 있는데, 하나는 원어민과 학습자가 사용하는 복문 후행절의 가능태 표현은 양쪽 모두 연용절을 포함하는 비율이 가장 높다는 사실이다. 다른 하나는 학습자와 원어민이 사용하는 복문 후행절의 가능태 표현은 연용절을 가장 많이 포함하며, 연체절, 인용절의 순서로 포함하는 비율이 낮아진다는 것이다.

아래의 <표 8>을 보면 복문 후행절의 가능태 표현에 포함되는 연용절 형식으로 て(で)절이 21%로 가장 높은 비율을 차지하는 것을 재차 확인할 수 있는데, 이것은 학습자에게만 나타나는 것이냐는 의문이 대두된다.

▶표8_ 복문말에 가능태 표현이 나타나는 경우에 선행하는 연용절(학습자)

て	から	と	たら	ので	ば	が	ても	ながら	し	く
48	22	21	17	17	17	15	13	11	10	5
21	10	9	7	7	7	6.5	6	5	4	2%
で	のに	けど	ために	たり	とか	まで	ように	連用中止	기타	계
4	4	3	3	3	3	2	2	1	6	228개
2	2	1.3	1.3	1.3	1.3	1	1	0.4	3	100%

기타(각1례) : 以上、たびに、でも、ながらも、まま、なら

위의 <표 8>과 아래의 <표 9>를 비교해보자.

▶표9_ 복문말에 가능태 표현이 나타나는 경우에 선행하는 연용절(원어민)

て(で)	たら	ても	と	ば	く	し	が	たり	ずに	기타	계
17	8	5	5	4	2	2	2	2	2	11	60개
28	13	8	8	7	3	3	3	3	3	18	100%

기타(각1례) : には、連用中止、ので、なんて、にも、であり、つつも、けれど、ながら、ながらも、のだから

원어민과 학습자의 가능태 표현 운용 양상을 보면 て절이 가장 많이 포함되는 것을 알 수 있다. て절 이외의 연용절은 운용 양상이 일치하지 않는 반면에, て절만큼은 복문 후행절의 가능태 표현에 포함되는 비율이 가장 높다는 점에서 일치를 보인다. て절 이외의 연용절 형식에 대한 원어민들의 운용 능력에 학습자가 근접할 수 있도록 지도해야 하는지에 대해서는 지금의 시점에서 단언하기는 어렵다. 이러한 운용 양상은 수동태 표현, 사역태 표현, 기여태 표현에서도 공통적으로 확인되었다. 이 점에 대해서는 금후의 과제로 돌린다.

제2부에서는 학습자가 사용하는 복문 후행절의 수동태 표현, 사역태 표현, 기여태 표현, 가능태 표현이 공통적으로 연용절을 포함하는 비율이 가장 높으며, 연체절, 인용절의 순서로 낮아지는 것을 확인할 수 있었다. 그리고 이러한 운용 양상은 원어민에게도 보이는데, 이러한 모든 것은 학습자가 사용하는 복문 후행절의 각 태 표현의 운용 능력이 원어민에게 거의 근접해 있다는 것을 말해 주는 것이다. 본서에서 일관되게 지적해 왔지만, 이러한 운용 양상이 학습자의 운용 능력에서 비롯된 것인지, 한국어와 일본어의 유사성에서 비롯된 것인지는 의문의 여지가 있다. 그러나 분명한 것은 본 저자가 내린 결론은 본 저자가 확보한 데이터를 근거로 한 것으로 이러한 결론을 반박하기 위해서는 한국인의 한국어 복문 운용에 관련된 데이터를 제시할 수밖에 없을 것이다. 그리고 그 자료는 일본어 학습 경력이 없는 한국인의 한국어 자료여야 할 것이다.

11.3.3 인용절에 가능태 표현이 나타나는 경우

학습자가 사용하는 가능태 표현이 인용절에 출현하는 예는 전체 643개 가운데 57개로 9%의 비율을 차지하는 것으로 나타났다. 다음의 예문

(136)-(148)은 가능태 표현이 인용절에 나타나는 것을 나타내는 실제 예문이다.

(136) もちろん忙しいので遅くれるのは理解できますが、しゃくにさわって腹が立つのはぜひもないと思います。(私の恋人について)

(137) 彼は高い金を出して高級交通手段を利用するのでしかるべきサービスをしてもらうのにそれほどできないと言いました。(私の恋人について)

(138) そしてタクシーうんてんしにはなしてすこしずつただしてもらえるようにしなければならないと言いました。(私の恋人について)

(139) でもそう考えながら生きている内に自然にそうなりえると思います。(私の人生観)

(140) それができたら生きることが本当に楽しくなると思います。(私の人生観)

(141) それゆえにうえと同じく父母がちょっと神経を使えば健全なパソコンの使用を助けられると思います。(子供の健全なパソコンの使用)

(142) こんな意味でアイドルグループ「北斗七星」もメンバーひとりひとりの特技と個性をよく調和させて一つのすばらしいスターになれるようにしたいと思います。
(スーパーアイドルグループ「北斗七星」)

(143) その理由にはいろいろがあるけれど、自分に責任がないとは言えないと思う。(失業者の脱出のプロジェクト)

(144) または逆に「私がこんなに大事な仕事をよくできるわけがない」とかする、(失業者の脱出のプロジェクト)

(145) いつも私の立場になって考えれば理解できないことはないんじゃないかと思います。(私の理想的なタイプ)

(146) 自分ができることを探してはやい解決したぼうがよいたと思います。(ビデオを見ると)

(147) 私もいつになったら私の片方を探せるのかと思いながらうらやましい目で見たりした。(早く会いたい彼し)

(148) 私にどうすれば私らしく生きられるのかを教えた歌、「マリオネット」を皆さんも聞けばいいじゃないかと思います。(私が一番好きな歌「マリオネット」)

위의 예문을 살펴보면 인용절 형식 と가 と思う, と言う의 형태로 실현되고 있음을 확인할 수 있다. 예를 들어 예문 (136)에서는 가능태 표현 理解できます가 인용절 즉 もちろん忙しいので遅れるのは理解 できますが、しゃくにさわって腹が立つのはぜひもないと에 들어가 있 음을 확인할 수 있다. 예문 (137)~(148)에 대해서도 동종의 설명이 가 능하다.

학습자가 사용하는 가능태 표현이 9%로 운용된다는 사실이 원어민의 운용 능력에 어느 정도 근접한 수치이냐는 의문을 가지게 한다. 10.2.2 절에서 확인할 수 있듯이 가능태 표현이 인용절에 나타나는 비율은 9% 로 이 수치는 4위에 해당한다.

한편 6.2.2절에서 확인한 바와 같이 원어민이 사용하는 가능태 표현은 8%로 단순 수치로 비교해도 서열로 비교해도 거의 차이가 없다. 이는 학습자의 가능태에 대한 운용 능력이 원어민의 운용 능력과 거의 일치 한다는 사실을 말해 주는 것이다.

제2부에서는 학습자가 사용하는 수동태 표현, 사역태 표현, 기여태 표 현, 가능태 표현이 인용절에 출현하는 비율과 서열이 거의 유사하고, 학 습자의 운용 능력이 원어민들의 운용 능력에 거의 근접하고 있다는 결 론을 내릴 수 있었다. 이러한 운용 양상이 나타난 배경으로는 한국어와 일본어의 유사성을 생각해 볼 수 있지만, 한국어 자료의 분석이 이루어 지기까지는 본서에서 내린 결론을 신뢰할 수밖에 없다고 하겠다.

11.3.4 의문절에 가능태 표현이 나타나는 경우

학습자의 일본어 운용에서 가능태 표현이 의문절에 출현하는 예는 전 체 643개 가운데 5개로 1%의 비율을 차지하는 것으로 밝혀졌다. 다음의 예문 (149)는 가능태 표현이 의문절에 출현하는 것을 보여 주는 실제 예이다.

(149) また5時から7時までは推薦の曲といろんな歌の順列も見せてくれるので新しい歌をおぼえることもできるしすきな歌が日本でも人気があるかどうかをしることもできます。(日本が見える場所)

(150) まだ日本語ができるかどうかよくわかりません。(どんなしごとをしても)

(151) そして条件がぴったり一致しても愛できるかまだわからない。(夢の相手)

예문 (149)에서는 おぼえることができる가, 예문 (150)에서는 できる가, 예문 (151)에서는 愛できる가 의문절에 나타난 것을 확인할 수 있다.

학습자의 가능태 표현 운용에서 가능태 표현이 의문절에 출현하는 비율이 1%로 가장 최하위를 차지하였다는 의미를 해석하기 위해 원어민의 가능태 표현 운용 양상을 비교해 보자.

6.2.2에서 확인할 수 있듯이 원어민의 가능태 표현 운용에서 가능태 표현이 의문절에 출현하는 비율은 0.7%로 역시 최하위를 기록하고 있다. 이러한 사실을 바탕으로 학습자의 가능태 표현 운용 능력이 원어민의 가능태 표현 운용 능력에 거의 근접해 있는 것을 알 수 있다.

제2부에서는 학습자의 수동태 표현, 사역태 표현, 기여태 표현, 가능태 표현운용에서 각 태의 표현이 의문절에 출현하는 비율이 1%대이고 그 비율이 최하위를 차지한다는 점에서 학습자의 일본어 운용 능력이 원어민들의 운용 능력과 거의 일치한다는 결론을 내릴 수 있었다.

11.3.5 연체적 복문 선행절에 가능태 표현이 나타나는 경우

학습자의 가능태 표현 운용에서 연체절말의 가능태 표현이 피수식 명사를 수식하는 예가 전체 643개 가운데 99개로 8%의 비율을 차지하는 것으로 확인되었다.

▸표10_ 연체절말에 가능태 표현이 나타나는 경우의 피수식 명사(학습자)

실질 명사	형식 명사					
63개(64%)	36개(36%)					
	の	こと	ところ	ぐらい	ほど	もの
	15개(15%)	9개(9%)	6개(6%)	2개(2%)	2개(2%)	2개(2%)

<표 10>을 보면 연체절말의 가능태 표현이 실질 명사를 수식하는 예가 64%, 형식 명사를 수식하는 예가 36%를 차지하는 것을 확인할 수 있다. 형식 명사 가운데 の가 15%로 가장 많고, こと와 ところ가 9%와 6%로 각각 그 뒤를 잇고 있다.

다음의 예문 (152)-(192)는 연체절말의 가능태 표현이 실질 명사를 수식하는 것(점선 부분)을 보여 주는 실제 예이다.

(152) 若いからできる運動だから今のうちにやっておいた方がいいです。(若者の楽しみ)
(153) 次にガソリンスタンドを壊る場面とかけんかする場面はちょっと暴力性はあるが、そんなにできない自己に代わって代理満足が感じられます。(こんな映画はどうですか)
(154) やはり旅というのはいいことだ。そのうえに心を清め、エネルギーを補充できるきっかけも持つことができる。(私が勧めたいこと-汽車旅行-)
(155) 忘れられない旅行をしたことがあります。(ナクアン民俗村)

(156) 民俗村の中はたべものの味を感じれる食堂があります。(ナクアン民俗村)

(157) 世の中にはよくていい書物がとても多いですが、何がし負担感ない読む
   ことができる本はめったにないです。(見れば見るほどいい「いい考え」)

(158) しかし海を見られるこの店では気分がひとりでによくなります。(愛情が
   深くなるところ)

(159) いまからひとりでもお酒を飲む(→ことが)できる私のアジトをしょうかい
   します。(私たまにひとりでお酒を飲んだ)

(160) まず勉強できる席が十分である。(図書館よりも3号館がいいよ)

(161) 幼(→幼い)ときの夢、現実にはできなかった想像、そして日常には思えな
   かったことまで映画には不可能はないようですね。(もう一つの世界)

(162) ただしすべてのことが日本語で話されているので日本語ができない人は一
   人で行くのは難しいです。(ESSの勉強会)

(163) ただ一日でも休める日があったらいい。(秋に勧めたいこと)

(164) ふだんにほとんど見られないアジアの映画を見られているいい機会で
   す。(映画の海で来てください)

(165) 日本と中国は近い国から(＝国だから)この国の映画を見られる機会がたま
   にあります。(映画の海で(→へ)来てください)

(166) こんな人を手伝ってあげられる余裕のある強いそのやつがうらやましくて
   たまりません。(これだけは負けたくないんだ)

(167) そして時々星が雲にかくれて見られない時は「明は雨が降りそうです」と
   天気予測をしてたりします。(土の香が匂うわが町)

(168) そして俗に見られない並木は異国的な熱帯の木だった。(ゼジュド旅行)

(169) もちろん日本の音楽が聞ける店はほかにもありますが、そこは大きな画
   面があるのでただ音楽を聴くだけでなくその曲のミュージックビデオま
   で観覧することができます。(日本が見える場所)

(170) それに歌をリクエストすると、それを聞かせてもらえるシステムになっ
   ているから自分が好きな歌を聞くことができます。(日本が見える場所)

(171) でも、そんな外見では想像できない愛嬌で私達はもう彼の熱烈なペンに
   なってしまった。(愛される男子)

(172) 高校3年生だと罪名で東莱高等学校という監獄で収監されて一日中家で休
   まれる時間は8時間が高がだ。(愛される男子)

(173) 彼の将来の夢は、ただ勉強を教えるだけのいわゆる「塾」ではなく、身に

つけた英語を使って世界に友達を作って、いろんな事を体験できるような空間を、小さくてもいいから作りたいそうです。(私の日本の親友)

(174) このほかに青少年が余暇を利用しながら自分の不満とか感情を表出することができる文化的公刊(→空間)はだいたいない。(青少年文化の省察)

(175) その代わりに親の社業を結んでもらえるようになってるハンサームな王子がいらっしゃってる。(TVの中の世)

(176) この問題は私たちがはだでかんじることができるそんな問題がないのでよく認識することができないこの問題こそ我々に大きな問題である。(自家用の車の利用の増加による問題)

(177) 場所と時に応じて見わけられる文化的な意識を身につけていくべきだ。(携帯電話と文化の意識)

(178) だからお金をもうけられる実力がある人だったらいいです。(私の結婚相手)

(179) いつも私に「あいしてる」と話しができる男を望みます。(私はこんな男がすき！)

(180) 日本語を熱心に勉強してこの専攻を生かせる仕事は何があるか？(私はキャリアウマンがなる)

(181) 職業は人生の目標を達成してくれる機会を与え、私の能力、知識、および技術が活用できて未来に対して安定を保障してくれて、社会のために奉仕することのできる機会を提供してくれるからです。(人生で成功する方法)

(182) 時々私の言った冗談にすぐ反応できるそういう気が利く彼女である。(3Kよりあばたもえくぼ)

(183) これからいっしょに住む男だから困難なことに合ったら自分で賢く押し分けて進められる自信と勇気のある男。(早く会いたい彼し)

(184) 私たちは山を見ることができる余裕が必要だ。(私の人生観)

(185) もちろん子供が悩みを言うことができる父になる人だ。(夫の条件)

(186) こんなに自分の仕事を持つのが私がえらべる一目の道で二目の道はこれです。(私の人生の計画)

(187) もし私がほしい職場をもてない場合はただ結婚をすることです。(私の人生の計画)

(188) これが私がきめたえらべる二つの道です。(私の人生の計画)

(189) しかしどんな外国語も上手に話せなかった私は申し込みさえもできません
　　　でした。(私の人生観)

(190) 最後で私たちが飲める水の量は地球のなかでわずか3パーセントにすぎな
　　　いそうです。(地球を守るための努力について)

(191) まず一生懸命はたらけばはたらくだけの所得をあげられる条件が前提にな
　　　るべきだ。(貧富の差ない国)

(192) 10年続けることのできる力が才能です。(勧めりたい本：20代でしなけれ
　　　ばならない50のこと)

　예문 (152)에서는 가능태 표현이 若いからできる運動에서 보듯 실질
명사 運動를 수식하는 것을 확인할 수 있다. 예문 (153)-(192)에 대해서
도 동종의 설명이 가능하다. 구체적인 설명은 생략하기로 한다.

　한편, 다음의 예문 (193)-(207)은 연체절말의 가능태 표현이 형식 명
사(の, こと, ところ, もの, ほど)를 수식하는 것을 보여주는 실제 예이다.

(193) かついろいろな人もみえてできるのがいい。(戦場のような155番のバス)

(194) 題目からもわかられるのだが主人公は17歳だ。(私だちのまわりの物語)

(195) それで、どんな人々が会えるのはとても大変な問題です。(私の彼は)

(196) 「敢えて私が電話をかけてやるのだが出ないか」とか「どんなに私を除けら
　　　れるのか」のことばがそれである。(男をひどく好む女)

(197) 旅行先を選択するにおいてもっと大事なのはほかの場所には経験できない
　　　なんか特別なことがなければならないのでしょう。(ペンギンを見に行き
　　　ましょう)

(198) 若いうちにやっておくこと、若いからできること、DDRを今のうちに
　　　やってみましょう。(若者の楽しみ)

(199) 幼(→幼い)ときの夢、現実にはできなかった想像、そして日常には思えな
　　　かったことまで映画には不可能はないようですね。(もう一つの世界)

(200) でも私はできるだけ一目の道をえらべられることをのぞみます。(私の人
　　　生の計画)

(201) 何かに執着しているとできることもできなくなる。(私の人生観)

(202) 始めてはザガルチイに少し歩いて並んでいる劇場街の前に人々が休めて<u>いるところ</u>をつくりしたいです。（都市の中心に公園）

(203) 私は日本の音楽や映画やアニメに興味があるけどそれに接することが<u>できるところ</u>がまだすくない。（私の職業観）

(204) <u>進出できるところ</u>は学校と病原（→病院）と企業です。（キムチを世界的な飲食で作ろう）

(205) もし私がいなくても一人暮らしが<u>できるぐらい</u>の彼女である。（３Ｋよりあばたもえくぼ）

(206) いつも私が<u>かんがえることができないもの</u>をよむときにははずかしくなります。（いい考え）

(207) そのだけでなく人々がぞくにゲームだといえば連想されるキリングタイム用ゲームもたんしゅんなこどものあそびだとむしに<u>できないほど</u>のすいじゅんにきています。（ビデオゲーム、あそびじゃないよ）

예를 들어 예문 (193)에서는 かついろいろな人もみえてできるのがいい에서 보듯 가능태 표현 できる가 형식 명사 の를 수식하는 것을 확인할 수 있다. みえてできる는 문법 지식의 결여에서 비롯된 형태적 오용으로 見ることができる로 표기되어야 한다. 예문 (194)~(207)에 대한 구체적인 설명은 생략한다. 점선 부분의 마지막 부분이 형식 명사이고 형식 명사를 제외한 나머지 부분은 가능태 표현을 가리킨다.

이미 <표 10>에서 본 것처럼 연체절말의 가능태 표현이 실질 명사를 수식하는 예가 64%, 형식 명사를 수식하는 예가 36%였다. 형식 명사 가운데 の가 15%로 가장 많고, こと와 ところ가 9%와 6%로 각각 그 뒤를 잇고 있었다.

지금까지 고찰해 온대로 학습자의 가능태 표현 운용 능력을 측정하기 위해 6.3.5절에서 확인한 원어민의 가능태 표현의 운용 능력을 수치로 비교해 보자. 다음의 <표 11>을 보도록 하자.

▶ 표11_ 연체절의 술어인 가능태 표현이 수식하는 명사

	실질 명사	형식 명사
본 연구의 수동태 표현 분석	75	25
마에다의 수동태 표현 분석	55	45
학습자의 수동태 운용	72	28
원어민들의 사역태 운용	59	41
학습자의 사역태 운용	57	43
원어민들의 기여태 운용	64	36
학습자의 기여태 운용	80	20
원어민들의 가능태 운용	50	50
학습자의 가능태 운용	64	36
평균	64%	36%

위의 <표 11>에서 한국인 학습자의 일본어 운용에서 연체절말의 가능태 표현이 실질 명사와 형식 명사를 수식하는 비율은 각각 64%와 36%인 것을 확인할 수 있다. 원어민들의 일본어 운용에서는 각각 50%와 50%이다. 실질 명사의 경우 원어민들의 50%의 운용을 훨씬 상회하고 있고, 형식 명사의 경우에는 원어민들의 50%에 훨씬 못 미치고 있다.

학습자의 일본어 운용에서 연체절말의 가능태 표현이 수식하는 형식 명사로는 の가 15%, こと와 ところ가 9%와 6%로 각각 그 뒤를 잇는 것을 확인할 수 있었다. 한편 6.3.5절에서 원어민들의 일본어 운용에서는 こと가 16%, もの가 10%, の가 9%의 비율을 차지하는 것으로 나타남에 따라 비록 수치의 차이가 보인다고 해도 양자의 일본어 운용에 있어 こと와 の가 들어가 있다는 점에서 공통점을 확인할 수 있다.

단문말에 특정 태 표현이 사용된 경우, 복문말에 특정 태 표현이 사용된 경우, 인용절에 특정 태 표현이 사용된 경우에는 원어민들의 운용

양상이 비슷하게 나타났으며 학습자의 일본어 운용 양상도 원어민들의 운용 양상과 비슷하게 나타났다. 학습자가 원어민들의 일본어 운용 능력에 거의 근접한 것으로 밝혀졌으나, <표 11>에서 확인한 바와 같이 연체절말의 특정 태 표현이 형식 명사나 실질 명사를 수식하는 경우에는 비율이 고르지 않았다. 마에다 나오코의 경우, 연체절말의 수동태 표현이 실질 명사와 형식 명사를 수식하는 비율이 우열을 가리기 어려울 정도로 고른 분포를 보인다고 하였는데, 이것이 수동태 표현의 특징인지는 단언하기 어렵고 연체 수식 전반의 분석을 통해서 실질 명사와 형식 명사의 비율을 찾는 노력이 있어야 한다고 하였다. 연체 수식 전반에 걸친 조사는 아니지만 <표 11>을 보면 수동태 표현을 비롯하여 사역태 표현, 기여태 표현, 가능태 표현이 수식하는 실질 명사와 형식 명사의 비율이 결코 우열을 가리기 힘들다고 단정하기는 어렵다. 6대 4의 비율로 실질 명사의 비율이 형식 명사보다 앞서 있다는 것을 확인할 수 있다.

11.3.6 연용적 복문 선행절에 가능태 표현이 나타나는 경우

학습자가 운용하는 가능태 표현이 연용절의 술어로 나타나는 예는 전체 643개 가운데 53개로 8%의 비율을 차지하는 것으로 확인되었다.

연용절의 형식을 구체적으로 살펴보면 다음의 <표 12>와 같다.

▶표12_ 가능태 표현이 나타나는 연용절

て	ので	が	ように	し	けど	기타	계
10	10	9	7	3	2	12	53개
19%	19%	17%	13%	6%	4%	23%	100%

기타(각1례) : 終止形、ずに、たら、たり、と、ない、なく、なら、のに、ば、てから、くらい

　　<표 12>를 보면 학습자가 운용하는 가능태 표현은 19%의 비율로 て절과 ので절에 가장 많이 출현한다. 그 뒤를 が절, ように절, し절, けど절이 잇고 있다.

　　그러면 이번에는 실제 예문을 살펴보자. 예문 (208)-(212)은 가능태 표현이 て절의 연용절에 나타나는 것을 보여 주는 실제 예이다.

(208) そんな映画は映画館ではぜんぜん見られなくてビデオも出しません。
　　　(映画の海で(→へ)来てください)

(209) それだからきせつによっていろいろな色の自然の変化をみられって、旬の食べ物をたべられって私はわれの国の四季をすきです。(かんこくの四季のしょかい)

(210) 海は心をあけられて見るだけでも気にいるから。(筒ギターの家「無我」)

(211) いつも土をふめて、自然の近くにいられて、どんなにこうふくかわからないです。(土の香が匂うわが町)

(212) 国のために心身を捧げ報国する人を倣うことができて子供たちに教育的な面でもいいし、家族に和合できて場所を提供してくれるだけではなく、住民の健康のためにきっと必要です。(忠烈祠)

　　예문 (208)에서 見られなくて에서 보듯 가능태 표현이 て연용절에 출현한 것을 확인할 수 있다. 제목의 映画の海で来てください는 조사 で 용법의 지식이 결여된 데에서 비롯된 오용으로 映画の海へ来てください로 표기되어야 한다. 또한 예문 (209)에서도 가능태 표현 みられって와 たべられって도 て연용절에 나타난 것을 확인할 수 있다. 부언할 것은 みられって와 たべられって가 각각 일본어 학습자의 음편형에 대한 지식이 부족한 데에서 비롯된 형태적 오용으로 각각 みられて와 たべられて로 표기되어야 한다. 예문 (210)-(212)에 대한 구체적인 설명은 생략하기로 한다.

예문 (213)-(217)은 가능태 표현이 가절의 연용절에 나타나는 것(점선 부분)을 보여 주는 실제 예이다.

(213) たとえ歌詞はわかることができなかったですがその音だけでも私の心を浸すこと、何かがありました。(私がぞっこんほれ込む音楽)
(214) 二日しかいられなかったんですが、それだけでも十分そこの美しさを感じることができました。(スイスのインタラケン)
(215) もちろん剣で打つのもできるが、そうしては本当の意味の剣道にはならない。(ぼくが剣禅道をえらんだ理由)
(216) なぜならある店はただの100ウォンも決定ができますがある店は2万ウォン以上になければものを買うことができません。(カードが泣いている)
(217) かれらは保護を必要とする人がないです。同じく仕事ができるですが、すこし不便な人と考えるべきです。(高齢化社会)

예문 (213)에서는 できなかったですが에서 보듯 가능태 표현이 가연용절에 나타난 것을 알 수 있다. 예문 (214)-(217)에 대해서도 동종의 설명이 가능하다. 단 부언할 것은 예문 (217)의 できるですが는 접속법에 대한 이해가 결여된 데에서 비롯된 형태적 오용으로 できますが로 표기되어야 한다.

예문 (218)-(222)는 가능태 표현이 ので절에 나타나는 것(점선 부분)을 보여주는 실제 예이다.

(218) 私は日本語があまり話せないのでただ聞くだけですがそれだけでもほんとにいい勉強になります。(ESSの勉強会)
(219) 第四では忠烈祠の前の広場で運動できるのでいいです。(忠烈祠)
(220) そのとき行けばその歌手についてのいろんなことを知ることができるのでとてもいいです。(日本が見える場所)
(221) バス内はとても込み、なかなか座れないながらも、早く行けるので、い

つもスクールバスを利用していた。(星空を見上げて生きる高校生)

(222) けれども私は日本語が少しできるですが、英語はぜんぜんできないので、就職がむずかしいです。(実力と情報)

예문 (218)에서는 私は日本語があまり話せないのでただ聞くだけですがそれだけでもほんとにいい勉強になります에서 보듯 가능태 표현 話せない가 ので연용절에 출현한 것을 확인할 수 있다. 예문 (219)-(222)에 대해서도 동종의 설명이 가능하다.

예문 (233)-(225)는 가능태 표현이 ように절에 나타나는 것을 보여주는 실제 예이다. 구체적인 설명은 생략하기로 한다.

(223) こころからそんな言葉ができるように努力をしなければならないです。(バスの問題点)

(224) しかし何よりも大切なことは洛東江の水質改善のため釜山市民の積極的な関心と釜山市民の権利が主張できるように環境問題について自覚が必要するときである。(위천工団が洛東江にあたえる影響とそれに対して釜山市民の姿勢)

(225) 私たちがたやすいりようできるようにしべきだ。(自動販売機の増大方)

예문 (225)의 たやすいりようできるように는 형태적 오용으로 たやすくりようできるように로 표기되어야 한다.

예문 (226)-(238)은 다양한 연용절 형식에 가능태 표현이 출현한 것을 보여 주는 실제 예이다. 구체적인 설명은 생략하기로 한다. 점선 부분은 가능태 표현이 다양한 연용절 형식에 나타난 것을 가리킨다.

(226) 今はぐんたいにいるからよく見ることはできないけど、たまに彼の思いをしていると本当に見たがります。(なつかしき小学生時代のある日)

(227) みんな気軽にそれを取れないし、違うのを取るときに彼女は「これ、私が

食べるよ。」と言いました。(私の友達)

(228) 私がただ望んでいるのは大学生が自分の発展とともに、周りの人々のことにも関心を持つことができる、そんな余裕を持ってほしいです。(韓国の大学生の姿)

(229) 周りを見ると、人の目を意識してやってもいいこともできずに、いる人が多いです。(私の人生観)

(230) いまあなたにきれいに恋っている秋の情景が思い出せたら間違いなくあなたはすばらしい人間だ。(秋に勧めたいこと)

(231) 洛東江の水質改善のいちばんいい方法は위천工団の造成を阻止する方法だが、造成を阻止できないと洛東江の水質改善のため外の方法が論議されるべきだ。(위천工団が洛東江にあたえる影響とそれに対して釜山市民の姿勢)

(232) しかし、それは文化の相対性を理解できない、自国文化中心主義の現れです。(動物虐待か食文化か)

(233) 学生も皆同じな人間なのになぜ席があっても座られなく譲らなければならないのか。(思考の変化)

(234) 私はできるならフリーランサーになりたい。(私の職業観)

(235) そんな格闘運動で相手をしらないというのは、泳げないのに水に入るのと同じことだ。(ぼくが剣禅道をえらんだ理由)

(236) リズムと拍子合わせられなければつづきのゲームができません。(健全なゲーム)

(237) ここでしている竹刀式合(→試合)は明治時代に閉刀令によって真剣をもっていられななくなってから流行したものだ。(ぼくが剣禅道をえらんだ理由)

(238) 今となっては、とても彼女がない私を想像することができないくらい、私にあまりにも貴重なひとになっている彼女。(彼女には何か特別なことがある)

　そうれば 가능태 표현의 운용에 있어 원어민과 학습자의 능력을 비교해보자.

▶표13_ 가능태 표현이 연용절에 나타나는 비율(원어민과 학습자의 비교)

	원어민	학습자
수동태 표현	15	16
사역태 표현	23	18
기여태 표현	20	10
가능태 표현	16%	8%

<표 13>을 보면 가능태 표현의 운용에 있어 원어민은 16%로 학습자의 8%를 크게 앞선 것을 확인할 수 있다. 수동태 표현의 경우, 원어민과 학습자의 운용 능력이 거의 일치하지만, 나머지 사역태 표현, 기여태 표현, 가능태 표현에 대해서는 학습자가 원어민만큼 운용 능력을 발휘하지 못하는 것을 확인할 수 있다.

이번에는 연용절 형식에 나타나는 가능태 표현의 운용에 있어 원어민과 학습자의 차이를 비교해보자.

▶표14_ 가능태 표현이 나타나는 다양한 연용절 형식

	연용절 형식
원어민	ば절(17%), が절(15%), ず절(11%), けれど절(11%)
한국인 학습자	て(19%), ので(19%), が(17%), ように(13%), し(6%), けど(4%)

원어민의 경우, ば절(17%)이 가장 많이 나타나는 데에 반해, 학습자의 경우는 て절(19%)이 가장 많이 나타난다. が절과 けど절은 양쪽에 모두 나타난다. 그 외 ず절과 けれど절은 학습자의 가능태 운용에는 보이질 않는다.

마지막으로 원어민과 학습자가 운용하는 각 태 표현이 연용절 형식에 나타나는 전체 양상을 <표 15>로 제시하면 다음과 같다. 위의 칸은 원어민의 운용 양상이며, 아래 칸은 학습자의 운용 양상이다.

▶ 표15_ 각 태 표현이 출현하는 연용절 형식

태 표현	연용절 형식
수동태 표현	て절(27%),が절(15%),連用中止(9%),たり(7%),たら(6%)
	て절(29%),連用中止절(12%),から절(10%),が절(8%),ように절(6%)
사역태 표현	て절(15%),たら(11%),たり(11%),と(11%),ようと(11%),ように(11%),ない(11%)
	て절(44%),たり절(19%),が절(6%),終止形(6%),たら절(6%),と절(6%)
기여태 표현	て절(20%),ば절(20%),が(10%),けど(10%),ない(10%),ても(10%),のだ(10%),連用中止(10%)
	たり(32%),て(18%),ように(10%),が(10%),し(5%),ない(5%),ので(5%),ば(5%)
가능태 표현	ば절(17%),が절(15%),ず절(11%),けれど절(11%)
	て(19%),ので(19%),が(17%),ように(13%),し(6%),けど(4%)

위의 <표 15>를 통해서 학습자가 원어민의 각 태 표현의 운용에 어느 정도 근접하였는지, 어느 부분에서 공통점을 지니며 어느 부분에서 차이가 나는지를 확인할 수 있다.

11.4 지도 방안

이 절에서는 학습자의 가능태 표현의 운용 양상을 통해서 마에다 나오코(前田直子 2011:80-81)가 제안한 지도 방안이 타당한지 여부를 살펴보도록 하자.

첫째, 학습자들이 수동태 표현, 사역태 표현, 기여태 표현 등과 마찬가지로 て절과 조합한 가능태 표현을 적극적으로 산출할 수 있도록 지도해야 하는지 살펴보기로 하자. 이를 위해서 원어민과 학습자가 운용한 가능태 표현을 비교해 보자.

11.3.2절과 11.3.6절에서 이미 확인한 바와 같이 학습자가 운용한 가능태 표현과 て절의 조합은 모두 40%이다(가능태 표현이 て절을 포함한 경우(21%), 가능태 표현이 て절에 나타난 경우(19%)). 한편 원어민의 경우는 28%(각각 28%와 0%)로 학습자의 40%에 훨씬 못 미친다. 학습자의 수치가 원어민보다 높다고 해서 가능태 표현과 て절의 조합에 있어 학습자의 운용 능력이 충분하다고 할 수 있을까? 학습자의 경우 문장 안에서 가능태 표현이 나타난 수치가 643개이며, 원어민의 경우는 285개인 점을 감안하면 오히려 가능태 표현과 て절의 조합에 있어 원어민 쪽이 더 적극적인 사실을 확인할 수 있다. 학습자도 가능태 표현의 운용에 적극성을 발휘하는데, 이것은 모어의 전이와 무관하지 않다고 생각된다.

둘째, 원어민이 운용하는 수동태 표현, 사역태 표현, 기여태 표현 등과 마찬가지로 가능태 표현도 다양한 모댈리티 표현과 조합하여 실현된다. 6.3.1절에서 원어민이 운용하는 가능태 표현은 のだ, であろう, よ, ことだろう, かもしれない, ものだ 등의 모댈리티 형식과 조합하는 것(29개)으로 확인이 되었다. 한편 11.3.1절에서 학습자의 경우는 のだ,ない, ことだ, べきだ, はずだ, そうだ, なければならない 등의 모댈리티 형식과 조합하는 것(26개)을 볼 수 있었다. 단문말에 나타난 가능태 표현은 학습자의 경우가 643개, 원어민의 경우가 285개로 학습자 쪽이 훨씬 많다. 그런데 문말의 모댈리티 표현이 나타나는 경우가 원어민의 경우 29개이고, 학습자 쪽은 49개이다. 비록 학습자 쪽이 수치가 높지만, 전체 가능태 표현 빈도를 보면 학습자 쪽이 훨씬 높으므로 실질적으로는 원

어민이 운용한 가능태 표현과 문말의 모댈리티 표현과의 조합이 훨씬 높은 것을 알 수 있다. 이것은 학습자가 일본어 운용에서 가능태 표현을 운용하는 비중이 원어민보다 훨씬 떨어진다는 것을 의미한다. 따라서 수동태 표현, 사역태 표현, 기여태 표현과 마찬가지로 가능태 표현도 적극적으로 산출해낼 수 있도록 학습자를 지도할 필요가 있다고 할 수 있다.

셋째, 가능태 표현 역시 수동태 표현, 사역태 표현, 기여태 표현처럼 과거 시제형이나 현재 시제형과 골고루 조합해 낼 수 있도록 학습자들을 지도할 필요성이 있는지 여부를 검토해 보자. 다음의 <표 16>을 보자.

▶표16_ 단문말의 가능태 표현과 시제 및 상 형식

	る	た	ている	ていた	계
원어민	74	17	9	0	100%
한국인 학습자	88	8	4	0	100%

위의 <표 16>에서 세 가지의 중요한 사실이 확인된다. 하나는 원어민이 운용한 가능태 표현과 현재 시제형의 조합이 과거 시제형의 조합보다 월등히 앞선다는 사실이다. 이것은 수동태 표현, 사역태 표현, 기여태 표현과는 달리 가능태 표현이 현재 시제형에 편중하여 실현되는 비중이 매우 높다는 것을 말해 주는 것이다. 학습자에게도 이러한 사실이 확인되는데, 이것은 초급일본어 교재에 현재 시제형으로 가능태 표현이 예시되는 것과 무관하지 않다고 생각된다. 그다음으로 가능태 표현이 과거 시제형과 조합하는 산출 능력을 학습자들이 갖출 수 있도록 일본어 교사가 노력해야 한다는 사실이다. 또한 현재 시제형과 가능태 표현이 조합되는 것은 학습자에게 있어 매우 생소할 수 있는데, 이에 대

한 교사의 면밀한 지도가 당연히 행해져야 할 것이다.

넷째, 일본어 교사는 학습자들로 하여금 こと, の와 같은 형식 명사와 결합한 가능태 표현을 사용할 수 있도록 중급, 고급 과정에서도 계속해서 지도해야 하는지에 대해서 살펴보자. 그러면 원어민과 학습자들이 운용하는 사역태 표현이 수식하는 명사를 비교해 보자.

▶ 표17_ 연체절말의 가능태 표현의 피수식 명사(원어민)

실질 명사	형식 명사						
29개(50%)	29개(50%)						
	こと	もの	の	わけ	くらい	はず	ほど
	9(16%)	6(10%)	5(9%)	4(7%)	2(3%)	2(3%)	1(2%)

▶ 표10_ 연체절말에 가능태 표현이 나타나는 경우의 피수식 명사(학습자)

실질 명사	형식 명사					
63개(64%)	36개(36%)					
	の	こと	ところ	ぐらい	ほど	もの
	15개(15%)	9개(9%)	6개(6%)	2개(2%)	2개(2%)	2개(2%)

위의 <표 17>과 <표 10>을 보면, 원어민이 운용한 형식 명사와 가능태 표현의 조합은 50%로 학습자의 36%를 크게 앞서고 있다. 학습자에게 형식 명사와 가능태 표현의 더 다양한 조합을 통한 산출 능력을 배양할 수 있도록 교사가 유의해야 할 것으로 보인다.

마지막으로 가능태 표현도 수동태 표현, 사역태 표현, 기여태 표현과 마찬가지로 초급 과정의 후반에 등장하는 경우가 많으므로 복잡한 가능태 표현을 만드는 연습을 초급 단계보다 중급이나 고급 단계에서 할 필요가 있다고 생각한다.

11.5 나오는 말

제11장에서는 학습자의 가능태 표현 운용 양상에 대해서 살펴보았다. 다음의 <표 18>을 보자.

▶표18_ 원어민과 학습자가 운용한 가능태 표현 형식

	동사 연용형+ うる(えない)	동사의 가능형 (가능 동사)	동사 기본형+ ことができる	동사의 수동형	전체
원어민	8	63	17	12	100% (254개)
학습자	0.2	57	24	18	100% (457개)

위의 <표 18>을 보면 제각기 수치가 다르지만 원어민이든 학습자이든 동사의 가능형을 취하는 가능태 표현을 가장 많이 운용하며, 동사 기본형+ことができる형의 가능태 표현, 동사의 수동형, 동사 연용형+うる(えない)형의 가능태 표현이 각각 그 뒤를 잇고 있다는 점에서 공통점을 지니는 것을 알 수 있다.

그다음으로 학습자와 원어민의 가능태 표현 운용 양상을 비교하면 다음의 <표 19>와 같다.

▶표19_ 가능태 표현의 문중 출현 위치(원어민과 학습자의 비교)

		가능태 표현의 문중 출현 위치	원어민	학습자
문말	단문	①단문말에 가능태 표현이 나타나는 경우	16	12
	복문	②복문 후행절에 가능태 표현이 나타나는 경우	39	55
비문		③인용절에 가능태 표현이 나타나는 경우	8	9
		④의문절에 가능태 표현이 나타나는 경우	0.7	1

말	⑤연체적 복문 선행절에 가능태 표현이 나타나는 경우	20	15
	⑥연용적 복문 선행절에 가능태 표현이 나타나는 경우	16	8
합		100% (285개)	100% (643개)

위의 <표 19>를 통해서 중요한 몇 가지 사실을 확인할 수 있다. 첫째, 학습자가 운용한 가능태 표현은 복문 후행절에 가장 많이 출현한다는 사실이다. 전체 643개 가운데 반수 이상의 가능태 표현이 복문 후행절에 나타난다는 점에 유의할 필요가 있다.

둘째, 학습자뿐만 아니라 원어민이 운용하는 가능태 표현도 복문 후행절에 출현하는 비중이 다른 위치에 출현하는 비중보다 높다는 사실이다. 이 점에서 학습자는 원어민의 가능태 표현의 운용 능력에 거의 근접해 있다고 생각할 수 있다.

셋째, 원어민이나 학습자가 운용하는 가능태 표현이 인용절이나 의문절에 나타나는 비율이 현저하게 낮다는 사실이다. 이 점에서도 학습자의 가능태 표현 운용 능력이 원어민에 거의 근접해 있음을 알 수 있다.

마지막으로 학습자가 원어민에 비해 문장체 자료에서 가능태 표현을 운용하는 빈도가 월등하게 높다는 사실이다. 이것은 10.6절에서도 언급한 바와 같이 모어(한국어)가 일본어에 전이된 것으로 보는 것이 타당하다. 이렇게 생각하지 않으면 학습자가 원어민보다 가능태 표현을 월등히 많이 운용하는 이유를 설명할 수 없기 때문이다. 반대로 가능태 표현을 학습자들보다 원어민들이 훨씬 많이 운용했다면 그 이유로 학습자의 가능태 표현 운용 능력이 떨어진 것으로 생각하는 것과 같은 이치이다.

제12장

제2부의 결론

제2부에서는 학습자의 작문 자료에 나타난 수동태 표현, 사역태 표현, 기여태 표현, 가능태 표현의 문중 출현 위치에 대해서 살펴보았다. 그 결과를 원어민과 비교하면 다음의 <표 1>과 같다.

▶표1_ 각 태 표현의 문중 위치 출현 비율의 비교(N=native/L=learner)

	단문말		복문말		인용절		의문절		피수식		연용절	
	N	L	N	L	N	L	N	L	N	L	N	L
수동태	6%	7%	50%	49%	4%	8%	2%	0.3%	24%	20%	15%	16%
사역태	11%	21%	34%	49%	11%	4%	1%	0%	20%	8%	23%	18%
기여태	24%	10%	29%	63%	2%	2%	2%	0%	22%	16%	20%	10%
가능태	16%	12%	39%	55%	8%	9%	0.7%	1%	20%	15%	16%	8%

첫째, 단문의 방식으로 운용되는 수동태 표현은 그 사용에 있어 원어민과 학습자가 각각 6%와 7%로 거의 일치한다. 사역태 표현의 경우는 원어민 11%보다 학습자 쪽이 21%로 훨씬 많이 운용하는 것을 볼 수 있다. 기여태 표현과 가능태 표현에 대한 원어민의 운용 양상은 각각 24%, 16%로 학습자의 10%, 12%를 앞지르고 있다.

제2부에서는 또한 단문의 방식으로 운용되는 각 태 표현은 다양한 모 댈리티 형식과 결합하는 한편, 시제 및 상 형식과도 결합하는 것을 볼 수 있었다(N=native, L=learner). 이하 각 태 표현이 시제 및 상 형식과 결 합하는 양상만 제시한다.

▶표2_ 태 표현과 시제 및 상 형식에 대한 학습자와 원어민의 운용 능력 비교

	る		た		ている		ていた	
	N	L	N	L	N	L	N	L
수동태	30%	32%	11%	37%	41%	26%	19%	5%
사역태	30%	63%	32%	37%	28%	0%	11%	0%
기여태	57%	43%	29%	57%	14%	0%	0%	0%
가능태	74%	88%	17%	8%	9%	4%	0%	0%

태 표현 가운데 가장 많이 운용되는 수동태 표현의 경우, 현재 시제 에 대한 원어민과 학습자의 운용 능력은 거의 일치하는 것으로 나타났 다. 반면에 학습자의 경우 수동태 표현이 과거 시제로 실현되는 경우 학 습자 쪽이 37%로 훨씬 높다. 현재 진행상과 과거 진행상의 경우 원어민 의 운용 능력에 학습자가 훨씬 못 미치는 것을 확인할 수 있다. 사역태 표현의 경우, 현재 시제의 사용에 있어 학습자 쪽이 63%로 원어민의 30%를 훨씬 능가하고 있다. 과거 시제에 대해서는 원어민과 학습자의 운용 능력이 거의 일치하는 것을 볼 수 있다. 현재 진행상과 과거 진행 상에 대해서는 학습자의 운용이 0%로 나타남에 따라 원어민의 운용 능 력에 한참 못 미치는 것을 확인할 수 있다. 가능태 표현의 경우 현재 시 제로 실현되는 경우가 각각 74%, 88%를 차지하는 것을 볼 수 있는데, 이 수치는 학습자의 운용 능력이 원어민의 운용 능력과 비교적 일치한 다는 사실을 말해 주는 것이다.

둘째, 복문말에 수동태 표현, 사역태 표현, 기여태 표현, 가능태 표현이 출현하는 양상을 비교해 보자. 수동태를 제외한 사역태 표현, 기여태 표현, 가능태 표현에서는 오히려 학습자 쪽이 훨씬 앞서 있는 사실을 확인할 수 있다. 이것은 모어 간섭에서 비롯된 것인지도 모르지만, 그것보다는 복문말에 각 태 표현이 나타나는 경우 종속절의 내포 정도를 비교하는 것이 훨씬 의미가 있음을 우리는 확인할 수 있었다. 다음의 <표 3>를 보도록 하자.

▶ 표3_ 복문 후행절이 태 표현에 포함되는 종속절의 비교

	연용절		연체절		인용절	
	원어민	학습자	원어민	학습자	원어민	학습자
수동태	59%	53%	25%	38%	17%	9%
사역태	57%	82%	39%	16%	4%	2%
기여태	57%	66%	43%	31%	0%	3%
가능태	55%	65%	38%	33%	7%	1%

위의 <표 3>을 보면 수동태 표현의 경우, 원어민과 학습자의 운용 양상이 거의 일치하는 반면, 사역태 표현, 기여태 표현, 가능태 표현의 경우는 오히려 학습자 쪽이 훨씬 앞서 있는 것을 확인할 수 있다. 원어민의 경우 연용절을 포함하는 태 표현이 수동태 표현>사역태 표현·기여태 표현>가능태 표현의 순서로 수동태 표현이 가장 많은 반면에 학습자의 경우는 사역태 표현>기여태 표현>가능태 표현>수동태 표현의 순서로 사역태 표현이 가장 많은 것을 확인할 수 있다. 연체절의 경우, 수동태 표현을 제외한 사역태 표현, 기여태 표현, 가능태 표현에서 학습자는 원어민의 운용 능력에 뒤떨어지는 것으로 나타났다. 그리고 원어민의 경우 기여태 표현>사역태 표현>가능태 표현>수동태 표현의 순서로

기여태 표현이 연체절을 가장 많이 포함하는 반면에, 학습자의 경우는 수동태 표현>가능태 표현>기여태 표현>사역태 표현의 순서로 수동태 표현이 연체절을 가장 많이 포함하는 것을 확인할 수 있다. 인용절의 경우, 기여태를 제외한 수동태 표현, 사역태 표현, 가능태 표현에서 원어민의 운용 능력이 학습자를 앞서는 것으로 나타났다. 그리고 원어민의 경우, 수동태 표현>가능태 표현>사역태 표현>기여태 표현의 순서로 수동태 표현이 인용절을 가장 많이 포함하는 것으로 확인된 반면, 학습자의 경우, 수동태 표현>기여태 표현>사역태 표현>가능태 표현의 순서로 원어민의 그것과 순서가 다른 것을 확인할 수 있다.

셋째, 원어민의 경우, 인용절에 나타나는 수동태 표현이 4%로 학습자의 8%에 못 미치지만, 사역태 표현의 경우는 11%로 학습자의 4%에 크게 앞서고 있다. 기여태 표현의 경우는 원어민의 운용 능력에 학습자가 거의 근접하고 있는 것을 확인할 수 있다. 또한 의문절의 경우, 수치의 차이가 크지는 않으나 원어민이 학습자보다 조금 앞서 있거나 거의 일치하는 것으로 나타났다.

넷째, 각 태의 표현이 연체절에 출현하여 피수식 명사를 수식하는 경우, 사역태 표현을 제외한 수동태 표현, 기여태 표현, 가능태 표현의 운용에 있어 학습자의 운용 능력이 원어민에게 거의 근접한 것으로 나타났다. 피수식 명사를 좀 더 세부적으로 비교하면 다음과 같다.

▶표4_ 각 태 표현의 피수식 명사 비교

	실질 명사		형식 명사	
	원어민	학습자	원어민	학습자
수동태 표현	75%	72%	25%	28%
사역태 표현	59%	57%	41%	43%
기여태 표현	64%	80%	36%	20%
가능태 표현	50%	64%	50%	36%

위의 <표 4>를 보면 수동태 표현과 사역태 표현을 제외한 기여태 표현과 가능태 표현에서는 실질 명사를 피수식 명사로 취하는 비율이 학습자 쪽이 훨씬 높다. 반대로 기여태 표현과 가능태 표현에서 형식 명사를 피수식 명사로 취하는 비율이 원어민 쪽이 학습자보다 훨씬 높다. 기여태 표현과 가능태 표현에서 학습자에 대한 형식 명사의 체계적인 지도가 요구되는 대목이라 하겠다.

마지막으로 연용절에 출현하는 각 태 표현의 출현 양상이다. 수동태 표현, 사역태 표현, 기여태 표현, 가능태 표현이 연용절에 출현하는 양상은 수동태 표현을 제외하고 나머지 태 표현에서 원어민 쪽이 학습자보다 훨씬 높다. 이를 좀 더 세부적으로 들여다 보자. 약간의 차이는 있지만 전체적인 양상을 볼 때, 가능태 표현을 제외하고는 て절 형식의 연용절이 원어민과 학습자에게 가장 많이 운용되는 공통점을 확인할 수 있다. 위의 칸은 원어민의 운용 양상이고 아래 칸은 학습자의 운용 양상이다.

▶표5_ 각 태 표현이 출현하는 연용절 형식

태 표현		연용절 형식
수동태 표현	N	て절(27%),が절(15%),連用中止(9%),たり(7%),たら(6%)
	L	て절(29%),連用中止절(12%),から절(10%),が절(8%),ように절(6%)
사역태 표현	N	て절(15%),たら(11%),たり(11%),と(11%),ようと(11%),ように(11%),ない(11%)
	L	て절(44%),たり절(19%),が절(6%),終止形(6%),たら절(6%),と절(6%)
기여태 표현	N	て절(20%),ば절(20%),が(10%),けど(10%),ない(10%),ても(10%),のだ(10%),連用中止(10%)
	L	たり(32%),て(18%),ように(10%),が(10%),し(5%),ない(5%),ので(5%),ば(5%)
가능태 표현	N	ば절(17%),が절(15%),ず절(11%),けれど절(11%)
	L	て(19%),ので(19%),が(17%),ように(13%),し(6%),けど(4%)

참고문헌

가도타 슈헤이(角田修平 2006), 『第二言語理解の認知メカニズム』, くろしお出版.

고야나기 가오루(2006, 김지선 번역), 『일본어 교사를 위한 새로운 언어습득개론』, 한국문화사.

나성영 · 홍민표(2014), 『다노이시 일본어 활용』, 계명대학교 출판부.

닛다 요시오(仁田義雄編 1995a), 『複文の研究(上)』, くろしお出版.

닛다 요시오(仁田義雄編 1995b), 『複文の研究(下)』, くろしお出版.

닛다 요시오(仁田義雄 1999), 『日本語のモダリティと人称』, ひつじ書房.

닛다 요시오(仁田義雄) · 마스오카 다카시(益岡隆志 1991), 『日本語のモダリティ』, くろしお出版.

데라우치 마사노리(寺內正典) · 기노시타코지(木下耕兒) · 나리타 마스미(成田眞澄, 2004), 『第二言語習得研究の現在』, 大修館書店.

레스리 · M · 비비(レスリー · M · ビービー 2002), 『第二言語習得の研究』, 大修館書店.

마스오카 다카시(益岡隆志 1991a), 『モダリティの文法』, くろしお出版.

마스오카 다카시(益岡隆志 1991b), 「受動表現と主觀性」, 『日本語のヴォイスと他動性』, くろしお出版.

마스오카 다카시(益岡隆志 1993), 「日本語の條件表現について」, 『日本語の條件表現』, くろしお出版.

마스오카 다카시(益岡隆志 1997), 『複文』, くろしお出版.

마스오카 다카시(益岡隆志 2007), 『日本語モダリティ探究』, くろしお出版.

마스오카 다카시(益岡隆志) · 다쿠보 유키노리(田窪行則 1992), 『基礎日本語文法－改訂版』, くろしお出版.

마에다 나오코(前田直子 2009), 『日本語の複文』, くろしお出版.

마에다 나오코(前田直子 2011), 「受動表現の指導と「擴大文型」の試み」, 『日本語/日本語教育研究[2]』, pp.67-84, ココ出版.

모리야마 다쿠로(森山卓郎) · 닛다 요시오(仁田義雄) · 구도 히로시(工藤浩 2000), 『モダリ

ティ』, 岩波書店.

모리야마 신(森山新 2000), 『認知と第二言語習得』, 도서출판 계명.

무라키 신지로(村益岡次郎 1991), 「ヴォイスのカテゴリーと文構造のレベル」, 『日本語のヴォイスと多動性』, くろしお出版.

미나미 후지오(南不二男 1988), 『現代日本語の構造』, 大修館書店.

미야자키 가즈히토(宮崎和人) · 아다치 타로(安達太郎) · 노다 하루미(野田春美) · 다카나시 시노(高梨志乃 2002), 『モダリティ』, くろしお出版.

사와다 하루미(澤田治美 1995), 『視点と主観性』, ひつじ書房.

스즈키 시게유키(鈴木重幸, 1978) 『日本語文法 · 形態論』, むぎ書房.

쓰노다 미에(角田三枝 2004), 『日本語の節 · 文の連接とモダリティ』, くろしお出版.

시로타 슌(城田俊 2002), 『日本語形態論』, ひつじ書房.

와시오 류이치(鷲尾龍一 1997), 「比較文法論の試み～ヴォイスの問題を中心に～」, 『ヴォイスに關する比較言語學的研究』, 三修社.

이지마 마사히로(井島正博 1991), 「可能文の多層的分析」, 『日本語のヴォイスと他動性』, くろしお出版.

정의상 · 정일영(2009), 『귀로 쏙쏙 일본어』, 다락원.

천호재(2008), 『일본어 자발문의 유형론적 분석』, 한국문화사.

천호재(2009a), 『인식조동사 구문의 보편적 특징』, 한국문화사.

천호재(2009b), 『중간 구문의 개별 언어 분석 및 범언어적 분석』, 한국문화사.

천호재(2012), 『의미수동화조작의 보편적 특징』, 한국문화사.

천호재 · 조병현(2010), 『학습자의 오용 연구』, 한국문화사.

Leslie M.Beebe(1987), *Issues in Second Language Acqusition*, Thomson Publishing Inc. (우시로 유지(卯城祐司) · 사쿠마 야스유키(佐久間康之)역 2002), 『第二言語習得の研究』大修館書店).

Pienemann, M., & Johnston, M.(1987), Factors influencing the development of language profiency. In D.Nunan(Ed.), *Applying Second language acquisition research*(pp.45-141), Adelaide, Australia: National Curriculum Resource Centre, Adult Migrant Education.

Pienemann, M., & Johnston,M.,& Brindley(1988), Constructing an acquisition-based procedure for second lamguage assessment. *Studies in Second Language Aquisition*, 10, 217-243.

부 록

⊃ 일본인 수동문

1 古谷氏の書評(「文芸」2012年秋号)はどういうことを言っているのか。ドゥルーズ
   が『シネマ』の中で使っているらしい「総体」と「全体」という言葉を使って、「総体
   は<u>限定された</u>もので、かつ部分(下位の総体)に<u>分割される</u>。しかし全体は決して
   <u>閉じられる</u>ことがなく常に全体であって部分を持たない<u>とされる</u>。」(試行錯誤に漂
   う6)

2 それは学校教育の中の国語の授業を通じてさんざん<u>教え込まれた</u>もので、学校の
   国語の授業と文学は、不即不離の関係にあり、国語の授業で教わったことは生涯
   を通じてフーコーが言ったパノプティコン(一望監視方式)のように人の文章との
   関係を縛る。(試行錯誤に漂う6)

3 そこには首尾一貫したもの＝作者という像がある。作者によってきちんと<u>構築さ
   れた</u>作品であれば、フィクションであるかないかを問わず、文脈と意味はないわ
   けがない。(試行錯誤に漂う6)

4 ベケットのように「全体として何が言いたいのかわからない」小説に私が激しく<u>惹
   き寄せられた</u>のは、「全体として何が言いたいのかわからない」ということを私は
   わかったからだったのかもしれない。(試行錯誤に漂う6)

5 というか、他の文学作品について、私は「何が言いたいのか言え」<u>と言われる</u>と答
   えることはできないが、そこにかなり明白に何か言いたいことがあることはわか
   る。(試行錯誤に漂う6)

6 私は大学の終わり頃の一時期、古本屋の店頭のワゴンに世界文学全集が一冊百円
   ぐらいで並べて<u>売られている</u>のを読むのが好きで、<u>定番化されている</u>長篇小説を
   だらだらとりとめもなくけっこう読んだが(といってもきっと十冊とかそんなもの
   だっただろうが)、そのような経験を経てもなお、一番読みにくかったのがカフ
   カの『城』だったその理由は、だらだらとりとめなく読みながらも私は、「全体と

して何が言いたいのか」ということを、考えないと言いつつ気 にしていたということだったのだろう。(試行錯誤に漂う6)

7 まず思うのは自分が書いた字によって自分の考えが書く前には考えていなかったずっと先の方に引っぱられる。(試行錯誤に漂う6)

8 一般には書いた文が書くその人を牽引する、書くその人の考えをまとめる、と考えられているが、そうではなくて、人は書きつつ、書いた字や書くために考えたその考えに誘発されて、いろいろなことが拡散的に頭に去来する。(試行錯誤に漂う6)

9 書くことはその去来したものを適宜挿入したりしながら、基本的には一本の流れにまとめあげることだが、書くという経験は結局は書かれなかったいろいろな去来した考えを経験することなのではないか。(試行錯誤に漂う6)

10 私はニーチェについてハイデガーが書いた、ニーチェは若い頃から膨大なノートを書きつづけ、それがニーチェという特異な哲学者の思索を練り上げていったというような文章がどこに書かれていたか、それを捜したが見つからなかったが、とにかくハイデガーはニーチェの思索を練り上げたのは、ニーチェがノートを書きつづけたその行為(時間)だということを言ったそれ自体は、ニーチェでなくとも誰にでもありうることで、だから私はそれを何の難解さも感じずに受け入れた。(試行錯誤に漂う6)

11 その誰もが同意するであろう、ノートを書くことで自分の考えが練り上げられるというそれは、しかし、書くことによって小論文的な論述方法が上達するというようなテクニックの問題ではなく、書くその時間、書きながらその文に誘発されていろいろな考えが頭を過る、いろいろな考えが池に投げた小石の波紋のように複数同時にパーッと広がる、その経験こそが重要なのではないか。(試行錯誤に漂う6)

12 こんなことは、経験とそれによる思考や人格の練り上がりみたいな関係は、人それぞれになるだろうし、こんなことに証拠をあげるのも自分自身の考え方を裏切るようなことでもあるが、そのような書くことによって複数の考えが同時に誘発された経験を積み重ねたことが、ニーチェの思索を論文の形式でなく、断章の形式にさせたのではなかったか。ニーチェの考えが断章であって論文形式にならなかったことの重要性もまたハイデガーが書いた。(試行錯誤に漂う6)

13 しかし、ジミヘンについて、読者と私とでどこまで知識が<u>共有されている</u>かわからないことと同時に、私自身が１９７０年のジミヘンの突然の死以後の膨大な録音テープの権利関係がよくわかっていないこととで、ウィキペディア(またウィキペディアだ！)とか他のジミヘン関連のサイトを調べているうちに話が全然関係ない方に行ってしまったので、その原稿は反故にした。(試行錯誤に漂う6)

14 その後、ジミヘンの音源の権利は完全に(？)遺族のものとなり、９０年代くらいから音源が整理されて、ジミヘンが最もそうしたかったであろう形のアルバムとして<u>発売される</u>ようになった。(試行錯誤に漂う6)

15 カフカはまず友人マックス・ブロートによって編集・<u>出版され</u>、ニーチェは妹エリザベートによって編集・出版<u>された</u>。(試行錯誤に漂う6)

16 どちらも後年、遺稿の権利が最初の人から離れ、膨大な遺稿が閲覧可能になると、死後はじめに編集・出版に関わった人はケチョンケチョンに<u>批判される</u>ことになった。－－これもジミヘンとだいたい同じだ。(試行錯誤に漂う6)

17 この未発表の原稿(録音)なのだが、マックス・ブロートたちは「勝手に編集した(手を入れた)」とその後<u>批判される</u>。(試行錯誤に漂う6)

18 この批判がまったく不当であるというか、カフカの歴史的批判版と<u>言われる</u>手書きの原稿をそのまま出版するという考えによって出版された遺稿によって、カフカの未発表短篇が<u>書かれた</u>時期が、Ａという短篇は『審判』より前だと<u>言われていた</u>が『審判』の後だった、というような研究が、マックス・ブロートの編集(解釈)よりマシかといえば、むしろなお悪い。(試行錯誤に漂う6)

19 正しい時期を確定する、という考え方は作品を<u>完成された</u>ものであるとする考え方とまったく同じものでしかない。(試行錯誤に漂う6)

20 未発表・未整理の原稿(録音)が膨大に<u>残された</u>のならそれは時期未確定と同じことだ。(試行錯誤に漂う6)

21 形になっていないものの群れは、作者がもっと生きていたら、全然別の形となって<u>発表された</u>か、そうでなければそのまま放っておかれた。放っておかれたにしてもそれらは<u>忘れ去られる</u>わけでなく、その人の中では鼓動しつづけた。(試行錯誤に漂う6)

22 映画も小説も音楽もダンスも演劇も、それら時間をともなって<u>展開される</u>表現形

式にとって、大事なのは、みんな本当にラストの善し悪し、ラストのカタルシス、ラストの強烈さにコロッと<u>だまされて</u>しまうのだが、大事なのは、ラストへといたる中間部、長い道のりだ。(真夜中)

23 作品というのはとても安易に自分を<u>ジャンル化されよう</u>とする習性を持っている。作品を作るのは作者であるのは言うまでもないから、その「習性」なるものはつまり作者の中にあるのではないか？という反論・疑問はいかにもまっとうに聞こえるが、それは表面なことであって、作品はやはり作品自体が多様な運動性を持っているその中の一つ、一番わかりやすく安易なのが、自分を<u>ジャンル化されよう</u>とすることだ。(真夜中)

24 たとえばラブクラフトは怪奇小説とかホラー小説の名手と<u>言われて</u>いるが、いきなりいかにも「怪奇小説ですよ」という語り口で書き出す。私は何(人・物・事・場所)が、どういう加減で平穏な日常から逸脱して怪奇と<u>いわれる</u>様相を帯びるのかが知りたくて、ラブクラフトをわりと何篇も読んだことがあるが、もうホントに最初の一行から怪奇小説然としているから途端にシラケてしまった。(真夜中)

25 絶版だから入手して読むのは難しいが、古井由吉に『栖』という長篇があり、その中で主人公の妻がだんだん気が狂っていき、箪笥の引き出しに夫の革靴が<u>しまわれている</u>場面があるが、あれはリアルに恐い。妻や自分がいつそういうことをし出さないか、という危惧も含めて恐い。(真夜中)

26 この「リアルに恐い」と私はわざわざ書いたその「リアル」というものが、<u>ジャンル化された怪奇好き</u>・ホラー好きの人にはどうなっているのか。(真夜中)

27 文章の意味が読者に<u>理解される</u>(<u>されすぎる</u>)ことの不快感というのがある。あるいは、自分が書いている文章や場面が作品全体の中で感嘆に<u>位置づけられる</u>ことの不快感というのがある。(真夜中)

28 映画も観ない。ごく一部の小説を除いて、映画も小説も、それが完成品として私の前にあることが退屈で退屈でしょうがない。が、その退屈さがリンチによって一気に<u>破られ</u>、私自身もむくむくと、ふつふつと、小説を書きたくなった。(真夜中)

29 自分が書いている文章や場面が作品全体の中で簡単に<u>位置づけられる</u>ことの不快感だ。(真夜中)

30 この際、「簡単に」は削除しよう。自分が書いている文章や画面が作品全体の中で<u>位置づけられる</u>ことの不快感。(真夜中)

31 私は『未明の闘争』をずうっと書きながらこれに気づきはしたけれど、これを作品として<u>実現させられる</u>かどうかはまだわかっていない。(真夜中)

32 作者となる人と読者となる人が今までそのような作品にしか出会ってこなかったり、「作品」として<u>イメージされる</u>ものがそのようなものであるがぎり、作者となる人がある作品に着手した途端に、求心運動や凝集運動が必然的にはじまる。(真夜中)

33 小説の何たるか、映画の何たるかが全然わかっていない人が、思いつくままであるイメージに<u>駆られて</u>でも何でもいいが作品を作ったとする。(真夜中)

34 そういえば、ピナ・バウシュのヴッパタール舞踏団の『パルレモ、パルレモ』が、ちゃんとした意味があると<u>言われたら</u>私はむしろ嫌になるだろう。(真夜中)

35 クラシックの解説で、第一楽章の主題が第二楽章でこう<u>変奏され</u>、第三楽章の××××を経て、最終楽章でこうなるという説明が面倒くさくてしょうがないし、だいたい私は主題とか主旋律とかが何か、聴いていてもう全然わからない。(真夜中)

36 日記にはその日突然去来した思いが<u>書かれる</u>こともあるし、何の説明もなく人名・地名が出てくることもある。(真夜中)

37 その日に<u>書かれた</u>思いがいかにも大切そうで、書き足りていないから翌日にも<u>書かれる</u>のかと思えば書かれず終わることもある。(真夜中)

38 これは一九四五年に<u>書かれた</u>手紙(宇野邦一訳)だが、すごくわからないが全然わからないわけではない。(真夜中)

39 それもまたすぐに消えてゆくがそれはきっといつか思いもかけないときに、わたしの考えや感情やイメージに私自身は気づかないところで、少し離れた場所で<u>やられて</u>いる工事のドシンと機械が地面を打つ振動が私の家の床を揺らすように揺らすだろう。(真夜中)

40 作品に向き合う作者の姿(作品と作者の小競り合い・駆け引き・綱引き)は作品ができあがれば、作品に反映する作者が作品がオーソドックスに持つ求心運動・凝集運動と折り合っていれば、作者の姿(作者が作品を作っている時間)は作品に<u>吸収されて</u>見えなくなる。(真夜中)

41 と同時に、作品に<u>吸収されて</u>見えなくなった作者を想定して、ふつう「作者の意図」などと<u>言われる</u>。(真夜中)

42 これはもう、いい悪いを超えて感動する。シュトックハウゼンはウィキペディアによれば「ある日、ヘリコプターに弦楽器奏者が乗って演奏し、それが四つ輪になって旋回する「奇妙な」夢を見た」という、夢でしか起こらないようなことが実際に起こっている。ＣＧによっていろいろなことができると思っている、少しも面白くない最近の映画の欠けているものが<u>凝縮されて</u>そこにある。(試行錯誤に漂う15)

43 バッシングはよくある、発言全体の文脈を無視した、問題の箇所だけを抜き出したもので、しかしうっかりこの言葉だけが口を突いて出てきてしまったものだとしても、あの世界貿易センタービルが崩れ落ちる瞬間に興奮をまったく感じずただただ悲嘆だけをあの瞬間に感じていたという人の方が少ないはずなのだから、あのような惨事に対して自分が一瞬たりといえども気持ちが高ぶったことの罪悪感を、具体的に発言した人に魔女狩りのように押しつけたというのがバッシングの心理だったと私は思うが、私が今書いた「興奮」とか「気持ちが高ぶった」というのがそもそも、サッカーや野球の<u>最員</u>チームが得点した瞬間の、「よっし！やった！」という興奮と全然別のもので、三・一一の津波が街を飲み込む映像を見ているときに感じた興奮と同じで、その興奮は、危険から逃げるために必要な動物に<u>内蔵された</u>スイッチ、非常ベルやサイレンのようなものなのではないか。(試行錯誤に漂う15)

44 ベケットはこのような大仕掛けとは正反対の方を向いているように思えるそのベケットをシュトックハウゼンが引用するのが私はなんといえばいいか、私はずうっとベケットだから<u>勇気づけられる</u>。(試行錯誤に漂う15)

45 「これからは、すべてのことについてこう考えておこう、<u>言われた</u>ことと<u>聞かれたこと</u>は同じ起源を持つのだと、ただ何かを考えておくという可能性だけはできるだけ疑わずに。この起源を私の中に据える、どこになんてはっきりと言えない、細かいことはいらない、だってすべては、ある第三者の良心だとか、もう少し一般的な言い方をすれば、ある外部の世界に比べれば<u>優先される</u>べきなのだから。」(試行錯誤に漂う15)

46 『名づけえぬもの』の語り手がめの中にいて動かないのは、『モロイ』『マロウン

は死ぬ』ときて、だんだん動きを奪われたその結果だ。(試行錯誤に漂う15)

47 「対話・独白」となっている作品(？)の「独白」の項にこういうことが書かれてい
て、引用の傍線は私が引いた傍線だ。これがベケットの語り手のとめどなく流
れる言葉へと通じていないか。そしてウィキペディアのような「×××について語
る」ということへの遠い批判になっていないか。(試行錯誤に漂う15)

48 『シュトックハウゼン音楽論集』に収められている文章の初出は１９５３年から
６１年だ。(試行錯誤に漂う15)

49 シュトックハウゼンの著作集は予定も含めて十巻まで出版されるそうだが、日本
語ではこの一冊しか出そうもないが、５３年から６１年までの音楽論で私には
じゅうぶん刺激になる。(試行錯誤に漂う15)

50 ずいぶん大ざっぱな言い方だが、人類はこれから一万年くらいはどうしたって
生きるのだろうから、いつか大きな思考様式の切断があるとしたら、それ以前
はひとつながりのものと見られるだろう。(試行錯誤に漂う15)

51 古代ギリシアの哲学者たちや聖書を書いた人たちや孔子や老子たちは自分の言葉
がいつまで読まれるか？という風に少しでも考えてみたことがあったのか。(試
行錯誤に漂う15)

52 発表される小説はその一部で、演奏者のコンサートからそれを考えると、発表
された小説だけが特別なのではなく、書きつづけ書きそこねたものの結び目が
形となった小説となる。(言葉のポトラック)

53 小説についてその人が考えた小説には書かれなかった考えも当然反響させる。
(言葉のポトラック)

54 それは負債という比喩によってごまかされなければならないほど大きな出来事
だったのではないか。(言葉のポトラック)

55 理解されるのでなく理解させないこと。(言葉のポトラック)

56 書くときに書く文は人に理解されるためでなくまずはじめに自分の中にある何か
を像化するために書かれる。(言葉のポトラック)

57 しかし文が文であるように書くことによって何ものかは違うものとして像化され
る。(言葉のポトラック)

58 統治されざる内面、あいつらが利用できない内面を作ることが芸術の使命であ
り、それはここからはじまる。(言葉のポトラック)

59 しかし去年の六月十一日にはじまったコンちゃんとのつき合いはやはりここに長くには与えられたスペースが少なすぎるし、何よりあと二日に迫った締切りの中でそれを二日に見合った分量に考えるのが面倒くさい。(言葉のポトラック)

60 それを猫保護のネットワークの田矢さんから捕獲器を借りてつかまえると一度目は状態が悪すぎるからしばらく抗生物質とステロイドを与えてもう少しよくなってからでないと手が打てないと言って戻されるともともとそばに寄らなかったコンちゃんはいっそう私に近づかなくなったが、七月八日にもう一度つかまえると今度は一週間以上入院した。(言葉のポトラック)

61 マーちゃんは私にさわられるのがもともとうれしくない。(言葉のポトラック)

62 そういう風に親に育てられた。(言葉のポトラック)

63 このあいだのところは遠くて治療費が高く見立てが間違うことがあると田矢さんから言われた。(言葉のポトラック)

64 コンちゃんはもうすでにみんなに受け入れられていた。(言葉のポトラック)

65 ひっぱたかれても反撃しない。(言葉のポトラック)

66 コンちゃんはあれから三ヵ月経つのに私のそばに寄らないということは、入院中マーちゃんと違ってふつうにご飯を食べるといっても、つかまえられて入院させられるのはやっぱりコンちゃんには絶対嫌なことだと、コンちゃんのその距離が語っている。近寄らないのは私は助かる。いつか来る、コンちゃんにはそう遠くない別れのときに気が楽だ。ここが、この路上と玄関前の車のない車寄せがコンちゃんのスイートホームだ。(言葉のポトラック)

67 二〇〇九年の九月十月は毎週のように台風が来たりしてとんかく天候が荒れ、年を取った人間が天気が崩れると膝が痛くなったり腰が痛くなったり、頭痛持ちが頭が痛くなったりするように、ジジは外の条件の変化から生体を守って恒常性(ホメオスタシス)を保つ生体本来の機能が機能しなくなり、風雨にもろにさらされる小さな家や荒れた海を漂う小舟のように気象に翻弄されつづけた。(真夜中)

68 二月三月は季節外れに暖かい日とその反動の寒さが繰り返し、というのは、季節外れの暖かさは日本海に低気圧があって南にある暖気を引き込み、その低気圧が偏西風で北海道の東沖に移動すると今度は大陸にある寒気を引き込むからで、三月十日には鎌倉の鶴岡八幡宮の樹齢八〇〇年とも千年ともいわれる大銀杏が突

風で倒れ、二月三月はとにかく風が吹き荒れた。(真夜中)

69 こんなにほっとするなんて、自分でも信じられなかったが、ペチャの隣りに並んだジジを見たら心の底から安心した。(真夜中)

70 よその国は知らないが日本では左利きが、私の両親の世代、ということは昭和ひとけたか十年代ぐらいまでに生まれた人たちには「よくない」ことと見られる傾向があったが、これもハサミや包丁が使いにくいとか字が書きにくいとかいう機能の問題でなく、死者の膳や死者の着物の合わせが左右逆だったことが一番の原因だったのではないか。(真夜中)

71 しかしそれなら、左右逆の像を写す鏡を見て化粧をするという行為はどう思われて(思わないですませて)いたんだろうか。それともずうっと昔の人は、鏡で自分の顔を見るたびに、左右反転の不吉さを味わっていたんだろうか。(真夜中)

72 鎌倉市は(というか行政)火葬代は払ってくれても棺の代金は払ってくれないということだから、行政は棺と火葬をセットとして考えていないということなのかもしれない——、しかし私は、ジジの骨壺がペチャの隣りに並んだのを見て、ほっとしたということを、そういう人にまで理解させなければいけないなんて誰からも言われていない。(真夜中)

73 「こんなにほっとするなんて、自分でも信じられなかったが、ペチャの隣りに並んだジジを見たら心の底から安心した。」(真夜中)

74 だいたい、「音楽や絵や小説に感動した(感動する)」とはどういうこと(状態)なのか。それは書くそばから、いわゆる「感動」に持っていかれて、何も残らない。(真夜中)

75 しかし聖書に書かれている以上、キリストの蘇りは、つまずきの石になる。(真夜中)

76 「神の子が死んだということはありえないがゆえに疑いがない事実であり、葬られた後に復活したということは信じられないことであるがゆえに確実である。」(真夜中)

77 私がこの同じフレーズを一度も書いていなかったとしても、三回か四回書いたかもしれないと思うほど、私はいま書いたこれらの場面を説明なしに受け入れられていないということだ。これらの問いをいっさい抱かない人がいたとしたら、しかし、リンチが自分の映画をこのように作る理由もなくなってしまう。(真夜

78 『カフカ・セレクションⅢ』(浅井健二郎訳、ちくま文庫)の、ふつうは『ある犬の探求』と便宜的に呼ばれている(なぜならそれはカフカの遺稿中の草稿で題名はカフカによっては<u>つけられ</u>ていないから)『〔いかに私の生活は変化したことか〕』に、以下に引用する二つのくだりがあった。(真夜中)

79 とはいえ、この犬の話は、ある一匹の犬が理屈に理屈を重ね、考察に考察を重ねていく話だから、<u>語られる</u>内実はふつうに、「彼らが犬の生活に喜びを見つけたとき、すでに彼らは若くなかった」という文で<u>語られ</u>うるものほどには明確ではない。(真夜中)

80 <u>語られる</u>内実はやはりどれも深い霧の向こうにある感じがする。(真夜中)

81 それで池部良の本を調べてみると、「そよ風ときにはつむじ風」という1990年に<u>出版された</u>本を皮切りに、続々出ている。(寝言戯言)

82 文章を書くとき人はいろいろな監視の下に<u>置かれる</u>。(寝言戯言)

83 相手が知らない人であっても、ふつう人はそういう風には<u>思われ</u>たくないから身だしなみに気をつける。(寝言戯言)

84 決して、大人になってもなお小学生が作文で先生に<u>褒められた</u>のがうれしくて励みになったような理由で、文章をきちんと書こうとして書くわけではない。(寝言戯言)

85 これがファックスでいきなり<u>送られ</u>てくるとインパクトがある。(寝言戯言)

86 できるのだがそのような美意識から離脱(あるいは離反)する意志として散文は<u>書かれる</u>ものだ。(寝言戯言)

87 「だから」「しかし」などの接続語があることで、次につづく文が<u>予想される</u>。(寝言戯言)

88 という文があったら、読者はこの一見常識に反する文の、背景にある事情が<u>説明される</u>ことを期待するだろう。(寝言戯言)

89 接続語のない(1)ではその説明に対する期待まで<u>打ち砕かれる</u>。(寝言戯言)

90 前回話題にした司馬遼太郎の文章は改行が多く接続語が少ないことでけっこう<u>知られ</u>ているが、司馬遼太郎の場合は話が逆で、読者の予断の外に出ないから接続語を必要としない。(寝言戯言)

91 池部良は大スターになる前、「おまえ、役者やってみないか。」と<u>言われる</u>前から

すでにあのような池部良だったに違いない。（寝言戯言）

92　あいつが立ち去ると、わたしにはりんごが三つあるいは四つ<u>残され</u>ていた。
（寝言戯言）

93　ベケットは極端な例だが現代作家はこのベケット的逡巡や曖昧さの響きを必ず持ち、物や事がズバッと書かれることがあまりない。（寝言戯言）

94　読者が想像するように私は一般に相当面倒くさいと<u>評される</u>現代文学しか読まず、（寝言戯言）

95　<u>描かれる</u>世界は曖昧だ。（寝言戯言）

96　どれだけ歯切れがいい文章と<u>いわれる</u>文章でも逡巡・曖昧の響きから自由ではないから、（寝言戯言）

97　その歯切れのよさは私には逡巡・曖昧の不足としか<u>感じられ</u>ない。（寝言戯言）

98　読めばいきなり突風に<u>吹き飛ばされ</u>、すっきりする。（寝言戯言）

99　一つの仮説だが、肉体に<u>角印される</u>動きとして、彼は不死性を考えたのではないか。（寝言戯言）

100　作品を残すという貧しい思想に<u>縛られ</u>た誤りで、記録する方法がなくても音楽は消えない。（プロムナード）

101　一度響いた音はこの世界に<u>角印される</u>。（プロムナード）

102　誰かによって<u>鳴らされ</u>た音は、必ず他の誰かの肉体と精神に<u>刻まれる</u>のだ。
（プロムナード）

103　それが私の中で<u>再現される</u>瞬間を追いかける。（プロムナード）

104　私の昔の話はいつも男ばっかりで女が出てこないと誰かに言われたが、そのとおりだ。（プロムナード）

105　中学からの同級生で高校以来の寺山ファンの清水に<u>誘われ</u>て、お焼香に行った。（プロムナード）

106　寺山の遺影は一番知られた深い陰影のある俯き加減の写真だったが、笑い顔の方がよかったのに、と私は思った。（プロムナード）

107　70年代前半まででその活力を失ったとされ、（この音の先には何かがある）

108　76年にジャズを聴きはじめた私は「乗り遅れた」という気持ばかりに<u>支配されて</u>いた。（この音の先には何かがある）

109　<u>口ずさまれる</u>時の言葉の色彩であり、（この音の先には何かがある）

110 一文のなかに置かれた言葉の匂いが発する齟齬であり、（この音の先には何かが
　　ある）

111 発すると同時に採られる挙措であり、（この音の先には何かがある）

112 言葉が放たれると同時に吊り上げられる片眉であり見開かれる瞳であり、（この
　　音の先には何かがある）

113 筆先に込められた力であり、（この音の先には何かがある）

114 モニターに映し出されるフォントの好悪であり、（この音の先には何かがある）

115 という佐々木中の言葉に接合される。（この音の先には何かがある）

116 新しい弱者が日々作り出されて、（日本とはどういう国か）

117 その人たちが救われる道筋がいっこうに見えず、（日本とはどういう国か）

118 入管法を盾に国外退去の命令が下されるとき、私は、つくづくいやな国だと思
　　う。（日本とはどういう国か）

119 テレビではよく取り上げられる、新しい農法・栽培法を成功させた人なんて、
　　（この狂った社会）

120 テレビでは「成功」という結果だけに焦点が当てられるが、（この狂った社会）

121 ここに私の好きなもの三つが凝縮されている。（好きなもの）

122 猫は三匹だが撫でられるのが好きなのは、（好きなもの）

123 若い花ちゃんは撫でられそうになると逃げる。（好きなもの）

124 撫でられるときには心身が良好な標でもある。（好きなもの）

125 カフカの短編とノートに書き遺された短編をテーマ別に、（好きなもの）

126 「むしろそれは現実である」という線で訳されているから、（好きなもの）

127 いままで素通りしていた短編や断片が襖のように私の胸に打ち込まれてくる。
　　（好きなもの）

128 どこまでもどこまでも視線が伸びていくように感じられる。（11月の青く澄んだ
　　空）

129 羽根木公園は昔は「根津山」と呼ばれていた小さな山を切り開いた公園だから、
　　（11月の青く澄んだ空）

130 そのことによって、書く前よりも遠くに連れていかれる実感がある。（波）

131 子供の本には未来社会の想像図がよく掲載されていた。（生きた時間の厚み）

132 一面識もない人から句集が送られてきた。（生きた時間の厚み）

348

133 今回まったく何も知らない人から<u>届けられた</u>句集をぱらぱらとめくりながら、（生きた時間の厚み）

134 短いからスケッチのように淡泊になるのではなく、短いからこそぎゅっと<u>詰め込まれる</u>のだ。（生きた時間の厚み）

135 もっと言ってしまえば「人間として生きた時間の厚み」が対照を見る視線に<u>凝縮される</u>。（生きた時間の厚み）

136 何と言えばいいか、作品として<u>昇華されている</u>分、かえって作者の人生の時間の厚みが薄れているような気がする。（生きた時間の厚み）

137 その人自身と出会う体験のように<u>感じられる</u>。（生きた時間の厚み）

138 外に向かう関心のあり方で、その人の内省が<u>表される</u>。（生きた時間の厚み）

139 「キャッツの感想を書いてください」とお願い<u>されて公演</u>を観た。（ラ・アルプ）

140 生まれ変わるたびにいろいろな人に<u>飼われた</u>ドラ猫がいた。（ラ・アルプ）

141 「生きる」ということの理想や真実が<u>描かれている</u>。（ラ・アルプ）

142 それにあんまり行かなくて<u>忘れられたり</u>したら、（動物霊園にて）

143 ほとんどどれにも元気な頃の写真が<u>置かれ</u>、（動物霊園にて）

144 使っていた水飲みやおもちゃが<u>供えられたり</u>もしている。（動物霊園にて）

145 この名前で<u>呼ばれた</u>犬や猫や兎たちが確かにいて、（動物霊園にて）

146 全部こいつに<u>食べられて</u>いたのだった。（朝顔、寒空に咲く）

147 ほとんど<u>食べられて</u>しまったあと、九月くらいから成長した分だけで毎日五輪ずつ、（朝顔、寒空に咲く）

148 岡崎から川上の携帯電話に入ったと<u>言われ</u>、（箱崎ジャンクション）

149 室田は川上に<u>説得されて</u>しぶしぶ再び川上になりすまして、（箱崎ジャンクション）

150 これをよんでも何が<u>書かれて</u>いるかさっぱりわからないだろう。（箱崎ジャンクション）

151 読みながら個人史が鮮明に<u>想起される</u>のは小説を読む快感であり驚きでもある。（箱崎ジャンクション）

152 読者は必然的にある種の見通しの悪さを<u>強いられる</u>。（箱崎ジャンクション）

153 現代社会に生きる人間はどこにいても携帯電話に繋がっていて、孤独になることすら<u>許されない</u>。（箱崎ジャンクション）

154 そのような状況におかれてしまえば室田が感じるように本人でさえも、自分と
他者との境界を見失う。(箱崎ジャンクション)

155 都内の隅々までの地図が耳からこぼれるほど頭の中に描き込まれてしまうよう
に、他者に自分が占有されてしまうことの不快というような、(箱崎ジャンク
ション)

156 実際この小説には作者がタクシー・ドライバーだとしか思えない細部の感触が
書かれている。(箱崎ジャンクション)

157 どの人生を選んだところで内奥に揺さぶられつづけるのを避けることはできな
い。(箱崎ジャンクション)

158 すべての小説をマンダラ的に配置して読まれることを待っているような小説群
なのではないのだろうか。(箱崎ジャンクション)

159 まわりに誰も知り合いがいず、自分が誰なのか知られたいと思ったら、
(新入社員の困惑)

160 そういう意地悪な人間が誰からも避難されない環境なんて考えられなかった。
(新入社員の困惑)

161 特に私が配属された部署は当時新設で、各部署からの寄せ集め集団で、
(新入社員の困惑)

162 私は意地悪二人組から週に二、三回ずつ意地悪されていた。(新入社員の困惑)

163 自分に与えられた最低限の仕事はするとしても、他の人まで助けるようなこと
は絶対しない。(新入社員の困惑)

164 自分は正当に評価されていない。(新入社員の困惑)

165 不本意な仕事をさせられていると思っているから、(新入社員の困惑)

166 とにかく意地悪な人は自分の意思ならざる力に操られるようにして意地悪をし
てしまっているのだ。(新入社員の困惑)

167 そう思ってみるようになれば、された意地悪にどっぷりとはまっていた自分の
心のありようが変わる。(新入社員の困惑)

168 そうすれば、そのうちにやられっぱなしではなくなる。(新入社員の困惑)

169 新入社員の気持ちはそれだけで、ぐっと救われるんですから。(新入社員の困
惑)

170 このエッセイを依頼されて「はい」と答えたにもかかわらず、(心とは?意識とは?

わたしとは?)

171 脳は今でもどんどん解明されている。(心とは?意識とは?わたしとは?)

172 今ぐらいまで解明されていない十年ぐらい前までの段階で、(心とは?意識とは?わたしとは?)

173 いよいよ脳が解明されることへの期待が高まる。(心とは?意識とは?わたしとは?)

174 存在というのはふつう「有るを有らしめているもの」という風に言われるけれど、(心とは?意識とは?わたしとは?)

175 本当にプログラムされた返答をランダムに答えたりするだけなのだが、(心とは?意識とは?わたしとは?)

176 心脳問題の本ではその実験は否定的に書かれていたはずだけれど、(心とは?意識とは?わたしとは?)

177 だいぶ人間に近い思考ができる「人間もどき」が作られるような時代になったとき、(心とは?意識とは?わたしとは?)

178 心脳問題の本でよく引かれている実験だが、(心とは?意識とは?わたしとは?)

179 とにかく50歳になって感じられるようになった歳月は、(風の旅人)

180 街でもどこでもさんざん聞かされたから、(風の旅人)

181 「十年前」「二十五年前」というような均一に数値化されて、(風の旅人)

182 そのときにしっかり記憶されてしまったことは、(風の旅人)

183 そのときに記憶されなかったことは忘却のはるか彼方へと消えてゆく。(風の旅人)

184 戦争は君たちの世代によって語り継がれなければいけないんだよ。(風の旅人)

185 しかし何をどう言えば最も記憶されるかなんて、(風の旅人)

186 「天狗」と呼ばれたドイツ人神父の中で風化していない体験という、(風の旅人)

187 「心に強く放り込まれたこと」だ。(風の旅人)

188 だから「天狗」氏は「体験というものが数値化された歳月の長さによって遠くなるものではない」ということから話をするべきだったのだ。(風の旅人)

189 そのつどの新しい情報が入力されることで古い情報(記憶)が更新(微調整)されているという例になってしまったが、(風の旅人)

190 不鮮明さによって目隠しされたようになってしまって、(風の旅人)

191 記憶や体験は個人の中に<u>しまわれて</u>いて、(風の旅人)

192 「主観的」と<u>言われる</u>ことになる。(風の旅人)

193 「客観的」と<u>言われて</u>いる事象と別の仕方で存在している。(風の旅人)

194 「あらすじで読む名作文学」の類いに<u>書かれて</u>いるあらすじていどだったら共有可能となる。(風の旅人)

195 体験が<u>数値化された</u>歳月によって風化しないということは、(風の旅人)

196 「客観」というものに<u>冒されて</u>いるのだ。(風の旅人)

197 人間は遺伝子によって<u>決定されて</u>いる。(中央公論2000年7月号)

198 確定した言葉によってしか<u>記述されない</u>人間像は、(中央公論2000年7月号)

199 科学は正しいことが<u>確認されて</u>いる言葉や概念だけを積み重ねて世界像を構築する。(中央公論2000年7月号)

200 しかし自然淘汰に<u>代表される</u>ように、世界には必ずトップダウンの要素が潜んでいる。(中央公論2000年7月号)

201 クローン人間が<u>作り出される</u>過程で、「人間」と「人間未満」の<u>区別</u>をどこでつけるのか、(中央公論2000年7月号)

202 「普通」と保証される価値は何もなく、ローカリズムしか<u>遺されて</u>いない。(中央公論2000年7月号)

203 優柔不断と<u>言われる</u>ようがどうしようが、(中央公論2000年7月号)

204 そういうものを言葉で伝えてもどうってことはないけれど、映像で<u>見せられる</u>と驚く。(中央公論2000年7月号)

205 そのような運命を<u>負わされて</u>しまったねずみの「一生」というようなことまで、(中央公論2000年7月号)

206 生命工学によって<u>生み出される</u>生命たちはもう「現実」と「想像」という単純な二分法を超えている。(中央公論2000年7月号)

207 今では区別が曖昧なものとされがちだけれど、本来は明快な「現実」そのものだったのではないか。(中央公論2000年7月号)

208 機械や技術や知識がその素朴さとあまりに遊離してしまうことが「異常」と<u>言われる</u>少年犯罪の根底にあるのではないだろうか。(中央公論2000年7月号)

209 遺伝子工学によって<u>デザインされた</u>優秀な人たちとそうでない旧来の人間立ち、という二極化した未来社会を描いた「リメイキング・エデン」という本の著

者の、（中央公論2000年7月号）

210 すでに動物には応用されています。（中央公論2000年7月号）

211 自分の子供が難病になって、臓器移植しか方法がないと言われて、（中央公論 2000年7月号）

212 犯罪を起こす十代の子供たちを認める、と簡単に誤解されかねないけれど、（中央公論2000年7月号）

213 科学とか医学は実験動物の膨大な死の上に築かれる技術だ。（中央公論2000年7月号）

214 実験材料にされた猫の写真をみるとかわいそうでどうしようもなくなる。（中央公論2000年7月号）

215 頭蓋骨の上の部分を丸くすっぽり開かれて、脳みそに電極を刺された猿なんか見ると、（中央公論2000年7月号）

216 実験材料にされているネズミをみてどう感じるんだろうか。（中央公論2000年7月号）

217 時代や社会によって形成されるもので、ローマ時代に殉教した人たちは、（中央公論2000年7月号）

218 「現実が科学の力によって変えられる」という思いと、（中央公論2000年7月号）

219 そうはいってもやっぱり現実は変えられないという、（中央公論2000年7月号）

220 二つの引き裂かれた思いによる産物なのではないか。（中央公論2000年7月号）

221 欲望にがんじがらめにされている個人より、（中央公論2000年7月号）

222 刈屋アナは新体操と体操も巻かされていました。（五輪のアナウンサーについて）

223 その名を言われたら団体も見て、5人が一生懸命演技してると解ります。（五輪のアナウンサーについて）

224 木の花は日本人には愛される。（木の花）

225 紫の上は、光源氏に愛されながらも正妻にはなれなかった。（木の花）

226 桃は中国でも人間の繁栄に歌われる花である。（木の花）

227 失われた地平線という小説の中で、そこでは不老不死の人が住み、（木の花）

228 永遠の生命を与えられた人と薔薇の村をかきました。（木の花）

229 性格が悪くなったら、今はなんでも、母親の責任にされるでしょう。（少子化

は仕方ないことかも)

230 女医なんかいらん、女は家にいたらいいんじゃ、と<u>罵倒</u>されました。(少子化は仕方ないことかも)

231 訳の解らないことを<u>言われて</u>、理不尽さを<u>思い知らされ</u>ました。(少子化は仕方ないことかも)

232 わんわん泣くもの(赤ちゃん)を<u>もたされて</u>、(少子化は仕方ないことかも)

233 なんでこんなつまらないことで来たのか、と<u>罵倒された</u>ような気がしたということもあるでしょう。(少子化は仕方ないことかも)

234 結婚とか子供を生むことが女性に損と<u>刷り込まれた</u>若い世代が、それを選択しなくなりつつある、これも解ります。(少子化は仕方ないことかも)

235 毎年高校生の長女に口紅を<u>プレゼント</u>されている。(ファッションを楽しむこととは)

236 へたしたら、外国ではストリートガールに<u>間違われる</u>とか。(ファッションを楽しむこととは)

237 しかし、すでに週刊紙などやメディアでパラサイトシングルが<u>取り上げられる</u>その前から、(ファッションを楽しむこととは)

238 そのあきらめの第一に<u>切られる</u>のが、結婚や子育てではあまりにも悲しいのでは、(子供も生まず、結婚もしない選択肢)

239 <u>信じられない</u>かも知れません。(子供も生まず、結婚もしない選択肢)

240 メディアから<u>洗脳された</u>ように、4、5年前から増えているようです。(子供も生まず、結婚もしない選択肢)

241 今はなんでも母親の<u>責任</u>にされるでしょ？　(子供も生まず、結婚もしない選択肢)

242 どうせ母親が悪い悪いと<u>言われる</u>し、(子供も生まず、結婚もしない選択肢)

243 ここのように女性の働きが<u>優遇されて</u>る農村の特殊な地域でなく、(子供も生まず、結婚もしない選択肢)

244 子供作らなかったら、親が悪いと<u>言われ</u>なくてもすむ。(子供も生まず、結婚もしない選択肢)

245 兼業主婦は大変だ、しかし専業主婦でも悪く<u>言われる</u>。(子供も生まず、結婚もしない選択肢)

246 これはシャネル、これはグッチ、今お買得ですよと店員さんに<u>進められ</u>ても、はあ？聞いたことはあるんですが、（日本とムラ）

247 日本という地形そのものが海によって<u>隔てられ</u>てるだけに「日本ムラ」は形成しやすかったと思います。（日本とムラ）

248 日本ムラの中では甘えも<u>許される</u>。（日本とムラ）

249 昔のムラはよかったというだけでは<u>済まされ</u>ない。（日本とムラ）

250 無理に<u>追い出される</u>場合もある。（日本とムラ）

251 逆に嫌が上でも<u>追い出される</u>可能性もありうるが（日本とムラ）

252 寝るだけで<u>済まされ</u>なくなった（男尊ムラの崩壊）それから平均年齢が上がったことで（日本とムラ）

253 仕事を続けるというのは実力より、運に<u>左右され</u>ます。（これからも石を運びながら）

254 カフカは朝まで手紙を書き、その手紙は<u>投函される</u>、投函されなければ相手の（試行錯誤に漂う3）

255 だからカフカはその手紙が相手に<u>読まれ</u>、相手の心に何らかの働きかけをし、（試行錯誤に漂う3）

256 穏やかで、分別があり、礼儀正しい人間として<u>記憶されて</u>いる。（試行錯誤に漂う3）

257 あばれ馬にしがみついている乗り手が荒れる波に<u>翻弄される</u>小舟のようだ。（試行錯誤に漂う3）

258 果てもなくつづく流れがあて、それが一時的に紙に<u>書かれて</u>、小説になったり（試行錯誤に漂う3）

259 それらを目指して<u>作られ</u>たり成ったりするのではない。（試行錯誤に漂う3）

260 私はたんに、書き手としての率直、素朴な考えとして、小説を<u>書かれ</u>つつある時間の中に身を任せずに読むのは、（試行錯誤に漂う3）

261 性格の何割かは日頃の鍛錬によって<u>つくられる</u>。（試行錯誤に漂う3）

262 小説だって書き上げてブロードならブロード一人の目にふれたり、何人かの前で<u>朗読されれ</u>ばそれでじゅうぶんだ。（試行錯誤に漂う3）

263 ある晩には「城」と呼ばれる小説の一部分となり、（試行錯誤に漂う3）

264 その理由は書き手が<u>残された</u>証拠にこだわること、（試行錯誤に漂う3）

265 その結果、評伝の対象となった人物が書き手のサイズに押し込まれることだと、以前別の場所で書いた。(試行錯誤に漂う3)

266 限りある命を与えられた人間が永遠を得ることができないからといって、(試行錯誤に漂う1)

267 映像として残されたダンスや演劇は脱殻なんじゃないか。(試行錯誤に漂う1)

268 私は手書きだから形として採られなかった原稿用紙が床に捨てられ散乱する。(試行錯誤に漂う1)

269 作品を完成品としてただ受け取るだけの受け身の態度しか感じられない。(試行錯誤に漂う1)

270 そのように書くのにどうしてそれが発表される必要があるのかということがすでに私の中でベクトルが乱れ、(試行錯誤に漂う1)

271 ここのところ私が惹かれ、おもしろいと思って読む文章は、(試行錯誤に漂う1)

272 どれも発表されることを前提とせずに、あるいは発表されるというはっきりした見通しを持たないまま書かれたもので、(試行錯誤に漂う1)

273 俳句や短歌はそのようにして作られるだろうか。(試行錯誤に漂う1)

274 そういう情景を描いた画に和するために詠まれたものであるという話はちっともおもしろくない。(試行錯誤に漂う1)

275 それを書きとめたように感じられる。(試行錯誤に漂う1)

276 まあしかい「駒とめて...」が家の中で詠まれようが画に和したものであろうが私はこの歌に反応しないんだからどうでもいい。(試行錯誤に漂う1)

277 この歌が家の中で詠まれた証拠であるということも、(試行錯誤に漂う1)

278 書き損じて捨てられた原稿がそれなんじゃないか。(試行錯誤に漂う1)

279 完成(発表)された小説には書き損じて捨てられた原稿は見えないが書き損じ捨てられた原稿が小説の厚みとなる。(試行錯誤に漂う1)

280 実際書くときには採られなかったが実際に書いてみる前までは考えられていた選択肢・岐路、それら形としては書かれなかったり残らなかったりした文章や思念の波間に、発表された小説は漂っている。(試行錯誤に漂う1)

281 あるいは、ヒステリのように狭い空間に情報がぐっと押し込まれたもの、(試行錯誤に漂う1)

282 そこに私はあらかじめあると思われている小説の言葉・小説の文章に自ら進ん

でいくのと全然違う、（試行錯誤に漂う1）

283 同じこの空間にいると<u>考えられる</u>ほどリアルという以上に物質的で、（試行錯誤に漂う1）

284 表現や演奏が<u>実行される</u>前に、まずその人がいる。（試行錯誤に漂う1）

285 その体は向き不向きによっていろいろな表現の形式の試行錯誤の厚みに向かって<u>聞かれて</u>いる。（試行錯誤に漂う1）

286 「これがいい文章だ」と<u>言われても</u>、自分の体がすでに知っている試行錯誤の厚みに忠実であろうとしたら、（試行錯誤に漂う1）

287 人は、作品、演奏、<u>表現された</u>ものというと、（試行錯誤に漂う1）

288 あるのはプロセスだけで、完成やそれに類する言葉で<u>イメージされる</u>運動がそこで終わる状態がない。（試行錯誤に漂う1）

289 視覚が一気に緑に<u>覆われる</u>。（鎌倉の風景）

290 つまり、向かし、鎌倉には<u>整備された</u>上水がなかったから井戸の水が貴重であり、（鎌倉の風景）

291 今も代表的な十の井戸が<u>残されて</u>いる。（鎌倉の風景）

292 鎌倉の地理と歴史の精髄はおそらくこれらに<u>凝縮されて</u>いる。（鎌倉の風景）

293 風景全体の薄暗さと見通しの悪さで視界がひどく<u>狭められる</u>感じがあり、（鎌倉の風景）

294 左右の視界が稲村ヶ崎の手前の出っ張りと逗子マリーナの向こうにつづく三浦半島によって<u>切られる</u>。（鎌倉の風景）

295 鎌倉の海は遠浅と<u>言われて</u>いる。（鎌倉の風景）

296 はじめて鎌倉に来たらしき人に<u>訊かれる</u>ことがたまにあった。（鎌倉の風景）

297 歴史の授業で習うように鎌倉は、三方を山に<u>囲まれて</u>いる。（鎌倉の風景）

298 鎌倉は古都保存法によって高い建物が建たず、低い家並が<u>守られて</u>いるから、（鎌倉の風景）

299 山があるはずなのにビル群に<u>じゃまされて</u>見えないということがない。（鎌倉の風景）

300 山を前にして私は木で<u>覆われた</u>山の緑の色調の多様さに感心する。（鎌倉の風景）

301 全体としてやっぱり冬も山は葉に<u>覆われて</u>いる。（鎌倉の風景）

302 色調の多様さは失われ、緑のなかでも一番不快、または暗い緑に山は支配される。(鎌倉の風景)

303 山は落ち葉せずに一冬を越した葉だけで覆われている。(鎌倉の風景)

304 北風が吹かず土地全体がぽっかり暖かい空気に包まれてまどろんでいるような日がある。(鎌倉の風景)

305 それまで華やいだ気持ちでいても、あの風景を見ると不思議に憂愁に包まれる。(鎌倉の風景)

306 このホームが、北鎌倉を出て緑で覆われた扇が谷トンネルを抜けてきた(鎌倉の風景)

307 下りと上り二本の線路に挟まれて、(鎌倉の風景)

308 「どうして二人で監督しようと思ったんですか。」とよく訊かれる。(ムッシュ・シネマ)

309 そんなふうにさまざまな俳優との共同性が私の映画作りのなかに持ち込まれるが、(ムッシュ・シネマ)

310 晩年の黒沢明監督が立派な絵コンテを残されたりしているので、(ムッシュ・シネマ)

311 構築された意味や物語からはみ出してしまう何かが映り込んでしまう。(ムッシュ・シネマ)

312 特に劇映画だけはいまだに監督が権力を握っているし、そのようなものとして見られてもいる。(ムッシュ・シネマ)

313 映画が本来持っていたはずの開かれた可能性を模索してゆきたい。(ムッシュ・シネマ)

314 そのためかどうか「私の作家遍歴」はあれから二年半以上経つが、復刊される気配はまったくない。(真夜中)

315 いっそ、「別れる理由」が評判にならなかった方が他の本が読まれたのではないか。(真夜中)

316 形式としては評論のようなエッセイのようなものに分類されるのかもしれないが、その精神は小説だ。(真夜中)

317 何と呼ばれているのか行動の名前は忘れてしまったが、(いや、わかってますよ)

318 人間が思い込んでいるような「先」つまり今と線が引かれた別の時間ではないのではないか。(真夜中)

319 しかし、井上清直と岩瀬忠震の二人はその後幕府で重用されることなく、(真夜中)

320 しかし岩瀬にいたっては晩年、といっても享年42歳なのだが、蟄居を強いられた。(いや、わかってますよ)

321 井上清直と岩瀬忠震の生涯は「報われなかった」ということになるのだが、(真夜中)

322 世間ではふつうそっちの方ばかり注目されるけれど、(真夜中)

323 コンサートの機会にもあまり恵まれなかった。(真夜中)

324 そのときオーケストラとして招集されたメンバーは全員が出演料なしだったとも言われている。(いや、わかってますよ)

325 ギルに声をかけられたらみんな喜んで集まった。(真夜中)

326 ギルに対するミュージシャンたちのリスペクトも、すべてこの演奏に内包されている。(真夜中)

327 全力をふりしぼることはかぎられた人にしかできない。(真夜中)

328 小島さんが死んで一年以上経ったときに私に送られてきたメールを読んで、(真夜中)

329 私たちは厳密さ精密さということについて間違った方向づけをされている。(真夜中)

330 小島信夫によって拓かれた言説空間があり死んで一年以上経ったときに私に送られてきたメールはその言説空間の中で書かれた。(真夜中)

331 小島信夫という人間の晩年が丸ごと「私の作家遍歴」と「寓話」に内包されていた。(真夜中)

332 あの女性は「有馬稲子」と間違われることを理想として生きてきたに違いないのだから。(プロムナード)

333 動きとその映り方(見え方)が俳優という仕事を通じて鍛えられたからか、(プロムナード)

334 監督は見舞いに来たのではなく、直前に公表された中村綿之助との結婚を思いとどまらせようとして来たのだった。(プロムナード)

335 そして今は悪いことに、身体性に欠ける文章の方が読みやすく<u>好まれる</u>。（プロムナード）

336 人物と動きと背景が、短い言葉できっちり<u>書かれ</u>、一つ一つが本当に映画を見るようだ。（プロムナード）

337 おじいさんが<u>殺された</u>。（プロムナード）

338 春先に風が強いと私は決まって、幼稚園のときに一歳上の八百屋のコーちゃんに<u>連れられて</u>、（プロムナード）

339 そこには、「猿が話さないのは、仕事をさせられるのがいやだからだ」と<u>書かれていた</u>。（塩の像）

340 ありとあらゆる草木が塩で<u>おおわれて</u>しまう。（塩の像）

341 僧院の中では、ミサや聖体拝領が<u>行われて</u>いるのが聞こえる。（塩の像）

342 良き医者の役割をも果たしていた彼らは、近隣の部落民に<u>尊敬されて</u>はいたものの、（塩の像）

343 今はかの洞穴に一つに<u>葬られて</u>いる修道士ポルフィリオが、（塩の像）

344 その仲間は聖者の域に達し、<u>打ち負かされた</u>悪魔が、（塩の像）

345 修道僧たちはひとり、またひとりと息をひきとっていき、とうとう、ソシストラートだけが<u>残された</u>。（塩の像）

346 彼はぶどう酒で<u>満たされた</u>金杯とパンを枕もとに見出し、（塩の像）

347 私は神に<u>呪われた</u>都市の死体の山を見ました。（塩の像）

348 かつてキリストも自らを犠牲にして古い世界の罪人たちを救い出すために<u>降誕された</u>のではありませんか。（塩の像）

349 あの塩の女、すなわち神に<u>罰せられた</u>ロトの妻の姿には、恐ろしくて目を見張ってしまいました。（塩の像）

350 塩の象に洗礼を施し、あの<u>束縛された</u>魂をその苦しみから解放してやるのだ。（塩の像）

351 タールで<u>固められた</u>煉瓦の列...（塩の像）

352 時間に<u>蝕まれて</u>石のようにごわごわになったマントの下で、（塩の像）

353 この像の眠りには、聖書の驚異的な神秘が<u>こめられて</u>いる。（塩の像）

354 ひょっとしたら神に<u>呪われた</u>女の罪が、（塩の像）

355 彼の救済行為がどのように実践に<u>移された</u>かについては、いちいち申すまい。

（塩の像）

356 その襤褸はロトの駱駝の毛で<u>織られて</u>いたのだ。（塩の像）

357 老女が体現していたのは神に<u>見捨てられた</u>町の住民だったのである。（塩の像）

358 その両足は、神によって<u>引き起こされた</u>火事の灰を踏みしめたのだ。（塩の像）

359 死海を見たときに<u>呼び覚まされた</u>神秘的な感覚を抱いているだけであった。
（塩の像）

360 <u>救出された</u>からである。（塩の像）

361 まるで山々を燃え立たせた光彩がそこに<u>凝縮された</u>かのような、（塩の像）

362 苦しい苦悩に<u>しめつけられた</u>ような声が答えた。（塩の像）

363 その瞬間、ソシストラートは閃光に<u>打たれて</u>事きれたかのように、（塩の像）

364 その妻はソドムの町から逃げる時、ふり返ったために塩の像に<u>された</u>。（塩の
像）

365 あらたまってそういうことを<u>訊かれる</u>と私は何も出てこない。（プロムナード）

366 きっとこじんまりした会社だろうから<u>紹介されたら</u>喜ぶだろう。（プロムナー
ド）

367 編集者はびっくりしたが、それを<u>知らされた</u>私はもっとびっくりした。（プロ
ムナード）

368 私は中学で私立に行ったことに対して後ろめたさとか、友だちから<u>切り離され
た</u>寂しさとか、いろいろ込み入った気持ちを持っていたのだ。（プロムナード）

369 つまり「雪国」はひとつのまとまった作品として<u>発表された</u>わけでなく、細切れ
の短編として<u>発表された</u>。（プロムナード）

370 実際には「改造」に<u>掲載された</u>原稿にあたってみると、（プロムナード）

371 導入には独立した短編としても読める配慮が<u>なされて</u>はいるが、（プロムナー
ド）

372 「雪国」は「文芸春秋」「改造」「日本評論」「中央公論」「文芸春秋」「改造」という順
に、見事にばらばらに<u>掲載される</u>ことになった。（プロムナード）

373 そんな枠に<u>縛られた</u>発想はまったくない。（プロムナード）

374 これは現在の新聞では<u>考えられない</u>ことだ。（プロムナード）

375 新聞も出版もいまでは立派な歴史と伝統があり、歴史と伝統によってそれなり
の枠ができあがっている、と<u>思われて</u>いるが、（プロムナード）

376 インターネットの普及によって、新聞・出版は未曾有の不況に突入しつつある
と<u>言われている</u>が、（プロムナード）

377 芥川賞と直木賞すら<u>騒がれなく</u>なってしまったら文学業界はいよいよ苦しい。
（プロムナード）

378 それに芥川賞と直木賞はたぶん一番古い文学賞だから、それなりの敬意は<u>払われて</u>もいい。（プロムナード）

379 「保坂さんも芥川賞を目指して書いていらっしゃるんですか？」と<u>訊かれたり</u>、
（プロムナード）

380 次の小説がだめならそっぽを<u>向かれる</u>。（プロムナード）

381 この説明で評価が外から<u>なされて</u>いることにきづいただろうか。（プロムナード）

382 もっとも私はもともと人から目標を<u>設定されたり</u>、あれしろこれしろと<u>指示されたり</u>するのが大嫌いで、（プロムナード）

383 だから「よく12年もサラリーマンが勤まったねえ」と<u>言われる</u>が、（プロムナード）

384 まだマスコミでは控え目にしか<u>報道されて</u>いないが、（プロムナード）

385 煙草ばっかり<u>悪者にされて</u>いるが、（プロムナード）

386 一滴も酒を飲まない妻に<u>馬鹿にされたり説教されたり</u>するくらいだから、（プロムナード）

387 複雑な文章問題は霧に<u>包まれた</u>光景を見るように（プロムナード）

388 世間では一般に、算数が得意な子の頭はクリアと<u>思われて</u>いるが、そんなことはない。（＜それ＞は何を指すか？）

389 <u>起こされる</u>時間は、早いと5時。（猫が日の出前に起こす）

390 それ以来、ペチャに<u>起こされる</u>時間が遅いパターンだと私はその日を見る。（猫が日の出前に起こす）

391 「よい」の大合唱によって、反論を言うことが<u>許されない</u>雰囲気が社会を覆う。
（今の禁煙・エコは変だ）

392 禁煙は煙草と酒と自動車という三つの資本の力関係によって、一人だけ「悪」に<u>祭り上げられた</u>産物なのではないか。（今の禁煙・エコは変だ）

393 一方、酒は焼酎だったりワインだったりカクテルだったり、次々ブームが演出

される。(今の禁煙・エコは変だ)

394 轢かれたら即死だ。(今の禁煙・エコは変だ)

395 建設土木・不動産と自動車産業に支えられた現在の経済構造を温存しておいて環境破壊は止められない。(今の禁煙・エコは変だ)

396 今年、横浜ファンは四月から憂鬱な日々を送ることを強いられた。(横浜、来季が見えない)

397 投手陣さえ再建されれば優勝できる。(横浜、来季が見えない)

398 一番好きな季節は?と訊かれれば、(夏の昼の終わり)

399 旗手になった子供に重くなられては困るから、(人生の岐路)

400 あれやこれやの手段でとにかく成長が押さえられる。(人生の岐路)

401 小学校低学年くらいの男の子がカンガルーにぼこぼこに殴られていたそうだ。(人生の岐路)

402 教育の機会が奪われたらその可能性は種子のまま萎んで腐ってしまう。(人生の岐路)

403 ファラデーは貧しい鍛冶職人の子供として生まれ、小学校を出ると製本職人の見習いに出された。(人生の岐路)

405 その講演をした化学者に見出された、(人生の岐路)

406 その人の助手として雇われることになり、(人生の岐路)

407 一番上の姉さんは小学校に通っているうちから、医者に働きにやらされた。(人生の岐路)

↻부록2 학습자가 습득한 수동태 예문

1 このころは昔よりたくさん親切になったと言われますが、まだ不親切だと感じます。(不親切)

'요즘은 옛날보다 많이 친절해졌다고 합니다만, 아직 불친절하다고 느낍니다'

2 大学に進学するためにこんな3年間を過ごした私にとって、いまでは失われた青春が惜しい。(星空を見上げて生きる高校生)

'대학에 진학하기 위하여 이러한 3년간을 보낸 내게 있어서 지금은 상실된 청춘이 아깝다.'

3 またたくさんの人々にさわられたあまり、9番が押せないです。(私の携帯電話)

'또한 많은 사람들이 만진 바람에 (핸드폰) 9번을 누를 수 없습니다.'

4 まず、何を食べるかは、文化の問題であり、宗教と観念に影響されます。

(動物虐待か食文化か)

'우선 무엇을 먹을지는 문화의 문제이고 종교와 관념에 영향을 받습니다.'

5 自分で考える方を教えるのよりも考えを取られてすることだ。(うちの大学)

'스스로 생각하는 법을 배우는 것보다도 생각을 빼앗겨 하는 것이다.'

6 こんなに広く使われているボールペンは以前と違ってデザインの種類がとても多い。(おじさん、ボールペンの芯ありますか)

'이렇게 넓게 사용되고 있는 볼펜은 이전과 달리 디자인의 종류가 매우 많다.'

7 こういう左側通行は日本帝国の治下の以後、堅くなってことに推定されます。

(人道と横断歩道)

'이러한 좌측통행은 일본 제국 치하 이후 정착되어진 것으로 추정됩니다.'

8 先に選択された人だけ教育を受けるようになったのを教育理念となっている。

(BK21について)

'먼저 선택받은 사람만 교육을 받게 된 것을 교육이념이 되어 있다.'

9 そのうえ選定結果がいくつかの大学に集中されたのは一部特権層の特恵と私教育費の問題をもっと深刻にするだろう。(BK21について)

'게다가 선정 결과가 몇 몇 대학에 집중된 것은 일부 특권층의 특혜와 사교육

비의 문제를 더더욱 심각하게 할 것이다.'

10 現実を反映しなかった政府の画一的な政策に引っ張られてはいけない。(BK21について)

'현실을 반영하지 않은 정부의 획일적인 정책에 휘둘려서는 안 된다.'

11 そして高級コーヒーと普通のコーヒーの味の違いもあまり感ずられない。
(おいしいコーヒーが好くよ)

'그리고 고급 커피와 보통 커피 맛의 차이도 그다지 느껴지지 않는다.'

12 自動販売機のコーヒーの味は管理人の良心に左右されるそうだ。
(おいしいコーヒーが好くよ)

'자동판매기 커피의 맛은 관리인의 양심에 좌우된다고 한다.'

13 ごのころ幼ちえん生もPCSが広く利用された。(PCSの騒音公害)

'요즘 유치원생도 PCS가 널리 이용되었다.'

14 このPCS使用こうがいはやっぱり大衆交通しゅだんのちかてつやバスとかで感じられる。(PCSの騒音公害)

'이 PCS사용 공해는 역시 대중교통 수단인 지하철이나 버스 등에서 느껴진다.'

15 また、こんなPCSしょうおんこうがいの問題は学校でも大いに話されている。
(PCSの騒音公害)

'또 이러한 PCS 소음 공해 문제는 학교에서도 크게 회자되고 있다.'

16 人々が便利しく使用しようと作られたものを一部の人々のこういでひがいをあたる人がなければいいです。(PCSの騒音公害)

'사람들이 편리하게 사용하려고 만들어진 것을 일부 사람들의 행위로 피해를 입는 사람이 없으면 좋겠습니다.'

17 そのなかで私たちがキャッシュのかわりに使われていることが信用カードです。
(カードが泣いている)

'그 중에서 우리들이 현금 대신에 사용되고 있는 것이 신용 카드입니다.'

18 私がみて携帯電話の一番の問題点は共同社会で守らなければならない基本的の携帯電話文化が形成されていないと思う。(携帯電話の問題点)

'내가 본 핸드폰의 가장 큰 문제점은 공동사회에서 지켜야 할 기본적인 핸드폰 문화가 형성되어 있지 않다고 생각한다.'

19 そんなに作ったカードがよく<u>管理される</u>のはないでしょう。(不必要なカードの発行)

'그렇게 만든 카드가 잘 관리되는 것은 아니겠지요.'

20 オレンジがく<u>さられる</u>期間は30年以上がかかるし、カンは100年以上がかかります。(不必要なカードの発行)

'오렌지가 썩는 기간은 30년 이상 걸리고 캔은 100년 이상이 걸립니다.'

21 現代社会を生きていきながら、なくてはいけないものの中で通信手段も<u>含まれる</u>と思います。(携帯電話)

'현대사회를 살아가면서 없어서는 안 되는 것 중에서 통신수단도 포함된다고 생각합니다.'

22 現代人の必須品だと<u>言われる</u>携帯電話は、とこにいっても自分の位置を相手に教えてあげられるし、何か問題があったらすぐ解決するのができる一番便利なものです。(携帯電話)

'현대인의 필수품이라고 일컬어지는 핸드폰은 어디에 가도 자신의 위치를 상대에게 가르쳐 줄 수 있고, 무슨 문제가 있으면 바로 해결할 수 있는 가장 편리한 것입니다.'

23 いつからかよくわからないけれどもこんなことを防止するための法案が<u>作られました</u>。(携帯電話)

'언제부터인지 잘 모르겠지만 이러한 것을 방지하기 위한 법안이 만들어졌습니다.'

24 しかし、大学生になってからもっと多いバスに接することができた私は、この不思議な現象が単にAバスに<u>限られない</u>というのを気づいた。(バスがこわい-空飛ぶバス-)

'그러나 대학생이 되고나서 좀더 많은 버스를 접할 수 있었던 나는 이런 이상한 현상이 단순히 A버스에만 국한되지 않는다는 것을 느꼈다.'

25 しかしこういうよけんにもかかわらずみんな小さな秩序から<u>まもられる</u>とこうつうじこもなくなると私のこんなしっぱいもなくなると思います。(バスの横暴)

'그러나 이러한 여건에도 불구하고 모두 조그마한 질서부터 지켜지면 교통사고도 없어지고 저의 이러한 실패도 없어진다고 생각합니다.'

26 教育水準がだんだん高くなってから優秀な人材が出ている反面、学生の人格の形

成は<u>無視されている</u>ようです。(韓国の大学生の姿)

'교육수준이 점점 높아지고 나서 우수한 인재가 나오는 반면, 학생의 인격 형성은 무시되고 있는 듯합니다.'

27 私たちがこんな問題点を袖手傍観せずに指摘して進むと、いつだったかこんな問題たちが<u>解決され</u>でしょう。(택시)

'우리들이 이러한 문제점을 수수방관하지 않고 지적해 나가면 언젠가는 이런 문제들이 해결되겠지요.'

28 だからもっと多くの問題点が<u>指摘される</u>のではないかと思います。(乗りたくないバス)

'그래서 좀더 많은 문제점이 지적되는 것은 아닌가 하고 생각합니다.'

29 恐らく、女性の大部分がこんなことを<u>やられた</u>ことがあろうと思います。

(乗りたくないバス)

'아마 여성 대부분이 이러한 일을 당한 적이 있을 것이라고 생각합니다.'

30 これはとても気ままに<u>感じられる</u>。(芝を踏まない下さい)

'이것은 매우 제멋대로 느껴진다.'

31 外国人がそんなことで侮辱されたらどうしましょうか。(親切)

'외국인이 그런 일로 모욕당하면 어떻게 할까요?'

32 社(→車)内の乗客はあちこち<u>押されました</u>。(バス、このようにしてもいいですか)

'차내의 승객은 여기저기 밀쳐졌습니다.'

33 そしてその酒の席に参会した人々にはむりやりにもすべての人々がお酒を<u>のまされました</u>。(お酒の文化の問題点)

'그리고 그 술자리에 참석한 사람들에게는 무리하게 모든 사람들이 술을 억지로 마셨습니다.'

34 また、いすを見るし、座る部分と背中部分が小く、低いからも<u>たれられません</u>。(つくえといす)

'또 의자를 보니 앉는 부분과 등 부분이 작고 낮기 때문에 버티지 못합니다.'

35 その環境の中で第一で<u>作られる</u>ことはいすとつくえですけど、現はそれよりほかのことに神経を使うにただ哀れだ。(つくえといす)

'그 환경 속에서 가장 먼저 만들어지는 것은 의자와 책상입니다만, 현실은

그것보다 다른 것에 신경을 쓰므로 그냥 불쌍하다.'

36 なぜなら私は大家族の中で育たてられてきたから、家族がたくさんいることが
好きです。(理想型と結婚)
'왜냐하면 저는 대가족 속에서 자라왔기 때문에 가족이 많이 있는 것을 좋
아합니다.'

37 どんな職業を持つかを考えば自分の夢にかかわらせれる。(私の人生)
'어떤 직업을 가지는가를 생각하면 자신의 꿈에 달려있다.'

38 けれども私には確かの理想型ないと考えられる。(私の人生)
'하지만 나에게는 분명한 이상형이 없다고 생각된다.'

39 こんなり書いているが、私の理想型はたびたびかえられる。(私の理想型)
'이렇게 쓰고 있지만 나의 이상형은 자주 바뀐다.'

40 これからざらにかえられるから、、、しかし今は私に男子は必要がない。(私の
理想型)
'이제부터 계속해서 바뀌므로,,, 그러나 지금은 나에게 남자는 필요가 없다.'

41 自分の能力を生かしながらやりがいも感じられるだろう。(どんな仕事を選んだ
らいいのか)
'자신의 능력을 살리면서 보람도 느껴질 것이다.'

42 私の考えでいちばん後悔されるとき。-ベストを尽くさなかったとき。(熱心に)
'나의 생각에서 가장 후회될 때.-최선을 다하지 않았을 때.'

43 日本に行って来た兄はしばらくの間日本という国に魅了されて私はその点でも日
本に興味を持つようになることた。(私はキャリアウマンがなる！)
'일본에 다녀온 형은 얼마동안 일본이라는 나라에 매료되어 나는 그 점에서
도 일본에 흥미를 가지게 되는 것이다.'

44 みるときたびにみたいされる女性なら大O.Kだ。(がんばって)
'볼 때마다 보고 싶어지는 여성이라면 매우 がんばって！P君'

45 友達はいらない固執だというけれど私は私の値うちを認められたかったんで
す。(私の人生観)
'친구는 필요 없는 고집이라고 말하지만, 저는 저의 가치를 인정받고 싶었
던 것입니다.'

46 私は私が認められることは一流大学に入っていい職場に就職して裕福な家庭をつ

くることだと考えて勉強しました。(私の人生観)

'저는 제가 인정받는 것은 일류대학에 가서 좋은 직장에 취직하여 유복한 가정을 만드는 것이라고 생각하며 공부하였습니다.'

47 だからその<u>限られて</u>いるその生をどうやって生きるかが大切なのだ。(私の人生観)

'때문에 그 한정된 그 생을 어떻게 해서 사는가가 중요한 것이다.'

48 幼稚な方法と思いますが、私はなんとなく量がおおい物に心が<u>引かれる</u>。(物を買うとき)

'유치한 방법이라고 생각합니다만, 저는 왠지 모르게 양이 많은 물건에 마음이 당긴다.'

49 この話を聞いた時、<u>失われて行く</u>夢はそれを実現できなかったから<u>大人になっても忘れられない</u>んだと単純におもってしまったが、今になっては自分も同じことを考えて生きている。(輝かしい未来を生きるために)

'이 이야기를 들었을 때 상실되어 가는 꿈은 그것을 실현할 수 없었기 때문에 어른이 되어도 잊혀지지 않는 것이라고 단순히 생각해 버렸지만, 지금이 되어서는 자신도 같은 것을 생각하며 살고 있다.'

50 両親が承諾するし人々に<u>祝福される</u>結婚をしたい。(私の片方)

'양친이 승낙하고 사람들에게 축복받는 결혼을 하고 싶다.'

51 こんな生き方向は急に決まることがなくて、若い時代のうち、いろいろな経験のなかで自然に<u>得られる</u>んじゃないでしょうか。(私の人生観)

'이런 삶의 방향은 갑자기 결정되는 것이 아니라 젊은 시절에 여러 경험 속에서 자연스럽게 얻어지는 것이 아닐까요?'

52 私によって彼が<u>完成される</u>ようにする感じがしました。(誰に何がなりたいです)

'나에게 있어서 그가 완성되는 듯한 느낌이 들었습니다.'

53 ある交通心理学者によると、車は横に<u>並ばれる</u>と、接触しそうで、落ちつかない気分になるといいます。(釜山の交通問題)

'어떤 교통심리학자에 의하면 차(운전수)는 옆에 다른 차가 달리면 접촉될 것 같고 안절부절 못하는 기분이 든다고 말합니다.'

54 そこは観光地でなくて<u>捨てられる</u>空き地からです。(捨てられるオリュクト)

'거기는 관광지가 아니라 버려지는 공터입니다.'

55 みんながそのように私にも長い時間で形成された私だけの理想型があります。
(私の理想型)

'모두가 그와 같이 나에게도 오랜 시간에서 형성된 나만의 이상형이 있습니다.'

56 これが捨てられた後、土のなかで自然分解されるからです。(ゴミを捨てる前、考えましょう)

'이것이 버려진 후 흙속에서 자연 분해되기 때문입니다.'

57 例えば「少年隊」、「光Genzi」韓国のあるグループたちが歌を盗作して知られた「忍者」、今も大人気の「SMAP」、「TOKIO」、「Kinki kids」などがあります。(スーパーアイドルグループ「北斗七星」)

'예를 들면 '소년대', '히카리 겐지' 한국의 어느 그룹들이 노래를 훔쳐 알려진 '닌자', 지금도 대인기인 '스맙', '도쿄', '킨키 키즈' 등이 있습니다.'

58 空で輝く七つの星のように七名で構成されるアイドルグループです。(スーパーアイドルグループ「北斗七星」)

'하늘에서 빛나는 7개의 별처럼 7명으로 구성되는 아이돌 그룹입니다.'

59 大学修学能力考査が受けられてから一週間ほど経って行きます。(青少年の文化空間)

'대학 수학능력고사가 행해지고 나서 일주일 정도 지나갑니다.'

60 ことしはひときわ青少年のための文化空間の拡大が重要な問題で提起されています。(青少年の文化空間)

'올해는 특히 청소년을 위한 문화공간의 확대가 중요한 문제로 제기되고 있습니다.'

61 社会が青少年のための施設が商業主義に汚染されないように運営するべきです。(青少年の文化空間)

'사회가 청소년을 위한 시설이 상업주의에 오염되지 않도록 운영해야만 합니다.'

62 青少年たちは自律と自由が得られるほど責任を取って生活するべきです。(青少年の文化空間)

'청소년들은 자율과 자유가 얻어지는 만큼 책임을 다해 생활해야 합니다.'

63 人々の生活から出される二酸化炭素やフロンガスは気温を上げます。(地球を守

るための努力について)

‘사람들의 생활에서 나오는 이산화탄소나 프로판가스는 기온을 올립니다.’

64 また車や工場から<u>出される</u>排気ガスは空気を汚し、その汚れた空気も自然破壊に
つながっています。(地球を守るための努力について)

‘또한 차나 공장에서 나오는 배기가스는 공기를 오염시키고 그 오염된 공기
도 자연파괴로 이어지고 있습니다.’

65 洛東江の汚染がいろんなマスコミを<u>通じて</u><u>言われていた</u>が「本当に危なくなけれ
ばだれかが何とかするだろうって」そんな風に考えてきたのが今の<u>状態に至った</u>
と思います。(地球を守るための努力について)

‘낙동강 오염이 여러 매스컴을 통해서 회자되고 있었지만 ‘정말로 위험하지
않으면 누군가가 뭔가 하겠지’그런 식으로 생각해 온 것이 지금의 상태에
이르렀다고 생각합니다.’

66 文化評論で小説とマンガがいっしょに<u>分析され</u>、演劇の舞台にあがり、<u>映画化</u>
<u>もされています。</u>(マンガの重さ)

‘문화평론에서 소설과 만화가 함께 분석되고 연극의 무대에 오르고 영화화
도 되고 있습니다.’

67 そして最近はゲームにも<u>利用され</u>ています。(マンガの重さ)

‘그리고 최근에는 게임에도 이용되고 있습니다.’

68 わが国でマンガというのは子供たちや家でごろごろしている人などが見ること
だと<u>考えられ</u>ています。(マンガの重さ)

‘우리나라에서 만화라는 것은 아이들이나 집에서 빈둥빈둥 놀고 있는 사람
따위가 보는 것이라고 생각되고 있습니다.’

69 大学に入る前と状況は変わっていないので、大学での生活を楽しんでいるとい
うより大学に<u>拘束され</u>ているような気がする。(高く飛んだ鳥がとおく見る)

‘대학에 들어가기 전과 상황은 바꾸지 않았으므로 대학에서의 생활을 즐기
고 있다고 하기보다 대학에 구속받고 있는 듯한 느낌이 든다.’

70 しかし、地球の所々で、工場の廃水や毒劇物のために食水源が<u>汚染され</u>、おお
い<u>動物が</u>死にいっています。(地球を生かしましょう)

‘그러나 지구 곳곳에서 공장 폐수나 독극물 때문에 식수원이 오염되고 많은
동물이 죽어가고 있습니다.’

71 ゲームもえいがのようにプロデューサや音楽・グラピックのたんとうや広報チー
   ムなどが細分化されたのに私たちはそれぞれのぶんやにせんもんちしきをもって
   いる人才がふそくだ。（ゲーム産業を育成しよう）
   '게임도 영화처럼 프로듀서나 음악 · 그래픽 담당이나 홍보 팀 등이 세분화
   되는데도 우리들은 각각의 분야에 전문지식을 가지고 있는 인재가 부족하
   다.'

72 韓国も日本のように人件費を切り詰められるもあって、私たちがたやすいりよう
   できるようにしべきだ。（自動販売機の増大方）
   '한국도 일본처럼 인건비를 절감할 수도 있어서 우리들이 손쉽게 이용할 수
   있도록 해야한다.'

73 あの家は日帝時代でたてられた家が今もじょうぶな見える。（建物がくずれてい
   る）
   '그 집은 일제시대에 세워진 집이 지금도 튼튼해 보인다.'

74 しかしそのとなりにやく十年前にたてられたアパートがかおにひどいきずを
   もってままさびしくたっている。（建物がくずれている）
   '그러나 그 이웃에 약 10년 전에 세워진 아파트가 얼굴에 심한 상처를 입은
   채 쓸쓸히 서있다.'

75 ただ私はヒーティングと電気がつけていったので入ってきたばかりのに寝耳に水
   でしかられたものです。（外はとても寒いよ）
   '다만 저는 히팅과 전기가 켜져 있어서 막 들어 왔을 뿐인데 아닌 밤중에 홍
   두깨 격으로 꾸중을 들은 것입니다.'

76 이상의 行跡을 追った어느 同好会の会員たちが順々に疑問の死をされたから残る二
   人がこの事件を追跡するようになる。（映画「건축무한육면각체의 비밀」）
   '이상의 행적을 추적한 어느 동호회 회원들이 차례로 의문의 죽음을 당했기
   때문에 남은 두 사람이 이 사건을 추적하게 된다.'

77 まだわが社会で、女性における性はとても隠蔽されるし、抑圧的だ。（女性の性
   は無罪）
   '아직 우리 사회에서 여성에 있어서 성은 매우 은폐되고 억압적이다.'

78 その間、男性の全有物としてだけ認識されてきた性に対する偏見をなくすために
   は女性自分が自らを理解しなければならないと思う。（女性の性は無罪）

'그 사이에 남성의 전유물로서만 인식되어 온 성에 대한 편견을 없애기 위해서는 여성 자신이 스스로를 이해해야 한다고 생각한다.'

79 最後に職業の貴賎がない社会、健康なふいきの社会になれば貧富の差は<u>減らされ</u><u>る</u>だろう。(貧富の差ない国)
'마지막으로 직업의 귀천이 없는 사회, 건강한 분위기의 사회가 되면 빈부의 차는 줄어들 것이다.'

80 もし、自分がいま<u>失業者</u>と<u>思われれ</u>ば、失業者の脱出のためにもっと前向きに努力しなければならないと思う。(失業者の脱出のプロジェクト)
'만약 자신이 지금 실업자라고 생각되면 실업자 탈출을 위해서 좀 더 진취적으로 노력해야 한다고 생각한다.'

81 限定される共演場とたかい入場料、またいろんな<u>文化</u>が<u>活性化され</u>ないからです。(コンサート文化の活性化)
'한정된 공연장과 비싼 입장료, 또 여러 문화가 활성화되지 않기 때문입니다.'

82 私たちも<u>活性化される</u>こんな文化へ<u>参与</u>すべきです。(コンサート文化の活性化)
'우리들도 활성화되는 이러한 문화에 참여해야만 합니다.'

83 その<u>経済</u>のピンチの乗り越えるのためにIMFの<u>よって</u>経済の政策を<u>推進されてい</u>ます。(新自由主義と韓国)
'그 경제 위기를 극복하기 위하여 IMF에 의해서 경제 정책을 추진되고 있습니다.'

84 こういう経済政策は効率性をもとにして<u>推進されてい</u>ます。(新自由主義と韓国)
'이러한 경제정책은 효율성을 바탕으로 하여 추진되고 있습니다.'

85 経済的な規模の準備が<u>必要される</u>と思います。(新自由主義と韓国)
'경제적인 규모의 준비가 필요시된다고 생각합니다.'

86 安全工学を専攻しながら、どうして日本語を習っていますかと他の人に<u>質問され</u><u>る</u>と私はいつもこんなに答えます。(将来計画)
'안전공학을 전공하면서 어째서 일본어를 배우고 있습니까하고 다른 사람에게 질문을 받으면 저는 늘 이렇게 대답합니다.'

87 「釜慶ラスベガス」<u>と言われて</u>いるこのToy Craneという名の機械はまじめな男女学生たちを誘惑してたくさんのお金と時間をうばっています。(射幸性娯楽機追

放プロジェクト)

"'부경라스베거스'로 불리는 이 토이 크레인이라는 이름의 기계는 착실한 남녀 학생들을 유혹하여 많은 돈과 시간을 빼앗고 있습니다.'

88 そんなに選定される食堂は広告の広報を無料にしてあげるのだ。(あんまり易しい問題)

'그렇게 선정되는 식당은 광고의 홍보를 무료로 해주는 것이다.'

89 そんなにしても効果がなかったら義務的で親切の教育をされるようになることだ。(あんまり易しい問題)

'그렇게 해도 효과가 없다면 의무적으로 친절교육을 받도록 하는 것이다.'

90 講座を設置して「なぜ親切にしなければならないのか」「どうすればそんなにできるか」など親切の必要性と仕方を教育を通じてわかろうにされることだ。(あんまり易しい問題)

'강좌를 설치하여 '왜 친절하게 대해야 하는가' '어떻게 하면 그렇게 할 수 있는가' 등 친절의 필요성과 방법을 교육을 통해서 알게 되는 것이다.'

91 それを守らなかったら営業を停止される。(あんまり易しい問題)

'그것을 지키지 않으면 영업을 정지 당한다.'

92 いじめははじめは一人をのけ者にしたりことばでいじめたりしますが、さいきはほうりょくをふるったりする。(いじめの問題かいけつの方案)

'따돌림은 처음에는 한사람을 소외시키거나 말로 괴롭히거나 하지만, 궁극적으로는 폭력을 휘두르거나 한다.'

93 いじめされる人は精神病(例を挙げていうとゆううつ症、そううつ病など、、、)に苦痛されて甚だしくは自殺までしてしゃかいのもんだいになっています。(いじめの問題かいけつの方案)

'따돌림을 당하는 사람은 정신병(예를 들어 말하면 우울증, 조울증 등)으로 고통을 받고 심하게는 자살까지 해서 사회문제가 되고 있습니다.'

94 こんなほうあんにするとあの集団はぜんぶはないにせよ、少さいはいじめされるきぶんを知って自分の誤りを正すと思います。(いじめの問題かいけつの方案)

'이러한 법안으로 하면 그 집단은 전부는 아니더라도 조금은 따돌림을 당하는 기분을 알고 자신의 잘못을 고칠 것이라 생각합니다.'

95 にせものがあまりにも多いのでほんものを買ってもそれがにせものだと思われ

るくらい私の国ではにせものが多いです。(にせものの天国)

'짝퉁이 너무나도 많기 때문에 진짜를 사도 그것이 짝퉁이라고 생각될 정도로 우리나라에서는 짝퉁이 많습니다.'

96 また外国からはにせものの天国だと呼ばれているくらい私の国のにせものの問題は深刻です。(にせものの天国)

'또 외국으로부터는 짝퉁천국이라고 불릴 정도로 우리나라의 짝퉁 문제는 심각합니다.'

97 そして、集団の中で特異性をもっていたり、他の人とコミュニケーションが少ない人がいじめられる場合も多いです。(いじめに対して)

'그리고 집단 중에서 특이성을 가지고 있거나, 다른 사람과 커뮤니케이션이 적은 사람이 괴롭힘을 당하는 경우도 많습니다.'

98 例えば、性格の暗い人と汚い人、おとなしい人、いじめても我慢する人、自己主張のない人、気が弱い人たちがグループから仲間外れにされたりいじめられます。(いじめに対して)

'예를 들면 성격이 어두운 사람과 더러운 사람, 젊잖은 사람, 괴롭혀도 참는 사람, 자기주장이 없는 사람, 마음이 약한 사람이 집단에서 소외당하거나 괴롭힘을 당합니다.'

99 けれどもうちの学科は果たしてその学生たちを引き入れる準備がされているのかどうか見て見よう。(われわれの文化)

'하지만 우리 학과는 과연 그 학생들을 받아들일 준비가 되어 있는지 어떤지 보도록 하자.'

100 自分のことだけを考えるばかりで所属集団の構成員だというのを忘れてしまった人々が多い。これは伝統が確立されなかったという理由もある。(われわれの文化)

'자기 일만을 생각할 뿐으로 소속집단의 구성원이라는 것을 잊어버린 사람들이 많다. 이것은 전통이 확립되지 않았다고 하는 이유도 있다.'

101 しかし伝統は積まれることだからこんな学生たちの意識が続いたら伝統は作れないのだ。(われわれの文化)

'그러나 전통은 축적되는 것이므로 이러한 학생들의 의식이 이어지면 전통은 만들 수 없는 것이다.'

102 せっけんがシャンプーより浄化がよく<u>されます</u>から。(私たちが思わずしたこと)
'비누가 샴푸보다 정화가 잘 되므로.'

103 自存心(→自尊心)に大きい打撃を負わせだけではなく人材の流出が<u>加速化され</u>
<u>る</u>かもしれない危機感が高い。(危機の地方大学)
'자존심에 커다란 타격을 입혔을 뿐만 아니라 인재 유출이 가속화될지도
모르는 위기감이 높다.'

104 大邱市は大邱地域の経済の活性化のために위천工団の造成で洛東江の水質汚染
が<u>加重される</u>。(위천工団が洛東江にあたえる影響とそれに対して釜山市民の
姿勢)
'대구시는 대구지역의 경제 활성화를 위하여 위천공단 조성으로 낙동강의
수질오염이 가중된다.'

105 問題の核心は위천工団の設置は洛東江の汚染をもっと加重させるだろうとそれ
にしたがって釜山と慶南都(→道)の食水が現在よりもっと<u>おどされる</u>ようにな
ることにある。(위천工団が洛東江にあたえる影響とそれに対して釜山市民の
姿勢)
'문제의 핵심은 위천공단의 설치는 낙동강의 오염을 더더욱 가중시킬 것이
며, 그에 따라서 부산과 경상남도의 식수가 현재보다 더더욱 위협받게 되
는 것에 있다.'

106 水質汚染は川の生態容量を超過して汚染物質が<u>投入される</u>によって発生する問
題として洛東江の汚染の水準は生態容量をずっと超過して<u>投入されて</u>いる。
(위천工団が洛東江にあたえる影響とそれに対して釜山市民の姿勢)
'수질오염은 강의 생태용량을 초과하여 오염물질이 투입됨에 따라 발생하
는 문제로서 낙동강 오염 수준은 생태용량을 훨씬 초과하여 투입되고 있
다.'

107 このような時点で위천工団の設置は極度に<u>悪貨(→化)される</u>洛東江の汚染を
もっと悪貨(→化)させるだろう。(위천工団が洛東江にあたえる影響とそれに対
して釜山市民の姿勢)
'이와 같은 시점에서 위천공단의 설치는 극도로 악화되는 낙동강 오염을
더더욱 악화시킬 것이다.'

108 このような有害物質は汚・廃水と混じて洛東江で<u>排出されて</u>洛東江の水質を悪

化させる。(위천工団が洛東江にあたえる影響とそれに対して釜山市民の姿勢)

'이와 같은 유해물질은 오수·폐수와 섞여 낙동강으로 배출되어 낙동강의 수질을 악화시킨다.'

109 その上に機械で発生する亜鉛とクロムのような重金属は高度処理も完全処理がこまってその他外の処理も技術的で不可能して、可能するとしても完全処理に使われる費用がおびただしくて財源の準備がむずかしい。(위천工団が洛東江にあたえる影響とそれに対して釜山市民の姿勢)

'게다가 기계에서 발생하는 아연과 크롬과 같은 중금속은 고도처리도 완전처리가 어려우며 그 외의 처리도 기술적으로 불가능하고 가능하다고 해도 완전처리에 사용되는 비용이 엄청나서 재원 준비가 어렵다.'

110 洛東江の水質改善のいちばんいい方法は위천工団の造成を阻止する方法だが、造成を阻止できないと、1洛東江の水質改善のため外の方法が議論されるべきだ。(위천工団が洛東江にあたえる影響とそれに対して釜山市民の姿勢)

'낙동강의 수질 개선을 위한 가장 좋은 방법은 위천공단의 조성을 저지하는 방법이지만 조성을 저지할 수 없으면 낙동강 수질 개선을 위한 다른 방법이 논의되어야만 한다.'

111 現在、私たち釜山市民の生活用水は洛東江上流を水源とする地下水を汲み上げることによってまかなわれています。(釜山飲料水の危機-市民の飲料水は安全か)

'현재 우리들 부산시민의 생활용수는 낙동강 상류를 수원으로 하는 지하수를 퍼올리는 것으로 충당되고 있습니다.'

112 それは最近各種の言論媒体から報道されているウィチョン工団造成に関する問題であります。(釜山飲料水の危機-市民の飲料水は安全か)

'그것은 최근 각종 언론매체로부터 보도되고 있는 위천공단 조성에 관한 문제입니다.'

113 その中で政府の環境処の大臣をはじめとする公務員たちと釜山の環境団体との間で生活用水の安全性について話し合いがもたれましたが、結局は意見のくいちがいから不調に終わっています。(釜山飲料水の危機-市民の飲料水は安全か)

'그 중에서 정부의 환경부 장관을 위시로 하는 공무원들과 부산 환경 단체와의 사이에서 생활용수의 안전성에 대해 논의도 가졌지만 결국은 의견의

차이가 생기는 것으로 끝을 맺어야 했습니다.'

114 釜山の環境団体にとって特に問題とする占はこの工団には主に染色工場が多く建設されるということです。(釜山飲料水の危機-市民の飲料水は安全か)

'부산의 환경단체에 있어서 특히 문제로 하는 점은 이 공단에는 주로 염색공장이 많이 건설된다는 것입니다.'

115 なぜなら染色工場は各種の重金属物質が使用され、その排液の中に人体に有害な重金属物質が含まれ洛東江に流れ込む危険性が高いからです。(釜山飲料水の危機-市民の飲料水は安全か)

'왜냐하면 염색공장은 각종 중금속 물질이 사용되며 그 배출물질 속에 인체에 유해한 중금속 물질이 포함되어 낙동강으로 흘러들어갈 위험성이 높기 때문입니다.'

116 重金属の中でも有害な物質は長い間に地下に浸透し地下水に溶け込み、やがて飲料水ばかりでなく農作物などにも入りこむことが考えられます。(釜山飲料水の危機-市民の飲料水は安全か)

'중금속 중에서도 유해한 물질을 오랜 시간에 지하에 침투하고 지하수에 녹아 마침내는 음료수뿐만 아니라 동작물 등에도 들어가는 것이 생각되어집니다.'

117 人間だけでなく動物もこれらの物質が体内に蓄積されやがては致命的な影響を与えることは海外でも実証されている事実なのです。(釜山飲料水の危機-市民の飲料水は安全か)

'인간뿐만 아니라 동물도 이러한 물질이 체내에 축적되어 마침내는 치명적인 영향을 주는 것은 해외에서도 실증되고 있는 사실인 것입니다.'

118 このごろは彼らのため字幕放送などが増えているが、もっと拡大されて映画までも彼らが見られるようになるといい。(聴覚障害者も映画を楽まれるその日のために)

'요즘은 그들을 위하여 자막방송 등이 증가하고 있지만, 더더욱 확대되어 영화까지도 그들이 볼 수 있게 되면 좋겠다.'

119 日常会話の中でも「世間知らず」「世間体が悪い」など「世間」という言葉がひんぱんに使われる。(日本人の世間体)

'일상회화 중에서도 '세상을 모름''세인에 대한 체면이 좋지 않다' 등 '세간'

이라는 말이 빈번하게 사용된다.'

120 日本人は礼儀正しい反面、公徳心に欠けると言ってしばしば<u>避難される</u>。(日本人の世間体)

'일본인은 예의바른 반면, 공중도덕심이 부족하다고 하여 자주 비난받는다.'

121 ところが、世間の存在を意識しないとき、つまり誰にも<u>見られて</u>いないと思ったときは、不道徳なことを平気で行う。(日本人の世間体)

'그런데 세상의 존재를 의식하지 않을 때 즉 누구에게 보여지지 않는다고 생각했을 때 부도덕한 짓을 태연하게 행한다.'

122 私は私が<u>認められる</u>ことは一流大学に入っていい職場に就職して裕福な家庭を作ることだと考えて勉強しました。(私の人生観)

'저는 제가 인정받는 것은 일류대학에 들어가서 좋은 직장에 취직하고 유복한 가정을 만드는 것이라고 생각하며 공부하였습니다.'

123 私もしない<u>検査費</u>を<u>請求された</u>ことがあります。(病原の(→院)問題)

'저도 하지 않는 검사비를 청구받은 적이 있습니다.'

124 プロの内容ははじき出すこととか、イジメのグループ(<u>はじき出される人</u>の集り)とか、私がイジメっ子になること(私がはじき出されること)など。(いじめがない学校)

'프로그램의 내용은 쫓아내는 것이라든지, 따돌림 당하는 그룹(따돌림 당하는 사람들의 모임)이든지 내가 따돌림 당하는 아이가 되는 것 등'

125 この四つの方法で学生と先生が気になって少しずつ実践すればイジメの問題は<u>解決される</u>と思う。(いじめがない学校)

'이 네 가지 방법으로 학생과 선생님이 신경을 써서 조금씩 실천하면 따돌림의 문제는 해결될 것이라 생각한다.'

126 我々は<u>疎外される</u>学生がない学校を望む。(いじめがない学校)

'우리들은 소외되는 학생이 없는 학교를 원한다.'

127 まず日本である一人の児童が学校で<u>いじめられた</u>ことを苦に自殺しました。(いじめ＝ワンタ対策)

'우선 일본에서 어느 한 아동이 학교에서 따돌림을 당하여 자살하였습니다.'

128 日本人という単語を聞くと何が<u>思われ</u>ますか。（日本人）

'일본인이라는 단어를 들으면 무엇이 생각납니까?'

129 韓国で普通<u>言われる</u>日本人の姿は東京です。（日本人）

'한국에서 보통 듣는 일본인의 모습은 동경입니다.'

130 ですから、マスコミなどで<u>言われる</u>のを全部信じらないで、自分の目で見れば
もっと正確に日本人が分かるようになると思います。（日本人）

'그러므로 매스컴 등에서 듣는 것을 전부 믿지 말고, 자신의 눈으로 보면
좀 더 정확하게 일본인을 알 수 있게 될 것이라 생각합니다.'

131 私は小学校の5・6年の時に日本の小学校で<u>行われる</u>運動会に参加しました。（日
本の運動会の文化）

'저는 초등학교 5,6학년 때에 일본의 초등학교에서 행해지는 운동회에 참가
했습니다.'

132 しかしそういうプロセスで深刻な不作用(→副作用)などが<u>もたされた</u>。（IMFは
もう終わったといえども）

'그러나 그러한 과정으로 심각한 부작용 등이 초래되었다.'

133 <u>最近おこなわれた</u>統計機関の資料によると上位かいそうの20パーセントの所得
の下位かいそうの20パーセントの5.3倍におよぶそうだ。（IMFはもう終わった
といえども）

'최근 행해진 통계기관의 자료에 의하면 상위계층 20%의 소득이 하위계층
20%의 5.3배에 이른다고 한다.'

134 そのとき<u>そがいされる</u>学生とインタビューをしました。（いじめという現代の
新しい問題）

'그 때 소외되는 학생과 인터뷰를 했습니다.'

135 ただはじらいが多くてちがう人よりすこし何にうまいから<u>そがいされる</u>ので
す。（いじめという現代の新しい問題）

'단지 부끄럼이 많고 다른 사람보다 조금 뭔가를 잘 해서 소외되는 것입니
다.'

136 この問題が<u>重要される</u>今、解決策やはり急です。（いじめという現代の新しい問
題）

'이 문제가 중요해지는 지금, 해결책 역시 시급합니다.'

137 私が解決策を一つ思って見ればそがいされる学生がはじらいが多くてそがいされるばせいかくをもっとなおしていっしょに合せるために努力をすればいいと思います。(いじめという現代の新しい問題)

'제가 해결책을 하나 생각해 보면 소외되는 학생이 부끄럼이 많아서 소외되면 성격을 고치고 함께 맞추기 위해 노력을 하면 된다고 생각합니다.'

138 以上の四つの条件が充足させられても学生たちが学校に向いてプライドがなければなりません。(世界一流の大学になるため)

'이상의 네 가지 조건이 충족되어도 학생들이 학교를 향해서 프라이드가 있어야 합니다.'

139 そんなワールドカップが2002年には韓国と日本でいっしょにかいさいされる。(ワールドカップと韓日の関係)

'그러한 월드컵이 2002년에는 한국과 일본에서 함께 개최된다.'

140 互いに愛した関係だって、片恋になやむだって、人たちは失恋をされた経験があると思います。(失恋をされたときの脱出方案)

'서로 사랑한 관계든, 짝사랑에 번민하든, 사람들은 실연을 당한 경험이 있을 것이라고 생각합니다.'

141 私が今書くのも失恋のはなしですが、失恋のはなしよりも失恋をされたあと、どんなにするのがいいかなを書くつもりです。(失恋をされたときの脱出方案)

'제가 지금 쓰는 것도 실연 이야기입니다만, 실연 이야기보다도 실연을 당한 뒤, 어떻게 하는지가 좋지 않은가를 쓸 예정입니다.'

142 まず多くの人が失恋をされたらたべることでその失恋の痛みをすっかり忘れようとします。(失恋をされたときの脱出方案)

'우선 많은 사람이 실연을 당하면 먹는 것으로 그 실연의 아픔을 완전히 잊으려고 합니다.'

143 進級も能力があればできるとおもわれていますが、いくら能力がある女性でも進級するのはだめです。(男女の不平等)

'진급도 능력이 있으면 할 수 있다고 생각되어지고 있습니다만, 아무리 능력이 있는 여성이라도 진급하는 것은 어렵습니다.'

144 それにもかかわらず私に腹を立てられずにまるで自分の事のように気をかけてくれた姉に母のような母性愛が感じられました。(天使のような心)

'그럼에도 불구하고 나에게 화를 내지 않고 마치 자기 일처럼 염려해 준 언니에게 어머니와 같은 모성애가 느껴졌습니다.'

145 小言をあまりに<u>聞かれば</u>無反応になるとそうだ。(母の小言は愛)

'잔소리를 너무 들으면 무반응이 된다고 한다.'

146 食べ物にたいして小言を言うのは母が子供の時に食べなかった<u>で育てられた</u>からだ。(母の小言は愛)

'음식에 대해서 잔소리를 하는 것은 어머니가 어릴 때에 먹지 않고 자랐기 때문이다.'

147 釜山といえば南浦洞と<u>いわれる</u>ほど有名なところである。(南浦洞の景気の活性化対策)

'부산이라고 하면 남포동이라고 일컬어질 정도로 유명한 곳이다.'

148 釜山の流行発信地と<u>いわれており</u>、地理的には光復洞と共に竜頭山公園と国際市場とチャガルチ市場、映画館などがある。(南浦洞の景気の活性化対策)

'부산의 유행 발신지라고 일컬어지고 있으며 지리적으로는 광복동과 함께 용두산공원과 국제시장과 자갈치시장, 영화관 등이 있다.'

149 いつだったのか南浦洞の景気がソミョン、海雲台などに<u>圧倒されて</u>しずんでいる。(南浦洞の景気の活性化対策)

'언제였던지 남포동의 경기가 서면, 해운대 등에 압도되어 가라앉고 있다.'

150 そしてそれは不安で暗い時代が<u>持続される</u>ほどもっと強烈になる。(正しい宗教観)

'그리고 그것은 불안하고 어두운 시대가 지속될수록 더더욱 강렬해진다.'

151 それで夕方はほのかににおう照明で木たちを<u>照らされて</u>したいです。(都市の中心に公園)

'그래서 저녁에는 희미하게 비치는 조명으로 나무들을 비춰지게 하고 싶습니다.'

152 わたしの国はとらの形で、三面が海に<u>かこまれて</u>、山もたくさんあります。(韓国の四季のしょうかい)

'우리나라는 호랑이 형태로 삼면이 바다로 에워싸여 있으며 산도 많이 있습니다.'

153 しかし姉にもかかわらずこんな性格を持っていったらみんなさんは<u>信じられま</u>

すか。(もう一つの母)

'그러나 언니임에도 불구하고 이런 성격을 가지고 있다면 여러분은 믿어집니까?'

154 それで時々姉のこごとが有り難く思われる時もあります。(もう一つの母)

'그래서 가끔 언니의 잔소리가 고맙게 생각되는 때도 있습니다.'

155 その時代もかなり小さかった私はちょっと殴られました。(これだけは負けたくないんだ)

'그 때도 상당히 어렸던 저는 조금 맞았습니다.'

156 それで結婚式があるだけ解放されます。(忠烈祠)

'그래서 결혼식이 있을 때만 해방됩니다.'

157 このようなたくさんの長所を持っている忠烈祠は東莱の名所として覚えられるのです。(忠烈祠)

'이와 같은 많은 장점을 지닌 충렬사는 동래의 명소로서 인식되는 것입니다.'

158 私の通った板橋区立緑小学校を言葉通り緑の美しい風景の中に建てられた東京にある小さな小学校だ。(なつかしき小学生時代のある日)

'내가 다닌 板橋区 立緑 초등학교를 말대로 녹색의 아름다운 풍경 속에 세워진 도쿄에 있는 자그마한 초등학교다.'

159 朝の8時半、登校時間になると私たちはみんな赤と黒のランドセルを一つ背中にせおって、頭には水色の帽子をかぶり決められた道を通って学校へ行く。
(なつかしき小学生時代のある日)

'아침 8시반, 등교시간이 되면 우리들은 모두 빨간 색과 검정 색 가방을 하나 등에 매고 머리에는 투명한 색의 모자를 쓰고 정해진 길을 통과하며 학교에 간다.'

160 地震の訓練は普通3・4時間目に行われる。(なつかしき小学生時代のある日)
'지진 훈련은 보통 3, 4시간째에 행해진다.'

161 せんぱいにもこうはいにも愛される彼はまじめな人です。(私の友だち)
'선배에게도 후배에게도 사랑받는 그는 착실한 사람입니다.'

162 高校時代によくあそんだりもんだいを起こしたりして先生にしかられた思い出が今もよみがえります。(私の友だち)

'고등학교 시절에도 잘 놀기도 하고 문제를 일으키기도 하여 선생님에게
꾸지람 들은 추억이 지금도 되살아납니다.'

163 もちろん<u>母</u>に<u>私</u>だけ<u>しかられました</u>。(私の兄)
　　'물론 엄마에게 나만 꾸지람을 들었습니다.'

164 ここはグリーンベルト<u>ちく</u>で、<u>近所</u>に<u>空港</u>があって、まだ<u>開発されて</u>いなかっ
　　たので、高いたてものよりは田や畑が多いです。(土の香は匂うわが町)
　　'여기는 그린벨트지구로 근처에 공항이 있고 아직 개발되지 않았기 때문에
　　높은 건물보다는 논밭이 많습니다.'

165 <u>開発されなくて不便</u>なところもありますが、だれより<u>自然</u>を近くにいられるか
　　らです。(土の香は匂うわが町)
　　'개발되지 않아서 불편한 점도 있습니다만, 누구보다 자연 가까이에 있을
　　수 있기 때문입니다.'

166 その中はとても<u>長</u>くて万丈窟と<u>呼ばれて</u>いると言う。(ゼジュド旅行)
　　'그 내부는 매우 길어서 만장굴이라고 불리고 있다고 한다.'

167 先にことばを<u>掛</u>けることもないから<u>暗</u>い人だと<u>思われて</u>いた。(冷静な彼女)
　　'먼저 말을 거는 일도 없기 때문에 어두운 사람으로 생각되어지고 있었다.'

168 それで彼女が相談の相手になるとそうぞうすることができない冷静な忠告を<u>聞</u>
　　<u>かれる</u>ようになるのだ。(冷静な彼女)
　　'그래서 그녀가 상담 상대가 되면 상상할 수 없는 냉정한 충고를 듣게 되
　　는 것이다.'

169 そして私は日本語もあまり上手じゃないので<u>心配されて</u>います。(私の今)
　　'그리고 나는 일본어도 그다지 능숙하지 않기 때문에 걱정되고 있습니다.'

170 それで<u>友</u>だちに<u>妬まれました</u>。(彼のチャームポイント)
　　'그래서 친구에게 질투 받았습니다.'

171 <u>愛嬌</u>という言葉とよく<u>釣り合われる</u>男子。(愛される男子)
　　'애교라는 말과 잘 어울리는 남자.'

172 しかしこのごろはあの<u>愛嬌</u>の塊がよく<u>見られない</u>。(愛される男子)
　　'그러나 요즘은 그 애교 덩어리가 잘 보이지 않는다.'

173 高校3年生だと罪名で東莱高等学校という<u>監獄</u>で<u>収監されて</u>一日中家で休まれる
　　時間は8時間が高がだ。(愛される男子)

'고등학교 3학년이라는 죄명으로 동래고등학교에서 수감되어 하루종일 집에서 쉬는 시간은 8시간이 고작이다.'

174 けれどもそんなにいそがしい生活にもかかわらず可愛い文句も言われる彼はあかるいひまわりのようだ。(愛される男子)

'하지만 그렇게 바쁜 생활임에도 불구하고 귀여운 문구도 듣는 그는 밝은 해바라기와 같다.'

175 ハンリョン山のろし台は釜山のろし台中に一番大きくて、よく修復されています。(내 고향 부산진구)

'한령산 봉화대는 부산 봉화대 중에 가장 크며 잘 복구되어 있습니다.'

176 ジンジュは文化の都市とか教育の都市と呼ばれています。(住みいいところ-晋州)

'진주는 문화의 도시, 교육의 도시로 불리고 있습니다.'

177 剣だけでなくて禅も教育課程に含まれているからだ。(ぼくが剣禅道をえらんだ理由)

'검뿐만 아니라 선도 교육과정에 포함되어 있기 때문이다.'

178 いまは彼女の意図の通りみな男たちに好かれている。(男をひどく好む女)
'지금은 그녀의 의도대로 모두 남자들에게 호감받고 있다.'

179 それでも山と海にかこまれたあって空気は澄んでいます。(私の町)
'그래도 산과 바다로 에워싸여 있어서 공기는 맑습니다.'

180 ところで、実際に話をして親しくなって見たから、なんだかぜんまいが一つ解けるのやつだろうとおもってされました。(私の友達)

'그런데 실제로 이야기를 하며 친해져 보았기 때문에 왠지 태엽이 하나 풀리는 녀석이라고 생각하게 되었습니다.'

181 プライドが傷つけられて一度勇敢に戦うことがあります。(私の弟について話)
'자존심을 상해서 한번 용감하게 싸운 적이 있습니다.'

182 安ちゃんはびっくりして「はい」と大声で答えてしまい立ち上がったとたん皆さんに「ははは」笑われてしまった。(私の友人「バカ王子」)

'안 군은 깜짝 놀라 '예' 하고 큰소리로 대답해 버리고 일어선 순간 모두가 웃고 말았다.'

183 そのわけは「~じゃない?」というのは韓国語の発音で「~アニガ」って言うから

「アンヒガブ」は「アニガブ」で発音されるから発音が似ているのだ。(私の友人「バカ王子」)

'그 까닭은 '-じゃない?'라는 것은 한국어 발음으로 '~아니가'라고 말하기 때문에 '안희갑'은 '아니가'로 발음되기 때문에 발음이 비슷한 것이다.'

184 ほかの人を楽しませるために悪意のない言葉や行為を知っているからこの人のことをにくめない。だから「バカ王子」と呼ばれても皆に愛されている。(私の友人「バカ王子」)

'다른 사람을 즐겁게 하기 위해 악의가 없는 말이나 행위를 알고 있으므로 이 사람을 미워할 수 없다. 그래서 '바보왕자'라고 불려도 모두에게 사랑받고 있다.'

185 頭の中にある考えをせいりする物語を読んだからなんか考えがせいりされる気がした。(私たちのまわりの物語)

'머리속에 있는 생각을 정리하는 이야기를 읽었기 때문에 뭔가 생각이 정리되는 느낌이 들었다.'

186 歴史あつまりで学生に歴史を易しく理解されるために開きました。(ナクアン民俗村)

'역사모임에서 학생에게 역사를 쉽게 이해받기 위해 열렸습니다.'

187 高いですからしろの中が見下ろされます。(ナクアン民俗村)

'높아서 성 안이 내려다보입니다.'

188 当今はお父さんの存在が家族から疎外されてある。(美しい映画)

'지금은 아버지의 존재가 가족에게 소외되어 있다.'

189 そのとき、恋人が私を1時間の以上も待たされたので私はひどく腹が立ってあった。(思い出のコーヒー店)

'그때 애인이 나를 한 시간 이상이나 기다리게 했기 때문에 나는 몹시 화가 나 있었다.'

190 慶州はしゅういがゆるやかな山にかこまれた盆地で、車を走らせばソウルからはおおよそ5時間、釜山からならば1時間だらずの道です。(ギョンジュへいってみよう)

'경주는 주위가 완만한 산으로 에워싸인 분지로 차를 달리면 서울에서 대략 5시간, 부산에서라면 1시간 남짓한 길입니다.'

191 今残っているこくほうきゅうのぶんかざいのだいたすうは統一新羅時代に<u>つくられた</u>もので、今日までも大部分よく<u>保存されて</u>いるのです。（ギョンジュへいってみよう）

'지금 남아 있는 국보급의 문화재 대다수는 통일신라시대에 만들어진 것으로 오늘날까지도 대부분 잘 보존되어 있습니다.'

192 重いすぎてくらで使っている歴史よりはちょっとかるくかんじるが、金景勲の「思いほかの韓国」は歴史というおおけざの名に<u>おされて</u>みずからかくれてしまった。（思いほかの韓国）

'너무 무거워서 창고에서 사용하는 역사보다는 조금 가볍게 느끼지만 김경훈의 '의외의 한국'은 역사라는 호들갑스런 이름에 눌려 스스로 숨어버리고 말았다.'

193 私は父から<u>誘われて</u>その勉強会に行くようになりました。（ESSの勉強会）

'나는 아버지에게 권유받아 그 스터디모임에 가게 되었습니다.'

194 そこで私は長安寺の美しい景色に<u>魅了させられた</u>。（長安寺）

'거기서 나는 장안사의 아름다운 경치에 매료되었다.'

195 年年ソウルの여의도の面積(8.5km2)に至る20万基の墓が<u>追加される</u>のは非常に大切な問題だと思い。（葬墓文化その通り良いんか）

'해마다 서울의 여의도 면적에 이르는 20만기의 묘가 추가되는 것은 매우 중요한 문제라고 생각한다.'

196 何よりも料理の材料や香料や独特のソースなどが韓国人の口あたりに合うようにして、いわゆる「純韓国式シャブシャブ」と<u>呼ばれて</u>います。（純韓国式シャブシャブ店の珍象）

'무엇보다 요리 재료나 향료의 독특한 소스 등이 한국인의 입에 맞도록 하여 소위 '순한국식 샤브샤브'라고 불리워지고 있습니다.'

197 私たちはたくさんの本に<u>取り囲まれて</u>生きている。（人生が盛り込んである三国志）

'우리들은 많은 책에 에워싸여 살고 있다.'

198 ひとつの事件で人生がどんなふたまた道で<u>分けられる</u>かを見えた状況のゲームでした。（女のふたまた道の人生）

'하나의 사건으로 인생이 어떤 갈림길에서 갈라지게 되는지를 볼 수 있었

던 상황 게임이었습니다.'

199 専門職業を持っていた女性ヘレンは会社に<u>解雇された</u>ました。（女のふたまた道の人生）

　'전문직업을 가지고 있던 여성 헬렌은 회사에 해고되었습니다.'

200 <u>解雇された</u>朝、家に帰りかけて駅の階段で子どもにぶつかって一瞬の差で地下鉄に乗り遅れた女性ヘレン。（女のふたまた道の人生）

　'해고된 아침, 집에 돌아가다가 역 계단에서 아이와 부딪쳐 간발의 차로 지하철을 놓친 여성 헬렌.'

201 「スライディング・ドアズ」は人の運命が瞬間により変わるかという思いを一度ほど<u>される</u>映画です。（女のふたまた道の人生）

　"슬라이딩 도어즈'는 사람의 운명이 순간에 의해 변하는가라는 생각을 한 번 정도 하게 되는 영화입니다.'

202 「正東津」という名はソウルから正東にあるからそんなに<u>呼ばれて</u>います。（正東津）

　"정동진'이라는 이름은 서울에서 정동에 있기 때문에 그렇게 불리고 있습니다.'

203 私が「正東津」を知られた契機はSBSで放送した「砂時計」というドラマで政府の捜査網を逃れて、漁村に潜っていた「ゴ・ヒョン・ジョン」が汽車を待っている途中に追ってきた警察に<u>逮捕された</u>その場所に登場してからです。（正東津）

　'제가 '정동진'을 알게 된 계기는 SBS에서 방송한 '모래시계'라는 드라마에서 정부의 수사망을 빠져나와 어촌에 숨어 있던 '고현정'이 기차를 기다리고 있는 도중에 뒤쫓아온 경찰에게 체포된 그 장소에 등장하고나서부터입니다.'

204 そして、保護帯が<u>設置されて</u>いるそうです。（正東津）

　'그리고 보호대가 설치되어 있다고 합니다.'

205 赤く染まり出す日の出を見ていれば、詰まったストレスが<u>解消されます</u>。（正東津）

　'붉게 물들기 시작하는 일출을 보고 있으면 쌓인 스트레스가 해소됩니다.'

206 ここには芸術家の魂を込めていた30余種の作品が<u>展示されて</u>います。（正東津）

　'여기에는 예술가의 혼을 담고 있던 30여 종의 작품이 전시되어 있습니다.'

207 全体的にこの店のイメージはまるで映画の中の「ドラキュラの城」のように感じられていた。(無題)

'전체적으로 이 가게의 이미지는 마치 영화 속의 '드라큘라의 성'처럼 느껴지고 있었다.'

208 この映画は世界の屋根だと呼ばれるティベットにオストリアの有名な山岳人だったハインリヒハラが来ながら話が始まります。(ティベットで七年)

'이 영화는 세계의 지붕이라고 불리는 티베트에 오스트리아의 유명한 산악인이었던 하인리히 하라가 오면서 이야기가 시작됩니다.'

209 となりに座った人に声をかけられて一人でだまっていたことはあまりなかったと思う。(私が勧めたいこと-汽車旅行-)

'옆에 앉은 사람이 말을 걸어 혼자서 입을 다물고 있었던 일은 그다지 없었다고 생각한다.'

210 巷間には新聞の連載の漫画よりも本にもっと知られたが、私がその漫画にはじめて接したのは新聞だった。(「コウンス」の思いを勧める)

'항간에는 신문 연재만화보다도 책에 좀더 알려졌는데 내가 그 만화를 처음 접한 것은 신문이었다.'

211 私は時々、その終わりの文句から感じられる感動のため、しばらく心を落ちつけられなかったこともある。(「コウンス」の思いを勧める)

'나는 가끔 그 마지막 문구에서 느껴지는 감동 때문에 잠시 마음을 가라앉히지 못한 적도 있다.'

212 こんなに日本について先入観にとらわれている私たちは本来の日本にかんして正確に理解ができないです。(日本の音楽)

'이렇게 일본에 대해서 선입견에 사로잡혀 있는 우리들은 본래의 일본에 대해서 정확하게 이해를 할 수 없습니다.'

213 とくにせいぞうされたきのう性クリームをぬって10分間まさつするとごみが出てくる。(すすめたいのはマッサージ)

'특히 제도된 기능성 크림을 바르고 10분간 마찰하면 이물질이 나온다.'

214 PIFF(PUSAN INTERNATIONAL FILM FESTIVAL)の広場は3年前に映画祭ために建てられた。(PIFF広場とやき栗)

'PIFF(PUSAN INTERNATIONAL FILM FESTIVAL) 광장은 3년 전에 영화

제를 위해 세워졌다.'

215 今は釜山の自慢になってきている。広場には木と化(→花)が植えられてあって、街路灯もロマンチックだ。(PIFF広場とやき栗)

'지금은 부산의 자랑거리가 되어 있다. 광장에는 나무와 꽃이 심겨져 있고 가로등도 로맨틱하다.'

216 なお雨が降る日になったら交通が込まれるようになるので座らなくなったらつづいて立って行くようになる。(腹が立つ二十四番バス)

'또 비가 내리는 날이 되면 교통이 혼잡해지므로 앉지 못하면 계속해서 서서 가게 된다.'

217 もちろん開通されたあとは便利になるだろうがつづけて遅延されているから利用できる車路が少なくなって道路上の車の運行に妨げているのだ。(腹が立つ二十四番バス)

'물론 개통된 뒤는 편리해지겠지만 계속해서 지연되므로 이용할 수 있는 차로가 적어져서 도로상의 차 운행에 방해를 하고 있는 것이다.'

218 学校に通うのだけじゃなくて人々の主だった文通の手段で使われているバスの利用にとって不便な点を早く改善されなければならないだろう。(腹が立つ二十四番バス)

'학교에 다니는 것뿐만 아니라 사람들의 주된 교통수단으로 사용되는 버스의 이용에 있어서 불편한 점을 빨리 개선되어야 할 것이다.'

219 その方法を考えてみるとまず午前の時間代と夜間の時間代にバスを増やしてバス一台に集中されないようにするのを話せるだろう。(腹が立つ二十四番バス)

'그 방법을 생각해 보면 우선 오전의 시간대와 야간의 시간대에 버스를 늘려 버스 한 대에 집중되지 않도록 하는 것을 말할 수 있을 것이다.'

220 ふつう三個ほどの湯で構成される他のせん湯に対してそこは露天湯やちいさいプールなどの十五個以上がある。(虚心庁には何だか魅力があるでしょう)

'보통 세 개 정도의 탕으로 구성되는 다른 공중목욕탕에 대해서 거기는 노천탕이랑 작은 풀 등 15개 이상이 있다.'

1 そのような書くことによって複数の考えが同時に<u>誘発された</u>経験を積み重ねたことが、ニーチェの思索を論文の形式ではなく、断章の形式させたのではなかったか。(試行錯誤に漂う6)

2 とにもかくにも観客を三時間<u>すわらせ</u>つづけたことだ。(真夜中)

3 ヘゲットを読むのは、このような、小説を<u>成立させている</u>空間そのものを読むことだ。(試行錯誤に漂う5)

4 形となった小説は書きそこねの試行錯誤を<u>反響させる</u>。(言葉のポトラック)

5 小説についてその人が考えた小説には書かれなかった考えも当然<u>反響させる</u>。(言葉のポトラック)

6 理解されるのではなく<u>理解させ</u>ないこと。(言葉のポトラック)

7 学校は生徒を文章のなかでも<u>整列させる</u>。(言葉のポトラック)

8 一年前、外のマーちゃんを二泊<u>入院させた</u>ときは心配で心配でしょうがなかった。(言葉のポトラック)

9 ここがこんなところでもコンちゃんのスイートホームなんだと<u>入院させた</u>何日目かに私は突然知った。(言葉のポトラック)

10 こうして思い返してわざわざ書いていると、あのジジの辛い日々をもう一度ジジに<u>体験させて</u>いるような気持ちになる。(真夜中)

11 ハキロのときはさすがに<u>太らせ</u>すぎだったか、(真夜中)

12 さっき書いた二通りの書き方のもう一つの方の書き方とは、それを理解しようとしない人を<u>わからせる</u>ことでなく、(真夜中)

13 芸術とは、人間が日常生活ではそれを見ずに<u>すませ</u>ている世界の、(真夜中)

14 いろいろジジに手を尽くさずに、早いところジジを<u>安らわせる</u>べきだったのではないか。(真夜中)

15 早いところ<u>安らわせ</u>ようとは思わなかったのだから、(真夜中)

16 文字として<u>定着させて</u>みると浅薄極まりなく、(真夜中)

17 犬の生活が彼らを<u>喜ばせ</u>はじめたとき、(真夜中)

18 あらゆる犬の喜びに耽っているその目が彼らに信じさせようとしていたほどには、（真夜中）

19 五七五みたいな拍数とか、頭韻・脚韻をはっきりさせるためだ。（ちくま）

20 小説の本質は作者が、次に何を書くか、どう転換させるか、（プロムナード）

21 だから清水も一度、小説に登場させたいと思っているのだが、（プロムナード）

22 テレビでよく取り上げられる、新しい農法・栽培法を成功させた人なんて、（この狂った社会）

23 自分がやりたいことは何か」を若者に考えさせないようにしている、この社会が狂っているのだ。（この狂った社会）

24 それなのに企業の働かせ方は「暑いから」という理由で楽にしてくれるわけではなく、（楽園で働く現代）

25 一貫して厳しく人を働かせている。（楽園で働く現代）

26 「こいつらも働かせてやる」といって、（楽園で働く現代）

27 地球全体に労働という病いを蔓延させたのはヨーロッパ人だ。（楽園で働く現代）

28 温暖化は労働をストップさせなければ解決できるわけないのだ。（楽園で働く現代）

29 西洋朝顔は猛々しいほどに葉を茂らせて、（朝顔、寒空に咲く）

30 苗を五株買ってきて、ツルを這わせるネットを張ったのが五月末。（朝顔、寒空に咲く）

31 朝顔たちはかろうじて茎は成長させているものの葉が全然育たない。（朝顔、寒空に咲く）

32 西洋朝顔はどれだけいっぱい花を咲かせたことか。（朝顔、寒空に咲く）

33 自分のなかにある何かを噴出させるものというか、その何かを現世と接触させるものというか。（箱崎ジャンクション）

34 つまりその興味を私の中でいきいきと活動させていたその基盤が、（心とは?意識とは?わたしとは?）

35 「人もどき」を「局面によっては人間の役割を代行させることができる」と主張するのではないか。（心とは?意識とは?わたしとは?）

36 そもそも何が知りたくてそれを始めたのかを当事者に忘れさせてしまう危険をつねに、（心とは?意識とは?わたしとは?）

37 しかし、かれは生徒に何かを<u>考えさせたり</u>生徒と一緒に何かを考えるよりも、（風の旅人）

38 彼のしゃべったことはただ場違いで、私たちを<u>しらけさせた</u>だけだった。（風の旅人）

39 「主観」の意味をどう<u>復活させれば</u>いいのか。（風の旅人）

40 一見とても明晰で違和を唱えようとする相手に有無を<u>言わせない</u>ようなところがあるけれど、（中央公論2000年7月号）

41 自分のなかで辛抱強くあえて<u>解消させない</u>ようにして持ち続ける、（中央公論2000年7月号）

42 優柔不断と言われようがどうしようが、<u>解消させて</u>はいけない問題というのが人間にはある。（中央公論2000年7月号）

43 映像の力というのはすごいもので、言葉(文学)で<u>考えさせ</u>ようとしたら大変な手間がかかるはずのことが、（中央公論2000年7月号）

44 「気安く<u>変化なんかさせて</u>はいけない」というのが、（中央公論2000年7月号）

45 普通の人々を見下した雰囲気を<u>漂わせて</u>いるものだけれど、（中央公論2000年7月号）

46 私はこういう問題というか「疑問」は、<u>すっきりさせ</u>たいと思ってはいけないんじゃないかと思う。（中央公論2000年7月号）

47 <u>すっきりさせる</u>ことのできない問題というのが、世の中には間違いなくあるのだ。（中央公論2000年7月号）

48 ただ高校生の長女に<u>いわせて</u>みたら…今年の流行はおばさんくさくて、去年のフォークロアの方がかわいくてよかったとか。（秋冬のファッションはリフォームと昔の服や靴で…）

49 あんたは子育に専念しよるくせに、子を<u>病気にさせる</u>のかと、（小子化は仕方ないことかも）

50 男子におもちゃの赤ちゃんを<u>抱かせ</u>たり、（小子化対策のかぎは高校生に）

51 また5キロの袋をおなかに<u>抱かせて</u>、（小子化対策のかぎは高校生に）

52 男子も女子と同等にしっかり<u>実習させる</u>ところが我が母校のいいところ。（小子化対策のかぎは高校生に）

53 今の時世<u>専業主婦させて</u>くれる男の人などありえないし、（小子化対策のかぎは

高校生に)

54 長女に<u>いわせる</u>と、資格とって仕事もって結婚して子供育てるのは普通だとか...
（子供産まず結婚もしない選択肢）

55 高度成長期の時ものを求めたというのは私たち子供たちに同じ思いを<u>させ</u>ないた
めにという反面、（日本とムラ）

56 そのムラ内で頑張る人を<u>競争させる</u>ことで、（日本とムラ）

57 まず自分で見る、感じる、想像力を<u>働かせ</u>消化しようという姿勢をとること。
（日本とムラ）

58 今から特にムラの外にも別のムラもあることを想像力を<u>働かせる</u>ことでしょう
か。（日本とムラ）

59 話を聞くことで<u>認識させる</u>という、祖父に近づくことでしょうか。（これからも
石を運びながら）

60 夢は眠りを夢ゆえに<u>中絶させ</u>もする。（試行錯誤に漂う3）

61 家のなかにいたとしても外にいた体の憶えがそれを<u>詠ませた</u>。（試行錯誤に漂う
1）

62 プロというのは、コンサートを、特別な時間とするのではなく、日々弾くピア
ノに<u>埋没させる</u>。（試行錯誤に漂う1）

63 先行した人たちの試行錯誤の厚みがカザルス演奏を<u>響かせる</u>。（試行錯誤に漂う1）

64 既成の形に自分を<u>したがわせ</u>たら、模倣や縮小再生産しか生まれず、（試行錯誤
に漂う1）

65 すべて海への畏れが私たちに<u>見させて</u>いることは間違いない。（鎌倉の風景）

66 ということはこちらに向かって葉を<u>茂らせる</u>。（鎌倉の風景）

67 陽光を<u>反射させて</u>いる葉もあれば、影になっている葉もある。（鎌倉の風景）

68 力あるものが周囲を<u>従わせ</u>ようとするシステム、（ムッシュ・シネマ）

69 直前に公表された中村錦之助との結婚を<u>思いとどまらせ</u>ようとして来たのだっ
た。（プロムナード）

70 家畜の群れを<u>移動させる</u>ために時おり通りかかる遊牧の民ばかりである。（塩の像）

71 彼と仲よしの二羽の鳩が柘榴の粒をいくつか運んできて、嘴で<u>食べさせて</u>くれ
た。（塩の像）

72 ソシストラートをひどく<u>気がかりにさせる</u>ある物語で話をしめくくった。（塩の像）

73 テレビン樹の枝葉を被っている塩のころも（傍点）をきらきらと<u>反射させて</u>いた。（塩の像）

74 永の星霜を刻みこんだ体をなわなわと<u>震わせて</u>いた。（塩の像）

75 赤い焔が彼の瞳を<u>燃え立たせて</u>いた。（塩の像）

76 まるで、山々を<u>燃え立たせた</u>光彩がそこに凝縮されたかのような、（塩の像）

77 こんなチームの体制を<u>存続させたら</u>道理が通らない。（横浜、来季が見えない）

78 温暖化は人間の内省まで<u>消滅させ</u>かねない。（夏の昼の終わり）

79 児童労働というのは子どもを<u>遊ばせ</u>ずに<u>働かせる</u>わけだから、（人生の岐路）

⊃부록4 학습자가 습득한 사역태 예문

1 このごろ母の第一の望みは兄と私と弟の結婚を<u>させる</u>ことだと話します。(理想型と結婚)
'요즘 엄마의 첫 번째 바람은 형과 나와 동생에게 결혼을 시키는 것이라고 말합니다.'

2 またユーモアがあって私をいつも<u>笑わせる</u>人間が良い。(夢の相手)
'또 유모아가 있고 나를 항상 웃기는 사람이 좋다.'

3 なぜならばそれはむしろ私を<u>奮発させて</u>くれるからだ。(私の人生観)
'왜냐하면 그것은 오히려 나를 분발시켜주기 때문이다.'

4 私にとってはこの三つの人生観はいつも私の生活を<u>楽しくさせて</u>くれる。(私の人生観)
'나에게 있어서는 이 세 가지 인생관은 항상 나의 생활을 즐겁게 해준다.'

5 いきることのまんなかで、まだ過去を話するほどの年という思わないが現在を生きて<u>生かせて</u>する動因がなった過ぎし日のかんぜない行動が今日にあって多い名残をあまらせるこれよりももっと未来にとって楽観的で思った。(20年後に)
'살아가는 것 한가운데에서 아직 과거를 말할만큼의 나이라고는 생각하지 않지만 현재를 살고 살아가게 하는 동인이 된 지난 날의 느끼지 못한 행동이 오늘날에 이르러 많은 아쉬움을 남기게 하는 이제부터 더 미래에 있어서 낙관적으로 생각하였다.'

6 つねに、自分の心に何がやりたいとか何になりたいとか考えてきたらそれを<u>実現させる</u>ことだ。(どんな仕事を選んだらいいのか)
'늘 나의 마음에 무엇을 하고 싶다든가 무엇이 되고 싶다든가 생각하게 되면 그것을 실현시키는 것이다.'

7 健康、つまりじょうぶな身体的状態を<u>維持させる</u>ことです。(人生で成功する方法)
'건강, 즉 튼튼한 신체적 상태를 유지시키는 것입니다.'

8 生の花を<u>咲かせ</u>ないと死ぬ人と100歳まで長寿して死ぬ人の生がもちろん同じいわけにはいかないです。(とうとい今日のために)

'생화를 피우지 않으면 죽는 사람과 100세까지 장수하며 죽는 사람이 인생이 물론 같은 것은 아니다.'

9 細かいことでも気に入らないとすぐ怒ったりその上物も壊したりして私を<u>がっかりさせ</u>ました。(私の理想的なタイプ)
  '사소한 것이라도 마음에 들지 않으면 바로 화를 내거나 게다가 물건을 부수거나 하며 나를 실망시켰습니다.'

10 かわいく包装していっても、<u>包装を脱がせても脱がせても</u>包装だけで空っぽでした。(誰に何がなりたいです)
   '귀엽게 포장되어 있어도 포장을 벗기고 또 벗겨도 빈포장뿐이었습니다.'

11 その日も私は3時間を<u>待たせ</u>ました。(私の友だちの話し)
   '그 날도 나는 3시간을 기다리게 하였습니다.'

12 それに歌をリクエストするとそれを<u>聞かせ</u>てもらえるシステムになっているから自分が好きな歌を聞くことができます。(日本が見える場所)
   '게다가 노래를 신청하면 그것을 들을 수 있는 시스템이 되어 있으므로 자신이 좋아하는 노래를 들을 수 있습니다.'

13 <u>最近の母の小言</u>はいい会社に就職しに<u>結婚させる</u>ことだ。(母の小言は愛)
   '최근의 엄마 잔소리는 좋은 회사에 취직하고 결혼시키는 것이다.'

14 ときどき、えさをつくったり近くを<u>散歩させ</u>たりすることがめんどうだと時もあります。(うちの家族の茶目っ子)
   '가끔 모이를 만들거나 근처를 산책시키거나 하는 것이 귀찮을 때도 있습니다.'

15 それでそのまわりのあらゆる人々を<u>驚かせ</u>てしまいました。(私の友だち)
   '그래서 그 주위의 모든 사람들을 놀래키고 말았습니다.'

16 夜おそくまでわたしたちを待ってドアを<u>開か</u>せます。(私の母)
   '밤늦게까지 우리들을 기다리며 문을 열게 합니다.'

17 朝飯じゅんびをして高等学生のいもうとを<u>覚めさせ</u>ます。(私の母)
   '아침준비를 하고 고등학생인 여동생을 깨우게 합니다.'

18 そしていもうとにべんとうを<u>取りそろえさせ</u>ます。(私の母)
   '그리고 여동생에게 도시락을 빠짐없이 모아 정렬하게 합니다.'

19 次に父とあにを<u>覚めさせ</u>ます。(私の母)

'그 다음에 아빠와 오빠를 깨우게 합니다.'

20 今から気をつけてれっしんにべんきょうしてぜひ私のきぼうをじつげんさせたいです。(私の紹介)

'지금부터 정신을 차려 열심히 공부하여 꼭 나의 희망을 실현시키고 싶습니다.'

21 だから、これからその理由をみんなさんに聞かせたいのだ。(彼女には何か特別なことがある)

'그래서 이제부터 그 이유를 여러분에게 들려주고 싶다.'

22 二番目の理由は、びくっと驚くほど私を感動させる、彼女の友情のこもった言葉だからだ。(彼女には何か特別なことがある)

'두 번째 이유는 깜짝 놀랄 만큼 나를 감동시킬 그녀의 우정이 담긴 말 때문이다.'

23 そして、たぶん私の記憶で、私をいちばん感動させた彼女の言葉は、私が親のために心を痛めた時、わたしに言ってくれた「でも、わたしはあなたのご両親に感謝したい。あなたのご両親のおかげで、あなたに会えたから」という言葉だ。(彼女には何か特別なことがある)

'그리고 아마 내 기억으로 나를 가장 감동시킨 그녀의 말은 내가 부모님을 위하여 마음이 아팠을 때, 나에게 말해 준 '하지만 나는 너의 부모님에게 감사드리고 싶어. 너의 부모님 덕분에 너를 만날 수 있었으니까'라는 말이다.'

24 それだけではなく、料理が得意な姉はおいしい料理をつくってわたしを喜ばせます。(母のような姉)

'그뿐만 아니라 요리를 잘하는 언니는 맛있는 요리를 만들어 나를 기쁘게 합니다.'

25 本当にあきれて笑わせたこんな笑い話をえんじるアンちゃんは実は心が気やすくて誰よりもやさしい人である。(私の友人「バカ王子」)

'정말로 질리게 웃긴 이런 우스개 이야기를 연출하는 안 짱은 실은 마음이 착하고 누구보다도 상냥한 사람이다.'

26 ほかの人を楽しませるために悪意のない言葉や行為を知っているからこの人のことをにくめない。(私の友人「バカ王子」)

'다른 사람을 즐겁게 하기 위하여 악의가 없는 말이나 행위를 알고 있기 때

문에 이 사람을 미워할 수 없다.'

27 その大会では参加者たちにリンーボゲームを<u>させて</u>はらはらさせる下着を見えて
した。

'그 대회에서는 참가자들에게 링보 게임을 시켜서 조마조마하게 만들어 속
옷을 보이게 했다.' (私の友人「バカ王子」)

28 しかし、大会製作者たちはそんな品なくなまめかしい服を着せて視聴者の目の保
養に<u>なさせた</u>。(放送プロの露出問題)

'그러나 대회제작자들은 그런 품위없이'

29 むしろ人々に拒否感だけ<u>感じさせた</u>。(放送プロの露出問題)

'오히려 사람들에게 거부감만 느끼게 하였다.'

30 最近は、フランス人のベルドーさんが2002年サッカーの韓国誘致委員会にあて
「誘致を<u>成功させ</u>ようとするならば、いぬの肉の販売消費を禁止すべきだ」と迫
りました。(動物虐待か食文化か)

'최근에는 프랑스인 베르도 씨가 2002년 축구 한국유치위원회 앞으로 '유치
를 성공시키려면 개고기 판매 소비를 금지해야만 한다'고 압박했습니다.'

31 それでとなりの席に座ろうとしたが腕でふさいで自分の友人をそこに<u>座らせた</u>の
だ。(思考の変化)

'그래서 옆자리에 앉으려고 했는데 팔로 막아 자기 친구를 거기에 앉힌 것
이다.'

32 問題は以前から女性を男性と同等に待遇しなくて生理的な劣性を<u>立たせて</u>きたた
めだ。(援助交際)

'문제는 이전부터 여성을 남성과 동등하게 대우하지 않고 생리적인 열성을
부각시켜 왔기 때문이다.'

33 それでは何が私たちにそんな答えを<u>させる</u>でしょうか。(公共図書館の問題点)

'그러면 무엇이 우리들에게 그러한 대답을 하게 한 것일까요?'

34 トンドサの入口を全部の<u>遮断させて</u>おぼうさんとやく50名の人だけがお寺の内に
いたとする。(慌ただしい世)

'통도사 입구를 전부 차단시켜 스님과 약 50명의 사람만이 사찰 내부에 있
었다고 한다.'

35 運転士たちはバス停にバスを止まるのではなくて、もうすこし行って通り過ぎ

るとか、すこしまえにバスを<u>停車させる</u>ことがよくあります。(乗りたくないバス)

'운전수들은 버스 정류장에 버스를 세우지 않고 좀 더 가다 그냥 지나버린다든가, 버스정류장을 앞에 두고 정차시키는 일이 자주 있습니다.'

36 私たちはバスの<u>速力</u>に<u>びっくりさせ</u>ました。(バス、このようにしてもいいですか)

'우리들은 버스 속력에 깜짝 놀랐습니다.'

37 いつか某大学には新入生の歓迎会のときせんぱいがこうはいにむりやりに<u>のみすぎさせて</u>あの学生はしんでしまったの事件がありました。(お酒の文化の問題点)

'언젠가 모대학에는 신입생 환영회 때 선배가 후배에게 무리하게 과음하게 하여 그 학생이 사망해버린 사건이 있었습니다.'

38 でも大部分の人々は問題を<u>頭角させる</u>。(つくえといす)

'하지만 대부분의 사람들은 문제를 두각시킨다.'

39 だから一時間だけ勉強しれば腰と尻がいたいから<u>起こさせ</u>ればなりません。(つくえといす)

'때문에 한 시간만 공부하면 허리가 엉덩이가 아파 일어나야 합니다.'

40 車が前後に並んだ場合は、後ろの車は前の車との間に他の車を<u>割り込ませ</u>まいとして、車間距離をちぢめようとします。(釜山の交通問題)

'차가 전후로 늘어선 경우는 뒷 차는 앞 차와의 사이에 다른 차를 못끼어들게 하려고 차간 거리를 줄이려고 합니다.'

41 グループの特色は韓国の七代都市ーソウル、プサン、デグ、クァンジュ、インチョン、マサン、チェジュドでひとりずつオーディションで選ばれた七名の少年たちを<u>合宿させて</u>いろんなことを訓練させることです。(スーパーアイドルグループ「北斗七星」)

'그룹의 특색은 한국 7대 도시인 서울, 부산, 대구, 광주, 인천, 마산, 제주도에서 한 사람씩 오디션으로 뽑힌 7명의 소년들을 합숙시켜 다양한 것들을 훈련시키는 것입니다.'

42 そしてその少年たちを自分の特技を<u>生かさせて</u>どのテレビ番組に出ても自分の個性を発揮させて人気を得られるようにします。(スーパーアイドルグループ「北斗七星」)

'그리고 그 소년들을 자신의 특기를 살리게 해서 어느 텔레비전 프로그램에 나와도 자신의 개성을 발휘시켜 인기를 얻을 수 있도록 합니다.'

43 もちろんグループの活動もするけどあるほど人気が上がると日本の「SMAP」みたいにいろんなテレビ番組にゲストとして<u>出演</u>させます。(スーパーアイドルグループ「北斗七星」)

'물론 그룹 활동도 하지만 어느 정도 인기가 오르면 일본의 'SMAP'와 같이 다양한 텔레비전 프로그램에 게스트로서 출현시킵니다.'

44 「北斗七星」は7年ぐらい<u>活動</u>させて七つのアルバムと四つくらいのスペシャルアルバムを<u>構成</u>しています。(スーパーアイドルグループ「北斗七星」)

'북두칠성'은 7년 정도 활동시켜 7개의 앨범과 네 개 정도의 스페셜 앨범을 구성하고 있습니다.'

45 こんな意味でアイドルグループ「北斗七星」もメンバーひとりひとりの特技と個性をよく<u>調和</u>させて一つのすばらしいスターになれるようにしたいと思います。(スーパーアイドルグループ「北斗七星」)

'이러한 의미에서 아이돌 그룹 '북두칠성'도 멤버 한 사람 한 사람의 특기와 개성을 잘 조화시켜 하나의 훌륭한 스타가 될 수 있도록 하고자 생각합니다.'

46 そして私の大きな花園が数名の従業員によって多彩な花を<u>咲か</u>せます。(たかく飛んだ鳥がとおく見る)

'그리고 나의 커다란 화원이 수 명의 종업원에 의해서 다채로운 꽃을 피웁니다.'

47 このゲームらは制作会社(→製作会社)にたくさんのりえきを<u>得らせた</u>。(ゲーム産業を育成しよう)

'이 게임들은 제작 회사에 많은 이익을 얻게 하였다.'

48 暗号のよう<u>かかせ</u>ているこの詩を内容に一致して科学的根拠があって解釈するシーンと本物のはいけいの同じコンピューターグラフィックはこの映画の楽しみをもっとしてあげる。(映画「건축무한육면각체의 비밀」)

'암호와 같이 쓰게 하고 있는 이 시를 내용에 일치시켜 과학적 근거가 있게 해석하는 장면과 진짜 배경과 같은 컴퓨터 그래픽은 이 영화의 즐거움을 더 배가시킨다.'

일본어의 態와 복문

49 映画「건축무한육면각체의 　비밀」は少しナショナリズム的雰囲気を漂う映画だ
けれどもうちのものについてもう一度考えさせる映画だ。(映画「건축무한육면
각체의 비밀」)

'영화 '건축무한육면각체의 비밀'은 약간 국수주의적 분위기를 띄우는 영화
이지만, 우리나라에 대해서 다시 한번 생각하게 하는 영화이다.'

50 彼女を芸能人としてはもちろん、わが社会でも完全に孤立させた感じがする。
(女性の性は無罪)

'그녀를 연예인으로서는 물론, 우리 사회에서도 완전히 고립시킨 느낌이 든
다.'

51 「この仕事は私のタイプじゃない」とか「私がどんなにこんな(つまらない)事を…」
とか、または逆に「私がこんな大事な仕事をよくできるわけがない」とかする、
このような心構えが自分をいまの状況に置かれさせたかもしれない。(失業者の
脱出のプロジェクト)

"이 일은 내가 할 일이 못된다'든가 '내가 어떻게 이런 (하찮은) 일을…'라든
가, 또는 반대로 '내가 이런 큰일을 잘 할 수 있을 리 없어'라든가 하는 이러
한 마음의 자세가 나를 지금의 상황에 놓여지게 했는지도 모른다.'

52 政治家ばかりなじるし、社会の与件ばかりとがめるし、国民が変わらなかった
ら、不正腐敗は取りのけることができない社会を変化させるために、先自身を
変化させなければならない。(国民も気を取り直しよう)

'정치가만 힐책하고 자신의 여건만 한탄하고 국민이 바뀌지 않으면 부정부
패는 척결할 수 없는 사회를 변화시키기 위해 먼저 자신을 변화시켜야만 한
다.'

53 そこに自由主義思想というのは、市場の自由な作動が均衡の達成、経済の発展を
させると言います。(新自由主義と韓国)

'거기에 자유주의 사상이라는 것은 시민의 자유로운 작동이 균형의 달성, 경
제의 발전을 이룬다고 합니다.'

54 なぜなら、一人の先生が約50人もいる学生の一人一人の悩みを聞くとかストレス
を解消させるのはとても難しいです。(いじめに対して)

'왜냐하면 한 사람의 선생님이 약 50명이나 되는 학생 한 사람 한 사람의 고
충을 듣는다든지 스트레스를 해소시키는 것은 매우 어렵습니다.'

55 これが私たちの江を汚染させていることをあなたはしていますか。(私たちが思わずしたこと)

'이것이 우리들의 강을 오염시키고 있는 것을 당신은 압니까?'

56 自尊心に大きい打撃を負わせただけではなく人材の流出が加速化されるかもしれない危機感が高い。(危機の地方大学)

'자존심에 큰 타격을 입힐 뿐만 아니라 인재의 유출이 가속화될지도 모르는 위기감이 높다.'

57 問題の核心は위천工団の設置は洛東江の汚染をもっと加速させるだろうとそれにしたがって釜山と慶南都の食水が現在よりもっとおどされるようになることにある。(위천工団が洛東江にあたえる影響とそれに対して市民の姿勢)

'문제의 핵심은 위천공단의 설치는 낙동강의 오염을 더 가속화시킬 것이며 그것에 따라 부산과 경남의 식수가 현재보다 더 위협받게 될 것이라는 점에 있다.'

58 このような時点で위천工団の設置は極度に悪貨(→悪化)させるだろう。(위천工団が洛東江にあたえる影響とそれに対して市民の姿勢)

'이와 같은 시점에서 위천공단의 설치는 극도로 악화시킬 것이다.'

59 私たちは政府に洛東江の環境関連施設の設置と運営管理をもっと徹底的にできる制度を作ることを要求して環境行政と情報について釜山市民の不信を減少させることが急務である。(위천工団が洛東江にあたえる影響とそれに対して市民の姿勢)

'우리들은 정부에 낙동강 환경 관련 시설의 설치와 운영 관리를 더 철저히 할 수 있는 제도를 만드는 것을 요구하여 환경 행정과 정보에 대해서 부산 시민의 불신을 감소시키는 것이 급무이다.'

60 ある漫画家はこれを「出産の苦しみ」とも連想させる。(まんがもアートだ)

'어느 만화가는 이것을 '출산의 고통'과도 연상시킨다.'

61 すでに外国ではまんが(またはアニメ)を芸術家(→芸術化)させて、多い作家たちが活動している。(まんがもアートだ)

'이미 외국에서는 만화(또는 애니메이션)을 예술화시켜 많은 작가들이 활동하고 있다.'

62 このテーマでは聴覚障害が疾病とか事故とかいう後天的な理由でできるのを話し

ながら私たちみんなが潜在的聴覚障碍者だというのを認識させてくれた。(聴覚
障害者も映画を楽まれるその日のために)

'이 테마에서는 청각 장애가 질병이라든가 사고라든가 하는 후천적인 이유
로 생기는 것을 이야기하면서 모두가 잠재적 청각 장애라는 것을 인식시
켜 주었다.'

63 クラスのA君、B君は僕のことを「デブ、デブ」と呼んで、ぼくのお母さんの財布
から5万円盗んでこさせたりしたこともあります。(いじめ=ワンタ対策)

'클래서의 A군, B군은 나를 '돼지, 돼지'라고 부르며 나의 어머니 지갑에서 5
만엔을 훔쳐오게 하거나 한 적도 있습니다.'

64 今度は僕をトイレに連れていって、トイレの水を飲ませたりしました。(いじめ
=ワンタ対策)

'이번에는 나를 화장실에 데리고 가서 화장실 물을 마시게 하기도 했습니
다.'

65 水産物として有名なチャガルチ市場、また新鮮な刺身が食べられるチャガルチ市
場だけの独特なことを観光商品化させて、外貨獲得を図るようにする。(南浦洞
の景気の活性化対策)

'수산물로서 유명한 자갈치 시장, 또 신선한 회를 먹을 수 있는 자갈치 시장
만의 독특한 것을 관광상품화하여 외화 획득을 꾀하도록 한다.'

66 このように南浦洞と言えば、国際市場、チャガルチ市場と共にわが釜山市民の
いきてきた歴史であり、釜山の雰囲気を感じさせてくれる魅力的なところであ
る。(南浦洞の景気の活性化対策)

'이와 같이 남포동이라고 하면 국제시장, 자갈치 시장과 함께 우리 부산시
민의 생생한 역사이고 부산의 분위기를 느끼게 해주는 매력적인 곳이다.'

67 ですから、わが釜山の市民は観光客をまえむきに誘致して南浦洞の景気を活性化
させていくべきである。(南浦洞の景気の活性化対策)

'그러므로 우리 부산 시민은 관광객을 능동적으로 유치하여 남포동의 경기
를 활성화시켜가야 한다.'

68 また、西面にある「茶田」にもいらっしゃっていろいろな種類の韓国の茶も感じ
させてもらいたいです。(韓国のお茶はいかがでしょうか)

'또 서면에 있는 '茶田'에도 오셔서 여러 종류의 한국 차도 느꼈으면 한다.'

69 「珍象」は一言で韓国式シャブシャブ専門店で国内に最初で導入して大衆化させました。(純韓国式シャブシャブ店の珍象)

'"珍象'은 한마디로 한국식 샤부샤부 전문점으로 국내에 최초로 도입하여 대중화시켰습니다.'

70 これはたぶんお昼時、とても込んでいるお客を少しでも散らせるためにアイデアではないだろうかと思います。(純韓国式シャブシャブ店の珍象)

'이것은 아마 점심 때 매우 혼잡한 손님을 조금이라도 흐트러놓기 위한 아이디어가 아닐까하고 생각합니다.'

71 前面にあらわれた英雄たちの人が大きい志を立てることができるようにさせる。(人生が盛り込んである「三国志」)

'전면에 나타난 영웅들이 큰 뜻을 세울 수 있도록 한다.'

72 機会ができればかならず聞かせてくれたいのです。(日本語の勉強を長い間で)

'기회가 생기면 반드시 들려주고 싶습니다.'

73 そして広くてふあふあのソファーとクッションは気持を寛がせてくれた。(私の好きなレストラン「リチャード」)

'그리고 넓고 푹신푹신한 소파와 쿠션은 기분을 넓혀주었다.'

74 映画をみて悲しいてストレスがたくさん積もって破裂させてしたいときにビデオを一度借りてみるあとならほんとうに気持がよくになる。(ビデオを見ると)

'영화를 보고 슬퍼서 스트레스가 많이 쌓여 터트려버리고 싶을 때에 비디오를 한번 빌려보면 정말 기분이 좋아진다.'

75 旅のよさは新しい世界へ自分を引き込んで、日常の生活を忘れさせてくれることだ。(私が勧めたいこと-汽車旅行-)

'여행의 장점은 새로운 세계로 자신을 끌어들여 일상의 생활을 잊게 해주는 것이다.'

76 なぜかというと「旅」をすればするほど自分を大きく成長させてくれるし、普段では味わえない体験ができるからだ。(私が勧めたいこと-汽車旅行-)

'왜냐하면 ‘여행’을 하면 할수록 자신을 크게 성장시켜 주며, 평소에는 맛볼 수 없는 체험을 할 수 있기 때문이다.'

77 では、これから私を一目で惚れさせた「コウンスの思い」という漫画の魅力を言ってみることにする。(「コウンスの思い」を勧める)

'그러면 이제부터 나를 첫눈에 반하게 만든 '고운스의 생각'이라는 만화의 매력을 말해 보기로 한다.'

78 個人病院はそくばくの不安、つまり当てにならない心があるので、総合病院へ<u>行かせた</u>。(病院)

'개인병원은 속박의 불안, 즉 믿음이 안 가는 마음이 있<u>으므</u>로 종합병원으로 보냈다.'

79 しかしたいていの人々はそんな事を<u>させる</u>が、なんらの言もしられない。(病院)

'그러나 대부분의 사람들은 그런 일을 시키지만 아무 말도 못한다(항변하지 못한다).'

80 病の具合いについて聞くと答えはせずに無視してしまう。本当に<u>笑わせる</u>！(病院)

'병의 상태에 대해서 물으면 대답은 하지 않고 무시해 버린다. 정말로 웃긴다.'

81 しかしこの食堂は本当に私を<u>感動させた</u>。(感動の味ドゥルチギ)

'그러나 이 식당은 정말로 나를 감동시켰다.'

82 あれは過ぎし日の思い出に<u>ふけさせたり</u>未来を<u>夢みさせたり</u>かなしく<u>ならせた</u>りします。(私がぞっこんほれ込む音楽)

'그것은 지난날의 추억으로 빠져들게 하기도 하고, 미래를 꿈꾸게 하기도, 슬퍼지게 만들기도 합니다.'

83 またこれによって情緒を<u>純化させ</u>たらいいです。(私がぞっこんほれ込む音楽)

'또 이것에 의해서 정서를 순화시키면 좋겠습니다.'

84 慶州はしゅういがゆるやかな山にかこまれた<u>盆地</u>で、車を<u>走らせ</u>ればソウルからおよそ5時間、釜山からならばわずか1時間たらずの道です。(ギョンジュへいってみよう)

'경주는 주위가 완만한 산으로 에워싸인 분지로 차를 달리면 서울에서 대략 5시간, 부산에서라면 불과 1시간 남짓한 길입니다.'

1 そんなにやらなくても読者は認めてくれるよ。(真夜中)

2 シュトクハウゼンのように引用してくれれば長年のベケット・ファンとしてはうれしいことは確かだし、(試行錯誤に漂う5)

3 大好きなホタテを持っていってあげたが、マーちゃんはケージの奥でちぢこまって何も食べない。(言葉のポトラック)

4 私は入院しているマーちゃんの心をほぐしてやりようがない。(言葉のポトラック)

5 今年の冬は暖かいねぐらを作ってやらなければならない。(言葉のポトラック)

6 血縁は一人もいないが受け入れてくれる仲間がいる。(言葉のポトラック)

7 だからジジ、ジジはもうしばらく二人のそばにいてあげて。(真夜中)

8 鎌倉市は火葬料として5万円支払ってくれた。(真夜中)

9 鎌倉市は(というか行政は)火葬代は払ってくれても棺の代金は払ってくれないということだから、(真夜中)

10 それなのに企業の働かせ方は「暑いから」という理由で楽にしてくれるわけではなく、(楽園で働く現代)

11 労働はロボットがしてくれて、(楽園で働く現代)

12 私たち人間どもが決して知ることのできないコミュニティを作って、ワイワイ大騒ぎしてくれていることを夢見ている。(ラ・アルプ)

13 飛び込みの森本アナもじっくり見せてくれる派。(ラ・アルプ)

14 これも長女が可愛いと褒めてくれ、5・6枚以上作りました。(秋冬のファッションはリフォームと昔の服や靴で)

15 今若い両親で働いていて、病気のときはおばあちゃんにみてもらう、(小子化は仕方ないことかも)

16 という長女、10歳離れた妹の世話を一番してくれるのはうちの長女。(小子化は仕方ないことかも)

17 長女はオムツがえでも、ミルク作りでもお風呂に入れるのも、一応全部してくれ

ました。(小子化は仕方ないことかも)

18 長女が時間割りと宿題を今だ見てくれてます。(小子化は仕方ないことかも)

19 お風呂も入れてくれるし。(小子化は仕方ないことかも)

20 熱がありそうな時は体温計で見てくれる。(小子化は仕方ないことかも)

21 今の時世専業主婦させてくれる男の人などありえないし、(小子化は仕方ないことかも)

22 かろうじて児童館が1-2歳対象の児童クラブをしてくれるらしいけど、(小子化対策のかぎは高校生に)

23 子どもは見てくれる人が10人いたら10人分の愛情を受けれますもの。(小子化対策のかぎは高校生に)

24 そしてこのムラ(企業)はムラにいるかぎり地位保証はしてくれます。(日本とムラ)

25 人に頼ってはいつ運んでくれるかわからない。(これからも石を運びながら)

26 そして祖父に話しても祖父は何も言わず話だけ聞いてくれました。(これからも石を運びながら)

27 ばあちゃんは引退して遊んでくれる人。(これからも石を運びながら)

28 自分の小説をよく理解してくれている友人のマックス・ブロードに頼んだ。(試行錯誤に漂う3)

29 私はこれを最高級の蓄音機でSPレコードを再生してもらって聞くと、(みすず)

30 「私の作家遍歴」を水声社が復刊してくれる。(試行錯誤に漂う1)

31 文字入力と校正をしてくれたメンバー全員のあて名入りのサイン本を作ってもらった。(いや、わかってますよ)

32 青山ブックセンターで対談してもらったのだが、(いや、わかってますよ)

33 それを新聞で知ったSさんがとても喜んで電話をかけてきてくれた。(いや、わかってますよ)

34 奥さんが生きていらしたら、ものすごく喜んでくれたと思うと残念です。(いや、わかってますよ)

35 修道士ポルフィリオが、遂一、私に話してくれたことである。(塩の像)

36 もしや洗礼は福音に対する罪を洗い流すのと同じように、神の掟に対する罪をも洗い流してくれるものではないのでしょうか。(塩の像)

37 あの束縛された魂をその苦しみから<u>解放して</u>やるのだ。(塩の像)

38 そして<u>救ってくれた</u>のは修道僧であった。(塩の像)

39 <u>答えてくれる</u>かい?(塩の像)

40 さあどうぞ、あなたは私を<u>救って下さった</u>のですから。(塩の像)

41 お前を<u>救ってやった</u>ではないか。(塩の像)

42 どんな人か知らないが、とにかく誰かが<u>喜んでくれれば</u>いいじゃないか。(プロムナード)

43 これがもう私のチームは本当の話をしても誰からも<u>信じてもらえ</u>ないくらい弱く、(プロムナード)

44 賞の効用が少しはあるから、2、3作は<u>辛抱してもらえる</u>としても、(プロムナード)

45 酒なんか法律で<u>禁止してくれる</u>方がよっぽどいいと思っている。(プロムナード)

46 小学校の時から先生が一度も<u>教えてくれ</u>なかったので、(人生の岐路)

47 足抜きを<u>してくれた</u>人がいて、金持ちというわけではなかったらしいが、(人生の岐路)

⊃부록6 학습자가 습득한 기여태 예문

1 ところでオリュクドに行く道を<u>おしえてくれる</u>こと、すなわち道案内板がとこえ
もないです。(捨てられるオリュクト)
'그런데 오륙도로 가는 길을 가르쳐주는 것, 즉 길 안내판이 어디에도 없습니
다.'

2 あの人を会う前、私は「私を<u>愛してくれる</u>といい」と思った。(私の人生に対して)
'그 사람을 만나기 전에 나는 '나를 사랑해주면 된다'고 생각하였다.'

3 極端的に例えば、仁川でのビール屋事件は青少年の文化空間の用意がどんなに急
だかをよく<u>言ってくれ</u>ます。(青少年の文化空間)
'극단적으로 예를 들면 인천에서의 맥주집 사건은 청소년 문화공간의 준비가
얼마나 급했는지를 말해 줍니다.'

4 なぜならねばりけがないとか忍耐がたりない人はほかの人に<u>たのしくしてくれる</u>
センスがないからだ。(私はこんな男がほしい)
'왜냐하면 집요함이 없다든지 인내심이 부족한 사람은 다른 사람을 즐겁게
해줄 센스가 없기 때문이다.'

5 しかし、学校側でも私たちをもう少し<u>考えてくれる</u>といえばあの寒い冬に冷たい
教室に追ってしまわないようです。(外はとても寒いよ)
'그러나 학교측에서도 우리들을 좀 더 생각해 준다고 하면 그 추운 겨울에 차
가운 교실로 쫓아버리지 않을 것 같습니다.'

6 世には仕事は多いけれど、すべての仕事が自分を<u>待ってくれる</u>ことはない。(失業
者の脱出のプロジェクト)
'세상에는 일은 많지만 모든 일이 자신을 기다려주는 일은 없다.'

7 私の大学生活におけてこの本はほんとうに<u>役に立ってくれ</u>ました。(勧めりたい
本:20代でしなければならない50のこと)
'나의 대학생활에 있어서 이 책은 정말로 도움이 되어 주었습니다.'

8 二番目で日本語は私の趣味なんですと<u>答えてあげ</u>ます。(将来計画)
'둘째로 일본어는 나의 취미입니다라고 대답해 드리겠습니다.'

9 一般的で集中力が生ずると病気の予防の能力に<u>助けくれる</u>。(健康のためプロゼット)

　'일반적으로 집중력이 생기면 질병 예방 능력에 도움을 준다.'

10 このテーマでは聴覚障害が病気とか事故とかという後天的な理由でできるのを話しながら私たちみんなが潜在的聴覚障害者だというのを<u>認識させてくれた</u>。
　(聴覚障害者も映画を楽まれるその日のために)

　'이 테마에서는 청각장애가 병이라든지 사고라든지라는 후천적인 이유로 생기는 것을 말하면서 우리들 모두가 잠재적 청각장애자라는 것을 인식시켜 주었다.'

11 そして最後に命がけで私を惜しんで<u>愛してくれる</u>心がいちばん重要だと思う。
　(早く会いたい彼氏)

　'그리고 마지막으로 목숨을 걸어서 나를 아끼며 사랑해 주는 마음이 가장 중요하다고 생각한다.'

12 周囲の人たちが関心を持って<u>助けてくれる</u>べきだと思います。((いじめ＝ワンタ)対策)

　'주위의 사람들이 관심을 가지고 도와주어야만 한다고 생각합니다.'

13 私だちが学校から帰えれば母は準備しておいたおやつを一様に<u>配ってくださいました</u>が、私はいつも足りなかった。(天使のような心)

　'우리들이 학교에서 돌아오면 엄마는 준비해 둔 간식을 똑 같이 나누어 주셨습니다만, 나는 언제나 모자랐다.'

14 それで食べてから姉の顔をじろじろ見ていれば姉は笑顔で「もう食べたの？」といいながら自分の分にすこしぐらい<u>分けてくれ</u>たりした。(天使のような心)

　'그래서 먹고 나서 언니의 얼굴을 힐끔힐끔 보고 있으면 언니는 웃는 얼굴로 '벌써 다 먹은 거야?' 하고 말하면서 나의 몫으로 조금 나누어 주기도 하였다.'

15 それにもかかわらず私に腹を立てられずにまるで自分の事のように気を<u>かけてくれた</u>姉に母のような母性愛が感じられました。(天使のような心)

　'그럼에도 불구하고 나에게 화를 내지 않고 마치 자신의 일처럼 신경을 써 준 언니에게 엄마와 같은 모성애가 느껴졌습니다.'

16 小さいときから本を読むのが好きだった姉は知らないのをたずられたりするとあ

わてないでわかりやすくて説明を<u>してくれる</u>のである。(天使のような心)
'어릴 때부터 책 읽는 것을 좋아했던 언니는 모르는 것을 누군가가 묻거나
하면 침착하게 알기 쉽게 설명을 해 주는 것이다.'

17 このように、南浦洞といえば国際市場、チャガルチ市場と共にわが釜山市民のい
きてきた歴史であり、釜山の雰囲気を<u>感じさせてくれる</u>魅力的なところである。
(南浦洞の景気の活性化対策)
'이와 같이 남포동이라고 하면 국제시장, 자갈치 시장과 함께 우리 부산시민
이 살아온 역사이고 부산의 분위기를 느끼게 해 주는 매력적인 곳이다.'

18 年をとりながらゆるんでいく自分のすがたを<u>たすけてくれ</u>ない自分のことは自分
がふたたび設計してして行くために生きがいがある日日をすごして行こうと思
う。(残る日日をために)
'나이를 먹으면서 느슨해져 가는 자신의 모습을 도와주지 않는 자신의 일은
자신이 다시 설계해 가기 때문에 사는 보람이 있는 나날을 지내 가려고 생
각한다.'

19 そしてレクリエーション時間で扇情的な舞いをかなでる女にクローズアップを<u>し
てやった</u>。(放送プロの露出問題)
'그리고 레크리에이션 시간에 선정적인 춤을 추는 여자에게 클로즈업해 주
었다.'

20 巣清掃はいっしゅうにいちどくらい<u>してやり</u>ばなります。(都市で育ていいハム
スター)
'둥지 청소는 일주일에 한번 정도 해 주면 됩니다.'

21 また、便利に乳母車を押していけるように坂道を<u>作ってくれる</u>のもいいです。
(官庁に託児施設を作ってください)
'또 편리하게 유모차를 밀고 나갈 수 있도록 경사로를 만들어 주는 것도 좋
습니다.'

22 主婦が子供を連れて官庁にいくのがとても不便なことを<u>知ってくれて</u>それらのた
めに市役所とか欧役所のような官庁で細心な注意をかだむければよりよい行政の
サービスが実現になりそうです。(官庁に託児施設を作ってください)
'주부가 아이를 데리고 관청에 가는 것이 매우 불편한 사실을 알아주고 그
러한 것을 위해 시청이나 구청과 같은 관청에서 세심한 주의를 기울이면 보

다 나은 행정 서비스가 실현될 것 같습니다.'

23 まだ大学の選定において選定結果が外国の学界によって一瞬間に変わったのはどんなに外国に従属的なのかをいってくれる。(BK21について)
'아직 대학교 선정에 있어서 선정 결과가 외국의 학계에 의해서 순식간에 바뀐 것은 얼마나 외국에 종속적인 것인지를 말해 준다.'

24 それは親切なふりのあいさつをしてもらう人に不快感を与えるのはないだろうか。(あいさつについて)
'그것은 친절한 척 인사를 받는 사람에게 불쾌감을 부여하는 것은 아닐까?'

25 その代わりに親の社業を結んでもらえるようになってるハンサームな王子がいらっしゃってる。(TVの中の世)
'그 대신에 부모의 사업을 이어 받을 수 있게 된 잘 생긴 왕자가 계신다.'

26 そして彼が享受してる豊かな生きがある。その中の世間が言ってくれる幸せということは正しい価値観とか不断の努力から来られることじゃない。(TVの中の世)
'그리고 그가 향수하고 있는 풍요로운 삶이 있다. 그 속의 세상이 말해 주는 행복이라는 것은 올바른 가치관이라든가 부단한 노력에서 오는 것은 아니다.'

27 たまには批判的に回りをながめることもいいだと言ってくれたい。(TVの中の世)
'가끔씩은 비판적으로 주위를 바라보는 것도 좋다고 말해 주고 싶다.'

28 支払い能力がない青少年や小学生にも父母の同意もないし加入させてくれて社会問題になったりした。(携帯電話の問題点)
'지불 능력이 없는 청소년이나 초등학생에게도 부모의 동의도 없이 가입시켜 줘서 사회문제가 되기도 했다.'

29 しかし乗客たちは安全を保障してもらう権利も忘れてしまって、運転手の顔色をうかがいながら、疾走するバスの中で取っ手一つに寄りかかれるしかないのだ。(バスがこわい-空飛ぶバス)
'그러나 승객들은 안전을 보장받을 권리도 잊어버리고, 운전수의 얼굴색만 살피면서 질주하는 버스 속에서 손잡이 하나에 의지할 수밖에 없는 것이다.'

30 そこを利用する人々がうれしい心で勉強できるようにしてくれることがかれら

の本分がないだろうか…(図書館の不親切)

'거기를 이용하는 사람들이 기쁜 마음으로 공부할 수 있도록 해 주는 것이 그들의 본문이 아닐까?'

31 またある運転士は年よりのおばあさんや、おじいさんがバスに乗ろうとすると、門も<u>あけてくれ</u>ないで、出発してしまうこともありました。(乗りたくないバス)

'또 어떤 운전수는 연세 드신 할머니나 할아버지가 버스를 타려고 하면 문도 열어주지 않고 출발해 버리는 일도 있었습니다.'

32 テレビのはったつのためわたしたちのはちじょうせいかつにいろいろのべんりとりえきを<u>もってくれ</u>たが、もんだいてんもいろいろあります。(テレビのばんぐみのもんだいてん)

'텔레비전의 발달로 인해 우리들의 일상생활에 여러 가지 편리함과 이익을 가져다 주었지만 문제점도 많이 있습니다.'

33 それでほうそうを作る人々がすこしきにして<u>作ってくれ</u>たらする思いです。(テレビのばんぐみのもんだいてん)

'그래서 방송을 만드는 사람들이 조금 신경 써서 만들어줬으면 하는 생각입니다.'

34 また還払をぜったい<u>してくれ</u>ませんで服をよく<u>交わしてくれ</u>ませんです。(なんとかかんとか親切が最高)

'또한 환불을 절대로 해 주지 않고 옷을 잘 교환해 주지 않습니다.'

35 そしてすこし直説的から友だちのまちがうことを<u>してきしてくれ</u>たりもある。(私があいする友達)

'그리고 조금 직설적이기 때문에 친구가 잘 못한 일을 지적해 주기도 한다.'

36 彼女とやくそくがある日はしっかり、やくそく時間の2時間前に彼女の家に電話を<u>かけてあげ</u>ます。(私の友だち)

'그녀와 약속이 있는 날은 꼭 약속 시간 2시간 전에 그녀의 집에 전화를 걸어 줍니다.'

37 姉はそんな私が気にかかったのか試験場に出迎えを来て、試験を終えて出る私においしい食べ物も<u>買ってくれ</u>た、気分も<u>解けてくれ</u>ました。(もう一つの母)

'누나는 그런 내가 염려스러웠던지 시험장까지 나와 시험을 끝내고 나가는

나에게 맛있는 음식을 사주었고 기분도 풀어 주었습니다.'

38 私がむずかしい時いつも心配してくれて、力になってくれる姉。(もう一つの母)
'내가 어려울 때 항상 걱정해 주고 힘이 되어 주는 누나.'

39 そしてまるで自分のことのようにけんかをしてくれました。(これだけは負けた
くないんだ)
'그리고 마치 자신의 일처럼 싸움을 해 주었습니다.'

40 そうしているとそのやつはあののように笑いながら私に力に成ってくれまし
た。(これだけは負けたくないんだ)
'그렇게 하고 있으니 그 녀석은 누나처럼 웃으면서 나에게 힘이 되어 주었
습니다.'

41 それで子供たちには歴史を教えてくれる学校のです。(忠烈祠)
'그래서 아이들에게는 역사를 가르쳐주는 학교인 것입니다.'

42 国のために心身を捧げ報国する人を倣うことができて子供たちに教育的な面でも
いいし、家族に和合できて場所を提供してくれるだけではなく、住民の健康の
ためにきっと必要です。(忠烈祠)
'나라를 위하여 몸과 마음을 바치고 보국하는 사람을 배울 수 있고 아이들
에게 교육적인 면으로 좋고, 가족에게 화합할 수 있어서 장소를 제공해 줄
뿐만 아니라 주민의 건강을 위하여 꼭 필요합니다.'

43 帰りの放送を聞きながら帰り道を歩いていると、後ろから「ミナちゃん、一緒に
帰ろう！」えりちゃんが声をかけてくれた。(なつかしき小学生時代のある日)
'하교 길에 방송을 들으면서 걷고 있으니 뒤에서 '미나야! 같이 가자!'라며
에리가 말을 걸어 주었다.'

44 かれがじょたいする日を指折り数えて待っている友だちが私以外にみんながいる
ことをわかってくればいいでしょう。(私の友だち)
'그가 제대하는 날을 손꼽아 기다리는 친구가 나 이외에도 많이 있는 것을
알아 주면 좋을 것입니다.'

45 それでもしやと思って私が取ってやると身もだえしなかった。(ポリがきれいに
見える理由)
'그래서 혹시하고 생각해서 내가 잡아주니 꿈쩍도 하지 않았다.'

46 彼に話しをたくさんかけて彼も私に親切に当たってくれた。(私があいしている

男の子のものがたり)

'그에게 이야기를 많이 하여 그도 나에게 친절하게 대해 주었다.'

47 私のい(→り)そうけいの彼が私にプロポーズを<u>してくれる</u>といいのに。(私のすきな彼)

'나의 이상형인 그가 나에게 프로포즈를 해 주면 좋으련만...'

48 ここで彼は私が力がいるのがきらいだと言いながら私のにもち(→つ)を<u>もってく</u><u>れ</u>ました。(私のすきな彼)

'여기에서 그는 내가 힘이 드는 것이 싫다며 나의 짐을 가져다주었습니다.'

49 彼は私におもしろい話を<u>してくれ</u>ました。(私のすきな彼)

'그는 나에게 재미있는 이야기를 해 주었습니다.'

50 わたしのびじゅつの宿題を<u>手伝ってやって</u>よい点数をくれった時もあった。

(10年になると同じ友だち)

'나의 미술 숙제를 도와주어서 좋은 점수를 준 때도 있었다.'

51 私がべんきょうにこまった時、彼女は私を<u>手伝ってやった</u>。(10年になると同じ友だち)

'내가 공부가 힘들었을 때, 그녀는 나를 도와주었다.'

52 また5時から7時までは推薦の曲といろんな歌の順列も<u>見せてくれる</u>ので新しい歌を覚えることもできるしすきな歌が日本でも人気があるかどうかをしることもできます。(日本が見える場所)

'또한 5시부터 7시까지 추천곡과 여러 노래의 순서도 보여 주므로 새로운 노래를 배울 수도 있고 좋아하는 노래를 일본에서도 인기가 있는지 여부를 알 수도 있습니다.'

53 映像会というのは歌手をきめてその歌手が出演した放送とライフを1時間ぐらい続けて<u>見せてくれる</u>プログラムです。(日本が見える場所)

'영상회라는 것은 가수를 정하여 그 가수가 출현한 방송과 라이브를 1시간 정도 계속해서 보여주는 프로그램입니다.'

54 父と私がアパートに入ったと時そのアパートに住んでいる人たちがはじめて見る私の父にうれしそうに<u>あいさつをしてくれ</u>た。(双子の父)

'아버지와 내가 아파트에 들어갔을 때 그 아파트에 살고 있는 사람들이 처음 보는 나의 아버지에게 기쁜 듯이 인사를 해 주었다.'

55 アパートの警備員も父に安否を問いながらその週、アパートの行事の日程を<u>教えてくれた</u>。（双子の父）

'아파트의 경비원도 아버지에게 안부를 물으면서 그 주, 아파트 행사 일정을 가르쳐 주었다.'

56 また彼の家から私の家まで2時間以上かかりますが、私の家までよく<u>連れてくれ</u>ました。（彼のチャームポイント）

'또한 그의 집에서 나의 집까지 2시간 이상 걸립니다만, 나의 집까지 자주 데려다 주었습니다.'

57 その時、彼は私がりょうりをしたりそうじをしたりしたらいつもわたしを<u>てつだってくれ</u>ました。（彼のチャームポイント）

'그때 그는 내가 요리를 하기도 하고 청소를 하기도 하면 언제나 나를 도와 주었습니다.'

58 三目、彼はよく<u>理解してくれ</u>ます。（彼のチャームポイント）

'셋째, 그는 잘 이해해 줍니다.'

59 私に悪いことがあったら自分のことのように心配して<u>なぐさめてくれ</u>ます。（彼のチャームポイント）

'나에게 나쁜 일이 생기면 자기 일처럼 걱정하며 위로해 줍니다.'

60 そんな私に親切に<u>説明してくれ</u>て本当にありがっていました。（お兄さんのような友だち）

'그런 나에게 친절하게 설명해 줘서 정말로 고마워하고 있었습니다.'

61 また、あねは私のたんじょう日には気の入れてえらんだぼうしをヘッドに<u>かぶてくれ</u>たり、たまに甘い食べ物が好な父のためチョコレートをかって来たりする。（愛される男子）

'또한 언니는 나의 생일에는 정성껏 고른 모자를 머리에 씌워주기도 하고, 가끔 달콤한 음식을 좋아하는 아버지를 위해 초콜릿을 사오기도 한다.'

62 私の希望はいつまでも<u>力になってくれ</u>ることです。（私のベストフレンド）

'나의 희망은 언제까지나 힘이 되어 주는 것입니다.'

63 こんなすべてのものたちはこれから剣禅道が韓国を代表する剣道流派になると<u>かくしんできる</u>ようにしてくれる。（ぼくが剣禅道をえらんだ理由）

'이러한 모든 것들은 이제부터 검선도가 한국을 대표하는 검도의 한 유파가

된다고 확신할 수 있도록 해 준다.'

64 それで、私とは同じ年ですが、末っ子の私のだだとかんしゃくを<u>聞いてくれ</u>て、私には本当のお姉さんのような人です。(私のともだちヒョンジョン)

'그래서 나와는 동년배입니다만, 막내인 나의 응석을 받아 줘서 나에게는 친누나같은 사람입니다.'

65 私がさびしい時やこまっている時は、いつでも<u>力になってくれ</u>ます。(私のともだちヒョンジョン)

'내가 외로울 때나 힘들 때는 언제라도 힘이 되어 줍니다.'

66 上べはぶっきらぼうでみえますが、いつも自身より先にともだちを<u>考えてくれ</u>ます。(私のともだちヒョンジョン)

'겉보기에는 무뚝뚝해 보입니다만, 늘 자신보다 먼저 친구를 생각해 줍니다.'

67 それで、私をなぐさめて、<u>忠告してくれる</u>大切な友だちです。(私のともだちヒョンジョン)

'그래서 나를 위로하고 충고해 주는 소중한 친구입니다.'

68 私がこまっている時は<u>力になってくれ</u>ました。(私の友だち)

'내가 힘들어 할 때는 힘이 되어 주었습니다.'

69 電話で都合を<u>話してくれ</u>ましたが、時間を守らないことはなんといっても、よくない習慣だと思います。(私の恋人について)

'전화로 사정을 말해 주었습니다만, 시간을 지키지 않는 것은 뭐라 해도 좋지 않은 습관이라고 생각합니다.'

70 けれども、このような反面に、私の話しとか頼みをよく<u>聞いてくれる</u>心の暖かい人です。(私の恋人について)

'하지만 이와 같은 반면에 나의 이야기라든가 부탁을 잘 들어주는 마음이 따뜻한 사람입니다.'

71 私より7歳年うえではじめは両親が反対しましたが、何回会って見てからはつき合いを<u>承諾してくれ</u>ました。(私の恋人について)

'나보다 7살 연상으로 처음에는 양친이 반대했습니다만, 몇 번 만나보고 나서는 교제를 승낙해 주었습니다.'

72 会食などにおくれるようになるといぜんに<u>連絡をしてくれ</u>ます。(私の恋人について)

'회식 등으로 늦어지게 되면 이전에 연락을 해 줍니다.'

73 そして翌日ぜんじつのことをぜんぶはなしてくれます。(私の恋人について)
'그리고 이튿날 전날에 있었던 것을 전부 말해 줍니다.'

74 母は禾(→私)たちをあいしてくれます。(私の母)
'엄마는 우리들을 사랑해 줍니다.'

75 うれしいときにいっしょにうれしくおもってくれたりまたかなしいときに
いっしょにかなしんでくれる友だちがあるということはほんとうにしあわせ
なことである。(幸せ)
'기쁠 때에 함께 기쁘게 생각해 주기도 하고 또 슬플 때에 함께 슬퍼해 주는
친구가 있다는 것은 정말로 행복한 일이다.'

76 かのじょのてがみは私たちをさらにそっちょくになるようにしてくれた。(幸せ)
'그녀의 편지는 우리들을 더더욱 솔직하게 되도록 해 주었다.'

77 いまでもこまったことがあるぼ(→ば)あい、いつでもたすけてくれる。(幸せ)
'지금이라도 곤란한 일이 있는 경우 언제라도 도와준다.'

78 キムチでいろんなりょうりをつくってくれました。(私が紹介したい彼)
'김치로 여러 가지 요리를 만들어 주었습니다.'

79 この名はごはんをよくたべるから私がなつけてやるです。(私の二つに分け＝も
のの片方)
'이 이름은 밥을 잘 먹기 때문에 내가 붙여 준 것입니다.'

80 飲食のごみの解決ははの苦労を和らげて太っちょのおいしいくごはんをたべ
るの容貌は飲食の貴重みを知るようになってくれます。(私の二つに分け＝もの
の片方)
'음식 쓰레기 해결은 엄마의 노고를 들고 뚱뚱한 사람이 맛있게 밥을 먹은
용모는 음식의 귀중함을 알게 되게 해 줍니다.'

81 たとえば、「私いまあんたの家の近くに来ているんだよ。出てくれるのか。」であ
る。(男をひどく好む女)
'예를 들면 '나는 지금 너의 집 근처에 와 있어. 나와 줄 거지?'이다.'

82 ちちがきれいで正しいそだつと作ってくれた名前です。(私の紹介)
'아버지가 예쁘고 바르게 자라라고 만들어 준 이름입니다.'

83 一番目の理由は、私の痛みをまるで自分の事のように思って、いつもそばに私

を<u>慰労</u>してくれる。（彼女には何か特別なことがある）

'첫 번째의 이름은 나의 아픔을 마치 자기 일처럼 생각하고 언제나 곁에 나를 위로해 준다.'

84 そのとき彼女はいちばん近いところで、私を慰労して気を<u>引き立てて</u>くれた。（彼女には何か特別なことがある）

'그 때 그녀는 가장 가까운 곳에서 나를 위로하며 기운을 북돋워 주었다.'

85 そして、たぶん私の記憶で、私をいちばん感動させた彼女の言葉は、私が親のために心を傷めた時、私に<u>言ってくれた</u>「...でも、わたしはあなたのご両親に感謝したい。あなたのご両親のおかげで、あなたに会えたから。」という言葉だ。（彼女には何か特別なことがある）

'그리고 아마 나의 기억에서 나를 가장 감동시킨 그녀의 말은 내가 부모 때문에 마음이 아팠을 때, 나에게 말해 준 '하지만, 나는 너의 부모님에게 감사하고 싶어. 너의 부모님 덕분에 너를 만날 수 있었으니까...'라는 말이다.'

86 だから、わたしは今日も彼女と<u>会えせて</u>（→<u>会わせて</u>）くれた神様に感謝のお言葉を申し上げるんだ。（彼女には何か特別なことがある）

'때문에 나는 오늘도 그녀와 만날 수 있게 해 준 하느님에게 감사의 말을 올리는 것이다.'

87 またおもしろいし、わたしによく<u>対してやって</u>（→た）からです。（気の合う姉、孔復淳）

'또 재미있고, 나에게 잘 대해 주었기 때문입니다.'

88 もちろん、羅さんが<u>力</u>になってくれました。（私の友だち）

'물론 나씨가 힘이 되어 주었습니다.'

89 今からその友人を<u>紹介してあげました</u>。（私の友だち）

'지금부터 그 친구를 소개해 드리겠습니다.'

90 なぜして聞いて見ると自分が世上に生きて残るととのために、第一番競争者がちちです、ということばに「よし」して肩を<u>取ってやり</u>ました。（家族）

'왜? 하고 물어 보면 자신이 세상에 살아남기 위하여 가장 큰 경쟁자가 아버지입니다라는 말에 '좋아' 하며 어깨를 잡아 주었습니다.'

91 またとうぜんのことのようにいっしょに買い物をするときにはわたしがひとりごとでとても美しい買いたいと話すとかならず彼は<u>買ってくれる</u>。（私の友だち）

'또 당연한 것처럼 함께 쇼핑을 할 때에는 내가 혼잣말로 매우 예쁜 것을 사고 싶어 하고 말하면 반드시 그는 사 준다.'

92 でもどんな理由があって彼を愛しているのかというと彼が性格がいいしわたしのことを<u>理解して</u>くれるしおかねがあるからわたしが好でいるのではなくなによりもたいせつなことは真剣に彼を愛しているということだ。(私の友だち)

'하지만 어떤 이유가 있어서 그를 사랑하느냐고 말하면 그가 성격이 좋고 나를 이해해 주고 돈이 있기 때문에 내가 좋아하는 것이 아니라 무엇보다 중요한 것은 진지하게 그를 사랑하고 있다고 하는 것이다.'

93 彼はわたしにたくさんの役に<u>立って</u>くれました。(私の日本の親友)

'그는 나에게 많은 도움이 되어 주었습니다.'

94 彼女は一番、ワタシにあっている日本人あいてにてきがいしんを<u>なって</u>くれました。(日本人の友だち)

'그녀는 가장 내가 만나고 있는 일본인 상대에게 적개심을 없애 주었습니다.'

95 彼は集まりで遅くおわるとワタシのうちまでいつも<u>見送て</u>やります。(私のすきな彼)

'그는 모임에서 늦게 끝나면 나의 집까지 언제나 배웅해 줍니다.'

96 姉は勉強しながら母を手伝っていました。また私にも勉強やいろん面で面倒を<u>見て</u>くれました。(母のような姉)

'언니는 공부하면서 엄마를 도와주었습니다. 또한 나에게도 공부나 여러 가지 면에서 신경을 써 주었습니다.'

97 そのたびに姉は私の話に<u>乗って</u>くれたり、私を<u>なぐさめて</u>くれたりしました。(母のような姉)

'그 때마다 언니는 나의 이야기를 들어 주기도 하고 나를 위로해 주기도 했습니다.'

98 そして、いつも私を<u>愛して</u>くれる姉についてありがたみを感じながら、母のような姉だと話したいです。(母のような姉)

'그리고 늘 나를 사랑해 주는 언니에 대해서 고마움을 느끼면서 엄마같은 언니라고 말하고 싶습니다.'

99 すぎきらいがとてもかくしつなので、親しくなるととてもよく<u>して</u>くれるが、

それともあまり、とりそろえてくれないので、まわりのひとのごかいをうけた
りします。（大事な友だち）

'좋고 싫음이 매우 분명하기 때문에 친해지면 매우 잘 해 주지만, 그렇지 않
으면 그다지 챙겨 주지 않으므로 주위 사람의 오해를 받기도 합니다.'

100 中学校の頃は友だちが学校に持ってくる日本のマンガ本をその子たちに読んで
くれました。（私について）

'중학교 때는 친구가 학교에 가지고 오는 일본 만화책을 그 아이들에게 읽
어 주었습니다.'

101 となりの友だちに打たれると姉が私の代わりにけんかをしてくれて学校の休み
の絵の日記をしないで寝入てしまった時も開学の前日晩に二ヶ月分の日記を書
いてもらったときもあります。（私のあいしているはりねずみ）

'옆 친구에게 맞으면 누나가 나 대신에 싸움을 해 줘서 학교 방학 그림일기
를 쓰지 않고 잠든 때도 개학 전날 밤에 2개월분의 일기를 써준 때도 있습
니다.'

102 あまり親しくなかった私によろこんで対してくれました。（片恋）

'그다지 친해지지 않았던 나에게 기꺼이 대해 주었습니다.'

103 テレビといっしょにした時間がとても多かった私は土曜日午前10時になるとい
つもMBCをつけて「家を直してくれます」という番組を見た。（心の暖かい建築
家になりたい）

'텔레비전과 함께한 시간이 매우 많았던 나는 토요일 오전 10시가 되면 늘
MBC를 틀어 '집을 수리해 드립니다'라는 프로그램을 보았다.'

104 この番組は24坪以下の低所得層の家丁（→庭）を対象に狭くて旧い家を広くてき
れいな家に直してくれる仕事をした。（心の暖かい建築家になりたい）

'이 프로그램은 24평 이하의 저소득층의 가정을 대상으로 좁고 오래된 집
을 넓고 예쁜 집으로 고쳐 주는 일을 하였다.'

105 それで理解あって、相手をこころくばりしてくれる人だったらいいと思いま
す。（私の結婚相手）

'그래서 이해심이 있고, 상대로 배려해 주는 사람이라면 좋겠다고 생각합
니다.'

106 というのは毎日くりかえす生活に笑いを伝えてくれる相手がいるのは生きてい

くにとってとても大きい力になるからです。(私の結婚相手)

‘왜냐하면 매일 반복되는 생활에 웃음을 전해 주는 상대가 있는 것은 살아 감에 있어서 매우 큰 힘이 되기 때문입니다.’

107 なぜならばそれはむしろ私を<u>奮発</u>させてくれるからだ。(私の人生観)

‘왜냐하면 그것은 오히려 나를 분발시켜 주기 때문이다.’

108 私にとってはこの三つの人生観はいつも私の生活を<u>楽しくさせてくれる</u>。(私の人生観)

‘나에게 있어서는 이 세 가지 인생관은 늘 나의 생활을 즐겁게 해 준다.’

109 そして、自分よりほかの人をさきに<u>考えてあげる</u>女を私は<u>大好きだ</u>。(こんなの女、どこにいないかな〜)

‘그리고 자신보다 다른 사람을 먼저 생각해 주는 여자를 나는 매우 좋아한다.’

110 それで私を<u>愛してくれる</u>父が幼い時理想の男性でした。(私の理想の男性たち)

‘그래서 나를 사랑해 주는 아버지가 어릴 때 이상의 남성이었습니다.’

111 それでいつも私を<u>愛してくれる</u>男。(私はこんな男がすき！)

‘그래서 늘 나를 사랑해 주는 남자.’

112 細やかで、人を気を<u>配ってくれる</u>理解のある男の人がいい。(今ではハンサムな男の人よりは)

‘세심하고, 남을 배려해 주는 이해심이 있는 남자가 좋다.’

113 さいごには人を好きだととくに私を<u>あいしてくれる</u>べきだ。(私の理想形)

‘마지막<u>으로</u>는 사람을 좋아하고, 특히 나를 사랑해 주어야만 한다.’

114 七番、いちばじゅうようなことは私を多いあいして哀(→愛)情のひょうげんを<u>してくれれば</u>いだ。(ある男は結婚したいですか)

‘일곱 번째, 가장 중요한 것은 나를 많이 사랑하고 애정 표현을 해 주면 좋다.’

115 彼は私が悪かったら<u>忠告してもらう</u>友だちのような人ならもっといいです。(私が結婚したい男性は)

‘(내가 생각하는 이상적인) 그는 내가 나쁘면 충고해 주는 친구 같은 사람 이라면 더더욱 좋습니다.’

116 時々、互いに「<u>愛している</u>」と言ってくれたり、いっしょにえいごをみに行きた

り、旅行したりしたいと思います。(私が結婚したい男性は)

'때때로 서로 '사랑한다'고 말해 주기도 하고, 함께 영화를 보러가기도 하고, 여행을 떠나기도 하고 싶습니다.'

117 私がすることに対して関心を持ってくれ、私をいつも信じてくれ、私もそのようにしてあげたいと思います。(私が結婚したい男性は)

'내가 하는 것에 대해서 관심을 가져 주고, 나를 늘 믿어 주고, 나도 그와 같이 해 주고 싶습니다.'

118 さびしい時やこまっている時は、いつでも力になってくれようと思う。(私の王者はどこにいらっしゃいますか)

'외로울 때나 어려울 때는 언제라도 힘이 되어 주려고 생각한다.'

119 私の気持によく取ってくれようだ。(私の王者はどこにいらっしゃいますか)

'나의 기분을 잘 잡아 주는 것 같다.'

120 職業は人生の目標を達成してくれる機会を与え、私の能力、知識、および技術が利用できて、未来に対して安定を保障してくれて、社会のために奉仕することのできる機会を提供してくれるからです。(人生で成功する方法)

'직업은 인생의 목표를 달성해 주는 기회를 부여하며, 나의 능력, 지식 및 기술을 이용할 수 있으며 미래에 대해서 안정을 보장해 주며 사회를 위하여 봉사할 수 있는 기회를 제공해 주기 때문입니다.'

121 一つもう願わくは私ばかり愛してやる人といいです。(私の異性観)

'또 다른 바람은 나만 사랑해 주는 사람이면 좋겠습니다.'

122 そして最後に命がけで私を惜しんで愛してくれる心がいちばん重要だと思う。(早く会いたい彼し)

'그리고 마지막으로 목숨을 걸고 나를 아끼며 사랑해 주는 마음이 가장 중요하다고 생각한다.'

123 そのうえ、わたしより信仰心が深くて私を引いてくれる人ならもっといい。(私の理想型)

'또한 나보다 신앙심이 깊고 나를 리드해 주는 사람이면 더더욱 좋다.'

124 彼は特別な日じゃなくても私にプレゼントを買ってくれたり、大変なことじゃなくても手伝ってくれたりとてもやさしい人でした。(私の理想的なタイプ)

'그는 특별한 날이 아니라도 나에게 선물을 사 주기도 하고, 대단한 일이

아니라도 거들어 주기도 하는 매우 상냥한 사람이었습니다.'

125 子供の宿題をいっしょにして、子供の悩みを<u>聞いてくれる</u>人がいいと思う。(夫の条件)

'아이의 숙제를 함께 하고 아이의 고민을 들어 주는 사람이 좋다고 생각한다.'

126 私は過去にいつも誰かが私に言葉を<u>掛けてくれる</u>のを望みました。(誰に何がなりたいです)

'나는 과거에 늘 누군가가 나에게 말을 걸어 주는 것을 바랐습니다.'

127 誰かが私のために何かを<u>してくれる</u>のを望みました。(誰に何がなりたいです)

'누군가가 나를 위하여 무엇인가를 해 주는 것을 바랐습니다.'

128 主人が夕食を食べる間果物をあげたり、魚もあげて一日のできごとを<u>きかせてやり</u>たい。(私はこんな生き方をしたい)

'남편이 저녁을 먹을 동안 과일을 드리기도 하고 생선도 드리고 하루에 있었던 일을 들려주고 싶다.'

129 それに皆しんせつでわからないことがあったらすぐ<u>教えてくれろ</u>んです。(ESSの勉強会)

'또한 모두 친절하고 모르는 것이 있으면 바로 가르쳐 주는 것입니다.'

130 その時、一行は私が投げないように<u>励ましてくれ</u>ました。(克己(こっき))

'그때 일행은 내가 포기하지 않도록 격려해 주었습니다.'

131 寝入ない夜で唯一して心を<u>温かくしてくれる</u>ことがあると思いでしょう。(寝入ない夜で)

'잠들지 못하는 밤에 유일하게 마음을 뎁혀 주는 것이 있다고 생각하죠.'

132 また、お母さんという存在にあたらしい考えを<u>持ってくれ</u>ます。(マヨネーズ)

'또한 엄마라는 존재에 새로운 생각을 가져다줍니다.'

133 このえいががすきなのは平凡なひとびとの平凡な生活をきれいに包装しませんで、ありのままに、<u>みってくれる</u>ことです。(マヨネーズ)

'이 영화가 좋은 것은 평범한 나날의 평범한 생활을 예쁘게 포장하지 않고 있는 그대로 보아 주는 것입니다.'

134 それで皆さんに<u>勧めてやり</u>たいです。(ブルティーナ)

'그래서 모두에게 권해 주고 싶습니다.'

135 この本は月ごとに、一つのテーマをきめて、読者たちが原稿をおくってこれ
ば、そのなかでいいものをえらんで本に<u>のせてくれます</u>。（心が温かくなる本）

'이 책은 매달 하나의 테마를 정하여 독자들이 원고를 보내오면 그 중에서
좋은 것을 골라 책에 실어 줍니다.'

136 アカタワリスティの本のなかでリカタミステリーのほかにも短い話がある本が
ありますけど、その本は次に<u>教えてあげます</u>。（ほんとうにおもしろい本）

'아카타와리스티의 책 속에서 리카타미스테리 외에도 짧은 이야기가 있는
책이 있습니다만, 그 책은 다음과 같이 가르쳐 줍니다.'

137 その上に心暖まる思になる話しがたくさん出るから知的な面はもちろん、感性
的な面も<u>補ってくれる</u>ことができると思います。（見れば見るほどいい「いい考
え」）

'또한 마음이 따스해지는 생각이 되는 이야기가 많이 나오기 때문에 지적
인 면은 물론, 감성적인 면도 보충해 줄 수 있다고 생각합니다.'

138 おきゃくさんがサイズやデザインなどをきいてみたら、店員たちはお互いにお
しゃべりをして<u>答えてくれ</u>ませんでした。（不親切な店員）

'손님이 사이즈나 디자인 등을 물어보면 점원들은 서로 잡담을 하며 대답
해 주지 않았습니다.'

139 私の恋人はたまに「いい考え」という本を<u>買ってくれ</u>たりします。（いい考え）

'나의 애인은 가끔은 '좋은 생각'이라는 책을 사 주기도 합니다.'

140 たとえば母となんでもない事でけんかをしてあとから考えてみると自分のまち
がえだったとかお金を拾ったのにもち主を<u>さがしてあげ</u>ようともせずすぐ使っ
て10倍にちかい自分のお金をなくしたとか一回くらいは私もけいけんしたこと
があります。（いい考え）

'예들 들면 엄마와 아무 것도 아닌 일로 싸움을 해서 나중에 생각해 보면
내 잘못이었다든지 돈을 주웠는데 주인을 찾아 주려고도 하지 않고 바로
써버리고 10배에 가까운 자기 돈을 잃어버렸다든가 1번 정도는 나도 경험
한 적이 있습니다.'

141 でもこの本はこんなけいけんを叙述するだけでなくそんなことから得る教訓を
私たちに<u>おしえてくれ</u>ます。（いい考え）

'하지만 이 책은 이러한 경험을 서술할 뿐만 아니라 그러한 것에서 얻는 교

훈을 우리들에게 가르쳐 줍니다.'

142 私の金(学生会費)でそんあフェスティバルだけしないでくれるの！(フェスティ
バルに行こう！)

'나의 돈(학생회비)로 그런 페스티벌만은 하지 말아 줘!'

143 pocket ballは女性にもビリヤードにたいして興味をもってくれる。(Pocket-bal
l、一度やってみませんか)

'포켓볼은 여성에게도 당구에 대해서 흥미를 가져다준다.'

144 しかし、そこで彼を治療してくれた人は医者じゃなかった。(あなたは「ペチ」
をわかりますか)

'그러나 거기에서 그를 치료해 준 사람은 의사가 아니었다.'

145 仲間が「ペチ」という名をつけてくれた。(あなたは「ペチ」をわかりますか)

'동료가 '페치'라는 이름을 붙여 주었다.'

146 それに彼は患者の精神的な苦痛も治療してくれた温かい医者だ。(あなたは「ペ
チ」をわかりますか)

'또한 그는 환자의 정신적인 고통도 치료해 준 마음씨 따뜻한 의사이다.'

147 幼いがんの患者のまえで、赤い浣腸器を鼻にかけてあそんでくれたり...。(あな
たは「ペチ」をわかりますか)

'어린 암 환자 앞에서 붉은 완장기를 코에 걸어 놀아 주기도 하고..'

148 温かく話しかけてくれているの医者が一番だと思う。(あなたは「ペチ」をわか
りますか)

'따스하게 말을 걸어주고 있는 환자가 가장 좋다고 생각한다.'

149 但、買ってあればついていきます。(済州のおじいさんの豚の腸詰め食堂)

'단 사 주면 따라 옵니다.'

150 「旅」のよさは新しい世界へ自分を引き込んで、日常の生活を忘れさせてくれる
ことだ。(私が勧めたいこと-汽車旅行-)

"여행'의 장점은 새로운 세계로 자신을 끌어 들이고 일상생활을 잊게 해
준다는 것이다.'

151 なぜかというと「旅」をすればするほど自分を大きく成長させてくれるし、普段
では味わえない体験ができるからだ。(私が勧めたいこと-汽車旅行-)

'왜냐하면 '여행'을 하면 할수록 자신을 크게 성장시켜 주고, 평소에는 맛볼

수 없는 체험을 할 수 있기 때문이다.'

152 この映画は何かに追われるかのように前ばかり見て走るこのごろ人々にちょっとだが休みを<u>提供してくれて</u>、新しい人生の意味を<u>提供してくれる</u>いいきっかけがなるだろうです。(ティベットで七年)

'이 영화는 무언가에 쫓기듯이 앞만 보고 달리는 현대인에게 사소하지만 휴식을 제공해주며 새로운 인생의 의미를 제공해 주는 좋은 계기가 될 것입니다.'

153 食事のメニューは主に洋食と定食などがあるしあとデザートは飲み物なら何でもただで<u>作ってくれた</u>。(私の好きなレストラン「リチャード」)

'식사의 메뉴는 주로 양식과 정식 등이 있으며 그리고 디저트는 음료수라면 무엇이라도 무료로 만들어 주었다.'

154 そしてウェ-タ-たちのサービスとマナ-がとてもいい<u>からお客さんたちの気分がよくなるようにして</u>くれて帰るときはいつも一人でもドアの前まで出てきて<u>見送ってくれた</u>。(私の好きなレストラン「リチャード」)

'그리고 웨이터들의 서비스와 매너가 매우 좋기 때문에 손님들의 기분이 좋아지게 해주며 손님이 돌아 갈 때는 혼자라도 늘 문 앞까지 나와 배웅해 주었다.'

155 この店なら男女間にデートをするときとか理(→異)性を<u>紹介してもらう</u>とき、いい場所になると思う。(私の好きなレストラン「リチャード」)

'이 가게라면 남녀간에 데이트를 할 때라든가 이성을 소개받을 때, 좋은 장소가 될 거라고 생각한다.'

156 発音と上げ下げをはっきりするために、私は英語を<u>教えてくれる</u>ラジオのプロを聞くことになる。(グットモーニングポップス)

'발음과 올리기와 내리기를 분명히 하기 위해 나는 영어를 가르쳐 주는 라디오의 프로그램을 듣게 된다.'

157 「ランチタイム」というのは一定の時間の範囲を決めてその時間に来るお客さんには食べ物をもとの値段よりすこし<u>安くしてくれる</u>ことだ。(尊い人といっしょに)

"런치 타임'이라고 하는 것은 일정한 시간의 범위를 정하여 그 시간에 오는 손님에게는 음식을 원래 가격보다 조금 싸게 해 주는 것이다.'

158 しかし、昔をきかせてくれないのが物たりないです。(日本語の勉強を長い間で)

'그러나 옛날을 들려주지 않는 것이 모자랍니다. (충분히 들려 주지 않습니다)'

159 私にはいい思い出がその歌にあってかならずほかの人にも聞かせてくれたかったです。(日本語の勉強を長い間で)

'나에게는 좋은 추억이 그 노래에 있어서 반드시 다른 사람에게도 들려 주고 싶었던 것입니다.'

160 機会ができればかならずきかせてくれたいです。(日本語の勉強を長い間で)

'기회가 생기면 반드시 들려주고 싶습니다.'

161 今、僕に人生の意味を分かれるようようになってもらった本「三国志」について言って見ようとする。(人生が盛り込んである「三国志」)

'지금 나에게 인생의 의미를 알 수 있도록 해 준 책 '삼국지'에 대해서 발해 보려고 한다.'

162 だから「珍像」の和風の穏やかな内部と食事しているあいだの細心なサービスはいっそう食欲をそそってくれそうです。(純韓国式シャブシャブ店の珍象)

'때문에 '진상'이라는 식당의 일본풍의 온화한 내부와 식사하고 있는 동안의 세심한 서비스는 한층 식욕을 돋궈 줄 것 같습니다.'

163 さいごに午後2時から3時ごろにかけて来るお客の限りに持(→特)別な料理を提供してもらえます。(純韓国式シャブシャブ店の珍象)

'마지막으로 오후 2시에서 3시 무렵에 걸쳐서 오는 손님에 한해 특별한 요리를 제공받을 수 있습니다.'

164 人生がすばらしく見えるようにしてくれる何かがかならず一つはあるはずです。(風景画を描くと世界がもっと美しく見える)

'인생이 훌륭하게 보이도록 해 주는 무엇인가가 반드시 하나는 있을 터입니다.'

165 また、西面にある「茶田」にもいらっしゃっていろいろな種類の韓国の茶を感じさせてもらいたいです。(韓国のお茶はいかがでしょうか)

'또한 서면에 있는 '茶田'에도 가셔서 여러 종류의 한국식 차를 느끼게 해 드리고 싶습니다.'

⊃부록7 원어민이 습득한 가능태 예문

1 文学が内面の吐露だったり訴えだったり叫びだったりする場合、意味は<u>欠かせない</u>。(試行錯誤に漂う6)

2 私は「何が言いたいのか言え」と言われると<u>答えることはできない</u>が、(試行錯誤に漂う6)

3 私はカフカの「城」をあの頃は、三十代後半ぐらいから楽しんで何度も読むようには、<u>全然読めなかった</u>のだろう。(試行錯誤に漂う6)

4 それ自体は、ニーチェでなくとも誰にでも<u>ありうる</u>ことで、(試行錯誤に漂う6)

5 私がハイデガーの本をぱらぱらめくってチェックを入れた個所を捜しても<u>見つけられなかった</u>のは、(試行錯誤に漂う6)

6 作者は未整理原稿に対して能動的に<u>ふるまいうる</u>。(試行錯誤に漂う6)

7 しかし、能動的に<u>ふるまうことができなかった</u>から、作者はそれを未整理状態にしておく結果となった。(試行錯誤に漂う6)

8 今は私にはここまでしか<u>言えない</u>。(試行錯誤に漂う6)

9 「インランド」のこのラストを撮りたいがために、「リンチは三時間にも及び映画を作った」という言い方だって<u>できなく</u>はない。(真夜中)

10 そのしらけを我慢して読んでいけば、それなりにおもしろくも<u>読めない</u>わけでもないが、(真夜中)

11 そしてこれはもしかしたら、着手してもう丸四年になろうとする今になって<u>言える</u>ことなのかも知れないが、(真夜中)

12 これを作品として<u>実現させられる</u>かどうかはまだわかっていない。(真夜中)

13 その小説(映画)は求心運動や凝集運動を必要とせずに小説(映画)たりえたと<u>言える</u>。(真夜中)

14 書いてあることの半分は意味が<u>とれない</u>。(真夜中)

15 CGによっていろいろなことが<u>できる</u>と思っている。(試行錯誤に漂う5)

16 ヘゲットの「<u>名づけえぬもの</u>」から引用している。(試行錯誤に漂う5)

17 ただ何かを考えておくという可能性だけは<u>できる</u>だけ疑わずに。(試行錯誤に漂

う5)

18 どこになんてはっきりと<u>言えない</u>、(試行錯誤に漂う5)

19 もういまではその数字を<u>思いだせない</u>。(試行錯誤に漂う5)

20 私は「モロイ」のモロイがだんだん<u>歩けなく</u>なること、(試行錯誤に漂う5)

21 それを知りたくて、<u>動けない</u>、まわりが見えない、という条件を作っていった。(試行錯誤に漂う5)

22 ベケットを読み、というかベケットが<u>読め</u>、ベケットのような書き方が生まれるのを<u>妨げない</u>こと。(試行錯誤に漂う5)

23 この連中に<u>わかってもらえ</u>さえすればいいのだが。(試行錯誤に漂う5)

24 もう本当にとめどなく<u>書ける</u>確信があった。(試行錯誤に漂う5)

25 マサイ族だったかどこか忘れたがアフリカのその部族は整列する<u>ということができない</u>。(言葉のポトラック)

26 あいつらはそういうものしか<u>理解することができない</u>。(言葉のポトラック)

27 何日もドブのようなところにはまって<u>出てこられなく</u>なったんだと思う。(言葉のポトラック)

28 もう少しよくなってからでないと手が<u>打てない</u>と行って (言葉のポトラック)

29 去勢手術するにも全身麻酔に<u>耐えられない</u>だろうし、(言葉のポトラック)

30 「じゃあ冬は<u>越せない</u>わね」という。(言葉のポトラック)

31 雷雨のときは雨が上がってもしばらく<u>出てこられなかった</u>。(言葉のポトラック)

32 もし全身麻酔に<u>耐えられなくて</u>も私はまだ悲しくない。(言葉のポトラック)

33 一日を通して穏やかに何も体の変調がなく<u>過ごせた</u>日がジジは週に一日あったかどうかぐらいだった。(真夜中)

34 家族の遺体を完全な物として<u>処分できる</u>人がいるだろうか。(真夜中)

35 いくらそこを論じてもキリスト教の核心には<u>到達することはできない</u>。(真夜中)

36 「神の子が死んだということは<u>ありえない</u>がゆえに疑いがない事実であり、(真夜中)

37 葬られた後に復活したということは<u>信じられない</u>ことであるがゆえに確実である。(真夜中)

38 キリストの蘇りみたいな<u>ありえない</u>ことを真っ正面から取り上げる方が私は断然好きだ。(真夜中)

39 すでに彼らは若くなかったという文で語られうるものほどには明確ではない。（真夜中）

40 こんな文章を書ける人はもう現われないのではないかと思う。（真夜中）

41 書き手の側にも共通了解を得られたかのような安心感が生まれる。（ちくま）

42 絵や音楽と違い、文章は書かずに済ますことができない。（ちくま）

43 絵なんて中学校の美術の授業が終わってしまえば一生描かずに生きていけるが、（ちくま）

44 文章は「「冷蔵庫の中にケーキがあります」という小さなメモを含めて書かずに済ますことができない。（ちくま）

45 そのようなことはすべて散文でもできる。（ちくま）

46 できるのだがそのような美意識から離脱する意志として散文は書かれるものだ。（ちくま）

47 読者は安心感が得られるだけでなく、意味に対して予断が生まれる。（ちくま）

48 「私」自身がまだ事態の因果関係を把握できていない。（ちくま）

49 事態の推移に対して俯瞰的立場が取れないということは、（ちくま）

50 大スターになった後となる前に断絶があるんだったらあのような文章は書けない。（ちくま）

51 スクリーンに映るリンゴは四つなら四つ、五つなら五つであり、四つか五つということはありえない。（ちくま）

52 着物の柄も相手がしゃべった言葉も映画ではまさにそれでしかありえない。（ちくま）

53 大袈裟にしても3日前と比べると確実に腫れがひどくなるという状態なので手が打てず、（プロムナード）

54 使ってみたいと思いながらもどうも自分の文章に上手く嵌め込めない語彙の歪みであり、（この音の先には何かがある）

55 かろうじて生活できればそれでいい。（この狂った社会）

56 できれば丸ごと記憶したいと思う。（好きなもの）

57 その真意をうかがえますか。（波）

58 「小説論」いう新しいジャンルを立ち上げられたんじゃないかと思う。（波）

59 そのことは言えた気がする。（波）

60 その遠くを<u>体感できる</u>ことにあるんじゃないかな。(波)

61 仕事が何も<u>できない</u>。(楽園で働く現代)

62 温暖化は労働をストップさせなければ<u>解決できる</u>わけんばいのだ。(楽園で働く現代)

63 その子の話は本当は私には<u>全然聞き取れなかった</u>。(雨上がり、男の子が)

64 そら「そらに傍点」で<u>言える</u>句だってけっこうたくさんある。(生きた時間の厚み)

65 草食動物の鹿やシマウマのように走りつづけるなんて<u>全然できず</u>、(ラ・アルプ)

66 私たち人間どもが決して<u>知ることのできない</u>コミュニティを作って、(ラ・アルプ)

67 私たち人間も<u>生きていることができる</u>。(ラ・アルプ)

68 いつでも一緒だと<u>思うことができた</u>けれど、(動物霊園にて)

69 あの暑さから<u>逃げられた</u>と思うとホッとする気持ちもあるけれど、(秋の日暮れは)

70 科学は自然と人間との繋がりをまだ全然<u>解明できて</u>いない。(秋の日暮れは)

71 私の家は寝室に朝日が直射して、暑くて暑くて<u>寝ていられない</u>。(朝顔、寒空に咲く)

72 急用が生じて横浜まで<u>行けなくなった</u>。(箱崎ジャンクション)

73 あの展開をかいつまんで<u>書くことはできない</u>。(箱崎ジャンクション)

74 かいつまんで<u>書くことができない</u>から小説なのだ。(箱崎ジャンクション)

75 その何かを「暴力」とか「リビドー」とか<u>言ってしまうことができる</u>のなら、(箱崎ジャンクション)

76 「何か」が<u>名指すことができない</u>ものだから、(箱崎ジャンクション)

77 藤沢周にとって書くということは文字によっては<u>書けない</u>ことを作品世界に引き摺り込むことで、(箱崎ジャンクション)

78 あの手この手の設定を使いつつも、作者自身もどかしくもそれを<u>書ききれない</u>のではないか。(箱崎ジャンクション)

79 私たちは本当のところ個人として<u>存在できている</u>わけでなく(箱崎ジャンクション)

80 どの人生を選んだところで内奥に揺さぶられつづけるのを<u>避けることはできない</u>。(箱崎ジャンクション)

81 あの感じは新入社員が新入生でしか<u>経験できない</u>もので(新入社員の困惑)

82 ぞろぞろランチの<u>食べられる</u>喫茶店に入っていったときのこと。(新入社員の困惑)

83 そういう意地悪な人間が誰からも避難されない環境なんて<u>考えられなかった</u>。(新入社員の困惑)

84 職場というのは利益共同体だから<u>仕事さえできれば</u>迷惑な人ではないから、(新入社員の困惑)

85 相手の見極めさえつけば、心理的に優位に<u>立つ</u>ことができる。(新入社員の困惑)

86 その感じを書こうとしたがうまく<u>書けず</u>、(新入社員の困惑)

87 カウンセリングのようなことが<u>できる</u>機会があって、(新入社員の困惑)

88 人間とはこの程度に単純なものだ、とも<u>言えない</u>わけではないのだが、(心とは?意識とは?わたしとは)

89 それにふさわしいやりとりさえ<u>できれば</u>、(心とは?意識とは?わたしとは)

90 それは人間と言えるんじゃないか、ちう考え方が<u>成り立ちうる</u>。(心とは?意識とは?わたしとは)

91 だいぶ人間に近い思考が<u>できる</u>「人間もどき」が作られるような時代になったとき、(心とは?意識とは?わたしとは)

92 局面によっては人間の役割を<u>代行させることができる</u>と主張するのではないか。(心とは?意識とは?わたしとは)

93 その程度のことが<u>できれば</u>それを「人間」と呼んでもかまわない、(心とは?意識とは?わたしとは)

94 「人間もどきは人間ではない」と<u>言える</u>根拠は何なのか。(心とは?意識とは?わたしとは)

95 そういう現時点での記述可能性で<u>測れる</u>ようなものではなくて、(心とは?意識とは?わたしとは)

96 この同語反復的で秘教的な言い方を超えた思考法を<u>見つけられなければ</u>、人間は「人間もどき」との差を<u>主張できなくなる</u>。(心とは?意識とは?わたしとは)

97 全体として何かブレイクスルーを<u>生み出しうる</u>のではないか?(心とは?意識とは?わたしとは)

98 昨日のことでも思い出せないことは<u>思い出せない</u>のと同じように、(風の旅人)

99 王朝の名前なんかは<u>全然思い出せない</u>けれど、(風の旅人)

100 日本だって戦争によって家族をうしなった人たちは、戦争があったことを<u>忘れられる</u>日なんか一日もないよ。(風の旅人)

101 半年くらいほとんど口を<u>きけなかった</u>時期があったそうだ。(風の旅人)

102 あのときに歌った歌をだいたい<u>全部思い出せた</u>かもしれないあが、(風の旅人)

103 三五年後では<u>思い出せない</u>ということを理由にして、(風の旅人)

104 それが10年と35年という数値化された長さで<u>測れる</u>ものではないということは、(風の旅人)

105 「○○おじさんは、今年の桜を<u>見れない</u>んだなあ」と思うことが(風の旅人)

106 その猫の姿そのものをはっきりと<u>思い浮かべられる</u>わけではない。(風の旅人)

107 頭のなかでは細部まで完全に<u>再現する</u>ことはできない。(風の旅人)

108 そんな装置はきっと永遠に<u>作れない</u>のだから、(風の旅人)

109 「主観的」という言葉には「<u>他者と共有できない</u>」とか「<u>本当は存在しない</u>」というネガティブな響きがある。(風の旅人)

110 言葉でそれをフォロー<u>できなく</u>なってしまう。(風の旅人)

111 「客観」というのを、何人もの人間に<u>共有されうる</u>共通了解だと考えると、(風の旅人)

112 「私らしさ」とか「私にしか<u>できないこと</u>」というようなちっぽけな考えは、(風の旅人)

113 現代の医学と言うか生命工学は、<u>想像しうる</u>あらゆるこをやりはじめている。(中央公論2000年7月)

114 きっといろいろな発明や発見が<u>できる</u>。(中央公論2000年7月)

115 全体から部分へと作用していたかもしれない因子が存在する可能性を<u>排除しきれている</u>わけではない。(中央公論2000年7月)

116 部分から全体へと向かう作用因子を完全に<u>説明しきれる</u>ときがくるまで、(中央公論2000年7月)

117 その思考法は非科学的と<u>言わざるをえず</u>、(中央公論2000年7月)

118 私は一般人が<u>読める</u>レベルでの科学書を読むことの方が小説を読むことよりずっと多いし好きだけれど、(中央公論2000年7月)

119 小学校から始まっている「算数の<u>できる</u>子は思考が<u>明晰だ</u>」という根拠のない理

数系信仰の繁栄を感じる。(中央公論2000年7月)

120 当事者は生きられる可能性があるかぎり「どんなことをしてでも生きたい」と思う。(中央公論2000年7月)

121 生命という現象がいまだに明確に記述できていない段階で(中央公論2000年7月)

122 私は英雄のようになれるかもしれない。(中央公論2000年7月)

123 想像は何度でもやり直しができる。(中央公論2000年7月)

124 人間に使うなと言うことはできません。(中央公論2000年7月)

125 量的な変化の方は予測できなくもないが、(中央公論2000年7月)

126 彼は「もうこの変化を止めることはできないのだ」と、(中央公論2000年7月)

127 困るのは、他人事だったら簡単に否定できるけれど、(中央公論2000年7月号)

128 一人の人間の中でもすっきり統合することができない。(中央公論2000年7月号)

129 すっきりさせることのできない問題というのが、(中央公論2000年7月号)

130 バイオテクノロジーは死を先延ばしすることはできるけれど、死をなくすことはできない。(中央公論2000年7月号)

131 「自分の命が一番大切なんだから」というのは、むしろ殺人の動機になりうる。(中央公論2000年7月号)

132 「生き物の命を大切にする気持ち」と「自分の死を恐れない心境」は両立しうるのではないか、(中央公論2000年7月号)

133 キラキララメ入りの毛糸で、マフラーもあめるし、テイペットにできるようなファーもおいています。(五輪のアナウンサーについて)

134 ストールにも使えるようなオーガンジーの薄い布など。(五輪のアナウンサーについて)

135 5・6足、今流のが使えます。(秋冬のファッションはリフォームと昔の服や靴で)

136 3・4足使えます。(秋冬のファッションはリフォームと昔の服や靴で)

137 母の24センチの靴も足底にカバーを入れたら2足ゲットできました。(秋冬のファッションはリフォームと昔の服や靴で)

138 それでも3枚は着まわせる。(秋冬のファッションはリフォームと昔の服や靴で)

139 昔のレトロなスカーフがどんどんつかえます。(秋冬のファッションはリフォームと昔の服や靴で)

140 手芸店で金の鎖が手作りバック用においてて500円くらいで買えます。（秋冬の
　　ファッションはリフォームと昔の服や靴で）

141 レトロですが家庭用クリーニングをしたらしっかり使えます。（秋冬のファッ
　　ションはリフォームと昔の服や靴で）

142 芝の上は、光源氏に愛されながらも正妻にはなれなかった。（木の花）

143 そして一面の桃の花も二度と見れなかったと言うことでした。（理想郷）

144 しかし貴族は村を出た後二度とその村に出会えませんでした。（理想郷）

145 子どもには個性があると刷り込みができたまま成長するでしょう。（小子化は仕
　　方ないことかも）

146 育児経験がとても豊富と言えないから、自信がない。（小子化は仕方ないことか
　　も）

147 私は今の親は、とかはいえないとおもうのです。（小子化は仕方ないことかも）

148 母になったらあるいは父になったら子どもと一緒に成長できるんだよ。（小子化
　　は仕方ないことかも）

149 あなたも、子どもたちもとしかいえないと思うのです。（小子化は仕方ないこ
　　とかも）

150 仕事上お化粧できないのと、お化粧濃いなのと、（ファッションを楽しむこと
　　とは）

151 一ひねりもふたひねりもできるんです。（ファッションを楽しむこととは）

152 大昔の着物と安い帯でも着こなせる。（ファッションを楽しむこととは）

153 と同時に四十路だからできる着物は着つけできるようにしています。（ファッ
　　ションを楽しむこととは）

154 決して金銭面で豊かとはいえないこの地区でいかにサバイバルしていくか、（小
　　子化対策のかぎは高校生に）

155 仕事もって子どももてる職につかんと、（小子化対策のかぎは高校生に）

156 子ども二人以上は共稼ぎせんと生めない。（小子化対策のかぎは高校生に）

157 今の時世専業主婦させてくれる男の人などありえないし、（小子化対策のかぎは
　　高校生に）

158 離婚などもできやせん。（小子化対策のかぎは高校生に）

159 仕事しながら子育てできる仕事につくため、（小子化対策のかぎは高校生に）

160 子どもは見れる人が見てたらなんとか育つ。(小子化対策のかぎは高校生に)

161 子どもは見てくれる人が10人いたら10人分の愛情を受けれますもの。(小子化対策のかぎは高校生に)

162 そして不妊治療も健康保険が使えるようになってほしいです。(子どもを産まず結婚もしない選択肢)

163 海外旅行もブランド品も買えないだろう。(子どもを産まず結婚もしない選択肢)

164 結婚しなかったら自分の好きなこともできるし、毎日楽しくくらせるしと。(子どもを産まず結婚もしない選択肢)

165 結婚もしたくないという若い女の子達に対し、私はどういえるのでしょうか。(子どもを産まず結婚もしない選択肢)

166 あなたも、子どもたちもとしかいえないと思うのです。(子どもを産まず結婚もしない選択肢)

167 ともかく、その希望をかなえれ、幸せになれる道を開き、(子どもを産まず結婚もしない選択肢)

168 また心の豊かさって競争できないものですし。(日本とムラ)

169 逆に嫌が上でも追い出される可能性もありうるが、(日本とムラ)

170 情報は片方しか報道しないこともありうるのです。(日本とムラ)

171 そこで優越感は持てます。(日本とムラ)

172 パラサイトシングルというムラから抜け出すことができないのかも知れないですが。(日本とムラ)

173 運ぶことで運がつかめたのか(これからも石を運びながら)

174 初めから重たいからといってしり込みにてはいつまでたっても運べない。(これからも石を運びながら)

175 できるだけ長女の友だちの高校生や次女の小学生の中に(これからも石を運びながら)

176 またはじめにむいたゆずなどの皮はお風呂にいれれるし漬物などにも使える。(果実酒の作り方)

177 レモンならパンストにいれて床磨きに使えるし、(果実酒の作り方)

178 昼の時間には役所でカフカは内側のその力を制御できていたのだから夜に全く

できなかったわけではないだろう。(試行錯誤に漂う3)

179 だから愛する人がいる状態というのはその人がそばにいないことを片時も忘れることができない辛い状態だが、(試行錯誤に漂う3)

180 現実にあるその状態は幸福だとか不幸だとか明確に区別しうるものでなく(試行錯誤に漂う3)

181 人は夢を見ているあいだ眠りを引き延ばすことができるという考えに近いが、(試行錯誤に漂う3)

182 私はカフカの書いたものを読めるわけだし、(試行錯誤に漂う3)

183 あのようなアナーキーな瞬間が訪れる小説を書くことができたはずだ。(試行錯誤に漂う3)

184 人間が永遠を得ることができないからといって、(試行錯誤に漂う1)

185 永遠という概念による苦しみから自由になることはできない。(試行錯誤に漂う1)

186 これのどこがいけないのか私はまだ言葉にすることができなかった。(試行錯誤に漂う1)

187 こういう賛辞は子どもでも言える。(試行錯誤に漂う1)

188 実際書くときには採られなかったが実際に書いてみる前までは考えられていた選択肢(試行錯誤に漂う1)

189 ひとつには新聞記事は単純に情報として読むことができる。(試行錯誤に漂う1)

190 どうなるものでなく知りたいと思うように書いてあるかぎりは読んでいられる。(試行錯誤に漂う1)

191 「星の井」だけは数えきれないくらい見てきたが、(鎌倉の風景)

192 それらの場所と名前をすらすら言える人や全部見たことのある人は、(鎌倉の風景)

193 私たちにあたり前とも言えるこの海が荒れ狂う、(鎌倉の風景)

194 靴がずぶずぶはまって足が抜けなくなったりする。(鎌倉の風景)

195 坂ノ下の葉まで靴が抜けなくなったあのときだったのかもしれない。(鎌倉の風景)

196 その山をじんわりいつまでも眺めていられるスポットが二カ所ある。(鎌倉の風景)

197 当然ながら「わたしの作品」であることは否定できない。(ムッシュ・シネマ)

198 延々と繰り返す時間の無駄を回避できる。(ムッシュ・シネマ)

199 なんだかんだいいながら作り上げてしまうことができる。(ムッシュ・シネマ)

200 これからも彼らの作品を映画ファンとして楽しむこともできるであろう。
(ムッシュ・シネマ)

201 五月に対談のお願いの電話をしたときもちゃんとした話が小島さんにできるの
か?(真夜中)

202 わたしのおかげで小島信夫という作家を知ることができた。(真夜中)

203 死ぬ前だったらこれを小島さんに見せることができたのに残念だ。(真夜中)

204 いちいち本部に確認をとることなどできるはずもなく、(真夜中)

205 二人が幕府側の全権大使という形にならざるをえなかったことだろう。(真夜
中)

206 二人は自分の利益などという小さな枠をこえたところで能力のすべてをふりし
ぼることができた。(真夜中)

207 それができるということそれ自体がすばらしいことなのだ。(真夜中)

208 その時間の濃密さはワイルズ自身、きっともう二度と体験することができな
い。(真夜中)

209 クラブで毎週月曜日の夜に定例で演奏できることになったが、(真夜中)

210 全力をふりしぼることはかぎられた人にしかできない。(真夜中)

211 たとえばふつうの人は走ることに全力をふりしぼることはできない。(真夜中)

212 からからの雑布から一滴の水を絞り出すような力のふりしぼり方ができる人だ
けが世界記録かそれに近いタイムで走ることができる。(真夜中)

213 「全力をふりしぼる」ことがほとんどの人にはできない。(真夜中)

214 全力をふりしぼることができているその状態は、外からくる評価はもちろんの
こと、(真夜中)

215 でも小島信夫はそのメールの具体的な文面まで予想できていない、という反論
こそが、(真夜中)

216 わたしがそんなに親しく小島さんと行き来を続けられたのは、(真夜中)

217 六十代の小島さんとはとてもあんなにひんぱんに話はできなかった。(真夜中)

218 私は今からでも聞くことができる。(真夜中)

219 頬が痛く、目が開けていられなかった。（プロムナード）

220 大きなビニール袋いっぱいになって、子どもの力では持ち上げられなくなった。（プロムナード）

221 ジャワ島の住民が、猿が言葉をしゃべられないという事実を、（塩の像）

222 それらがすべて、はっきりと予見できる死のイメージのなかに消えていった。（塩の像）

223 で、年末年始などなど何やかやといろいろあってなかなか会えなかったが、（プロムナード）

224 私のチームは本当の話をしても誰からも信じてもらえないくらい弱く、（プロムナード）

225 最初の短編は「文芸春秋」の締切りまでに書ききれなかったので、（プロムナード）

226 何より大切なのは、自分がどこまで納得できるか?（プロムナード）

227 自分のイメージをどこまで達成できたか?（プロムナード）

228 こういうものがない人に小説は書けない。（プロムナード）

229 子どもの頃から課題がよくできたからといって褒められることすら好きではなかった。（プロムナード）

230 私は飲み出すと「ほどほど」ということができない。（プロムナード）

231 アルコール規制が本格化すると公共の場で飲酒できなくなる。（プロムナード）

232 だからきっとコンサート会場では飲めなくなる。（プロムナード）

233 野球場やサッカー場でも飲めなくなる。（プロムナード）

234 いつの日かWHOの規制によって、花見に酒を飲むことができなくなる。（プロムナード）

235 私は小学校では算数ばっかりできて国語が全然できない子どもだった。（<それは何を指すか>）

236 今なら初日の出が見られるわけだ。（猫が日の出前に起こす）

237 ちょっと姿を現しただけでも太陽の光は強く、直視できず、輪郭が燃えるように滲む。（猫が日の出前に起こす）

238 現在の経済構造を温存しておいて環境破壊は止められない。（今の禁煙・エコは変だ）

239 投手陣さえ再建されれば<u>優勝できる</u>。（横浜、来季が見えない）

240 これはもう全然言葉では<u>伝えられない</u>、（空間を浄化する鳴き声）

241 働かせられる子どもは当然のことながら教育が<u>受けられない</u>。（人生の岐路）

242 教育が<u>受けられなければ</u>、その子が本来持っている能力がわからない。（人生の岐路）

243 そんな親が十年なって<u>我慢できる</u>はずがないのだが、（人生の岐路）

244 その偉大さは簡単には<u>説明できない</u>んだけど（人生の岐路）、

245 教育がないというのは怖いことで、たった十年の我慢が<u>できない</u>。（人生の岐路）

246 世界中に、もう<u>数えきれない</u>ほどいるはずの、そういう人のことを考えると、（人生の岐路）

1 また他にも「生リンゴのジュース」、食用のバラで作った「バラの茶」など他の店で
  は見られない茶もあります。(韓国のお茶はいかがでしょうか)
  '또 그 밖에도 '생사과주스' 식용 장미로 만든 '장미차' 등 다른 가게에서는 볼
  수 없는 차도 있습니다.'

2 まわりをざっと見回すと、すぐ近くに韓国のことが感じられます。(韓国のお茶は
  いかがでしょうか)
  '주위를 주욱 둘러보면 바로 근처에 한국의 것(정서)을 느낄 수 있습니다.'

3 若いからできる運動だから今のうちにやっておいた方がいいです。(若者の楽し
  み)
  '젊기 때문에 할 수 있는 운동이므로 지금 해두는 편이 좋습니다.'

4 若いうちにやっておくこと、若いからできること、DDRを今のうちにやってみま
  しょう。(若者の楽しみ)
  '젊을 때 해두어야 할 것, 젊기 때문에 할 수 있는 것, DDR을 지금 해봅시다.'

5 でも今度の紹介する映画は人々がいっしょに笑えるそんな映画です。(こんな映画
  はどうですか)
  '하지만 이번에 소개할 영화는 사람들이 함께 웃을 수 있는 그런 영화입니다.'

6 コミックな演技で思いがけない状況を演出する現場は日常生活の中でたまった疲
  れとかストレスを笑いで解消できます。(こんな映画はどうですか)
  '코믹한 연기로 의외의 상황을 연출하는 현장은 일상생활 속에서 쌓인 피로
  라든가 스트레스를 웃음으로 해소할 수 있습니다.'

7 次にガソリンスタンドを壊る場面とかけんかする場面はちょっと暴力性はある
  が、そんなにできない自己に代わって代理満足が感じられます。(こんな映画はど
  うですか)
  '그 다음에 주유소를 부수는 장면이라든가 싸움하는 장면은 조금 폭력성은
  있지만, 그렇게 할 수 없는 자신을 대신해서 대리만족을 느낄 수 있습니다.'

8 他人の人生を見られること。(こんな映画はどうですか)

'타인의 인생을 볼 수 있는 것.'

9 私だけの恋人だけの時間と余裕を持つことが<u>できる</u>こと、それは映画の長点です。(こんな映画はどうですか)

'나만의 애인만의 시간과 여유를 가질 수 있는 것, 그것은 영화의 장점입니다.'

10 まず「ＰＡＰＥＲ」を読むと、たような考えが<u>できます</u>。(「PAPER」知っていますか)

'우선 'PAPER'를 읽으면 다양한 생각을 할 수 있습니다.'

11 無人島を買う方法、無人島の体験の話など、新しい知識と間接経験の喜びを<u>感じられます</u>。(「PAPER」知っていますか)

'무인도를 사는 방법, 무인도 체험 이야기 등, 새로운 지식과 간접경험의 기쁨을 느낄 수 있습니다.'

12 台詞がないから、自分がってに無人島にたいしていろいろな考えが<u>できます</u>。(「PAPER」知っていますか)

'대사가 없기 때문에 자기 멋대로 무인도에 대해 여러 가지 생각을 할 수 있습니다.'

13 それにほかの雑誌より大きいから、広告やかわいい絵があるところは封筒を作ったり、小さいプレゼントなどを飾ったり<u>できます</u>。(「PAPER」知っていますか)

'게다가 다른 잡지보다 크기 때문에 광고나 귀여운 그림이 있는 곳은 봉투를 만들기도 하고, 작은 선물 등을 장식하기도 합니다.'

14 もちろん飲食店ならいちばん重要なものが味だと思いますが、内部の雰囲気だけではなくサービスの態度さえも<u>無視できない</u>と思います。(純韓国式シャブシャブ店の珍象)

'물론 음식점이라면 가장 중요한 것이 맛이라고 생각합니다만, 내부의 분위기뿐만 아니라 서비스의 태도조차도 무시할 수 없다고 생각합니다.'

15 最後に午後2時から3時ごろにかけて来るお客の限りに持別な料理を<u>提供してもらえます</u>。(純韓国式シャブシャブ店の珍象)

'마지막으로 오후 2시에서 3시 무렵에 걸쳐서 오는 손님에 한해서 특별한 요리를 제공받을 수 있습니다.'

16 前面にあらわれた英雄たちの人が大きい志を<u>立てる</u>ことができるようにさせる。

（人生が盛り込んである本「三国志」）

'전면에 나타난 영웅들이 큰 뜻을 세울 수 있도록 한다.'

17 忠義のために命を捨てる者、前後の区分もできない行動する者（人生が盛り込ん
である本「三国志」）

'충의를 위하여 목숨을 버리는 자, 전후의 구분도 못하는 행동을 하는 자.'

18 単純な歴史の小説ではなくてそれは人生だとあえて話すことができるのだ。（人
生が盛り込んである本「三国志」）

'단순한 역사소설이 아니라 그것은 인생이라고 감히 말할 수 있다.'

19 先だって生きた人々を通して私たちが生きるべきの道を習うことができるから
だ。（人生が盛り込んである本「三国志」）

'먼저 살다가 간 사람들을 통해서 우리들이 살아 나가야 할 길을 배울 수 있
기 때문이다.'

20 でも「サモーニ」レストランは午後5時までだからだれも安い値段でおいしい食事
もして後食で自分がほしい茶も飲める。（尊い人といっしょに）

'하지만 '사모니'레스토랑은 오후 5시까지이므로 누구나 싼 가격으로 맛있는
식사도 하고 후식으로 자신이 원하는 차도 마실 수 있다.'

21 まずこのプロはおもしろく英語がならえる。（グットモーニングポップス）

'우선 이 프로그램은 재미있고 영어를 배울 수 있다.'

22 むしろやすく（→やさしく）英語を接できる。（グットモーニングポップス）

'오히려 쉽게 영어를 접할 수 있다.'

23 だから集中ができる。（グットモーニングポップス）

'때문에 집중할 수 있다.'

24 ポップソングで面白い表現がならえる。（グットモーニングポップス）

'팝송으로 재미있는 표현을 배울 수 있다.'

25 つぎは現在のアメリカでつかっている生き生きした表現がならえることです。
（グットモーニングポップス）

'다음은 현재의 미국에서 사용하는 생생한 표현을 배울 수 있는 것입니다.'

26 台詞でならいますから、いえおいえおな映画を接するのができる。（グットモー
ニングポップス）

'대사로 배우기 때문에'

27 毎日新しい表現がこんなときはこんなに、というコーナーがあるので簡単に<u>言える</u>。（グットモーニングポップス）

'매일 새로운 표현이(이런 때는 이렇게라는 코너가 있기 때문에) 간단하게 말할 수 있다.'

28 私にどうすれば私らしく<u>生きられる</u>のかを教えた歌、「マリオネット」を皆さんも聞けばいいじゃないかと思います。（私が一番好きな歌「マリオネット)

'내가 어떻게 하면 나답게 살 수 있는가를 가르친 노래 '마리오넷'을 여러분도 들으면 좋지 않을까하고 생각합니다.'

29 乗り場から出たら、すばらしい日の出が<u>見られます</u>。（正東津）

'승강장에서 나오면 멋진 일출을 볼 수 있습니다.'

30 皆様、正東津に行ってみてくださいませんか。<u>忘れられない</u>思い出を<u>作れる</u>のです。（正東津）

'여러분, 정도진에 가보아 주시지 않겠습니까? 잊을 수 없는 추억을 만들 수 있습니다.'

31 そうしてよく行くことになったこの店は今では家のように気持を<u>寛げる</u>店になった。（私の好きなレストラン「リチャード」）

'그리하여 자주 가게 된 이 가게는 지금은 집처럼 기분을 풀 수 있는 가게가 되었다.'

32 広いホールの向こう側には大型のミュージックビデオのスクリーンがあって最近の国内外のミュージックビデオを楽しみにして<u>いることができる</u>ようになっていた。（私の好きなレストラン「リチャード」）

'넓은 홀의 맞은 편 측에는 대형 뮤직비디오 스크린이 있고 최근의 국내외 뮤직 비디오를 기대할 수 있게 되었다.'

33 壁についている飾り付けとか2階のアーチ形の手すりと階段の形、濃い原木の床の上と開けたカウンターそしてホールほどもきれいなトイレなど本当に「ドラキュラの城」が<u>思い出せた</u>。（私の好きなレストラン「リチャード」）

'벽에 붙어 있는 장식물이라든가 2층의 아치형의 손잡이와 계단 모양, 짙은 원목으로 된 마루바닥과 열린 카운터 그리고 홀, 깨끗한 화장실 등 정말로 '드라큐라의 성'이 생각났다.'

34 他の人たちもそんなにしてみたらストレスが<u>取れた</u>と思っています。（ビデオを

見ると)

'다른 사람들도 그렇게해보면 스트레스를 풀 수 있다고 생각합니다.'

35 自分ができることを探してはやい解決したぼうがよいと思います。(ビデオを
見ると)

'자신이 할 수 있는 것을 찾아서 빨리 해결하는 편이 좋다고 생각합니다.'

36 分明にこの人との関係がもっと親しくなるできる。(行って来る、手紙の内に芽
生える情)

'분명히 이 사람과의 관계가 좀더 친숙해질 수 있다.'

37 やはり旅というのはいいことだ。そのうえに心を清め、エネルギーを補充でき
るきっかけも持つことができる。(私が勧めたいこと-汽車旅行-)

'역시 여행이라고 하는 것은 좋은 것이다. 게다가 마음을 정결하게 하고, 에
너지를 보충할 수 있는 계기도 가질 수 있다.'

38 なぜかというと「旅」をすればするほど自分を大きく成長させてくれるし、普段
では味わえない体験ができるからだ。(私が勧めたいこと-汽車旅行-)

'왜냐하면 '여행'을 하면 할수록 자신을 크게 성장시켜주고, 평소에는 맛볼
수 없는 체험을 할 수 있기 때문이다.'

39 淫乱ビデオ、暴力的な漫画などが問題になっているけど、実はこのほかに青少
年が余暇を利用しながら自分の不満とか感情を表出することができる文化的公刊
(→空間)がだいたいない。(青少年文化の省察)

'음란비디오, 폭력적인 만화 등이 문제인데, 실은 이 밖에도 청소년이 여가
를 이용하면서 자신의 불만이라든가 감정을 표출할 수 있는 문화적 공간이
대체로 없다.'

40 私が提示な問題点だけ直しても釜山の中で一番いいバスになれるのである。(戦
場のような155番のバス)

'내가 제시한 문제점만 고쳐도 부산에서 가장 좋은 버스가 될 수 있다.'

41 かついろいろな人もみえてできるのがいい。(戦場のような155番のバス)

'또한 여러 사람도 볼 수 있다는 점이 좋다.'

42 それで心行くまで水遊びもできた。(もう一度行ってみたいところ)

'그래서 마음 가는대로 수영도 할 수 있었다.'

43 しかし私がそのような人たちのみんなで「いいえ、この映画はおもしろいです。」

ということは<u>できません</u>です。(偉大な遺産)

'그러나 내가 그와 같은 사람들과 모두 '아뇨, 이 영화는 재미있습니다'라고 말할 수는 없습니다.'

44 同じ時間で共に<u>行動</u>できないけど会員ひとりひとりはこの同好会の会員というわけでおおぜいの人たちの中でも所属感を持ちます。(通信同好会)

'같은 시간에 함께 행동할 수 없지만, 회원 한 사람 한 사람은 이 동호회의 회원이라는 것으로 많은 사람들 속에서 소속감을 가집니다.'

45 同じな距離を歩いて正しいポーズで歩けばカロリーが二倍の<u>以上消耗</u>できます。(ダイマイに効果的の運動)

'같은 거리를 걸어서 바른 포즈로 걸으면 칼로리를 2배 이상 소모할 수 있습니다.'

46 私はそのところのきれいな景色と独特な魅力はまだ<u>忘れられない</u>。(奢侈の島、済洲島)

'나는 그곳의 아름다운 경치와 독특한 매력은 아직 잊을 수 없다.'

47 それで私は体重を11キロを<u>へられる</u>ようになりました。(今は体重計が怖くない)

'그래서 나는 체중을 11킬로그램을 줄일 수 있게 되었습니다.'

48 たとえ歌詞は<u>わかることができなかった</u>ですがその音だけでも私の心を浸すこと、何かがありました。(私がぞっこんほれ込む音楽)

'비록 가사는 몰랐습니다만, 그 소리만으로도 나의 마음을 적시는 것, 무언가가 있었습니다.'

49 すると心の平和を<u>取り戻す</u>ことができる。(私がぞっこんほれ込む音楽)

'그러면 마음의 평화를 되찾을 수 있다.'

50 そして三食をきちんとたべて公演があったときは舞台のまえで進行をしたから<u>生き生きして見る</u>ことができます。(祝祭期間に何をしましたか)

'그리고 세끼밥을 제대로 먹고 공연이 있었을 때는 무대 위에서 진행을 했기 때문에 생생하게 볼 수 있습니다.'

51 同じお金でいろいろなおつまみを<u>味わうことができます</u>。(お兄さん！どこへ？)

'같은 돈으로 여러 가지 안주를 맛볼 수 있습니다.'

52 二人用、四人用、団体客用などいろいろがあって人数にしたがって<u>座れます</u>。(お兄さん！どこへ？)

'2인용, 4인용, 단체객용 등 여러 가지가 있어 사람 수에 따라 앉을 수 있습니다.'

53 竜頭山公園も友達と行ければいいと思います。(夜景)
'용두산 공원도 친구와 갈 수 있으면 좋겠다고 생각합니다.'

54 忘れられない旅行をしたことがあります。(ナクアン民俗村)
'잊을 수 없는 여행을 한 적이 있습니다.'

55 民俗村の中はたべものの味を感じれる食堂があります。(ナクアン民俗村)
'민속촌 안은 음식의 맛을 느낄 수 있는 식당이 있습니다.'

56 それでいつもありのままになる食事をよくできなかった。(感動の味ドゥルチギ)
'그래서 항상 있는 그대로의 식사를 제대로 하지 못했다.'

57 この本はいろいろな話が一冊にあります。そして退屈しなくて空き時間たびに優く読むことができます。(ほんとうにおもしろい本)
'이 책은 여러 이야기가 한권에 있습니다. 그리고 지루하지 않아서 빈 시간이 날 때마다 쉽게 읽을 수 있습니다.'

58 世の中にはよくていい書物がとても多いですが、何がし負担感ない読むことができる本はめったにないです。(見れば見るほどいい「いい考え」)
'세상에는 좋은 서적이 매우 많습니다만, 부담감 없이 읽을 수 있는 책은 거의 없습니다.'

59 私がみるテレビによるとはっきりとみんな保険の適用ができるとした。(病院)
'내가 보는 텔레비전에 의하면 분명히 전부 보험 적용이 가능하다고 했다.'

60 まずまわりによく見られるけいけんをかったのでだれでも共感することができます。(いい考え)
'우선 주위에 자주 볼 수 있는 경험을 샀기 때문에 누구라도 공감할 수 있습니다.'

61 いつも私がかんがえることができないものをよむときにははずかしくなります。(いい考え)
'항상 내가 생각하지 못하는 것을 읽을 때에는 부끄러워집니다.'

62 しかし海を見られるこの店では気分がひとりでによくなる。(愛情が深くなるところ)
'그러나 바다를 볼 수 있는 이 가게에서는 기분이 저절로 좋아집니다.'

63 ほんとうにいるはずな学生は<u>みること</u>は<u>できなかった</u>。（フェスティバルにいこう！）

'정말로 있을 터인 학생은 볼 수는 없었다.'

64 その方法を考えて見るとまず<u>午前の時間代</u>(→時間帯)と<u>夜間の時間代</u>(→時間帯)にバスを増やしてバス一台に集中されないようにするのを<u>話せる</u>だろう。（腹が立つ二十四番バス）

'그 방법을 생각해보면 우선 오전 시간대와 야간 시간대에 버스를 늘려 버스 한 대에 집중되지 않도록 하는 것을 말할 수 있을 것이다.'

65 とくにせいぞうされたきのう性、クリームをぬって10分間まさつするとゴミが出てくる。はじめて使う人もかがみをみながらかんたんに<u>できます</u>。（すすめたいのはマッサージ）

'특히 제조된 기능성, 크림을 바르고 10분간 비비면 분비물이 나온다. 처음 사용하는 사람도 거울을 보면서 쉽게 할 수 있습니다.'

66 こんなに日本について先入見にとらわれている私たちは本来の日本にかんして正確に理解が<u>できない</u>です。（日本の音楽）

'이렇게 일본에 대해서 선입견에 사로잡혀 있는 우리들은 본래의 일본에 대해서 정확하게 이해할 수 없습니다.'

67 海は心を<u>あけられて</u>見るだけでも気にいるから。（筒ギターの家「無我」）

'바다는 마음을 열 수 있어 보는 것만으로도 마음에 들기 때문에.'

68 そうになると、ときどきひとりでお酒を<u>飲むことができる</u>。（私たまにひとりでお酒を飲んだ）

'그렇게 되면 가끔 혼자서 술을 마실 수 있다.'

69 いまからひとりでもお酒を<u>飲む</u>(→ことが)できる私のアジトをしょうかいします。（私たまにひとりでお酒を飲んだ）

'지금부터 혼자서도 술을 마실 수 있는 나의 아지트를 소개하겠습니다.'

70 とくに野口が「お母さん」としゅだいで書いた文を先生がよむのシーンがあったこのシーンで私はなみだのためにもう<u>よめなかった</u>です。（あんたがDr.野口をしっているか）

'특히 노구치가 '어머니'라는 주제로 쓴 문장을 선생님이 읽는 신이 있어 이 장면으로 나는 눈물 때문에 차마 읽을 수 없었습니다.'

71 私は何とかできるだと思いました。（あんたがDr.野口をしっているか）

   '나는 그럭저럭 할 수 있다고 생각했습니다.'

72 足が痛くて、息切れしてもう歩かれなかったので、堪え難かったです。（克己）

   '다리가 아파서 숨이 차서 이제 걸을 수 없었기 때문에 참기가 어려웠습니다.'

73 山から見下ろしながらこれから何もできると思いました。（克己）

   '산에서 내려다보면서 이제부터 무엇이든 할 수 있다고 생각했습니다.'

74 まず勉強できる席が十分である。（図書館よりも3号館がいいよ）

   '우선 공부할 수 있는 자리가 충분하다.'

75 その上に友人どうし勉強するとき、尋ね合える。（図書館よりも3号館がいいよ）

   '더구나 친구끼리 공부할 때 서로 물을 수 있다.'

76 そして周りの視線を無視できない。（図書館よりも3号館がいいよ）

   '그리고 주위의 시선을 무시할 수 없다.'

77 題目からもわかられるのだが主人公は17歳だ。（私たちのまわりの物語）

   '제목에서도 알 수 있는데 주인공은 17살이다.'

78 本の中にある主人公は私たちのまわりに見ることができる人で彼女が持っている
悩みも月並みだ。（私たちのまわりの物語）

   '책속에 있는 주인공은 우리들의 주위에 볼 수 있는 사람으로 그녀가 가지
고 있는 걱정도 흔히 겪는 것이다.'

79 それで、どんな人々が会えるのはとても大変な問題です。（私の彼は）

   '그래서 어떤 사람들을 만날 수 있는 것은 매우 벅찬 문제입니다.'

80 元気しないでも努力する運動をしたり、くすりをのめば元気になれます。（私の
彼は）

   '건강하지 않아도 노력할 운동을 하거나 약을 먹으면 건강해질 수 있습니
다.'

81 貧しいでも、一生懸命働ければ、富有(→富裕)がなれます。（私の彼は）

   '가난해도 열심히 일하면 부유해질 수 있습니다.'

82 このように映画は一人から何人までも一緒に楽しむことができます。（もう一つ
の世界）

   '이와 같이 영화는 한 사람에서 몇 사람까지도 함께 즐길 수 있습니다.'

83 音楽会や演劇などはそれに応じる知識と教養がなければ<u>楽しむことができない</u>と
思います。(もう一つの世界)
'음악회나 연극 등은 그것에 따른 지식과 교양이 없으면 즐길 수 없다고 생
각합니다.'

84 しかし映画はただそのまま安く<u>対することができるんです</u>。(もう一つの世界)
'그러나 영화는 그냥 그대로 쉽게 대할 수 있습니다.'

85 映画では別の世界の<u>経験</u>ができます。(もう一つの世界)
'영화에서는 다른 세계의 경험이 가능합니다.'

86 言い換えればいろんな人生が<u>住める</u>という話なんです。(もう一つの世界)
'바꿔말하면 여러 가지 인생을 살 수 있다고 하는 이야기입니다.'

87 幼(→幼い)ときの夢、現実には<u>できなかった</u>想像、そして日常には思えなかった
ことまで映画には不可能はないようですね。(もう一つの世界)
'어릴 때의 꿈, 현실적으로는 불가능했던 상상, 그리고 일상에서는 생각하지
못했던 것까지 영화에서는 모두 가능한 것 같습니다.'

88 映画を見てるそのときだけは自分が主人公に<u>成れます</u>。(もう一つの世界)
'영화를 보고 있는 그때만큼은 자신이 주인공이 될 수 있습니다.'

89 またこのゲームはダイエットにも効果的です。エアロビクスと同じく効を<u>得ら</u>
<u>れます</u>。(健全なゲーム)
'또 이 게임은 다이어트에도 효과적입니다. 에어로빅과 마찬가지로 효과를
얻을 수 있습니다.'

90 このゲームはリズムも<u>得られます</u>。(健全なゲーム)
'이 게임은 리듬감도 얻을 수 있습니다.'

91 リズムと拍子合わせられなければつづきのゲームが<u>できません</u>。(健全なゲーム)
'리듬과 박자를 맞출 수 없으면 계속해서 게임을 할 수 없습니다.'

92 終わり、このゲームは私たちの周囲に俗に<u>探れます</u>。(健全なゲーム)
'마지막으로 이 게임은 우리들의 주위에서 흔히 찾을 수 있습니다.'

93 そして石けんや手ぬぐいや歯ブラシなどがじゅんびされているのでたやすく<u>行</u>
<u>ける</u>のである。(虚心庁には何だか魅力があるでしょう)
'그리고 비누나 수건이나 칫솔 등이 준비되어 있어 쉽게 갈 수 있다.'

94 ほかでもせいけつな環境とかな温泉水の使いが<u>できる</u>。(虚心庁には何だか魅力

があるでしょう)

'그 밖에도 청결한 환경과 가나 온천수 사용이 가능하다.'

95 また休日もないのでいつもやすみたい日休むことができる。(虚心庁には何だか
    魅力があるでしょう)

'또 휴일도 없기 때문에 항상 쉬고 싶은 날 쉴 수 있다.'

96 私はそこで人々がじゅうぶんにくつろぐことができたと思う。(虚心庁には何だ
    か魅力があるでしょう)

'나는 거기에서 사람들이 충분히 쉴 수 있었다고 생각한다.'

97 集まる人は年齢や性別や国籍などはまったく関係なくだれでも行くことができま
    す。(ESSの勉強会)

'모이는 사람은 연령이나 성별이나 국적 등은 전혀 관계없이 누구라도 갈
수 있습니다.'

98 ただしすべてのことが日本語で話されているので日本語ができない人は一人で行
    くのは難しいです。(ESSの勉強会)

'다만 모든 것이 일본어로 진행되므로 일본어를 못하는 사람은 혼자서 가기
란 어렵습니다.'

99 私は日本語があまり話せないのでただ聞くだけですがそれだけでもほんとにい
    い勉強になります。(ESSの勉強会)

'나는 일본어를 그다지 못하므로 그냥 듣는 것만으로 정말로 좋은 공부가
됩니다.'

100 まず多い経験ができるようになります。(趣味はどう?)

'우선 많은 경험이 가능해집니다.'

101 でも広い世の中、短かい人生で自身が経験できることはあまり多くないから、
     時間、お金などの面で趣味は多いことを経験できるように手伝います。(趣味は
     どう?)

'하지만 넓은 세상, 짧은 인생에서 자신이 할 수 있는 일은 그다지 많지 않
으므로 시간, 돈 등의 면에서 취미는 많은 것을 경험할 수 있도록 도와줍니
다.'

102 一人で所在なくて退屈なときは趣味の生活をして過ごせています。(趣味はど
     う?)

'혼자서 소재없이 따분할 때는 취미생활을 하며 보내고 있습니다.'

103 それに趣味で自身の才も見つけられます。(趣味はどう？)

'더구나 취미로 자신의 재능도 발견할 수 있습니다.'

104 一方の壁がガラスになっていて外の景色を一目で見られた。(校内の飲食店)

'한 쪽 벽이 유리로 되어 있어 바깥 경치를 한 눈으로 볼 수 있었다.'

105 だれでも気楽に楽しめるところだった。(校内の飲食店)

'누구라도 마음 편하게 즐길 수 있는 곳이었다.'

106 同じ飲食を外で高くかってたべず、やすく気楽に楽しめるところだとおもって
外の人におすすめにしたい。(校内の飲食店)

'같은 음식을 바깥에서 비싸서 못 먹고, 싸고 마음 편히 즐길 수 있는 곳이
라고 생각해서 다른 사람에게 추천하고 싶다.'

107 新しい気分になってもっと一生懸命自分の仕事に没頭するのができると思いま
す。(ペンギンを見に行きましょう)

'새로운 기분이 들어 좀 더 열심히 자신의 업무에 몰두할 수 있다고 생각
합니다.'

108 旅行先を選択するにおいてもっと大事なのはほかの場所には経験できないなん
か特別なことがなければならないのでしょう。(ペンギンを見に行きましょう)

'여행가는 곳을 선택하는 데에 있어서도 더 중요한 것은 다른 장소에서는
경험할 수 없는 뭔가 특별한 것이 있어야 하는 거겠죠.'

109 ここでは直接海辺浜でかわい(→い)ペンギンを見ることができます。(ペンギン
を見に行きましょう)

'여기에서는 직접 해변가에서 귀여운 펭귄을 볼 수 있습니다.'

110 そこは割引店が多いし、いいふくをやすく買うことができます。(不親切な店
員)

111 しかしこの日はふつうよりかんたんにふくをえらべることができませんでし
た。(不親切な店員)

'그러나 이 날은 여느 때보다 쉽게 옷을 고를 수 없었습니다.'

112 その時私は商品券をもっていたのにその店では使えませんでした。(不親切な店
員)

'그 때 나는 상품권을 가지고 있었는데 그 가게에서는 사용할 수 없었습니

다.'

113 もし商品券がだめだったらお金で買おうとしたけれど不親切なせいでその店員は服を売ることができなかったのです。(不親切な店員)

'만약 상품권을 사용하지 못하면 돈으로 사려고 했는데 불친절해서 그 점원은 옷을 팔 수 없었던 것입니다.'

114 私は時々、その終わりの文句から感じられる感動のため、しばらく心を落ちつけられなかったこともある。(「コウンスの思い」を進める！)

'나는 가끔 그 마지막 문구에서 느껴지는 감동으로 인해 잠시 마음을 다잡지 못한 적도 있다.'

115 だから、たまには荒唐だったこともあるが、もう一回思ってみると、その荒唐な結論さえ大変に見える「コウンスの思い」だけの奇抜なユーモアを感じられるのだ。(「コウンスの思い」を勧める！)

'따라서 가끔 황당한 일도 있지만 다시 한번 생각해보면 그 황당한 결론조차 대단하게 보이는 '고운스의 생각'만의 기발한 유모어를 느낄 수 있다.'

116 こんなに正しく大便をすることができるか。(「コウンスの思い」を勧める！)

'이렇게 정확하게 대변을 볼 수 있는가?'

117 こんなに正しく生きることができるか。(「コウンスの思い」を勧める！)

'이렇게 올바르게 살 수 있는가?'

118 そして私はそれを言いたくて我慢できない。(「コウンスの思い」を勧める！)

'그리고 나는 그것을 말하고 싶어 참을 수 없다.'

119 ゲームの長所はえいがのようにたんじゅんに受動的でみるだけじゃないで、フレイアが能動的でストリをたのしめるという点で、もっと没入ができきります（→できます）。(ビデオゲーム、あそびじゃないよ)

'게임의 장점은 영화처럼 단순하게 수동적으로 볼뿐만 아니라 플레이어가 능동적으로 스토리를 즐길 수 있다는 점에서 더 몰두할 수 있습니다.'

120 そのだけでなく人々がぞくにゲームだといえば連想されるキリングタイム用ゲームもたんしゅんなこどものあそびだとむしにできないほどのすいじゅんにきています。(ビデオゲーム、あそびじゃないよ)

'그뿐만 아니라 사람들이 흔히 게임이라고 하면 연상되는 킬링 타임용 게임도 단순히 아이들 게임이라고 무시할 수 없을 정도의 수준에 와 있습니

121 このごろ世間に爆発的な人気を得ているダンシングシミュレーションゲームとかディーゼイシミュレーションゲームのばあいはこれからのゲームについて常識をやぶったゲームだといえます。(ビデオゲーム、あそびじゃないよ)

'요즘 세간에 폭발적인 인기를 얻고 있는 댄싱 시뮬레이션 게임이라든가 DJ 시뮬레이션 게임의 경우는 금후의 게임에 대해서 상식을 깬 게임이라고 할 수 있습니다.'

122 いまあなたにきれいに恋っている秋の情景が<u>思い出せたら</u>間違いなくあなたはすばらしい人間だ。(秋に勧めたいこと)

'지금 당신에게 예쁘게 그리워하는 가을의 정경이 생각난다면 틀림없이 당신은 훌륭한 인간이다.'

123 ただ一日でも<u>休める</u>日があったらいい。(秋に勧めたいこと)

'단 하루라도 쉴 수 있는 날이 있으면 좋겠다.'

124 そして何よりもあなたに必要なことは美しさが<u>感じれる</u>感受性だ。(秋に勧めたいこと)

'그리고 무엇보다도 당신에게 필요한 것은 아름다움을 느낄 수 있는 감수성이다.'

125 なぜならばそれを通して自身と物静かな対話が<u>できる</u>からだ。(秋に勧めたいこと)

'왜냐하면 그것을 통해 자신과 차분한 대화를 할 수 있기 때문이다.'

126 それは必ずあなたの人生にあってプラス要因で<u>作用できよう</u>。(勧めたいこと)

'그것은 반드시 당신의 인생에 있어 플러스 요인으로 작용할 수 있을 것이다.'

127 あなたはそれで自分を<u>省察する</u>こともできる。(秋に勧めたいこと)

'당신은 그것으로 자신을 성찰할 수도 있다.'

128 ふだんにほとんど見られないアジアの映画を<u>見られて</u>いるいい機会です。(映画の海で来てください)

'평소에 거의 볼 수 없는 아시아 영화를 볼 수 있는 좋은 기회입니다.'

129 日本と中国は近い国から(＝国だから)この国の映画を<u>見られる</u>機会がたまにあります。(映画の海で来てください)

'일본과 중국은 가까운 나라이기 때문에 이 나라의 영화를 볼 수 있는 기회가 가끔 있습니다.'

130 プサンの国際の映画祭はアジアの映画だけでなく、短編の映画とドキュメンタリーの映画も<u>見られて</u>います。(映画の海で来てください)

'부산국제영화제는 아시아의 영화뿐만 아니라 단편영화와 다큐멘터리영화도 볼 수 있습니다.'

131 そんな映画は映画館ではぜんぜん<u>見られなくて</u>ビデオも出しません。(映画の海で来てください)

'그런 영화는 영화관에서는 전혀 볼 수 없고 비디오도 내지 않습니다.'

132 それで今度の映画祭を通じて<u>見られたら</u>いいと思います。(映画の海で(→へ)来てください)

'그래서 이번 영화제를 통해 볼 수 있으면 좋겠다고 생각합니다.'

133 その外にも古くなった韓国の映画を<u>かんしょうできている</u>「韓国の映画のパノラマ」もあります。(映画の海で来てください)

'그 밖에도 오래된 한국영화를 감상할 수 있는 '한국영화 파노라마'도 있습니다.'

134 そして「20世紀のアジアの映画の傑作」として古くなったアジアの映画も<u>見られます</u>。(映画の海で来てください)

'그리고 '20세기 아시아영화걸작'으로 오래된 아시아영화도 볼 수 있습니다.'

135 今度、プサンの国際の映画祭は映画を好きなマニアだけでなく、ハリウドの映画に慣れている人々にもおもむきが異なる映画を<u>見られて</u>いいと思います。(映画の海で来てください)

'이번 부산국제영화제는 영화를 좋아하는 마니아뿐만 아니라 헐리우드영화에 익숙한 사람들에게도 정취가 다른 영화를 볼 수 있어 좋다고 생각합니다.'

136 みんな気軽にそれを<u>取れないし</u>、違うのを取るときに彼女は「これ、私が食べるよ。」と言いました。(私の友達)

'모두 그것을 집지 않고 다른 것을 집어 들 때 그녀는 '이거, 내가 먹을 게'라고 말했습니다.'

137 そうでないと、やくそく時間に彼女にあう確率は０パーセントに<u>おちれ</u>ます。
(私の友達)

'그렇지 않으면 약속시간에 그녀를 만날 확률은 0%에 떨어질 수 있습니다.'

138 それだからきせつによっていろいろな色の自然の変化を<u>みられっ</u>て、旬の食べ
物を<u>たべられっ</u>て私はわれの国の四季をすきです。(かんこくの四季のしょか
い)

'그렇기 때문에 계절에 따라 여러 가지 색의 자연 변화를 볼 수 있어서 계
절 음식을 먹을 수 있어서 저는 우리나라의 사계절을 좋아합니다.'

139 二日しか<u>いられなかっ</u>たんですが、それだけでも十分そこの美しさを<u>感じるこ
とができました</u>。(スイスのインタラケン)

'이틀밖에 못 있었습니다만, 그것만으로도 충분히 거기의 아름다움을 느낄
수 있었습니다.'

140 インタラケンではいろんな物を<u>楽しむことができます</u>。(スイスのインタラケ
ン)

'인터라켄에서는 여러 가지를 즐길 수 있습니다.'

141 山とみずうみと森がいっしょにあるので短かい時間のあいだに全部楽しむ事は
無理ですが、その中の２，３個だけでも楽しめたら<u>まんぞくできる</u>だろうと思
います。(スイスのインタラケン)

'산과 호수와 숲이 함께 있으므로 짧은 시간에 전부 즐기기가 무리입니다
만, 그 중의 2,3개만이라도 즐길 수 있으면 만족할 수 있을 것이라 생각합
니다.'

142 一回するのに十万ウォンするのでやりにくい所もありますが、高さ50メートル
でとびおりる気分はやって見なかった人はぜったい<u>知る事ができない</u>でしょ
う。(スイスのインタラケン)

'한번 하는 데에 십만 원 정도 들기 때문에 하기 어려운 곳도 있습니다만,
높이 50미터에서 뛰어내리는 기분은 해보지 못한 사람은 절대 알 수 없을
것입니다.'

143 これもバンジー以上のおもしろさを<u>感じる事ができます</u>。(スイスのインタラ
ケン)

'이것도 반지 점프 이상의 재미를 느낄 수 있습니다.'

144 そしてスキをのる事もできます。(スイスのインタラケン)

'그리고 스키를 탈 수도 있습니다.'

145 これ以上にインタラケンのすべてを感じる事のできる物はありえないでしょう。(スイスのインタラケン)

'이 이상으로 인터라켄의 전부를 느낄 수 있는 것은 있을 수 없을 것입니다.'

146 自転車で自分の行きたい所を行けます。(スイスのインタラケン)

'자전거로 자신이 가고 싶은 곳을 갈 수 있습니다.'

147 道を知らないと現地の人に聞いて行けばいいし、みずうみに着いたらその場で白鳥といっしょにおよげるし本当にすてきな事がけいけんできます。(スイスのインタラケン)

'길을 모르면 현지인에게 물어 가면 되며, 호수에 도착하면 그곳에서 백조와 함께 수영할 수 있고 정말로 멋진 일을 경험할 수 있습니다.'

148 私は今もインタラケンの思いでを忘れる事ができません。(スイスのインタラケン)

'나는 지금도 인타라켄의 추억을 잊을 수 없습니다.'

149 こんな人を手伝ってあげられる余裕のある強いそのやつがうらやましくてたまりません。(これだけは負けたくないんだ)

'이런 사람을 도와드릴 수 있는 여유 있는 강한 그 녀석이 부러워서 견딜 수 없습니다.'

150 他にも色々な良いところがあって一回で全部言えません。(これだけは負けたくないんだ)

'그 밖에도 여러 가지 좋은 점이 있어 한 번으로 전부 말할 수 없습니다.'

151 この忠烈祠のいい点は、第一では子供たちに祠で香をたきながら、国を守るために命知らずで戦った先祖の愛国心を習うことができる所です。(忠烈祠)

'이 충렬사의 좋은 점은 첫째로 아이들에게 충렬사에서 향을 피우면서 나라를 지키기 위해 목숨을 아끼지 않고 싸운 선조의 애국심을 배울 수 있다는 것입니다.'

152 休日、親と子と一緒に行って家族どうし楽しく過ごして、歴史勉強もする一石二鳥の効果を収められていいです。(忠烈祠)

'휴일, 부모와 아이가 함께 가서 가족끼리 즐거운 시간을 보내고 역사공부도 하는 일석이조의 효과를 거둘 수 있어 좋습니다.'

153 第三では、祠のほかに観覧できる所が多い点です。(忠烈祠)
'세 번째로는 충렬사 외에 관람할 수 있는 곳이 많다는 점입니다.'

154 第四では忠烈祠の前の広場で運動できるのでいいです。(忠烈祠)
'넷째로는 충렬사의 앞 광장에서 운동할 수 있어 좋습니다.'

155 国のために心身を捧げ報国する人を倣うことができて子供たちに教育的な面でもいいし、家族に和合できて場所を提供してくれるだけではなく、住民の健康のためにきっと必要です。(忠烈祠)
'나라를 위하여 심신을 바치고 보국하는 사람을 배울 수 있어 아이들에게 교육적인 면에서도 유익하고 가족과 화합할 수 있는 장소를 제공해줄 뿐만 아니라 주민의 건강을 위해서 꼭 필요합니다.'

156 私はそもそも算数はできないのであまりどきどきしなかった。(なつかしき小学生時代のある日)
'나는 원래 산수는 못하기 때문에 가슴이 두근거리지는 않았다.'

157 地震訓練のおかげで3時間目の授業はつぶせた。(なつかしき小学生時代のある日)
'지진훈련 덕택에 3시간째의 수업은 안 해도 되었다.'

158 今はぐんたいにいるからよく見ることはできないけど、たまに彼の思いをしていると本当に見たがります。(なつかしき小学生時代のある日)
'지금은 군대에 있어 잘 못보지만, 가끔 그의 생각을 하고 있으면 정말로 보고 싶어집니다.'

159 開発されなくて不便なところもありますが、だれより自然を近くにいられるからです。(土の香が匂うわが町)
'개발되지 않아서 불편한 점도 있습니다만, 누구보다 자연에 가깝게 있을 수 있습니다.'

160 まずわが町は土がふむことができます。(土の香が匂うわが町)
'우선 저의 동네는 흙을 밟을 수 있습니다.'

161 二つ、しんせんな無公害やさいを食べることができます。(土の香が匂うわが町)

'둘째, 신선한 무공해 야채를 먹을 수 있습니다.'

162 工場公害がないので夜になると、たくさんの星が<u>見られます</u>。(土の香が匂う
わが町)

'공장 공해가 없어서 밤이 되면 많은 별을 볼 수 있습니다.'

163 そして時々星が雲にかくれて<u>見られない</u>時は「明は雨が降りそうです」と天気予
測をしてたりします。(土の香が匂うわが町)

'그리고 가끔 구름에 별이 가려 볼 수 없을 때는 '내일은 비가 올 것 같군
요'라고 일기예보를 하기도 합니다.'

164 このように市内にいる人々が<u>感じることのできない</u>ところが多くて、私はわが
町が好きです。(土の香が匂うわが町)

'이와 같이 시내에 있는 사람들이 느낄 수 없는 점이 많아서 저는 우리 동
네를 좋아합니다.'

165 いつも土をふめて、自然の近くに<u>いられて</u>、どんなにこうふくかわからないで
す。(土の香が匂うわが町)

'항상 흙을 밟을 수 있고 자연 가까이 있어 얼마나 행복한지 모릅니다.'

166 心配しながら、電話をしましたが、電話も<u>できなかった</u>。(宇宙怪物ギズモさ
ん)

'걱정하면서 전화를 했습니다만, 전화를 못 했다.'

167 だから、海の景色をすぐそばで<u>見ることができる</u>。(ゼジュド旅行)

'그래서 바다 경치를 바로 옆에서 볼 수 있다.'

168 そして俗に<u>見られない</u>並木は異国的な熱帯の木だった。(ゼジュド旅行)

'그리고 흔히 볼 수 없는 가로수는 이국적인 열대나무였다.'

169 そこは釜山にある雄一な(→唯一な)日本の音楽のミュージックビデオを<u>見るこ
とができる</u>喫茶店です。(日本が見える場所)

'거기는 부산에 있는 유일한 일본음악의 뮤직비디오를 볼 수 있는 커피숍
입니다.'

170 もちろん日本の音楽が<u>聞ける</u>店はほかにもありますが、そこは大きな画面があ
るのでただ音楽を聴くだけでなくその曲のミュージックビデオまで<u>観覧するこ
とができます</u>。(日本が見える場所)

'물론 일본음악을 들을 수 있는 가게는 그 밖에도 있습니다만, 거기는 큰

화면이 있어 단순히 음악을 들을 뿐만 아니라 그 곡의 뮤직 비디오까지 관람할 수 있습니다.'

171 それに歌をリクエストすると、それを<u>聞かせてもらえる</u>システムになっているから自分が好きな歌を<u>聞くことができます</u>。(日本が見える場所)

'더구나 노래를 신청하면 그것을 들을 수 있는 시스템이 되어 있어 자신이 좋아하는 노래를 들을 수 있습니다.'

172 また5時から7時までは推薦の曲といろんな歌の順列も見せてくれるので新しい<u>歌をおぼえることもできる</u>しすきな歌が日本でも人気があるかどうかを<u>しることもできます</u>。(日本が見える場所)

'또 5시부터 7시까지는 추천곡과 여러 가지 들려줄 노래 곡목도 순번대로 보여주므로 새로운 노래를 배울 수 있고 좋아하는 노래가 일본에서도 인기가 있는지를 알 수도 있습니다.'

173 そのとき行けばその歌手についてのいろんなことを<u>知ることができる</u>のでとてもいいです。(日本が見える場所)

'그 때 가면 그 가수에 대한 여러 가지를 알 수 있기 때문에 매우 좋습니다.'

174 それにその主人は一か月に2回ぐらい日本に行くのでそのとき注文すれはCDを<u>買うこともできます</u>。(日本が見える場所)

'게다가 그 주인은 1개월에 2번 정도 일본에 가므로 그 때 주문하면 CD를 살 수도 있습니다.'

175 そんな理由で<u>行けない</u>現実がとてもじれったいです。(私の今)

'그런 이유로 가지 못하는 현실이 매우 안타깝습니다.'

176 しかしそれをしたら自分の時間がなくなるようになるから自分の勉強とか仕事などを効率的に<u>することができません</u>。(私の今)

'그러나 그것을 하면 자기 시간이 없어지게 되므로 나의 공부라든가 일 등을 효율적으로 할 수 없습니다.'

177 私の自分の意志のように<u>することができない</u>のがじれったいです。(私の今)

'내 자신의 의지대로 할 수 없는 것이 안타깝습니다.'

178 私に今<u>できる</u>ことだけでもどんどんひとつひとつして不安で見えない将来にいく道を見つけて行こうと思います。(私の今)

'제가 할 수 있는 것만이라도 쉬지 않고 하나하나씩 해서 불안하고 보이지 않는 장래로 가는 길을 발견해서 나아가려고 생각합니다.'

179 そのとき、私は一年生だったので、あまりしゃべられなかったんです。(お兄さんのような友だち)

'그 때 저는 일학년이었으므로 그다지 회화를 잘 못했습니다.'

180 専攻で勉強しても方言ができない人が普通です。(お兄さんのような友だち)

'전공으로 공부해도 방언을 못하는 사람이 보통입니다.'

181 それにもかかわらず、自ら勉強してそのようにできるのはすごいです。
(お兄さんのような友だち)

'그럼에도 불구하고 스스로 공부해서 그렇게 할 수 있다는 것은 굉장한 일입니다.'

182 こんなわけばかりでにくむことはできない。(愛することにはひどいが、それでも愛するカンコク！)

'이런 이유로 미워할 수는 없다.'

183 でも、そんな外見では想像できない愛嬌で私達はもう彼の熱烈なペンになってしまった。(愛される男子)

'하지만 그런 외모로는 상상할 수 없는 애교로 우리들은 이제 그의 열렬한 펜이 되고 말았다.'

184 高校3年生だと罪名で東莱高等学校という監獄で収監されて一日中家で休まれる時間は8時間が高がだ。(愛される男子)

'고등학교 3학년이라는 죄명으로 동래고등학교라는 감옥에 수감되어 하루 종일 집에 쉴 수 있는 시간은 8시간이 고작이다.'

185 釜山地下鉄の1号線と2号線が交差する所で西面にはどこでもいけます。(내고향 부산진구)

'부산 지하철 1호선과 2호선이 교차하는 서면에서는 어디든지 갈 수 있습니다.'

186 グサンバンリョ岩は天然記念物の第267号として地球の生成過程を分かられる遺跡です。(내고향 부산진구)

'구상반려암은 천연기념물 제267호로써 지구 생성과정을 알 수 있는 유적입니다.'

187 このお祭りは文化行事で多彩な行事を<u>見られます</u>。(住みよい所–晋州)

'이 축제는 문화행사로 다채로운 행사를 볼 수 있습니다.'

188 まだ、彼の短所を<u>さがせない</u>です。(私の恋人は)

'아직, 그의 단점을 찾을 수 없습니다.'

189 しかし、来年ともに学校へ<u>かよえます</u>。(私の恋人は)

'그러나 내년에 함께 학교에 다닐 수 있습니다.'

190 一日で女らしいふんいきが<u>感じれます</u>。(私のベストフレンド)

'하루만에 여자다운 분위기를 느낄 수 있습니다.'

191 それでできるだけ早くすてきなボーイフレンドが私たちに<u>できる</u>ことです。

(私のベストフレンド)

'그래서 가능한 한 빨리 멋진 남자친구가 우리들에게 생기는 것입니다.'

192 その中にも私と<u>親しくなることができたり</u>にゅうと<u>思える</u>ことをいろいろ書く

んだ。(とても好きな友人)

'그 중에도 나와 친해질 수 있거나 새롭다고 생각되는 것을 여러 가지 쓰

는 것이다'

193 それで生について深い対話が<u>できる</u>。(とても好きな友人)

'그래서 인생에 대해서 깊은 대화를 할 수 있다.'

194 そして信仰についてわからない友人とは人生の価値観もちがいから(→違うか

ら)日常的で軽い対話しか<u>できない</u>。(とても好きな友人)

'그리고 신앙에 대해서 잘 모르는 친구와는 인생의 가치관도 다르므로 일

상적으로 가벼운 대화밖에 할 수 없다.'

195 しかし木剣で連習(→練習)をすると試合が<u>できなくなる</u>。(ぼくが剣禅道をえら

んだ理由)

'그러나 목검으로 연습을 하면 시합을 할 수 없게 된다.'

196 式合が(→試合が)できなくなのは自分の実力を<u>知ることができない</u>の意味だ。

(ぼくが剣禅道をえらんだ理由)

'시합을 할 수 없게 되는 것은 자신의 실력을 알 수 없다는 의미이다.'

197 そんな格闘運動で相手をしらないというのは、<u>泳げない</u>のに水に入るのと同じ

ことだ。(ぼくが剣禅道をえらんだ理由)

'그런 격투기 운동으로 상대를 모른다는 것은 수영을 못하면서 물에 들어

가는 것과 같은 것이다.'

198 ここでしている竹刀式合(→試合)は明治時代に閉刀令によって真剣を<u>もってい</u>
<u>られ</u>なくなってから流行したものだ。(ぼくが剣禅道をえらんだ理由)

'여기서 하는 죽도 시합은 메이지시대에 폐도령에 의해서 진검을 못가지게
되고 나서 유행한 것이다.'

199 もちろん剣で<u>打つの</u>もできる<u>が</u>、そうしては本当の意味の剣道にはならない。
(ぼくが剣禅道をえらんだ理由)

'물론 검으로 칠 수도 있지만, 그렇게 해서는 진정한 의미의 검도가 되지는
않는다.'

200 むしろ竹刀術としか<u>いえない</u>。(ぼくが剣禅道をえらんだ理由)

'오히려 죽도술이라고 할 수밖에 없다.'

201 式合(→試合)によってあつくなった心を禅で<u>おさえることも</u>できた。(ぼくが剣
禅道をえらんだ理由)

'시합에 따라 뜨거워진 마음을 선으로 진정시킬 수도 있었다.'

202 こんなすべてのものたちはこれから剣禅道が韓国を代表する剣道流派になると
<u>かくしん</u>できるようにしてくれる。(ぼくが剣禅道をえらんだ理由)

'이런 모든 것들은 이제부터 검선도가 한국을 대표하는 검도유파가 된다고
확신할 수 있도록 해준다.'

203 しかし、その人たちが帰る時は失望と疲れた顔色が<u>見えられます</u>。(我がぜん
ぶの海雲台)

'그러나 그 사람들이 돌아갈 때는 실망과 지친 안색을 볼 수 있습니다.'

204 われわれもいっしょに<u>暮せるはずのができる</u>と思います。(我がぜんぶの
海雲台)

'우리들도 함께 살아 갈 수 있을 것이라 생각합니다.'

205 性格が内向的ですから、ユウモラスだとか、面白い人とは<u>言えません</u>。
(私の恋人について)

'성격이 내향적이기 때문에 유머러스하다든가 재미있는 사람이라고는 할
수 없습니다.'

206 もちろん忙しいので遅くれるのは<u>理解できます</u>が、しゃくにさわって腹が立つ
のはぜひもないと思います。(私の恋人について)

'물론 바쁘기 때문에 늦어지는 것은 이해할 수 있습니다만, 너무 얄미워서 화가 나는 것은 어쩔 수 없다고 생각합니다.'

207 彼は高い金を出して高級交通手段を利用するのでしかるべきサービスをしてもらうのにそれほど<u>できない</u>と言いました。(私の恋人について)

'그는 비싼 돈을 내고 고급 교통수단을 이용하므로 그것에 응당한 서비스를 받아야 하는데 그렇게 잘 못 받는다고 말했습니다.'

208 そしてタクシーうんてんしにはなしてすこしずつ<u>ただしてもらえる</u>ようにしなければならないと言いました。(私の恋人について)

'그리고 택시 운전수에게 말해서 조금씩 바로 잡도록 해야 한다고 말했습니다.'

209 「敢えて私が電話をかけてやるのだが<u>出ないか</u>」とか「どんなに私を<u>除けられる</u>のか」のことばがそれである。(男をひどく好む女)

"감히 내가 전화를 걸어주는데 안 받는다고?'라든가 '어떻게 나를 따돌리는거지?'라는 말이 그것이다.'

210 今となっては、とても彼女がない私を<u>想像すること</u>ができないくらい、私にあまりにも貴重なひとになっている彼女。(彼女には何か特別なことがある)

'이제와서는 도저히 그녀가 없는 나를 상상할 수 없을 정도로 나에게 너무나도 귀중한 사람이 된 그녀.'

211 「あなたのご両親のおかげで、あなたに<u>会えた</u>から。」という言葉だ。(彼女には何か特別なことがある)

"너의 부모님 덕택에 널 만날 수 있었으니까'라는 말이다.'

212 そのとき私はしばらくの間、何の口も利かなかったまま、暖かい視線に慰労してくれる彼女を、<u>眺めるのしかできなかった</u>。(彼女には何か特別なことがある)

'그 때 나는 잠시 동안 아무런 말도 하지 않은 채 따스한 시선으로 위로해 주는 그녀를 바라볼 수밖에 없었다.'

213 カクさんはお酒はビールがいちばん好きですがあまり<u>飲めません</u>。(私の友人)

'곽 상은 술은 맥주가 가장 좋아합니다만, 잘 못 마십니다.'

214 こんな荒唐なやつとつづく親しく<u>すごすこと</u>ができるのは、やっぱり趣味が同じで、今は情緒も似ってしまったようです。(私の友達)

'이런 황당한 녀석과 계속해서 친하게 지낼 수 있는 것은 역시 취미가 같기 때문으로 지금은 정서도 닮아버린 듯합니다.'

215 それでその友人とは久しい間、親しく<u>すごすことができる</u>のようです。(私の友達)

'그래서 그 친구와는 오래간만에 친하게 지낼 수 있는 것 같습니다.'

216 彼はきょぜつをよく<u>できない</u>です。(愛人のような友だち)

'그는 거절을 잘 못합니다.'

217 彼女の顔を見たらだれも腹が<u>立てられない</u>です。(私は違う彼女)

'그녀의 얼굴을 보면 누구도 화를 내질 못합니다.'

218 学校で彼女を知らなければ学校の人ではないと<u>言える</u>ぐらいに彼女の顔はゆうめいでした。(私は違う彼女)

'학교에서 그녀를 모르면 학교 사람이 아니라고 할 수 있을 정도로 그녀의 얼굴을 유명했습니다.'

219 今私はこみを<u>拾のはできない</u>であっても捨てるのはしないと思います。(私は違う彼女)

'지금 저는 쓰레기를 주울 수는 없어도 버리지는 않겠다고 생각합니다.'

220 彼の将来の夢は、ただ<u>勉強を教える</u>だけのいわゆる「塾」ではなく、身につけた英語を使って世界に友達を作って、いろんな事を<u>体験できる</u>ような空間を、小さくてもいいから作りたいそうです。(私の日本の親友)

'그의 장래 꿈은 그냥 공부를 가르치기만 하는 소위 '학원'이 아니라 체득한 영어를 사용하여 세계에 친구를 만들어서 여러 가지를 체험할 수 있는 공간을 작아도 좋으니 만들고 싶다고 합니다.'

221 いちとうに2，3千ウォンと<u>買われ</u>ます。(都市で育ていいハムスター)

'한 마리에 2,3천 원에 살 수 있습니다.'

222 そしてハムスターが好きな向日葵は2、3ウォンと<u>買われ</u>ます。(都市で育ていいハムスター)

'그리고 햄스터가 좋아하는 해바라기는 2,3천원에 살 수 있습니다.'

223 ほかの人を楽しませるために悪意のない言葉や行為を知っているから、この人のことを<u>にくめない</u>。(私の友人「バカ王子」)

'다른 사람을 즐겁게 하기 위해 악의 없는 말이나 행동을 알고 있으므로

이 사람을 미워할 수 없다.'

224 商品を<u>売れない</u>のはもちろんだ。(親切な店員)

'상품을 팔지 못하는 것은 물론이다.'

225 その細かいことが<u>できない</u>のはかんたんだ。(親切な店員)

'그 세세한 일을 못하는 이유는 간단하다.'

226 すこしつとめると<u>できる</u>。(親切な店員)

'조금만 애쓰면 할 수 있다.'

227 大学生になった今失われた思い出の日々を<u>とりかえすこと</u>ができるのだろう
か。(星空を見上げて生きる高校生)

'대학생이 된 지금 잃어버린 추억을 나날을 되돌아볼 수 있는 것일까?'

228 バス内はとても込み、なかなか座れないながらも、早く<u>行ける</u>ので、いつもス
クールバスを利用していた。(星空を見上げて生きる高校生)

'버스 안은 매우 혼잡하고 좀처럼 앉을 수 없지만 빨리 갈 수 있어서 늘 스
쿨버스를 이용하고 있었다.'

229 そんな露出こういはスーパーモデルの審査基準でぜんぜん<u>適用できない</u>。(星
空を見上げて生きる高校生)

'그런 노출행위는 수퍼모델의 심사기준으로 전혀 적용할 수 없다.'

230 それで<u>前もって入力させた電話番号以外には「9」を押さなければならない番号
は<u>かけられない</u>です。(私の携帯電話)

'그래서 미리 입력시킨 전화번호 이외에는 '9'를 눌러야 하는 번호(전화)는
걸 수 없습니다.'

231 しかし、それは文化の相対性を<u>理解できない</u>、自国文化中心主義の現れです。
(動物虐待か食文化か)

'그러나 그것은 문화의 상대성을 이해 못하는 자국문화 중심주의의 발로입
니다.'

232 でも単純にしゅうぎょうのために専門学院ぐらいが<u>できない</u>ようにのぞむのみ
である。(うちの大学)

'하지만 단순히 취업을 위한 전문대학 정도가 되지 않도록 바랄 뿐이다.'

233 また、便利に乳母車を<u>押していける</u>ように坂道を作ってくれるのもいいです。
(官庁に託児施設を作ってください)

'또한 편리하게 유모차를 밀고 갈 수 있도록 비탈길을 만들어주는 것도 좋습니다.'

234 このほかに青少年が余暇を利用しながら自分の不満とか感情を<u>表出する</u>ことが<u>できる</u>文化的公刊(→空間)はだいたいない。(青少年文化の省察)

'이 외에 청소년이 여가를 이용하면서 자신의 불만이라든가 감정을 표출할 수 있는 문화적 공간은 대체로 없다.'

235 でもそこにくるのも結局お客たちで、お客たちがいなければデパートも<u>あることができない</u>ことをわからなければなりません。(デパートの三つの問題点)

'하지만 거기에 오는 것도 결국 손님들로 손님들이 없으면 백화점도 있을 수 없는 것을 알아야 한다.'

236 また、黒、赤、青以外の色のボールペンは、ボールペンセットもなければ<u>買われなかった</u>。(おじさん、ボールペンの芯ありますか)

'또 검정, 빨강, 파랑색 이외의 볼펜은 볼펜 세트가 없으면(따로 팔지 않기 때문에) 살 수 없었다.'

237 今はいろいろな色のボールペンが一つ一つに<u>買われる</u>。(おじさん、ボールペンの芯ありますか)

'지금은 여러 색깔의 볼펜을 하나 하나 살 수 있다.'

238 それは何よりも一言でも相手を<u>感動させられる</u>ものだと思う。(あいさつについて)

'그것은 무엇보다도 한마디라도 상대를 감동시킬 수 있는 것이라고 생각한다.'

239 そしてただ少さな努力だけでも<u>できる</u>。(あいさつについて)

'그리고 단지 적은 노력만으로도 할 수 있다.'

240 就職におちれてのそりのそり回ってる大学の卒業生たちは捜して<u>見られない</u>。(TVの中の世)

'취직시험에 떨어져서 어슬렁거리며 배회하는 대학 졸업생들은 찾아볼 수 없다.'

241 その代わりに親の社業を<u>結ん</u>でもらえるようになってるハンサームな王子がいらっしゃってる。(TVの中の世)

'그 대신에 부모의 사업을 이어받게 된 잘 생긴 왕자님이 계신다.'

242 それは「さよなら、私の愛」というTVのドラマを通じて<u>見られる</u>。（TVの中の世）

'그것은 '잘 가! 내 사랑!'이라는 텔레비전 드라마를 통해서 볼 수 있다.'

243 それにいつも装束が変わって最新式のファッションにぜんぜん後れないドラマの中の主人公の月平均の衣装の支出の費用は私の計算についたら約80万元くらいで<u>推定できる</u>。（TVの中の世）

'또한 늘 옷차림새가 바뀌어서 최신식의 패션에 전혀 뒤떨어지지 않는 드라마 속 주인공의 월평균 의상 지출 비용은 내 계산으로 하자면 약 80만원 정도로 추정할 수 있다.'

244 そして自家用の車が増加しながら自家用の車の排気ガスによる環境汚染を<u>上げることができる</u>。（自家用の車の利用の増加による問題）

'그리고 자가 승용차가 증가하면서 자가 승용차의 배기가스에 의한 환경오염을 들 수 있다.'

245 この問題は私たちがはだで<u>かんじることができる</u>そんな問題がないのでよく<u>認識することができない</u>この問題こそ我々に大きな問題である。（自家用の車の利用の増加による問題）

'이 문제는 우리들이 피부로 느낄 수 있는 그러한 문제가 아니므로 잘 인식할 수 없는 이 문제야말로 우리들에게 커다란 문제이다.'

246 この問題は意外に簡単に<u>解決することができます</u>。（自家用の車の利用の増加による問題）

'이 문제는 의외로 간단하게 해결할 수 있습니다.'

247 信用カードはことばのとおり信用で<u>使える</u>べきです。（カードが泣いている）

'신용카드는 말 그대로 신용으로 사용할 수 있어야 합니다.'

248 しかしこのカードで買い物が<u>できる</u>場合もあるし、<u>できない</u>場合もあります。（カードが泣いている）

'그러나 이 카드로 물건을 살 수 있는 경우도 있고 못 사는 경우도 있습니다.'

249 なぜならある店はただの100ウォンも決定が<u>できます</u>がある店は2万ウォン以上になければものを<u>買うことができません</u>。（カードが泣いている）

'왜냐하면 어느 가게는 고작 100원도 결제가 가능합니다만, 어느 가게는 2

만원 이상이 되지 않으면 물건을 살 수 없습니다.'

250 そのため気に入るものを<u>使えない</u>場合も何度もあります。（カードが泣いている）

'그 때문에 마음에 드는 것을 사용할 수 없는 경우도 몇 번이나 있습니다.'

251 あいにくそのとき家にキャッシュがなくてカードで決定することになろうとし<u>たができなかった</u>です。（カードが泣いている）

'모처럼 그 때 집에 현금이 없어서 카드로 결제하게 되려고 했는데 안 되었던 것입니다.'

252 どっちでもカードを<u>使える</u>ようにいいです。（カードが泣いている）

'어느 쪽도 카드를 사용할 수 있으면 좋겠습니다.'

253 学生も皆同じな人間なのになぜ席があっても<u>座られなく</u>譲らなければならないのか。（思考の変化）

'학생도 모두 같은 인간인데 왜 자리가 있어도 않을 수 없고 양보해야만 하는가?'

254 結論的に言えばバスの問題はバス会社や運転者の質だけでなく乗客の態度変化で<u>かえる</u>ことができるということです。（先進バス文化を作ろう）

'결론적으로 말하자면 버스의 문제는 버스회사랑 운전수의 질뿐만 아니라 승객의 태도 변화로 바꿀 수 있다는 것입니다.'

255 これまで書いた問題点はうちらが努力したら、もちろん<u>変えられる</u>のである。
（うちの夜学校の問題点）

'이제까지 쓴 문제점은 우리들이 노력하면 물론 바꿀 수 있는 것이다.'

256 もう現代人の必須品になってしまった携帯電話をわれわれがどんなに使うに従ってその問題点を<u>解決できる</u>と思う。（携帯電話の問題点）

'이미 현대인의 필수품이 되어버린 핸드폰을 우리들이 어떻게 사용하느냐에 따라서 그 문제점을 해결할 수 있다고 생각한다.'

257 そしてこのごろになって販売会社の間に激しい競争で加入金はもちろん携帯電話までただで与えたりするから人々が負担を感じなくて難なく加入が<u>できる</u>ことになった。（携帯電話の問題点）

'그리고 요즘 판매회사 사이에 심한 경쟁으로 가입금은 물론, 핸드폰까지 무료로 주거나 하기 때문에 사람들이 부담을 느끼지 않고 어려움없이 가

입할 수 있게 되었다.'

258 しかも情報化時代にあって携帯電話を通じてインターネットをやっていろんな情報を一目で<u>見られる</u>のようにして皆さんの人目を引いている。(携帯電話の問題点)

'더구나 정보화시대에 있어서 핸드폰을 통하여 인터넷을 하고 여러 정보를 한눈에 볼 수 있도록 하여 여러 사람들의 눈길을 끌고 있다.'

259 現金カードの暗証番号をわすれたときその番号が<u>わかれる</u>までふたたび電話が<u>できます</u>。(不必要なカードの発行)

'현금카드의 비밀번호를 잊어버렸을 때 그 번호를 알 수 있을 때까지 다시 전화할 수 있습니다.'

260 私は高校時代、Aバス(特定会社に不利益を<u>助長する</u>ことができるので、バスの番号は明かさない。)で学校に通っていた。(バスがこわい-空飛ぶバス-)

'나는 고교시절, A버스(특정회사에 불이익을 조장할 수 있으므로 버스 번호는 밝히지 않는다.'

261 しかし大学生になってからもっと多いバスに<u>接する</u>ことができた私は、この不思議な現象が単にAバスに限られないというのを気づいた。(バスがこわい-空飛ぶバス-)

'그러나 대학생이 되고나서 좀 더 많은 버스를 접할 수 있었던 나는 이 이상한 현상이 단순히 A버스에만 해당되지 않는다는 것을 느꼈다.'

262 食堂と売店は学生が授業のきんちょうからまめかれてたべながらともだちといっしょに<u>休める</u>ところだ。(食堂と売店で学生のマナ)

'식당과 매점은 학생이 수업에서 오는 긴장에서 벗어나 먹으면서 친구와 함께 쉴 수 있는 곳이다.'

263 他人はそれを見て<u>消化できない</u>ほど気持ちわるいでしょう。(食堂と売店で学生のマナ)

'타인은 그것을 보고 소화할 수 없을 정도로 기분이 나쁘겠지요.'

264 私がただ望んでいるのは大学生が自分の発展とともに、周りの人々のことにも<u>関心を持つことができる</u>、そんな余裕を持ってほしいです。(韓国の大学生の姿)

'내가 다만 바라는 것은 대학생이 자신의 발전과 함께 주위의 사람들에게

도 관심을 가질 수 있는 그런 여유를 가져줬으면 하는 것입니다.'

265 私たちは学校がくれるすべて福祉施設を利用できる権利があります。(学校の問
題点)

'우리들은 학교가 주는 모든 복지시설을 이용할 수 있는 권리가 있습니다.'

266 日常生活の内にうかつに見過ごすことができない問題点はとても多いです。
(図書館の不親切)

'일상생활 속에 무심코 간과할 수 없는 문제점은 매우 많습니다.'

267 「あの、なぜ学生には貸し出しがいけませんか」と聞いてみると、貸し出しは会
社員と主婦だけできるということでした。(図書館の不親切)

"저, 왜 학생에게는 대출이 안 되나요'라고 물어보면 대출은 회사원과 주부
만 가능하다는 것이었습니다.'

268 図書館は会社員と主婦も利用できるが、主に学生が利用するところで貸し出し
がいけない。(図書館の不親切)

'도서관은 회사원과 주부도 이용할 수 있지만 주로 학생이 이용하는 곳에
서 대출이 안된다.'

269 図書館はたくさん人が楽に利用できるところべきです。(図書館の不親切)

'도서관은 많은 사람이 편리하게 이용할 수 있는 곳이어야 합니다.'

270 そこを利用する人々がうれしい心で勉強できるようにしてくれることが彼らの
本分がないだろうか。(図書館の不親切)

'거기를 이용하는 사람들이 기쁜 마음으로 공부할 수 있도록 해 주는 것이
그들의 본문이 아닐까?'

271 したがって住民が便利で利用できるところに図書館があるべきだ。(公共図書館
の問題点)

'따라서 주민이 편리하게 이용할 수 있는 곳에 도서관이 있어야만 한다.'

272 次にむじかしく図書館へ行くでも具備図書が不足したり本が古かったりするの
で満足な資料がもらえない。(公共図書館の問題点)

'그 다음으로 어렵게 도서관에 가도 구비도서과 부족하거나 책이 낡았거나
하여 만족스런 자료를 구할 수 없다.'

273 そのだが現実は残忍できる。(無題)

'그렇지만 현실은 잔인할 수 있다.'

274 ただ1〜2センチのガラスドマが彼らの声を遮断できない。(図書館の問題点)

'단지 1-2센티미터의 유리창문이 그들의 소리를 차단할 수 없다.'

275 我は外国の映画の中に学生々がキャンパスの芝の上に暖かい日ざしをうけて昼寝をするとか、読書をして場面をよく見られる。(芝を踏まないで下さい)

'우리는 외국영화 속에 학생들이 캠퍼스 잔디 위에 따스한 햇살을 받으며 낮잠을 잔다든가 독서를 하는 장면을 자주 볼 수 있다.'

276 あまりたかくないりょうきんですから、みんな背負いこみない愛用できる唯一な交通手段だ。(バス)

'그다지 비싸지 않은 요금이므로 모두 부담없이 애용할 수 있는 유일한 교통수단이다.'

277 私のような人が一人か二人がないのにそんな事で陰口をきくこと自体が理解ができませんでした。(親切)

'나와 같은 사람이 한 사람이나 두 사람이 아닌데도 그런 일로 욕을 먹는 것 자체가 이해가 되지 않았습니다.'

278 またバスのなかにいつも聞けるおばあさんとおじいさんの言葉。(バスの問題点)

'또 버스 속에 늘 들을 수 있는 할머니와 할아버지의 말들.'

279 こころからそんな言葉ができるように努力をしなければならないです。(バスの問題点)

'진심으로 그런 말을 할 수 있도록 노력을 해야 합니다.'

280 みんなが酒の気に依存しないで、真実なはなしができる日がきたら、こんな問題もなくなてしまったでしょ。(お酒の文化の問題点)

'모두가 술기운에 의존하지 않고 진실한 얘기를 할 수 있는 날이 오면 이런 문제도 없어져버리겠지요.'

281 そして映画館、バスの中、講義室までベルはとどまらなく鳴っている。もうがまんできないほどだ。(携帯電話と文化の意識)

'그리고 영화관, 버스 안, 강의실까지 벨은 멈추지 않고 울리고 있다. 이미 참을 수 없을정도이다.'

282 場所と時に応じて見わけられる文化的な意識を身につけていくべきだ。(携帯電話と文化の意識)

'장소와 때에 따라서 구분할 줄 아는 문화적 의식을 지녀나가야만 한다.'

283 同じ空間も輪納家具だけよく用いるといくらでも<u>広くなること</u>ができるの、また同じ空間もペンキ塗りだけよくするといくらでも<u>新しくなること</u>ができるのを、これを見てから感じた。(心の温かい建築家になりたい)

'같은 공간도 수납가구만 잘 사용하면 얼마든지 넓어질 수 있는 것, 또 같은 공간도 페인트 칠만 잘 하면 얼마든지 새로워질 수 있다는 것을 이것을 보고 나서 느꼈다.'

284 もっといい環境で<u>生きること</u>ができるように暖かくて良心的な建築家になりたいと考えた。(心の温かい建築家になりたい)

'좀 더 좋은 환경에서 살 수 있도록 따뜻하고 양심적인 건축가가 되고 싶다고 생각했다.'

285 来年4年生の2学期には授業があまりなさそうなので日本語能力試験1級の勉強が<u>できそう</u>です。(私の将来の計画)

'내년 4학년 2학기에는 수업이 별로 없을 것 같아서 일본어능력시험 1급 공부를 할 수 있을 것 같습니다.'

286 以上、この計画が全部<u>できる</u>かわからないけれど一生懸命努力したいという気持ちです。(私の将来の計画)

'이상, 이 계획을 전부 실행할 수 있을지 모르지만 열심히 노력하고 싶은 마음입니다.'

287 そして条件がぴったり一致しても愛<u>できる</u>かまだわからない。(夢の相手)

'그리고 조건이 딱 일치해도 사랑할 수 있을지 아직 모르겠다.'

288 だからお金を<u>もうけられる</u>実力がある人だったらいいです。(私の結婚相手)

'그래서 돈을 벌 수 있는 실력이 있는 사람이라면 좋겠습니다.'

289 このように私の結婚相手はいい性格と実力がある人、<u>楽しめる</u>人だったらいいと思います。(私の結婚相手)

'이와 같이 나의 결혼 상대는 좋은 성격과 실력이 있는 사람, 즐길 수 있는 사람이었으면 좋겠다고 생각합니다.'

290 おいのりをしてから私は私の考えとか計画を<u>定めること</u>ができる。(私の人生観)

'기도를 하고 나서 나는 나의 생각이라든가 계획을 정할 수 있다.'

291 そしてそれは「私はできる」という勇気と自信をくれる。(私の人生観)

'그리고 그것은 '나는 할 수 있다'라는 용기와 자신을 준다.'

292 だいたい人々はあることが解決になるときとかうれしいことがあるときにはだ
れでも感謝することができる。(私の人生観)

'대체로 사람들은 어느 일이 해결될 때라든가 기쁜 일이 생길 때는 누구라
도 감사할 수 있다.'

293 しかしくるしいときにもそのことについて感謝する心をとったらむしろそれが
転禍為福になってもっと成熟な生活ができると思う。(私の人生観)

'그러나 괴로울 때에도 그것에 대해서 감사하는 마음을 가진다면 오히려
그것이 전화위복이 되어 더 성숙한 생활이 가능하다고 생각한다.'

294 この様子で3年あと私が望む仕事ができるか。(私が望む職業)

'이 모습으로 3년 뒤 내가 바라는 일을 할 수 있을까?'

295 しかし公務員は男女に関係なく試験の点数だけいいだと合格できる。(私が望む
職業)

'그러나 공무원은 남녀에 관계없이 시험 점수만 좋으면 합격할 수 있다.'

296 しかし公務員は自分が職場を辞める前には停年退職まで仕事ができる。(私が望
む職業)

'그러나 공무원은 자신이 직장을 그만두기 전에는 정년퇴직까지 일을 할
수 있다.'

297 それで職場生活の外に余暇活動もできる。(私が望む職業)

'그래서 직장생활 외에 여가활동도 가능하다.'

298 こんなに公務員は女性にどんな私企業よりも入社で有理で結婚しても家事と並
行できて女性にはとてもいい職業だと思う。(私が望む職業)

'이렇게 공무원은 여성에게 어떤 사기업보다도 입사로 유리하고 결혼해도
가사와 병행할 수 있어서 여성에게는 매우 좋은 직업이라고 생각한다.'

299 いつも私に「あいしてる」と話しができる男を望みます。(私はこんな男がすき！)

'항상 나에게 '사랑해'라고 말할 수 있는 남자를 원합니다.'

300 なぜかというと仕事をしながら生きがいを感じられると私は思っているから
だ。(どんな仕事を選んだらいいのか)

'왜냐하면 일을 하면서 삶의 보람을 느낄 수 있으면 하고 나는 생각하기 때문이다.'

301 自分の能力を生かしながらやりがいも<u>感じられる</u>だろう。(どんな仕事を選んだらいいのか)

'자신의 능력을 살리면서 보람도 느낄 수 있을 것이다.'

302 それからどんな仕事でも自分が選んだ以上、まじめにやれば自分なりの生きがいを<u>感じられるし</u>、(どんな仕事を選んだらいいのか)

'그리고 어떤 일이라도 자신이 선택한 이상, 착실하게 하면 자기 나름대로의 삶의 보람을 느낄 수 있고...'

303 私のばあいは、一応ハンサムだと思ったら、ほかのものは気にしないでそのまま取り入れるとか<u>理解できる</u>と思ってきたことが私の大失策だったのだ。(今ではハンサムな男の人よりは)

'나의 경우는 일단 잘 생겼다고 생각되면 다른 것은 신경쓰지 않고 그대로 수용하든지 이해할 수 있다고 생각해 온 것이 나의 큰 실책이었던 것이다.'

304 また私を<u>持ち上げられる</u>人ならとてもいい。(今このような人がいるなら愛したい)

'또 나를 들어올릴 수 있는 사람이라면 매우 좋다.'

305 私のゆめのために時間が過ぎて変われるし、このような人に<u>会わないことができ</u>きるのでこれは訂正できる。(今このような人がいるなら愛したい)

'나의 꿈을 위하여 시간이 지나 바뀌고 이러한 사람을 만나지 않을 수 있어서 이것은 고칠 수 있다.'

306 現在投げ出せば結局にゆくと私は何も<u>できない</u>とは考えをした。(私はキャリアウマンがなる)

'지금 포기하면 결국에 나는 아무 것도 할 수 없다고는 생각했다.'

307 日本語を熱心に勉強してこの専攻を<u>生かせる</u>仕事は何があるか?(私はキャリアウマンがなる)

'일본어를 열심히 공부해서 이 전공을 살릴 수 있는 일은 무엇이 있을까?'

308 反対に数年を会ったがどうも知ない男、能力があらない男、言葉多い男、浮気をする男は<u>堪忍</u>できない。(私の理想形)

'반대로 수년을 만났지만 아무래도 모르는 남자, 능력이 없는 남자, 말이

많은 남자, 바람을 피우는 남자는 감내할 수 없다.'

309 職業は人生の目標を達成してくれる機会を与え、私の能力、知識、および技術
が<u>活用</u>できて未来に対して安定を保障してくれて、社会のために<u>奉仕</u>すること
のできる機会を提供してくれるからです。(人生で成功する方法)
'직업은 인생의 목표를 달성해주는 기회를 주고, 나의 능력, 지식 및 기술
을 활용할 수 있어서 미래에 대해 안정을 보장해주고, 사회를 위하여 봉사
할 수 있는 기회를 제공해주기 때문입니다.'

310 それで私は結婚後も可能すれば続けて<u>仕事ができる方法</u>をみつけようと思いま
す。(人生で成功する方法)
'그래서 나는 결혼 후에도 가능하면 계속해서 일할 수 있는 방법을 찾으려
고 생각합니다.'

311 以上の四つをよく実践すればだれでも成功的な人生が<u>できる</u>ことだと思いま
す。(人生で成功する方法)
'이상의 네 가지를 잘 실천하면 누구라도 성공적인 인생을 살 수 있다고
생각합니다.'

312 年齢で制限ない<u>できる</u>あるしごとはあまり多くありません。(きれいな花屋)
'연령을 제한없이 할 수 있는 일은 별로 많지 않습니다.'

313 自分が好きなしごとを<u>できる</u>あるのはとても幸せな人と私は思います。(きれい
な花屋)
'자신이 좋아하는 일을 할 수 있는 것은 매우 행복한 사람이라고 나는 생
각합니다.'

314 今は多い不足しても今からいっしょうけんめい実力を積むと<u>できます</u>。(私の未
来)
'지금은 많이 부족해도 지금부터 열심히 실력을 쌓으면 할 수 있습니다.'

315 時々私の言った冗談にすぐ<u>反応</u>できるそういう気が利く彼女である。
(3Kよりあばたもえくぼ)
'가끔 내가 말한 농담에 바로 반응할 수 있는 그러한 재치있는 그녀이다.'

316 もし私がいなくても一人暮らしが<u>できる</u>ぐらいの彼女である。(3Kよりあばた
もえくぼ)
'만약 내가 없어도 독신생활을 할 수 있을 정도의 그녀이다.'

317 私もいつになったら私の片方を<u>探せる</u>のかと思いながらうらやましい目で見た
りした。(早く会いたい彼し)

'나도 언제 쯤되면 나의 한쪽을 찾을 수 있을까하고 생각하면서 부러운 눈
으로 보기도 하였다.'

318 男なら<u>抜いて置けない</u>のが自身感である。(早く会いたい彼し)

'남자라면 빼놓을 수 없는 것이 자신감이다.'

319 これからいっしょに住む男だから困難なことに合ったら自分で賢く押し分けて
<u>進められる</u>自信と勇気のある男。(早く会いたい彼し)

'이제부터 함께 사는 남자이므로 곤란한 일을 당하면 스스로 현명하게 헤
쳐나갈 수 있는 자신과 용기가 있는 남자.'

320 周りを見ると、人の目を意識してやってもいいことも<u>できずに</u>、いる人が多い
です。(私の人生観)

'주위를 둘러보면 남의 눈을 의식해서 좋은 일도 못하고 있는 사람이 많습
니다.'

321 もちろん最初からすぐは<u>できない</u>と思います。(私の人生観)

'물론 처음부터 바로 할 수 없다고 생각합니다.'

322 でもそう考えながら生きている内に自然にそう<u>なりえる</u>と思います。(私の人
生観)

'하지만 그렇게 생각하면서 사는 동안에 자연스럽게 그렇게 될 수 있다고
생각합니다.'

323 それが<u>できたら</u>生きることが本当に楽しくなると思います。(私の人生観)

'그것을 할 수 있다면 사는 것이 정말로 즐거워질 것이라 생각합니다.'

324 それで共感できる人も<u>理解できない</u>人もいるのだ。(私の人生観)

'그래서 공감할 수 있는 사람도 이해 못하는 사람도 있는 것이다.'

325 何かに執着していると<u>できることも</u>できなくなる。(私の人生観)

'뭔가에 집학하고 있으면 할 수 있는 일도 못하게 된다.'

326 私たちは山を<u>見ることができる</u>余裕が必要だ。(私の人生観)

'우리들은 산을 볼 수 있는 여유가 필요하다.'

327 あおい空の下でどうどうと<u>いられる</u>。(私の人生観)

'푸른 하늘 아래에서 당당하게 있을 수 있다.'

328 私が他人の立場になって考えるとすべてを<u>理解</u>できる時もある。(私の人生観)

'내가 타인의 입장이 되어 생각하면 모든 것을 이해할 수 있을 때도 있다.'

329 すぎた時間は<u>取り戻す</u>ことができない。(私の人生観)

'지나간 시간은 되돌이킬 수 없다.'

330 いつも私の立場になって考えれば<u>理解できない</u>ことはないんじゃないかと思います。(私の理想的なタイプ)

'항상 나의 입장이 되어 생각하면 이해할 수 없는 일은 없는 게 아닌가하고 생각합니다.'

331 私がしたかったこと、私の夢はまだ<u>捨てられないから</u>大学に通いながらもしょっちゅう近う道を歩んだ方がいいのではと思う。(輝かしい未来を生きるために)

'내가 하지 않았던 일, 나의 꿈은 아직 버릴 수 없기 때문에 대학에 다니면서도 늘 가까운 길을 걷는 편이 좋은 것이 아닌가하고 생각한다.'

332 もちろん子供が悩みを<u>言う</u>ことができる父になる人だ。(夫の条件)

'물론 아이가 고민을 말할 수 있는 아버지가 되는 사람이다.'

333 こんなに自分の仕事を持つのが私が<u>えらべる</u>一目の道で二目の道はこれです。(私の人生の計画)

'이렇게 자신의 일을 가지는 것이 내가 선택할 수 있는 첫 번째의 길이고, 두 번째 길은 이것입니다.'

334 もし私がほしい職場を<u>もてない</u>場合はただ結婚をすることです。(私の人生の計画)

'만약 내가 원하는 직장을 못 가지는 때는 그냥 결혼을 하는 것입니다.'

335 これが私がきめた<u>えらべる</u>二つの道です。(私の人生の計画)

'이것이 내가 정한 선택할 수 있는 두 번째의 길입니다.'

336 今まだどの道を<u>えらべる</u>かどうか私もわかりません。(私の人生の計画)

'지금 어느 길을 고를 수 있을지는 아직 전 잘 모르겠습니다.'

337 でも私はできるだけ一目の道を<u>えらべられる</u>ことをのぞみます。(私の人生の計画)

'하지만 저는 가능한 한 첫 번째 길을 선택할 수 있기를 원합니다.'

338 しかしどんな外国語も上手に<u>話せなかった</u>私は申し込みさえも<u>できませんでし</u>

<u>た</u>。(私の人生観)

'그러나 어떤 외국어도 능숙하게 구사하지 못 했던 저는 신청조차 할 수 없었습니다.'

339 私の人生の方向がどんなに変えるかもしれませんけど、点数を稼ぐ人生より「生きがいがある人生だった」と<u>話せる</u>人生を作りたいと思います。(私の人生観)

'저의 인생 방향이 어떻게 바뀔지는 모르겠습니다만, 점수를 따는 인생보다 삶의 보람이 있는 인생이었다고 말할 수 있는 인생을 만들고 싶습니다.'

340 結婚は幻想ではなくて生活だから男の外的な条件が<u>無視することができません</u>から。(私の異性観の変化)

'결혼은 환상이 아니라 생활이기 때문에 남자의 외적인 조건을 무시할 수 없으니까요.'

341 私は<u>できるなら</u>フリーランサーになりたい。(私の職業観)

'나는 가능하면 프리랜서가 되고 싶다.'

342 私は日本の音楽や映画やアニメに興味があるけどそれに<u>接する</u>ことができるところがまだすくない。(私の職業観)

'나는 일본의 음악이나 영화, 애니메이션에 흥미가 있지만 그것을 접할 수 있는 곳이 아직 많지 않다.'

343 冬休みにある栄養士の試験に合格したらてがるに就職が<u>できます</u>。(キムチを世界的な飲食で作ろう)

'겨울방학에 영양사 시험에 합격하면 손쉽게 취직할 수 있습니다.'

344 <u>進出できる</u>ところは学校と病原(→病院)と企業です。(キムチを世界的な飲食で作ろう)

'진출할 수 있는 곳은 학교와 병원과 기업입니다.'

345 みっつ、<u>できる</u>だけ楽しく生きるのである。(こんなに生きたいぞ)

'셋째, 가능한 한 즐겁게 사는 것이다.'

346 外高を出す多い学生たちが語学系列に大学進学をしてもよく<u>適応できなくて</u>休学します。(どんなしごとをしても)

'외고를 나오는 많은 학생들이 어학계열에 대학진학을 해도 잘 적응할 수 없어서 휴학합니다.'

347 <u>私がいくことができるみちがこれだけだったのか</u>。(どんなしごとをしても)

'내가 갈 수 있는 길이 이것뿐이었던가?'

348 まだ日本語が<u>できる</u>かどうかよくわかりません。(どんなしごとをしても)

　'아직 일본어를 할 수 있을지 어떨지 잘 모르겠습니다.'

349 でもほんやくとかどうしつうやくなどはとてもおもしろそうでたのしく<u>やること</u>ができると思います。(どんなしごとをしても)

　'그러나 번역이라든가 동시통역 등은 매우 재미있을 것 같아서 즐겁게 할 수 있을 것이라 생각합니다.'

350 みんなが讓歩する気で釜山の交通が全国に最もこんでいないということばを<u>聞けるように</u>いっしょけんめいがんばりましょう。(釜山の交通問題)

　'모두가 양보하는 마음으로 부산의 교통이 전국에서 가장 붐비지 않는 다는 말을 들을 수 있도록 열심히 노력합시다.'

351 少しだけバスに乗って行ったらヘウンデを始めとして海を今すぐ<u>見えります</u>。(私は釜山がほんとうに好きです)

　'조금만 버스를 타고 가면 해운대를 위시하여 바다를 지금 바로 볼 수 있습니다.'

352 なぜならば私がよく<u>かなし</u>くなる性格から相手があかるい性格ならその人を会うたびに<u>幸福</u>になれるようです。(私の理想型)

　'왜냐하면 내가 잘 슬퍼지는 성격이기 때문에 상대가 밝은 성격이라면 그 사람을 만날 때마다 행복해질 수 있을 것 같습니다.'

353 それで彼らの子供が淫乱なsiteとchattingで露出しているのに教育を<u>できない</u>人がだいぶいます。(子供の健全なパソコンの使用)

　'그래서 그들의 자식들이 음란한 사이트와 채팅으로 노출되어 있는데도 교육을 못시키는 사람이 상당히 있습니다.'

354 専門的な知識を<u>習えなく</u>ではあるが、インターネットの使い方は10分くらい習えば基礎的なのは<u>できます</u>。(子供の健全なパソコンの使用)

　'전문적인 지식을 못 배우기는 하지만, 인터넷의 사용법은 10분 정도 배우면 기초적인 것은 할 수 있습니다.'

356 パソコン通信も命令語ばかりちょっと知えば<u>できる</u>のであまりむずかしくないです。(子供の健全なパソコンの使用)

　'퍼스널 컴퓨터 통신도 명령어만 조금 알면 할 수 있기 때문에 그다지 어

렵지 않습니다.'

357 少しだけ習っておけば子供とパソコンに関して<u>話せる</u>と思います。(子供の健全なパソコンの使用)

'조금만 배워두면 아이와 퍼스널 컴퓨터에 관해서 말을 할 수 있다고 생각합니다.'

358 部屋は子供の個人的な空間なので淫乱物をやさしく<u>見れます</u>。(子供の健全なパソコンの使用)

'방은 아이들의 개인적인 공간이기 때문에 음란물을 쉽게 볼 수 있습니다.'

359 それゆえにうえと同じく父母がちょっと神経を使えば健全なパソコンの使用を<u>助けられる</u>と思います。(子供の健全なパソコンの使用)

'그 때문에 위와 마찬가지로 부모가 조금 신경을 쓰면 건전한 퍼스널 컴퓨터 사용을 도울 수 있다고 생각합니다.'

360 こんな意味でアイドルグループ「北斗七星」もメンバーひとりひとりの特技と個性をよく調和させて一つのすばらしい<u>スターになれる</u>ようにしたいと思います。(スーパーアイドルグループ「北斗七星」)

'이런 의미로 아이돌 그룹 '북두칠성'도 멤버 한 사람 한 사람의 특기와 개성을 잘 조화시켜 한 명의 훌륭한 스타가 될 수 있도록 하고자 합니다.'

361 正しい文化空間があったらその数多い青少年がおしい命を<u>失うことはできません</u>。(青少年の文化空間)

'올바른 문화공간이 있으면 그 수많은 청소년이 아까운 목숨을 잃을 수는 없습니다.'

362 第二、地球を取り巻く空気の問題も<u>無視できない</u>です。(地球を守るための努力について)

'둘째, 지구를 둘러싼 공기 문제도 무시할 수 없습니다.'

363 最後で私たちが<u>飲める</u>水の量は地球のなかでわずか3パーセントにすぎないうです。(地球を守るための努力について)

'마지막으로 우리들이 마실 수 있는 물의 양은 지구 안에서 불과 3%에 불과하다고 합니다.'

364 だれかが私に「あなたは何をしたいですか」ときいても私は<u>答えられません</u>。(たかく飛んだ鳥がとおく見る)

'누군가가 나에게 '당신을 무엇을 하고 싶나요?'라고 물어도 나는 대답할 수 없습니다.'

365 現在私たちのゲーム界はまだわかばだんかいだと<u>いえる</u>。(ゲーム産業を育成しよう)

'현재 우리들의 게임 업계는 아직 걸음마 단계라고 할 수 있다.'

366 私たちがたやすい<u>りよう</u>できるようにしべきだ。(自動販売機の増大方)

'우리들이 쉽게 이용할 수 있도록 해야만 한다.'

367 そして世界からみとめていたが国内にはそう<u>できない</u>。(建物がくずれている)

'그리고 세계에서 인정하고 있었으나 국내에는 그렇게 못 한다.'

368 そうしていい資材でじょうぶな建物を<u>建てれる</u>。(建物がくずれている)

'그렇게 하여 좋은 자료로 튼튼한 건물을 세울 수 있다.'

369 毎年試験期間になると私たちは<u>行ける</u>ところがないです。(外はとても寒いよ)

'매년 시험기간이 되면 우리들은 갈 수 있는 곳이 없습니다.'

370 どうしてそんなに軽はずみに振舞いながらこのことについて関心を持つのが<u>理解できなかった</u>。(女性の性は無罪)

'어째서 그렇게 경솔하게 행동하면서 이것에 대해서 관심을 가지는지 이해할 수 없었다.'

371 もし徐○○さんが男の人だったらこんなに多い世人の関心を<u>引くことができた</u>だろうか。(女性の性は無罪)

'만약 서○○ 씨가 남자였다면 이렇게 많은 세인들의 관심을 끌 수 있었을까?'

372 しかしそんな努力にもかかわらず短期的ではおおきく変化を<u>見られない</u>部分だ。(貧富の差ない国)

'그러나 그러한 노력에도 불구하고 단기적으로는 크게 변화를 볼 수 없는 부분이다.'

373 まず一生懸命はたらけばはたらくだけの所得を<u>あげられる</u>条件が前提になるべきだ。(貧富の差ない国)

'우선 열심히 일하면 할수록 소득을 올릴 수 있는 조건이 전제가 되어야만 한다.'

374 その理由にはいろいろがあるけれど、自分に責任がないとは<u>言えない</u>と思う。

(失業者の脱出のプロジェクト)

'그 이유로는 여러 가지 있지만, 자신에게 책임이 없다고는 할 수 없다고 생각한다.'

375 または逆に「私がこんなに大事な仕事をよくできるわけがない」とかする、(失業者の脱出のプロジェクト)

'또는 반대로 '내가 이렇게 중요한 일을 잘 할 수 있을리 없어'라든가,'

376 道を歩くとき多いポスターをみられます。(コンサート文化の活性化)

'길을 걸을 때 많은 포스터를 볼 수 있습니다.'

377 政治家ばかりなじるし、社会の条件ばかりとがめるし、国民が変わらなかったら、不正腐敗は取りのけることができない。(国民も気を取り直しよう)

'정치가만 나무라고, 사회 조건만 책망하고 국민이 바뀌지 않으면 부정부패는 물리칠 수 없다.'

378 今は韓国の経済が難くても、国民のともがいっしょうけんめいに勤めれば、すぐ韓国は再起することができると思います。(新自由主義と韓国)

'지금은 한국경제가 어려워도 국민들이 열심히 일하면 한국은 금방 재기할 수 있다고 생각합니다.'

379 彼はすばらしい人になろうと思うと、20代でその基礎が立てられなければならないと思いました。(勧めりたい本:20代でしなければならない50のこと)

'그는 훌륭한 사람이 되려고 생각하고, 20대에 그 기초를 세울 수 있어야 한다고 생각하였습니다.'

380 いい20代を送った人だけが、いい30代になれるのです。(勧めりたい本:20代でしなければならない50のこと)

'좋은 20대를 보낸 사람만이 좋은 30대가 될 수 있는 것입니다.'

381 10年続けることのできる力が才能です。(勧めりたい本:20代でしなければならない50のこと)

'10년 계속할 수 있는 힘이 재능입니다.'

382 それから大学を卒業したところで就職できるとは限らない人ですから4年生の大学生はちょっと不安です。(将来計画)

'그리고 대학을 졸업해봤쟈 취직할 수 있는 사람이 아니므로 대학 4학년 학생들은 조금 불안합니다.'

383 種類はするめを入れて「するめ파전」、えびを入れて「えび파전」などを<u>作るこ</u>
<u>と</u>ができます。(파전이 핏샤를おさえる日のため)

'종류는 마른 오징어를 넣어 '마른오징어파전', 새우를 넣어 '새우파전' 등
을 만들 수 있습니다.'

384 もし、日本のチェーンストアには「파전」の<u>上</u>におこのみやきのソースをはる
とか「파전」とみそしるをセットでするとか「파전すし」を<u>作ることができま</u>
<u>す</u>。(파전이 핏샤를おさえる日のため)

'만약 일본의 체인 스터에는 파전 위에 오코노미야키 소스를 뿌리든가 파
전과 된장국을 세트로 한다든가 파전 스시를 만들 수 있습니다.'

385 このようなチェーンを作って外国に進出すると外資も獲得して世界に韓国の飮
食を<u>紹介する</u>ことができます。(파전이 핏샤를おさえる日のため)

'이와 같은 체인을 만들어 외국에 진출하면 외자도 획득하고 세계에 한국
의 음식을 소개할 수 있습니다.'

386 このシルは来年2月までしがつ間全国の郵便局の窓口や企業体や公共機関や学校
などに自律的で<u>販売できる</u>そうだ。(크리스마스의シル의 활용)

'이 실은 내년 2월까지 4개월간 전국의 우체국 창구나 기업체, 공공기관,
학교 등에 자율적으로 판매할 수 있다고 한다.'

387 この<u>方法</u>は製作費も<u>節減できる</u>はずだ。(크리스마스의シル의 활용)

'이 방법은 제작비도 절감할 수 있을 터이다.'

388 法とか物理的な方法ではこれらの機会を<u>退治する</u>ことはできません。(射幸性
娛楽機追放プロジェクト)

'법이라든지 물리적인 방법으로는 이들 기회를 퇴치할 수 없습니다.'

399 だけど私たちがたやすく<u>できる方法</u>が一つあります。(射幸性娛楽機追放プロ
ジェクト)

'하지만 우리들이 손쉽게 할 수 있는 방법이 하나 있습니다.'

400 それで人形を<u>取ることができる</u>私だけのテクニックを公開します。(射幸性娛
楽機追放プロジェクト)

'그래서 인형을 집을 수 있는 나만의 테크닉을 공개합니다.'

401 一番高い所にあるのがいいと思う人たちもいるだろうと思いますが、てかぎ即
ちcraneが下りて行くとちゅう人形を上から押してよく<u>取ることができませ</u>

ん。（射幸性娯楽機追放プロジェクト）

'가장 높은 곳에 있는 것이 좋다고 생각하는 사람들도 있을 것이라 생각합니다만, 갈고리 즉 크레인이 내려가는 도중 인형을 위에서 눌러버려 잘 집을 수 없습니다.'

402 スーパーヘルスの20世紀を住む私たちはどんなに得るできるか。（健康をためプロジェクト）

'슈퍼 헬스의 20세기를 사는 우리들은 얼마나 얻을 수 있을까?'

403 その法律がもっと強くなるまではにせものの問題は解決できないと思います。（にせものの天国）

'그 법률이 더 강해질 때까지는 짝퉁의 문제는 해결할 수 없다고 생각합니다.'

404 その理由は学生たちは勉強しなければならないから、自由に行動できないので自分がしたいことも出来ません。（いじめに対して）

'그 이유는 학생들은 공부를 해야 하므로, 자유롭게 행동할 수 없으므로 자기가 하고 싶은 일도 못하는 것입니다.'

405 だから、先生や親は勉強しろと強要だけしないで、彼らとたくさんの会話を通してお互いが理解できるようになります。（いじめに対して）

'때문에 선생님이나 부모님은 공부하라고 강요만 하지 말고, 그들과 많은 회화를 통해서 서로가 이해할 수 있게 됩니다.'

406 仕事をそのぐらいだけできない？（公務員の賄賂の問題）

'일을 그 정도밖에 못해?'

407 私の父が公務員だから腹が立ったが何も言えない。（公務員の賄賂の問題）

'나의 아버지가 공무원이므로 화가 나지만 아무 말도 못한다.'

408 心だけあればできることだ。（公務員の賄賂の問題）

'마음만 있으면 할 수 있는 일이다.'

409 しかし伝統は積まれることだからこんな学生たちの意識が続いたら伝統は作れないのだ。（われわれの文化）

'그러나 전통은 쌓여가는 것이므로 이런 학생들의 의식이 계속되면 전통은 만들 수 없는 것이다.'

410 こんな姿勢をしている人々に学科はただし学院だけでその以上も以下もないで

卒業のあとにも同門会ということもできないことだ。(われわれの文化)

'이런 자세를 취하는 사람들에게 학과는 학원에 불과하고 그 이상도 그 이하는 아니고 졸업후에도 동문회라고도 말할 수 없는 것이다.'

411 しかし学生たちだけでもできない。(われわれの文化)

'그러나 학생들만으로도 할 수 없다.'

412 権威から抜け出て学生と近くで息をしながら学生の立場を理解したときになったらこんな問題の解決できるだろう。(われわれの文化)

'권위에서 빠져나와 학생과 가까이에서 숨을 쉬면서 학생의 입장을 이해했을 때가 되면 이런 문제를 해결할 수 있을 것이다.'

413 まず日常生活で私たちがやさしくできることから思います。(私たちが思わずしたこと)

'우선 일상생활에서 우리들이 쉽게 할 수 있는 것부터 생각하겠습니다.'

414 大学のきんこう発展ばかりが地域大学を生かすことができるのである。(危機の地方大学)

'대학의 균형발전만이 지역대학을 살릴 수 있는 것이다.'

415 洛東江の水質改善のいちばんいい方法は渭川工団の造成を阻止する方法だが、造成を阻止できないと洛東江の水質改善のため外の方法が論議されるべきだ。(渭川工団が洛東江にあたえる影響とそれに対して釜山市民の姿勢)

'낙동강의 수질개선을 위한 가장 좋은 방법은 위천공단의 조성을 저지하는 방법인데, 조성을 저시할 수 없으면 낙동강 수질개선을 위해 다른 방법이 논의되어야만 한다.'

416 私たちは政府に洛東江の環境関連施設の設置と運営管理をもっと徹底的にできる制度を作ることを要求して環境行政と情報について釜山市民の不信を減少させることが急務である。(渭川工団が洛東江にあたえる影響とそれに対して釜山市民の姿勢)

'우리들은 정부에 낙동강 환경 관련 시설의 설치와 운영 관리를 좀 더 철저하게 할 수 있는 제도를 만드는 것을 요구하여 환경 행정과 정보에 대해서 부산 시민의 불신을 감소시키는 것이 급선무이다.'

417 その上に環境汚染が発生したとき賠償保険制度を確保しておくと市民の不信を緩和できるだろう。(渭川工団が洛東江にあたえる影響とそれに対して釜山市

民の姿勢)

'더구나 환경오염이 발생했을 때 배상보험제도를 확보해두면 시민의 불신을 완화할 수 있을 것이다.'

418 しかし何よりも大切なことは洛東江の水質改善のため釜山市民の積極的な関心と釜山市民の権利が<u>主張できる</u>ように環境問題について自覚が必要するときである。(위천工団が洛東江にあたえる影響とそれに対して釜山市民の姿勢)

'그러나 무엇보다도 중요한 것은 낙동강의 수질개선을 위해 부산시민의 적극적인 관심과 부산시민의 권리를 주장할 수 있도록 환경문제에 대해 자각이 필요할 때이다.'

419 一つの作品を作るために入れる労力と時間を私たちは<u>想像さえできない</u>だろう。(まんがもアートだ)

'하나의 작품을 만들기 위해 들이는 노력과 시간을 우리들은 상상조차 할 수 없을 것이다.'

420 なぜなら赤ん坊を産むとたんは苦しくてもあとの利き目は言語で<u>述べられない</u>ものとひとしいからだ。(まんがもアートだ)

'왜냐하면 아기를 낳는 순간은 괴로워도 나중에 주어지는 즐거움은 언어로 표현할 수 없는 것과 비슷하다.'

421 雑誌で読んだ30代後半のフリーランサーの話が<u>思い出せた</u>。(10年後の私を設計)

'잡지에서 읽은 30대 후반의 프리랜서의 이야기를 생각해 낼 수 있었다.'

422 このごろは彼らのため字幕放送などが増えているが、もっと拡大されて映画までも彼らが<u>見られる</u>ようになるといい。(聴覚障碍者も映画を楽まれるその日のために)

'요즘은 그들을 위해 자막방송 등이 늘고 있지만, 좀 더 확대되어 영화까지도 그들이 볼 수 있게 되면 좋겠다.'

423 こんなにひとことで<u>要約できない</u>が大体こうである。(早く会いたい彼氏)

'이렇게 한 마디로 요약할 수 없지만 대체로 이렇다.'

424 言語はその国の文化の一つだから各国語はすべてみとめて世界的に<u>にんしきできる</u>言語が必要だ。(全世界のネットワーク化)

'언어는 그 나라의 문화 가운데 하나이므로 각국어는 모두 인정하여 세계

적으로 인식할 수 있는 언어가 필요하다.'

425 この問題は職員たちの考えを変えるたらできます。(病原(→病院)の問題)

'이 문제는 직원들의 생각을 바꿀 수 있으면 할 수 있습니다.'

426 人の一生を決められる大切なごろである。(イジメがない学校)

'사람의 일생을 결정할 수 있는 중요한 시기이다.'

427 このような老人の無理のない生活をために、社会はできるだけ努力するべきです。(高齢化社会)

'이러한 노인의 무리가 없는 생활을 위하여 사회는 가능한 한 노력해야 합니다.'

428 かれらは保護を必要とする人がないです。同じく仕事ができるですが、すこし不便な人と考えるべきです。(高齢化社会)

'그들은 보호를 필요로 하는 사람이 아닙니다. 마찬가지로 일을 할 수 있습니다, 조금 불편한 사람으로 생각해야 합니다.'

429 だから、自分がどんなに走りが下手でも運が良ければ1番をとることができるのです。(日本の運動会の文化)

'따라서 자신이 아무리 달리기가 형편없어도 운이 좋으면 일등을 할 수 있습니다.'

430 人々ができるのをしたら効果がありません。(世界一流の大学になるために)

'사람들이 할 수 있는 것을 하면 효과가 없습니다.'

431 学校の基盤の施設の後押しすることがなければいくら学生たちが優れてもその才能を育てるのができません。(世界一流の大学になるために)

'학교 기반시설을 후원하지 않으면 아무리 학생들이 뛰어나도 그 재능을 키울 수 없습니다.'

432 韓国でたんとくかいさいができなくてざんねんだと思うけどこれをきっかけにして韓日両国の関係がもっとよくなるといいだと思う。(ワールドカップと韓日の関係)

'한국에서 단독 개최를 하지 못해 유감스럽게 생각하지만 이것을 계기로 한일 양국의 관계가 좀 더 좋아지면 좋겠다고 생각한다.'

433 サッカを見たら国々の応援の文化を見られる。(ワールドカップと韓日の関係)

'축구를 보면 나라들의 응원문화를 볼 수 있다.'

434 ブラジルのサンバの応援とかヨーロッパのフリガンそして近くの日本のウルトラニッポンの応援を<u>見られる</u>。(ワールドカップと韓日の関係)
'브라질 삼바 응원이라든가 유럽의 훌리건 그리고 가까운 일본의 울트라닛폰의 응원을 볼 수 있다.'

435 それで消費者は<u>節制</u>できる能力を持つことが必要だと思います。(いいかげんなねだん)
'그래서 소비자는 절제할 수 있는 능력을 가지는 것이 필요하다고 생각합니다.'

436 当然学生はもっと便利で迅速に食券を買ってご飯も早く<u>食べられる</u>。(自動の食券の販売機を設置しよう)
'당연히 학생은 좀 더 편리하고 신속하게 식권을 사서 밥도 빨리 먹을 수 있다.'

437 具体的に言えば、さきに時間を<u>節約</u>できる。(自動の食券の販売機を設置しよう)
'구체적으로 말하자면 먼저 시간을 절약할 수 있다.'

438 また授業時間におそくないように<u>入るできる</u>。(自動の食券の販売機を設置しよう)
'또 수업시간에 늦지 않게 들어갈 수 있다.'

439 もしスチュワーデスがなれば、いるいるな<u>国へ行ける</u>。(空を飛びたい夢)
'만약 스튜어디스가 되면 여러 나라에 갈 수 있다.'

440 仕事をしながら合間に外国の<u>かんこうができるから</u>。(空を飛びたい夢)
'일을 하면서 틈틈이 외국 관광을 할 수 있으니까.'

441 そして義ということはとんな人でも自由と平等に<u>生きるのができる</u>のです。(男女の不平等)
'그리고 의라는 것은 어떠한 사람이라도 자유롭고 평등하게 살 수 있는 것입니다.'

442 皆が一心がなって三八線をこえるといわれば鉄の障壁も<u>ふさぐことができない</u>なのだ。(私たちの願いは統一、夢にも願いは統一)
'모두 한 마음이 되어 38선을 넘는다고 말을 하면 철의 장막도 막을 수 없는 것이다.'

443 そこで南浦洞の景気<u>生かせる</u>対策をいくつか提示しようとする。(南浦洞の景気
の活性化対策)

'그래서 남포동의 경기를 살릴 수 있는 대책을 몇 가지 제시해보고자 한
다.'

444 また大勢の外国観光客が気楽に<u>買い物</u>できるように作ることにする。(南浦洞の
景気の活性化対策)

'또 대세인 외국관광객이 손쉽게 쇼핑을 할 수 있도록 만들고자 한다.'

445 水産物として有名なチャガルチ市場、また新鮮な刺身が<u>食べられる</u>チャガルチ
市場だけの独特なことを観光商品化させて外貨獲得を図るようにする。(南浦洞
の景気の活性化対策)

'수산물로 유명한 자갈치시장, 또 신선한 생선회를 먹을 수 있는 자갈치시
장만의 독특한 것을 관광상품화 시켜 외화획득을 도모하도록 한다.'

446 そしてさまざまなイベントを催してだれでも<u>参加</u>できる空間を確保することに
する。(南浦洞の景気の活性化対策)

'그리고 다양한 이벤트를 마련하여 누구라도 참가할 수 있는 공간을 확보
하고자 한다.'

447 外国語の中でもとくに英語が<u>上手に話せなければならないです</u>。(実力と情報)

'외국어 중에서도 특히 영어를 능숙하게 말할 수 있도록 해야 합니다.'

448 けれども私は日本語が少しできるですが、英語はぜんぜん<u>できない</u>ので、就職
がむずかしいです。(実力と情報)

'하지만 저는 일본어를 조금 할 줄 압니다만, 영어는 전혀 못 해서 취직이
어렵습니다.'

449 なぜなら就職について正確な情報を<u>とられる</u>からです。(実力と情報)

'왜냐하면 취직에 대해 정확한 정보를 얻을 수 있기 때문입니다.'

450 始めてはザガルチイに少し歩いて並んでいる劇場街の前に人々が<u>休めている</u>と
ころをつくりたいです。(都市の中心に公園)

'우선은 자갈치 시장을 조금 걸어 늘어선 극장가 앞에 사람들이 쉴 수 있
는 곳을 만들고 싶습니다.'

▍천호재

- 현재 계명대학교 인문대학 일본어문학과 부교수로 2000년도부터 재직중
- 일본 東北大學大學院 문학연구과에서 문학박사학위(Ph.D)를 취득
- 한국일어일문학회 일본어교육분과 이사와 편집위원, 대한일어일문학회 편집위원

일본어의 態(voice)와 복문

초판 1쇄 인쇄 2015년 5월 22일
초판 1쇄 발행 2015년 5월 29일

지은이 천호재
펴낸이 이대현
편 집 권분옥 이소희 오정대
디자인 이홍주
펴낸곳 도서출판 역락
　　　　서울시 서초구 동광로 46길 6-6(문창빌딩 2F)
　　　　전화 02-3409-2058(영업부), 3409-2060(편집부)
　　　　팩시밀리 02-3409-2059
　　　　이메일 youkrack@hanmail.net
　　　　등록 1999년 4월 19일 제303-2002-000014호
ISBN 979-11-5686-192-8 93730
역락 블로그 http://blog.naver.com/youkrack3888

정가 34,000원